V&R

ABHANDLUNGEN
DER AKADEMIE DER WISSENSCHAFTEN
IN GÖTTINGEN

MATHEMATISCH-PHYSIKALISCHE KLASSE
DRITTE FOLGE
Nr. 41

VANDENHOECK & RUPPRECHT IN GÖTTINGEN

1988

Aktuelle Morphodynamik und Morphogenese in den semiariden Randtropen und Subtropen

Herausgegeben von
Jürgen Hagedorn und Horst G. Mensching

Mit zahlreichen Abbildungen

VANDENHOECK & RUPRECHT IN GÖTTINGEN

1988

Vorgelegt von Herrn J. Hagedorn in der Sitzung vom 23. Oktober 1987

CIP-Kurztitelaufnahme der Deutschen Bibliothek

*Aktuelle Morphodynamik und Morphogenese in den
semiariden Randtropen und Subtropen* /
hrsg. von Jürgen Hagedorn u. Horst G. Mensching. –
Göttingen: Vandenhoeck u. Ruprecht, 1988
(Abhandlungen der Akademie der Wissenschaften in Göttingen,
Mathematisch-Physikalische Klasse; Folge 3, Nr. 41)
ISBN 3-525-82118-2
NE: Hagedorn, Jürgen [Hrsg.]; Akademie der Wissenschaften ‹Göttingen› /
Mathematisch-Physikalische Klasse: Abhandlungen der Akademie . . .

Einführung

Im Rahmen der Arbeit der Kommission „Geomorphologische Prozesse, Prozeßkombinationen und Naturkatastrophen in den Landschaftszonen und Höhenstufen der Erde" der Akademie der Wissenschaften in Göttingen fand vom 3.-5. Oktober 1986 in Reinhausen bei Göttingen ein weiteres Symposium statt, an dem 20 eingeladene Wissenschaftler teilnahmen. Mit diesem Symposium wurde das Thema „Aktuelle Morphodynamik und Morphogenese in den semiariden Randtropen und Subtropen" aufgegriffen, das als ein Schwerpunkt der Kommissionsarbeit durch die Arbeitsgruppe ‚Sudan/Sahel' (H. G. MENSCHING und Mitarbeiter) seit 1980 repräsentiert wird. Aber auch weitere Kommissionsmitglieder (J. HAGEDORN, P. HÖLLERMANN, K. GARLEFF, K. GIESSNER, J. SPÖNEMANN) haben sich mit der Morphodynamik dieser Zone befaßt, so daß erwartet wurde, daß zusammen mit den eingeladenen Geomorphologen, diesmal beschränkt auf die Bundesrepublik Deutschland, sowohl über den Stand dieser Forschung als auch über neue Forschungsanregungen diskutiert werden konnte.

Die bisherigen vor allem unter der Leitung von H. POSER durchgeführten Symposien der Kommission waren der Morphologie des Periglazialraumes gewidmet (1976: „Formen, Formengesellschaften und Untergrenzen in den heutigen periglazialen Höhenstufen der Hochgebirge Europas und Afrikas", 1982: „Mesoformen des Reliefs im heutigen Periglazialraum", beide veröffentlicht in den Abhandlungen der Akademie). Nachdem die Untersuchungen zu diesem Schwerpunkt seitens der Kommission zu einem vorläufigen Abschluß gelangten, wurde die Reihe der Symposiumsthemen um Probleme aus einem zweiten Schwerpunkt der Kommissionsarbeit erweitert.

Mit dem nunmehr veröffentlichten Symposiumsband treten die Morphodynamik und die Morphogenese von Reliefeinheiten in den Vordergrund, die entscheidende Bedeutung für die gesamte Reliefgenese in den ariden Subtropen und den semiariden Randtropen haben. Gerade für die Theorie der Flächenbildung in diesen Zonen erscheint es erforderlich, näher in die morphodynamischen Details, einschließlich ihrer pedologischen Vorbedingungen, einzudringen, um den gesamten genetischen Komplex der Reliefformung dieser Zonen besser zu erfassen. Die großen Theorien der Rumpfflächenbildung sind ein Beispiel hierfür. Regional befaßten sich etwa die Hälfte aller Beiträge mit den Trockenräumen Afrikas, darunter allein fünf mit der Sahelzone als semiarider randtropischer Zone. Aber auch Südamerika war mit vier Beiträgen, besonders aus den Andenländern, beteiligt, und zwei Kollegen berichteten über Themen aus Asien (China, Indien).

Inhaltliche Schwerpunkte bildeten Fragen der Verwitterung und Bodenbildung, besonders ihre Bedeutung für morphodynamische Prozesse unter aktuellen und paläoklimatischen Bedingungen, und Probleme der Morphodynamik unter semiariden Klimabedingungen und ihren paläoklimatischen Schwankungen, die im Mittelpunkt des Symposium standen und daher in diesem Berichtsband auch den Kern der Beiträge ausmachen. Daneben wurde den immer größere Bedeutung erlangenden Beeinflussungen aktueller morphodynamischer Prozesse durch den Menschen („anthropogene Beeinflussung") in einem dritten Schwerpunkt größere Aufmerksamkeit gewidmet; denn durch Vernichtung der natürlichen Vegetationsdecken durch verschiedene Arten der Landnutzung verändern sich sowohl die fluvialen als auch äolischen Prozesse der Morphodynamik. Diese können gerade in den semiariden Randtropen mit einem darauf schnell reagierenden und leicht zu degradierenden Ökosystem zur Desertifikation führen.

Insgesamt hat das Symposium gezeigt, daß die zahlreichen auf diesem Gebiet in den letzten zwei Jahrzehnten durchgeführten Geländeforschungen – zumeist in engem Zusammenhang mit den notwendigen Laboruntersuchungen der Sedimente und überwiegend vorzeitlichen Böden – eine Fülle von neuen Detailergebnissen erbracht haben. Es wird allerdings eine notwendige Aufgabe sein, diese in ihrer überregionalen, also z. B. ihrer zonalen Bedeutung zu werten, allgemeingültige Ergebnisse besser herauszufiltern und diese zu einem morphodynamischen System zu ordnen, das übergeordnet sicher klima-geomorphologischen Gesetzen folgt, in vielem aber auch durch die tektonisch strukturellen Gegebenheiten geprägt wird, wie einige Beiträge gezeigt haben.

In vielen Untersuchungen wurde auch die klimatisch-geomorphologische Frage angeschnitten, inwieweit paläoklimatische Veränderungen – etwa feuchtere Zeiten in heute ariden Räumen – die morphodynamischen Prozesse verändert haben, seien diese Klimaschwankungen nun von gradueller oder von prinzipieller Wirksamkeit für das morphodynamische System solcher Zonen. Hier stimmen die Forschungsergebnisse besonders auch in der Datierung durchaus noch nicht überein, oft auch deshalb, weil das Datennetz noch nicht dicht genug ist oder weil die Möglichkeit der Generalisierung von Teilergebnissen noch nicht abgesichert ist.

Dennoch kann hervorgehoben werden, daß die Forschung über das morphodynamische Prozeßgefüge in den ariden und semiariden Zonen der Erde in den letzten Jahren ein gutes Stück vorangekommen ist, wie die Beiträge auch dieses Symposiums gezeigt haben.

Die Kommission „Morphodynamik" dankt der Akademie der Wissenschaften in Göttingen für ihr Interesse, ihre Gastfreundschaft und ihre Unterstützung, insbesondere auch für die Aufnahme dieses Berichtes in ihre Abhandlungen. Der Stiftung Volkswagenwerk gilt unser Dank für die großzügige finanzielle Förderung des Symposiums. Schließlich danken wir den Mitarbeitern des Geographischen Instituts der Universität Göttingen für vielfältige Hilfe, insbesondere Herrn Dr. K.-H. Pörtge für seinen unermüdlichen Einsatz.

Göttingen, im Dezember 1987

Jürgen Hagedorn   Horst G. Mensching

Inhalt

III. Anthropogene Beeinflussung der Morphodynamik

I.
Aktuelle Verwitterung und Bodenbildung

Geomorphologische Bewertung verschiedenfarbiger Bodenbildungen in Mittel- und Süd-Brasilien

Von ARNO SEMMEL, Frankfurt a. M.

1. Bodenfarben und geomorphologische Interpretationsmöglichkeiten

Bodenfarben sind oft auf unterschiedliche Verwitterungsprozesse zurückzuführen. Diese Prozesse können klimaabhängig sein und damit Rückschlüsse auf klima-geomorphologische Vorgänge zulassen. Da sich aber immer mehr Befunde für die Auffassung finden, intensive Bodenbildung sei mit weitgehender Formungsruhe verbunden, scheinen die aus unterschiedlichen Bodenfarben ableitbaren Differenzierungen intensiver Bodenbildung für prozeßgeomorphologische Fragestellungen an Bedeutung zu verlieren. Dennoch bleiben unterschiedliche Bodenfarben für geomorphologische Fragestellungen interessant, weil die verschiedenen Böden spätere Formung verschieden beeinflussen können und sich auch stratigraphisch interpretieren lassen. Als Beispiel aus Brasilien sei auf BORK & ROHDENBURG (1985:1460) verwiesen, die feststellten, daß im Kristallingebiet von Paraná rote Böden nur noch in den ältesten Abschnitten des Jungwürms vorkommen, gelbbraune Farben repräsentieren vor allem jüngere Abschnitte des Jungwürms. Dieser Befund steht auch in Übereinstimmung mit der Beobachtung, daß die Horizontabfolge Braun-Rot-Grau im Kristallingebiet Süd-Brasiliens sehr weit verbreitet ist (SEMMEL 1978:497) und daraus gute Anhaltspunkte für den Erosionszustand der Böden zu gewinnen sind. Solange an der Oberfläche auf den Hängen braune Farben vorherrschen, hat die anthropogene Bodenerosion noch keine großen Ausmaße erreicht. Das ist der Fall, wenn rote Farben auftauchen und noch mehr, wenn der graue Zersatz freigelegt ist (SEMMEL 1978:499f.).

In der geschilderten Abfolge kommt den braunen Abschnitten ebenfalls jungpleistozänes bis holozänes Alter zu. Dabei kann es sich um jüngere Hangsedimente (Decklehme) oder auch um in situ-Verbraunungen handeln. Es besteht inzwischen aber kein Zweifel, daß eine solche Stratigraphie der Bodenfarben keine allgemeine Gültigkeit in Süd-Brasilien haben kann. Nachdem insbesondere für die Basaltgebiete schon früher nachgewiesen wurde, daß dort unter bestimmten klimatischen Bedingungen rote Böden *der* holozäne Oberflächenboden sind (SEMMEL 1978; SEMMEL & ROHDENBURG 1979: 215; SEMMEL 1982:135ff.), fanden VEIT & VEIT (1985), daß auch im Kristallingebiet Paranás keineswegs auf allen Gesteinen im Laufe des Quartärs rote Böden entstanden, wie es die Darstellungen von SEMMEL (1978) und BORK & ROHDENBURG (1983) nahezulegen scheinen. So läßt sich z. B. kein Anhaltspunkt dafür

finden, daß auf den Phyllit-Hängen jemals Rotlehm entwickelt war (VEIT &
VEIT 1985:60f.).

Weitere bodengeographische Untersuchungen in Süd- und Mittel-Brasilien
(Abb. 1) ergaben eine Reihe von Befunden, die verschiedene Ursachen unterschiedlicher Bodenfärbung erklären helfen und somit beitragen können, geomorphologische Fehlinterpretationen zu vermeiden. Es werden dabei im einzelnen der Einfluß unterschiedlichen Ausgangsgesteins, des Klimas, des Reliefs
und der Hydrologie erörtert.

Abb. 1: Übersichtskarte von Brasilien mit Lage der Arbeitsgebiete.

2. Gesteinsbedingte Wechsel von Bodenfarben

Im Kristallingebiet Paranás kommen verbreitet präkambrische Migmatite, Granite, Phyllite, Quarzite und Glimmerschiefer vor. Weniger stark vertreten sind präkambrische Dolomite und Kalksteine sowie mesozoische Basalte. Das größtenteils zwischen 800 und 1000 Meter Meereshöhe liegende Gebiet (Erstes Planalto im Sinne von MAACK 1968) gehört mit ca. 1400 mm jährlichem Niederschlagsmittel und ca. 16° C jährlichem Temperaturmittel zum Cfb-Klima nach KÖPPEN & GEIGER, zum IV 7-Klima nach TROLL & PAFFEN (immerfeuchte sommerliche Subtropen). Wie schon oben erläutert, dominieren an der heutigen Oberfläche Böden mit Braunerde- und Parabraunerde-Charakter (Cambisols und Acrisols). Sie sind überwiegend in jungpleistozänen Decklehmen entwickelt. Unter diesen braunen Sedimenten folgt häufig Rotlehm. Dieser fehlt indessen auf den Phylliten. VEIT & VEIT (1985:60f.) nehmen an, daß entweder der Rotlehm auf Phyllit so geringmächtig war, daß er später immer total abgetragen wurde, oder aber wegen primärer Armut an eisenhaltigen Mineralen gar nicht ausgebildet war. Beachtet werden muß wohl auch, daß die Phyllite häufig sehr dichte Gesteine sind und deshalb wegen gehemmter Drainage die Ausbildung roter Böden unterblieb. Natürlich ist mit der größeren Undurchlässigkeit aber auch die Möglichkeit stärkerer Abtragung von älteren Phyllit-Böden gegeben, so daß deshalb die Erhaltung alter Rotlehme weniger wahrscheinlich als auf anderen Gesteinen ist. In jedem Fall sind deutlich geringere Zersatztiefen auf dem Phyllit als auf anderen Gesteinen zu beobachten, ein deutlicher Hinweis auf die geringere Durchlässigkeit dieses Gesteins im Vergleich zum Schiefer oder Migmatit (vgl. auch Abb. 2).

Wenn auf den Phylliten rote Böden vorkommen, dann ist das immer dort der Fall, wo hangaufwärts Basalte, Kalke oder Dolomite anstehen. Die Bodensubstrate dieser Gesteine weisen fast durchgehend rote Farben auf (z. B. 2.5

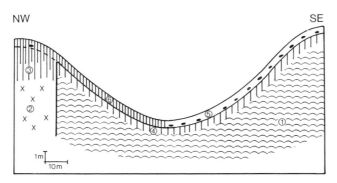

Abb. 2: Boden und Decklehm auf Phyllit und Basalt in Paraná.
1 = Phyllit;   2 = Basalt;   3 = Basalt-Zersatz;   4 = Phyllit-Zersatz;   5 = brauner Decklehm mit Acrisol;   6 = roter Decklehm.
Der vom Basalt-Rotlehm stammende rote Decklehm hat den Phyllit bis zum Muldentiefsten überwandert. Auf dem Gegenhang fehlt der Basalt und mit ihm der rote Decklehm (Darstellung in Anlehnung an VEIT & VEIT 1985).

YR ⁴/₄ oder 2.5 YR ³/₆), die auch durch Verlagerung auf den Hängen nicht allzu stark verändert wurden und sich dadurch von den braunen Decklehmen der anderen Gesteine unterscheiden (z. B. 7.5 YR ⁵/₇ oder 10 YR ⁵/₆). Dagegen sind die weniger intensiv gefärbten Rotlehme auf den Migmatiten und Glimmerschiefern (z. B. 7.5 YR ⁵/₆) offensichtlich durch die Verlagerungen „verbraunt". Es lassen sich jedenfalls keine von diesen Gesteinen stammenden roten Decklehme sicher nachweisen. Daß die in situ-Rotlehmbildung bis in das Jungpleistozän hinein angedauert haben muß, ist aus dem Vorkommen autochthoner Basalt-Rotlehme im heutigen Auenniveau abzuleiten. Ihre Farbbeständigkeit im holozänen Klima wurde bereits früher erörtert (SEMMEL 1978:497; SEMMEL & ROHDENBURG 1979:215f.; vor allem SEMMEL 1982:136f.)

Aus den vorstehenden Ausführungen kann abgeleitet werden, daß das Vorkommen von roten Böden im Kristallingebiet Süd-Brasiliens nicht ohne weiteres den Schluß zuläßt, hiermit lägen Bildungen vor, die mindestens in ältere Abschnitte des Jungwürms gehörten. Vielmehr muß geklärt werden, welchen Einfluß bestimmte „Rotlehm-freundliche" Gesteine und von diesen stammende Decklehme haben können, die auch im jüngsten Würm und im Holozän ihre rote Farbe nicht verloren.

Rote Bodenfarben fehlen auch auf den Quarziten und Sandsteinen Paranás, soweit diese keine primäre Rotfärbung besitzen. In tieferen Lagen dominieren in den Decklehmen der Quarzite Braunerden mit Bv-Farben von 7.5 YR ⁴/₄. In den Hochlagen kommen mächtige, über ein Meter tief entwickelte Podsole vor, die überwiegend im anstehenden Quarzit ausgebildet sind. Zu beachten ist hier, daß der Quarzit Härtlingszüge bildet, auf denen keine mächtigen Decklehm-Serien sedimentiert wurden. Die Erhaltung von fossilen Böden ist also wenig wahrscheinlich. In den Hochlagen der Serra Domar weisen auch die Granite kräftige Podsolierung auf. Die Ae-Horizonte können 30 cm stark werden. In geschützten Lagen kommen auf den Graniten fossile Rotlehmreste vor, die von jüngerem grobem Schutt überdeckt sind, der Podsole trägt.

Auch auf den grauen paläozoischen Furnas-Sandsteinen des zweiten Planalto fehlen rote Böden fast vollständig. Sie kommen als fossile in situ-Relikte an ganz wenigen Stellen vor, bei denen wahrscheinlich nicht mehr der typische Furnas-Sandstein, sondern ein jüngerer Sandstein ansteht. Über das Alter solcher roter Böden sind derzeit nur spekulative Angaben möglich. Mit Sicherheit darf ein höheres Alter als Jungpleistozän angenommen werden. Der heutige Oberflächen-Boden ist überwiegend ein humusreicher Ranker oder Anmoorboden (vgl. GREINERT et al. 1987). Die Angaben von SANTOS FILHO (1977:76) über das Vorkommen von gelblichroten bis dunkelroten (2.5 YR ³/₆) Latosolen auf diesem Sandstein kann ich nicht bestätigen. Möglicherweise handelt es sich um Böden, die in rötlichen Decklehmen der hangenden Itararé-Serie ausgebildet sind. Erstaunlich ist, daß auf dem Sandstein keine Podsolierung einsetzt. Die pH-Werte erreichen nur ca. 4 (in KCl), sind also relativ hoch. Andererseits kann unter bestimmten Bedingungen im dauernd feuchten Subtropenklima Süd-Brasiliens durchaus bei ähnlichen pH-Werten extreme Podsolierung einsetzen (vgl. SEMMEL & ROHDENBURG 1979:213f.; SABEL 1981:97ff.). Die schlechte Drainage der Sandstein-Hochflächen kann für das Fehlen der Podsolierung nicht ausschlaggebend sein, denn auch an gut drainierten Stellen, die sich vor allem in der Umgebung der durch die rezente Verkarstung entstandenen zahlreichen Erdfälle finden, fehlen Podsole. Nur das häufige Vorkommen blankgewaschener Quarzkörner ließe sich als Hinweis auf „Krypto-Podsolierung" deuten, die in Substraten mit sehr geringem Fe-Gehalt keine erkennbare Horizontierung hinterläßt (KUBIENA 1953:303). Aus dieser Deutung könnte abgeleitet werden, daß auch die Entwicklung roter Böden auf diesem Sandstein wegen des fehlenden Fe-Gehaltes nicht möglich war.

Dort, wo der Furnas-Sandstein von tonigen und sandigen, buntgefärbten Gesteinen der Itararé-Serie überlagert wird, wird das Relief hügeliger und es sind Braunerden und Parabraunerden auf den Hängen entwickelt. Als fossiler Boden ist vielfach in mächtigeren Decklehmserien eine fahlgelbliche Bodenbildung zu finden (10 YR 5.5/6), die von den jungen Hohlformen zerschnitten wird. In den Hohlformen sind oft bei entsprechend geringem Gefälle anmoorige Böden zu finden, unter denen die Gesteine total gebleicht („kaolinisiert") sind. Diese Bleichung greift auch auf quarzitische Gesteine über. Die entsprechende Bodengesellschaft wird unter 4. noch eingehender behandelt.

Den Einfluß des Gesteins auf die Bodenfarben zeigen m. E. schließlich auch recht anschaulich die Böden auf den Hochflächen in der Umgebung von Brasilia. In ähnlicher Meereshöhe wie das Erste und Zweite Planalto von Paraná gelegen, hat dieses Gebiet mit 1300 bis 1400 mm auch ein ähnliches jährliches Niederschlagsmittel. Allerdings ist der Winter sehr niederschlagsarm. Das jährliche Temperaturmittel beträgt ca. 21° C. Nach KÖPPEN & GEIGER zählt der höher gelegene Teil dieses Gebietes zum Cw-Klima, der tiefere zum Aw-Klima. Nach TROLL & PAFFEN ist das gesamte Gebiet zum V 2-Klima (tropisch sommerhumides Feuchtklima) zu rechnen.

Die höchsten Altflächen der Umgebung von Brasilia sind vorwiegend auf quarzitischen Gesteinen erhalten geblieben. Sie gehören laut PENTEADO (1976) zum Pd$_3$-Niveau von BIGARELLA & BECKER (1975:216ff.) Es soll sich dabei um alttertiäre Abtragungsebenen handeln. Meine Ausführungen über die Bodenverbreitung basieren neben eigenen Begehungen auf unveröffentlichten Diplomarbeiten von EMMERICH (1985) und FIGUEIRA DA COSTA (1986), die von K. J. SABEL im Gelände betreut wurden. Danach ist auf den höchsten Hochflächen (ca. 1200–1300 m NN) auf Quarziten ein leuchtend roter (10 R ³/₃, ³/₄ und ⁴/₆)lehmig-toniger Sandboden vorherrschend („Latosolo vermelho escuro" im Sinne von EMBRAPA 1978), der in 1,5 bis 2,5 m Tiefe von einem hellgrauen Quarzitzersatz abgelöst wird. Die Grenzlinie zwischen dem roten und grauen Material ist oft zapfenfrömig aufgelöst, eine Erscheinung, die bei Silikatkarst öfter zu beobachten ist. In den Vertiefungen sind Pisolithe angereichert.

In diesen Profilen ist makroskopisch in der Regel keine Schichtgrenze zu erkennen. Anhand der Korngrößen- und der Schwermineralanalyse ist indessen nachweisbar, daß der Oberboden eine äolische Komponente enthält (vgl. Tab. 1). Das wird besonders an den unterschiedlichen Fein- und Mittelsandanteilen deutlich, außerdem kommt die grüne Hornblende nur im Oberboden vor. Der Oberboden ist zugleich deutlich tonärmer. Da unmittelbar darunter ein tonreicher Horizont folgt, läßt sich hieraus eine Lessivierung ableiten. Andere Anzeichen von Tonverlagerung fehlen jedoch.

Im Röntgendiagramm der Tonfraktion ist im roten Boden fast nur Kaolinit nachzuweisen. In geringen Mengen sind Gibbsit und Vermiculit (!) vertreten. Das zuletzt angeführte Mineral ist wohl durch äolische Beimischung in den Boden geraten. Im weißen Quarzitersatz fehlen der Gibbsit und der Vermiculit, mit Illit/Glimmer stellen sich Anzeichen für weniger intensive Verwitterung ein. Die intensive Rotfärbung des hangenden Bodens wird durch Fe-Häutchen auf den Quarzkörnern hervorgerufen. Röntgenographisch ist Hämatit und etwas Goethit nachzuweisen.

Tab. 1:
Korngrößen und Schwermineralbestand in einem roten Quarzitboden auf der höchsten Altfläche bei Brasilia (nach EMMERICH 1985)

Horizont-mächtigkeit	Korngrößenverteilung (Gew. %)						
	T	fU	mU	gU	fS	mS	gS
0– 20	6,1	1,2	2,3	2,3	49,9	37,8	1,5
– 45	5,2	1,3	2,3	2,5	49,7	37,6	1,4
–135	24,6	1,2	1,4	2,3	42,0	27,8	0,7
–215	9,2	2,2	0,8	2,7	55,6	28,3	1,2
–250	13,2	0,7	0,5	2,3	31,0	51,0	1,3
–280	0,8	0,4	0,7	1,4	5,2	91,3	0,2
+ (cm)							

	Opak	Grüne Hornblende	Turmalin	Zirkon	Gew. % SM im fS
20– 45 cm	18	34	41	7	0,02
45–135 cm	24	–	63	13	0,02
135–215 cm	20	–	54	26	0,02

Dort, wo die Quarzite von Schiefern abgelöst werden, nimmt die Rotfärbung des Bodens deutlich ab. Das gilt vor allem auch für das nächsttiefere Hochflächenniveau (ca. 1000–1100 m NN). Dieses ist überwiegend auf Schiefern und Phylliten ausgebildet. PENTEADO (1976) parallelisiert es mit dem Pd_2-Niveau BIGARELLAS. Für diese Hochflächen wird mit einem neogenen Alter gerechnet. Vergleicht man die Böden auf Schiefer der beiden verschieden alten Hochflächen, so gibt es bei Berücksichtigung der entsprechenden Reliefpositionen keine deutlichen Unterschiede. Im Gegensatz zu den Quarzitböden herrschen auf Schiefer weniger intensiv gefärbte rote (2.5 YR ⁴/₆ und ³/₆) Profile mit gelblichroten (5 YR ⁴/₆) Oberböden vor. Die Hauptbodenart ist hier Lehm und nicht Sand. Eine Schichtung darf auf Grund des etwas höheren Feinsandgehaltes im Oberboden vermutet werden (Tab. 2). Die oben beschriebene unterschiedliche Bodenverteilung könnte leicht so interpretiert werden, daß die intensivere Rotfärbung eine Folge des höheren Alters der Böden auf der ältesten Hochfläche ist. Doch tatsächlich entscheidend für die unterschiedli-

Tab. 2:
Korngrößen eines Schieferbodens auf der höchsten Altfläche bei Brasilia
(nach EMMERICH 1985)

Horizont-mächtigkeit	T	fU	mU	gU	fS	mS	gS
				Korngrößenverteilung (Gew. %)			
0– 25	26,6	7,4	6,2	9,4	35,3	11,1	4,0
– 60	27,4	7,6	7,9	10,8	34,5	5,7	6,1
–120	27,3	8,6	9,2	17,1	29,9	4,1	3,8
–190 (cm)	28,0	7,9	8,5	14,8	27,8	7,0	6,0

chen Bodenfarben ist das verschiedene Ausgangsgestein der Böden. Bei diesen Ausführungen sind die durch das Kleinrelief hervorgerufenen Differenzierungen noch nicht berücksichtigt. Sie werden unter 4. behandelt.

3. Klimabedingte Wechsel von Bodenfarben

Eine sichere Beurteilung, welche Auswirkung Klimawechsel auf Bodenentwicklung und Bodenfarbe haben, ist eigentlich nur möglich, wenn bei wech-
selndem Klima die übrigen bodenbildenden Faktoren gleichbleiben. Diese
Forderung ist vor allem hinsichtlich des Ausgangsgesteins schwer zu erfüllen.
Mit dem riesigen Basaltgebiet Süd-Brasiliens erscheint indessen eine hinrei-
chende Voraussetzung bezüglich der Gesteinsgleichheit erfüllt. Wie schon an
anderer Stelle beschrieben (SEMMEL 1982:131 ff.), fällt die heutige Oberfläche
der südbrasilianischen Decken-Basalte um mehr als 1000 m von Osten nach
Westen ab. Das bedeutet zwar keine entscheidende Veränderung der jährlichen Niederschlagsmittel (ca. 1800 zu ca. 1600 mm), aber das jährliche Temperaturmittel steigt von ca. 14° C auf ca. 20° C an. Auf den ersten Blick scheinen
sich diese Klima-Unterschiede in der heutigen Bodengesellschaft demonstra-
tiv widerzuspiegeln. Vorherrschenden Rankern auf dem Hochplateau von
Palmas können Rotlehme bei São Borja am Rio Uruguay gegenübergestellt
werden. Die genauere Betrachtung zeigt jedoch, daß die vorzeitlichen Klimaverhältnisse für die Entwicklung der heutigen Bodengesellschaft bedeutsamer
als das holozäne Klima waren. Doch ändert das wenig daran, daß diese Basalt-
landschaft insgesamt die Auswirkungen unterschiedlicher Höhenstufen des
Klimas auf die Bodenfarben widerspiegelt. Das soll im folgenden am Beispiel
der höchsten und der mittleren Regionen näher erläutert werden.

Auf dem Hochplateau von Palmas, das entsprechend dem bereits zitierten
Schema von BIGARELLA die ältesten Hochflächenreste Süd-Brasiliens aufweist, tragen die Basaltrücken überwiegend Ranker, während in Mulden Braunlehme entwickelt sind. Bei diesen Braunlehmen handelt es sich um pleistozäne Bodensedimente, die großenteils im Jungpleistozän verlagert wurden. Sie
stellen Relikte einer sehr intensiven Bodenbildung dar. Die sehr tonreichen

Böden (± 60%) sind manchmal schwach lessiviert, sehr stark sauer (pH ~ 4), als Tonminerale kommen im wesentlichen Gibbsit und Kaolinit vor. Da nirgendwo Reste von Rotlehmen gefunden wurden, ist anzunehmen, daß in diesem Gebiet im Quartär, möglicherweise auch im jüngeren Tertiär die Bedingungen für die Rotlehmbildung nicht gegeben waren. Am ehesten läßt sich das mit zu feuchtem und nicht genügend warmem Klima erklären. Will man die braune (gelbliche) Farbe allein als Ausdruck fehlenden wechselfeuchten Klimas deuten (vgl. etwa BORK & ROHDENBURG 1985:1460), so darf nicht unbeachtet bleiben, daß an vielen Stellen der heutigen immerfeuchten Tropen und Subtropen Rotlehme ohne Verbraunung verbreitet sind.

Ein entsprechendes Beispiel stellen die Basaltböden dar, die auf dem Plateau von Palmas unterhalb von ca. 1000 m NN verbreitet sind. Dabei handelt es sich um mächtig entwickelte Rotlehme (Ferralsols). Sie tragen in den höheren Lagen zunächst noch eine Decke von braunem Bodenmaterial oder einen Verbraunungshorizont, der unterhalb von 850 m NN völlig verschwindet. Die Niederschlagsmenge und ihre jährliche Verteilung hat sich gegenüber den höheren Lagen nicht wesentlich verändert, unbestreitbar ist hingegen die Zunahme der Temperaturmittel. Diese Folgerung aus dem hypsometrischen Befund wird auch von der planetarischen Bodenzonierung bestätigt. Die Grenze zwischen Braun- und Rotlehm sinkt von Norden nach Süden innerhalb des Basaltgebietes deutlich ab und zeigt damit ihre Abhängigkeit vor allem von den Temperatur- und nicht von den Niederschlagsverhältnissen, denn es gibt keinen Hinweis darauf, daß die vorzeitliche regionale Klimazonierung wesentlich anders als die heutige verlaufen ist. Was heißen soll, daß es auch im Pleistozän und im jüngeren Tertiär mit abnehmender Meereshöhe und von Norden nach Süden wärmer wurde. Beweise dafür, daß die Rot- und Braunlehme präholozän sind, werden bei SEMMEL (1982:134ff.) angeführt.

Trotz des auffallenden Farbunterschiedes gibt es zwischen den braunen und roten Böden keine großen Unterschiede hinsichtlich des Tongehalts, der Tonminerale und der sonstigen mineralogischen Zusammensetzung (vgl. Tab. 3). Insbesondere läßt sich auf übliche röntgenologische Weise kein Unterschied bezüglich des Goethit/Hämatit-Gehaltes zwischen braunen und roten Böden feststellen. Es ist also m. E. davon abzuraten, die Verbraunung mit einer „Goethitisierung" gleichzusetzen (BORK & ROHDENBURG 1985:1460).

Das vorgestellte Beispiel der klimaabhängigen Verbreitung von Bodenfarben im Basaltgebiet Süd-Brasiliens mag davon abhalten, paläoklimatische und

Tab. 3: Tonminerale in braunen und roten Böden bei Ponto Serrado (Santa Catarina) (relative Intensitätszahlen)

	Goethit	Kaolinit	Vermiculit
Braunlehm	4	7	?
Rotlehm	3	7	?
Farbwert (feucht):	kräftig braun	7,5 YR 46	
	dunkelrot	10 R 3/6	

damit geomorphologische Schlüsse ziehen zu wollen, die rote Böden mit Sicherheit wechselfeuchten Klimaten und braun-gelbliche Böden dauernd-feuchten Klimaten zuordnen.

4. Reliefbedingte Wechsel von Bodenfarben

Reliefbedingte Wechsel der Bodenfarben sind ebenfalls im Basaltgebiet Süd-Brasiliens gut abzuleiten. Das gilt insbesondere für das am weitesten südwest-lich gelegene Rotlehmgebiet. Hier nehmen die Niederschläge im Südwinter schon deutlich ab und der Wasserhaushalt ist stärkeren jährlichen Schwankun-gen unterworfen. Deshalb kommen in Ebenen und Mulden schon häufiger Vertisole vor. Zwischen diesen und den Rotlehmen auf den höheren Hang-teilen sind in Unterhangposition manchmal braune Böden anzutreffen. Es handelt sich bei ihnen nicht um jüngere Bildungen, sondern um feuchtere Va-rianten der Rotlehme. Diese „verbraunen" ganz allmählich mit schlechter werdender Drainage. Die braunen Böden gehen schließlich aus demselben Grund in die schwarzen Vertisole über. Die Verwitterungstiefe und -intensität nimmt dabei stetig ab. Ähnliche Abfolgen sind auch aus wechselfeuchten Basaltgebieten Äthiopiens beschrieben worden (SEMMEL 1963:179). Häufig ist bei diesen Catenen der Einfluß verschieden alter Ausgangsgesteine (z.B. jüngere Schwemmfächerschüttungen) nicht sicher auszuschließen. In diesem Zusammenhang sei auf die Darstellungen bei SEMMEL (1982:137ff.) verwiesen.

Auch bei den Quarzit-Hochflächen bei Brasilia ist immer wieder zu beob-achten, wie in seichten Mulden die roten Böden verbraunen. Meistens ge-schieht das auch hier im Bereich der Decklehme. Diese haben außerhalb der Mulden gleiche Farben wie der rote Unterboden (vgl. 2.). Hangabwärts ver-braunt das Decklehmsubstrat immer stärker und wird zugleich auch mächtiger. So können Farbveränderungen von Dunkelrot (10 R 3/6) über Rot (2.5 YR 5/8) zu Rötlichgelb (5 YR 6/8) beobachtet werden. Die einzelnen Schichten inner-halb eines Profils sind dabei manchmal auch noch farblich zu unterscheiden.

Ein besonders krasser Farbwechsel tritt oft auf Pedimenten auf. Während auf den Hochflächen rote Böden dominieren, werden sie an den Hängen von braunen abgelöst. Diese laufen auf den Pedimenten dort aus, wo starke Ver-nässung eine Vergleyung bedingt, die zur Naßbleichung führt. Die Vernäs-sung kann ihre Ursache in der ständigen Nachlieferung von Hangnässe haben, die auch während der Trockenzeit anhält, sie ist häufig aber auch mit Grund-wasseraustritt aus Quell-Horizonten verbunden, die sich an der Grenze Quar-zit zu Schiefer, an Laterithorizonten oder auch an Verwerfungen bilden. Solche vergleyten Pedimente sind in der Regel am Vorkommen zahlreicher kleiner Hügel, den Murundus, zu erkennen. Diese stellen m.E. alte Termi-tenbauten dar.

Auch das Ausstreichen isolierter Quarzitvorkommen in einem Schiefer-hang führt zu lokaler Vernässung und Naßbleichung, so daß auch hier rote oder vor allem braune Farben von weißen abgelöst werden.

Schließlich sei auf die schon erwähnten Vorkommen von naßgebleichten Ton- und Sandsteinen auf dem zweiten Planalto in Paraná verwiesen. Dort sind solche Erscheinungen vor allem an flache anmoorige Mulden gebunden, in denen die Bleichung schon im Jungpleistozän im Gange war und bis heute anhält. Entsprechende Datierungen sind anhand von überlagerten Anmooren möglich (GREINERT et al.). Die Bleichung wird auch als Kaolinisierung bezeichnet, ohne daß sie unbedingt mit einer Zunahme des Kaolinitgehaltes gegenüber dem unverwitterten Ausgangsgestein verbunden sein muß. Meistens kommen mit Annäherung an die Oberfläche vielmehr noch andere Tonminerale wie mixed layer vom Typ Chlorit/Vermiculit und Illit/Chlorit/Vermiculit hinzu. Diese sind wahrscheinlich durch Beimischung allochthoner Substrate während Umlagerungen in das weiße Material gelangt.

Das Vorkommen der Weiß-Plastosole sowohl im wechselfeuchten Tropenklima Brasilias als auch im dauernd feuchten Subtropenklima Paranás mag davor warnen, solche Böden paläoklimatisch allzu eng interpretieren zu wollen. Ihre pedogenen Eigenschaften ähneln sich weitgehend. Ausschlaggebend für die Bildung solcher „Weiß-Kaolisole" ist die fast immerwährende Vernässung, die in den angeführten Beispielen hydrologische Ursachen hat. Diese sind relief- oder gesteins- und nicht klimatisch bedingt.

Danksagung

Für finanzielle Unterstützung dieser Untersuchungen ist zu danken der Deutschen Forschungsgemeinschaft und der Europäischen Gemeinschaft.

Zusammenfassung

Anhand von Beispielen aus Mittel- und Südbrasilien wird erörtert, welchen Einfluß Gestein, Klima, Relief und Hydrologie auf Bodenfarben haben können. Bei Nichtbeachtung solcher Sachverhalte kann es leicht zu geomorphologischen Fehlinterpretationen kommen. Das gilt insbesondere auch für paläoklimatische und stratigraphische Ableitungen.

Summary

(Geomorphological Valuation of different Soil Colours in Middle and Southern Brazil)
The possible influence of rock, climate, relief, and hydrology upon soil colors is discussed by examples from Middle and South Brazil. Erroneous geomorphological estimations may arise if such facts are neglected. This holds true especially for palaeoclimatic and stratigraphic derivations.

Literatur

BIGARELLA, J. J. & R. D. BECKER (1975): International Symposium on the Quaternary (South. Brazil, July, 15–31, 1975). – Bol. Paran. de Geol., *33*: 340 S., Curitiba.

BORK, H.-R. & H. ROHDENBURG (1985): Studien zur jungquartären Geomorphodynamik in der subtropischen Höhenstufe Südbrasiliens. – Zentralbl. Geol. Paläont., Teil I, *11/12*: 1455–1469, Stuttgart.

EMBRAPA (1978): Levantamento de reconhecimento dos solos do Distrito Federal. – Sev. Nac. de levantamento e conservação de solos. – Bol. Técnico n.° *53*: 455 S., Rio de Janeiro.

EMBRAPA (1978): Mapa de reconhecimento dos solos do Distrito Federal 1:100000, Rio de Janeiro.

EMBRAPA (1981): Mapa de reconhecimento dos solos do Paraná 1:600000, Londrina.

EMBRAPA (1981): Levantamento de reconhecimento dos solos do Estado do Paraná. – Serv. Nac. de levantamento e conservação de solos. – Bol. Técnico n.° *57/I u. II*: 791 S., Londrina.

GREINERT, U., & HERDT, H. (1987): Relations between bedrock, relief and soils in the Cuesta-region of South Brazil. – Zentralbl. Geol. Paläont. I, 7/8: 863–873, Stuttgart.

KUBIENA, W. L. (1953): Bestimmungsbuch und Systematik der Böden Europas. – 392 S., Stuttgart.

MAACK, R. (1968): Geografia física do Estado do Paraná. – 350 S., Curitiba.

PENTEADO ORELLANA, M. M. (1976): Tipos de concreções ferruginosas no compartimentos gcomorfológicos do Planalto de Brasilia. – Not. geomorf., *16 (32)*: 39–53, Campinas.

SABEL, K. J. (1981): Beziehungen zwischen Relief, Böden und Nutzung im Küstengebiet des südlichen Mittelbrasiliens. – Z. Geomorph. N. F., Suppl. Bd. *39*: 95–107, Berlin. Stuttgart.

SANTOS FILHO, A. (1977: Genese und Eigenschaften repräsentativer Bodentypen in der Schichtstufenlandschaft des Staates Paraná, Brasilien. – 192 S., Diss. Univ. Freiburg i. Br.

SEMMEL, A. (1963): Intramontane Ebenen im Hochland von Godjam (Äthiopien). – Erdkd., *17*: 173–189, Bonn.

SEMMEL, A. (1978): Braun – Rot – Grau, „Farbtest" für Bodenzerstörung in Brasilien. – Umsch. Wiss. u. Techn., *78. Jg.*: 497–500, Frankfurt a.M.

SEMMEL, A. (1982): Catenen der feuchten Tropen und Fragen ihrer geomorphologischen Deutung. – Catena Suppl. Bd., *2*. 123–140, Braunschweig.

SEMMEL, A. & H. ROHDENBURG (1979): Untersuchungen zur Boden- und Reliefentwicklung in Süd-Brasilien. Catena, *6*: 203–217, Braunschweig.

VEIT, H. & H. VEIT (1985): Relief, Gestein und Boden im Gebiet von Conceição dos Correias (S-Brasilien). – Frankf. geowiss. Arb., *D5*:98 S., Frankfurt a.M.

Unveröffentlichte Diplomarbeiten im Institut für Physische Geographie der Johann Wolfgang Goethe-Universität Frankfurt am Main:

EMMERICH, K.-H. (1985): Beziehungen zwischen Relief, Böden und Vegetation im Planalto Central (Zentralbrasilien) nördlich Brasilia unter besonderer Berücksichtigung des Bodenwasserhaushaltes und der Entwicklung im Känozoikum. – 100 S.

FIGUEIRA DA COSTA, H. L. (1986): Beziehungen zwischen Relief und Böden im Gebiet des Rio São Bartolomeu, Distrito Federal – Brasilien. – 69 S.

Verwitterung und Bodenbildung in der Süd-Sahara, im Sahel und im Nord-Sudan.
Mit Beispielen aus Niger, Burkina Faso und Nord-Togo

Von JÖRG GRUNERT, Bonn

1. Einführung

1.1. Problemstellung

Die *Verwitterungsprozesse* im Übergangsbereich Süd-Sahara/Sahel, einer Zone, in der der Übergang von eindeutig reliktischen zu Jetztzeitböden erfolgt, sind wegen großer klimatischer Trockenheit naturgemäß schwer zu erfassen. Ein Ziel der vorliegenden, kurzen Abhandlung besteht darin, zumindest *Tendenzen* der aktuellen Verwitterung und Bodenbildung aufzuzeigen. Des weiteren wird auf *aktualistischem* Wege versucht, die *Reliktböden* der Wüste mit den *Jetztzeitböden* des Sahel und des Nord-Sudan zu vergleichen. Es darf gewiß unterstellt werden, daß die südsaharischen Reliktböden unter einem sahelischen (pluvialzeitlichen) Vorzeitklima entstanden sind. Dabei erhebt sich jedoch die Frage, ob die heutigen sahelischen und ggf. nord-sudanischen Böden wirklich Jetztzeitböden darstellen oder teilweise selbst schon reliktische Merkmale aus einem noch feuchteren vorzeitlichen Bildungsklima enthalten.

Die klimazonale Betrachtungsweise wird zusätzlich erschwert durch die Berücksichtigung regionaler, *substrat*bezogener Besonderheiten. Entsprechend der geologischen Verhältnisse im Untersuchungsgebiet werden einige Bodenprofile auf Altdünen-Sand, dem am weitesten verbreiteten Substrat, und zwei Profile auf Granit vorgestellt. Die Bodenprofile auf dem in West-Niger und im östlichen Burkina Faso ebenfalls weit verbreiteten Continental Terminal sind derart flachgründig und wenig aussagekräftig, daß auf eine Darstellung hier verzichtet wird.

Der für die Bodenbildung ebenfalls wichtige *Zeitfaktor* wird insofern berücksichtigt, als nach Möglichkeit nur jungquartäre Böden untersucht und miteinander verglichen werden. Das hierfür am besten geeignete Substrat stellen zweifellos die Altdünen-Sande dar, die zeitlich bekannten Bildungsperioden zugeordnet werden können. Die letzte große derartige Periode im Sahel war das Ogolien/Kanemien vor ca. 22 000–12 000 y.b.p. (MALEY, 1986; MICHEL, 1970; SERVANT, 1973 u.a.). Die auf solchen Dünen weit verbreiteten Böden können sich erst nach dieser extrem ariden Periode unter viel feuchteren, dem heutigen Sahelklima ähnlichen Klimaverhältnissen gebildet haben.

1.2. Forschungsstand

Die Existenz von feuchtzeitlichen *Paläoböden in der Sahara* ist heute unbestritten. Eine ganze Reihe von Arbeiten bestätigen dies. Angeführt seien hier nur die schon „klassischen" Untersuchungen von KUBIENA (1953) und DUTIL (1971) sowie Arbeiten jüngsten Datums von SKOWRONEK (1987) und VOGG (1985). Als ebenso gesichert kann heute die zeitliche Übereinstimmung solcher Paläoböden mit ausgedehnten *pluvialzeitlichen Seebildungen* in den abflußlosen Becken der südlichen Sahara gelten. Speziell für den Ost-Niger liegen die umfassenden Arbeiten von SERVANT (1973) und BAUMHAUER (1986) vor. Als wichtigste Seenperiode gilt der Zeitraum von ca. 10 000–7500 y.b.p., der nach dem damaligen 320m-Hochstand des Tchadsees von SERVANT (1973) als *„tchadien"* bezeichnet wird.

Nach der detaillierten *Paläo-Klimakurve von* SERVANT, die hier stellvertretend für eine Anzahl ähnlicher, von verschiedenen Autoren publizierten Klimakurven zitiert werden soll, folgt auf das „tchadien" eine erneute Trokkenperiode (ca. 7500–6500 y.b.p.), danach das relativ feuchte Neolithikum (ca. 6500–3500 y.b.p.) und schließlich die erneut trockenere „Gegenwart" ab ca. 3500 y.b.p. Die gleiche Abfolge von jungpleistozänen – holozänen Klimazyklen läßt sich beispielsweise auch am unteren Senegal nachweisen (MICHEL 1970).

Die prä-neolithische Trockenperiode war im Vergleich zum langen Zeitraum des Ogolien/Kanemien zwar nur von kurzer Dauer, jedoch nach neueren Erkenntnissen ebenfalls scharf ausgeprägt. Diese wird durch eine erneute, großräumige Dünenmobilisierung belegt, die nahezu den gesamten Sahel bis zur heutigen 500mm-Isohyete erfaßte und nach der Beschreibung französischer *Bodenkundler* (BOCQUIER & GAVAUD 1964, GAVAUD 1967) den *„erg recent"* darstellen soll. Die ausgedehnten, aus dem Ogolien/Kanemien stammenden Dünenfelder des Sahel waren um jene Zeit bereits Altdünen und werden daher folgerichtig als *„erg ancien"* bezeichnet. Die geomorphologischen Beschreibungen der Altdünen von BOCQUIER und GAVAUD lassen jedenfalls eindeutig eine ogolien/kanemienzeitliche Entstehung vermuten, auch wenn eine andere Interpretation gegeben wird. Danach soll der „erg ancien" schon viel früher, in einer langen, nur vage definierten Trockenperiode von ca. 100 000–50 000 y.b.p. und der „erg recent" im Ogolien/Kanemien, d. h. von ca. 22 000–12 000 y.b.p. entstanden sein. In der prä-neolithischen Trockenperiode hätte demnach keine großräumige Dünenmobilisierung mehr stattgefunden.

Ungeachtet der widersprüchlichen Altersgliederung der Dünen-„Generationen" steht fest, daß die Dünenfelder des alten Erg in einer extremen und zweifellos lang anhaltenden Trockenperiode des Jungpleistozäns bis etwa zur heutigen 800-mm-Isohyete nach Süden vorrückten und somit den Nord-Sudan erreichten. Inwieweit sie in dieser Zeit tatsächlich neu entstanden oder nur aus der Umlagerung älterer Dünensande hervorgingen, ist zur Zeit noch umstritten. Entgegen der Meinung von BOCQUIER und GAVAUD vertreten aber die meisten *Geomorphologen* (GROVE 1958, MICHEL 1970, WARREN 1970) die Auffassung, es handle sich bei den am weitesten nach Süden vorgerückten

Dünen um solche des Ogolien/Kanemien. Die Bedeutung der Altdünen als Klimaindikatoren wird indes von allen gleich beurteilt. Beruhend auf der heutigen Situation am Südrand der Sahara, wird die 100-mm-Isohyete als ungefähre Grenzlinie der flächenhaften Dünensandbewegung unter *natürlichen* Bedingungen angesehen. Dies hieße aber, in aktualistischer Sicht, an der heutigen Südgrenze der Altdünenverbreitung eine Verminderung des Jahresniederschlages um ca. 700 mm während des Höhepunktes der ogolien/kanemienzeitlichen Trockenperiode anzunehmen.

In zahlreichen Arbeiten hat jedoch insbesondere MENSCHING (MENSCHING & al. 1970, MENSCHING 1974, 1979, 1983) darauf aufmerksam gemacht, daß es wegen des fortschreitenden Desertifikationsprozesses im Sahel natürliche Bedingungen eigentlich nicht mehr gibt und daher die klimatische Festlegung einer solchen Südgrenze unmöglich sei. Er bezweifelt, ob die Anwehung der Altdünenfelder überhaupt in ariden Klimaperioden erfolgt sein müsse, oder ob nicht etwa die periodisch auftretenden Dürren der Gegenwart ausreichten, an günstigen Stellen Dünensande zu mobilisieren, zu verlagern und zu neuen Dünen aufzuwehen. Folgerichtig schlägt er daher vor: . . . „auch die Dünenentstehung in der Sahelzone als eine morphogenetische Sequenz mit polygenetischer Entwicklung aufzufassen." (MENSCHING 1979, S. 77). Im Gegensatz zu den übrigen genannten Autoren wird damit der Aussagewert des sahelischen Altdünengürtels als Anzeiger für vorzeitliche aride Klimaperioden in Frage gestellt.

Unter solchen Bedingungen dürfte es zumindest im Nord-Sahel schwerfallen, Paläoböden auf Dünensand zu finden und außerdem den Grad der aktuellen Bodenbildung nachzuweisen. Paläoböden sind jedoch eindeutig vorhanden, wie jüngste Untersuchungen von VOGG (1985) aus Nordost-Mali und von FELIX-HENNINGSEN (1983, 1984) aus Nord-Kordofan zeigen.

Das östliche Azaouad, in dem nur ca. 50 mm Regen im Jahresmittel (Nd./a) fallen, liegt im Übergangsbereich Sahara/Sahel. Nach VOGG (1985) tragen die mobilen Dünensande ±Rohböden, (eutric) *Arenosols,* während alluviale Sanddecken des gleichen Gebiets ein zweigliedriges Bodenprofil besitzen. Unter einem 15–30 cm mächtigen, sterilen Yermosol, der den Jetztzeitboden darstellt, folgt, durch eine scharfe Grenzfläche getrennt, ein bis 100 cm tief reichender, gut strukturierter *Vorzeitboden.* VOGG deutet ihn als „*cambic Arenosol",* der durchaus Merkmale einer mitteleuropäischen Braunerde besitzt.

Im Gebiet des Djebel Tumsa in Nord-Kordofan fallen dagegen ca. 200 mm Niederschlag im Jahresmittel; das Klima ist nord-sahelisch. FELIX-HENNINGSEN, (1983, 1984) beschreibt Böden auf den Dünen des „hohen" und „niederen Goz", die einen völlig unterschiedlichen Entwicklungsgrad besitzen. Der *typische Boden des „hohen Goz"* ist eine schwach entwickelte Braunerde vom Typ eines „*cambic Arenosols"* (FAO). Nach der französischen (O.R.S.T.O.M.) Klassifikation wäre er als „sol brun subaride", oder gar nur als „sol brun isohumique" zu bezeichnen. Im Unterschied zu dem von VOGG beschriebenen „cambic Arenosol", hält FELIX-HENNINGSEN diesen Boden jedoch für einen Jetztzeitboden.

Ein völlig anderes Aussehen besitzt hingegen der Boden auf einer benachbarten Altdüne des *„niederen Goz"*. Der am Mittelhang über 1 m mächtige, rotbraune Dünensandboden (5 YR ⁴/8–³/6) läßt deutliche Ton- und Sesquioxidverlagerung sowie basale Karbonatanreicherung unmittelbar über der Hangschuttdecke aus Kristallingestein erkennen. Nach FELIX-HENNINGSEN stellt er einen *Feuchtzeitboden* dar, der sich nur in einem „semihumiden bis humiden (!) Klima" gebildet haben konnte. Systematisch wäre er als *„rubefizierte Parabraunerde"* einzuordnen. Nach dem französischen Klassifizierungssystem von O.R.S.T.O.M. handelt es sich um einen *„sol brun eutrophe"* (Parabraunerde), oder gar um einen *„sol ferrigineux tropical peu lessivé"*.

Sowohl „hoher", als auch „niederer Goz" bezeichnen nach WARREN (1970) *Altdünenlandschaften.* Der Beschreibung nach sind die beiden Begriffe identisch mit den Bezeichnungen „erg recent" für hohe, junge Dünen und „erg ancien" für niedrige, alte Dünen im zentral- und westafrikanischen Sahel. Vgl. hierzu den Beitrag von B. GLÄSER in diesem Band.

Nach der *Bodenkarte des Niger* im M. 1:500000 (Carte Pédologique de Reconnaissance de la Rép. du Niger) tragen die Altdünenfelder des Nord-Sahel heute verbreitet braune Steppenböden (sols bruns subarides), diejenigen des Süd-Sahel dagegen rotbraune bzw. rubefizierte Savannenböden (sols ferrugineux tropicaux peu ou non lessivés). Es handelt sich hier aber nicht generell um Jetztzeitböden. Dies geht aus den Arbeiten von BOCQUIER & GAVAUD (1964) und GAVAUD (1967) über Niger, aber auch von PIAS (1968) über das Tchadbecken und von BOULET (1978) über das östliche Burkina Faso hervor. Übereinstimmend werden die „sols ferrugineux tropicaux" als Vorzeitböden angesehen, die sich nur unter einem sudanischen Klima mit mehr als 1000 mm Niederschlag gebildet haben konnten. Gegenwärtig müßten sie im Sinne von BÜDEL (1977) einer „traditionalen Weiterbildung" unterliegen.

Die *Böden des Sudan,* allerdings auf kristallinem Untergrund, sind indes auch keineswegs einheitlich aufgebaut, sondern besitzen im Vergleich zu denen im Sahel eine eher noch kompliziertere Genese. Der basale Abschnitt der Bodenprofile unter Savannenvegetation stellt in der Regel ein *ferrallitisches Zersatzprofil* dar, das sich nur unter einem feuchttropischen Vorzeitklima langer Dauer gebildet haben konnte. Dies belegen BOCQUIER (1971) und PIAS (1968) für den Tchad, FÖLSTER (1971) und ROHDENBURG (1977) für Nigeria, BOULET (1978) und LEPRUN (1971) für Burkina Faso und SEMMEL (1982) für die Zentralafrikanische Republik. SEMMEL beispielsweise kommt zu dem Ergebnis, die mächtigen Verwitterungsprofile der wechselfeuchten Tropen Afrikas ließen nahezu keine Unterschiede erkennen. Dies trifft nach ihm selbst für den heutigen Oberboden zu, der einheitlich braunerdeähnliche Züge trägt. Auf jüngeren Hangsedimenten sind in der Regel ausschließlich „saure, braune Böden vom Lessivé-Typ" bzw. *„Acrisols"* nach der F.A.O.-Systematik entwickelt. Sie entsprechen den *„sols bruns eutrophes"* der Klassifikation von O.R.S.T.O.M.

Eine wesentliche Bereicherung der Kenntnisse über vorzeitliche und gegenwärtige Verwitterungsvorgänge auf kristallinem Untergrund im Sahel und Sudan stellen die bodenkundlichen Arbeiten von BOCQUIER (1971) aus dem

Süd-Tchad und von seinem Schüler BOULET (1978) aus dem östlichen Burkina Faso dar. Ausgehend von der bekannten Tatsache, daß eine klimazonale Abhängigkeit der Bodenbildung besteht, daß aber andererseits auf engem Raum große reliefbedingte Unterschiede von Bodentypen auftreten können, untersuchen sie die stofflichen Wechselbeziehungen innerhalb einiger ausgewählter *Toposequenzen* in vertikaler und insbesondere in horizontaler (lateraler) Sicht. Es ergeben sich auf flachen Hängen am Fuß von Inselbergen folgende Modelle:

1. Im *immerfeuchten Tropenklima* mit mehr als 1600 mm Nd./a. kommt es am Oberhang zu Allitisierung und Gibbsitbildung. Die freigesetzten Si- und Al-Ionen wandern größtenteils zum Unterhang, wo sie sich anreichern und zur Kaolinitbildung führen. Auf allen Hangabschnitten bilden sich *„sols ferrugineux ou ferrallitiques"*.
2. Im *süd-sudanischen Klima* mit ungefähr 1300 mm Nd./a. entwickeln sich nach BOULET (1978) Catenen mit *„sols ferrugineux tropicaux"* am Oberhang und *„sols hydromorphes vertiques"* am Unterhang.
3. Im *nord-sudanischen Klima* mit ca. 900 mm Nd./a. entstehen Catenen mit immer noch FeO-reichen *„sols bruns eutrophes"* (Parabraunerden im Sinne von SEMMEL [1982]) am Oberhang und montmorillonitreiche *„vertisols"* am Unterhang (BOULET 1978).
4. Im *süd-sahelischen Klima* mit ungefähr 450 mm Nd./a. bilden sich auf allen Hangabschnitten relativ flachgründige, montmorillonitische *„sols bruns subarides"*, die man, je nach Ariditätsgrad des Klimas, als voll- oder gering entwickelte Braunerden bezeichnen kann. Das *„eluvial-illuviale System"* (BOULET 1978) mit einer lateralen, hangabwärts gerichteten Dynamik ist unter diesen trockenen Klimaverhältnissen nicht mehr wirksam.

Die „sols bruns subarides" überlagern im Sahel von Burkina Faso (auf Kristallingestein) häufig Catenen mit „sols bruns eutrophes" und „vertisols, die deshalb als *reliktisch*, d. h. als Erbe eines feuchteren Vorzeitklimas anzusehen sind. BOULET führt als Beweis dafür die gegenwärtig fehlende regenzeitliche Durchfeuchtung der Basis des Bodenprofils an, wodurch chemische Umsetzungen dort praktisch nicht mehr stattfinden könnten. Nach dem Schema von BOCQUIER und BOULET würden zur Bildung der erwähnten Catenen, die heute in einer Klimazone mit 400–500 mm Nd./a. liegen, mindestens doppelt so hohe Niederschläge, also etwa 900 mm Nd./a. benötigt werden. BOULET (1978) hält die frühholozäne Feuchtperiode, das „tchadien", als Bildungszeitraum für wahrscheinlich, schließt jedoch eine wesentlich ältere Anlage und eine mehrzyklische Bodengenese nicht aus. Bei der Zuordnung zum „tchadien" hieße dies, daß im Zeitraum von ca. 10000–7500 y.b.p. im Süd-Sahel von Burkina Faso ein um 400–500 mm Nd./a. feuchteres Klima, d.h. ein voll sudanisches Klima mit 800–1000 mm Nd./a. geherrscht haben müßte. Gestützt wird diese Annahme durch den Befund, daß sich im gesamten Sahel die jüngsten Sesquioxidverlagerungen in den Bodenprofilen mit nachfolgender Erosion und Lateritkrustenentstehung in der gleichen Zeit ereignet haben (MICHEL 1970; PIAS 1968; ROHDENBURG 1977; ZEESE 1983).

1.3. Klima

Das Klima in der Süd-Sahara, im Sahel und Sudan wird das ganze Jahr über von *tropischen Luftmassen* bestimmt. Im Winterhalbjahr ist dies kontinentale Tropikluft, die vom Harmattan aus Nordost, im Sommerhalbjahr maritime Tropikluft, die vom Guinea-Monsun aus Südwesten herangeführt wird. Beide Winde zeichnen sich durch Beständigkeit aus. Der *Harmattan* bzw. Nordostpassat erreicht bei Kaltlufteinbrüchen häufig Sturmstärke und ist im Sahel und Sudan wegen seiner *erodierenden Wirkung* auf den Boden gefürchtet (BARTH 1982). Der Himmel ist im Winterhalbjahr meist wolkenlos, doch infolge des häufig auftretenden Trockennebels (brûme sèche) wird die Einstrahlung stark vermindert. Ungeachtet dessen erreichen die *Temperaturen* gerade im Frühjahr extrem hohe Werte. Im April und Mai liegt insbesondere der Sahel unter einer Hitzeglocke mit täglichen Maxima von über 40° und morgendlichen Minima um 30°. In dieser Zeit, dem Ende und zugleich Höhepunkt der Trockenzeit, werden die höchsten Verdunstungswerte des Jahres erreicht.

Die *Monsunströmung* dagegen ist feucht und deutlich kühler und verursacht im Frühsommer zunehmende Wolkenbildung. Die ersten Regen im Mai oder Juni fallen, ähnlich wie die letzten Ende September, in Form heftiger Gewittergüsse. Die Gewitter treten in Fronten auf, den sog. *lignes de grains,* die mit der tropischen Ostströmung rasch westwärts wandern. Sie werden immer durch eine *Böenwalze* mit Windgeschwindigkeiten von teilweise über 100 km/h eingeleitet, die auf allen vegetationsfreien Flächen, insbesondere auf den für die Aussaat vorbereiteten Hirsefeldern, große *Deflationsschäden* verursacht. Die Luft ist 10–20 Minuten lang völlig stauberfüllt; die Sichtweiten fallen im Süd-Sahel auf Werte um 100 m, im Nord-Sahel auf 30–50 m ab. Unmittelbar auf die Böenwalze folgt der Regen, der anfangs als großtropfiger Starkregen fällt und infolge des Windes im flachen Winkel auf den Boden trifft. Dies führt auf ungeschützten Oberflächen, beispielsweise auf pedogen verfestigten Altdünenrücken, nach anfänglichem schichtflutartigen Abkommen rasch zu *Erosionsschäden* durch Runsenbildung. Sowohl Wassererosion, als auch insbesondere Winderosion stellen demnach sehr wirksame limitierende Faktoren für die Bodenbildung im Sahel dar.

Die nachfolgend abgebildeten *Klimadiagramme* zweier ausgewählter Stationen des Untersuchungsgebietes (Abb. 1a und b) geben einen Überblick über die monatlichen und jährlichen Niederschlagssummen während der letzten 25 Jahre. Auf die Darstellung von Klimadiagrammen aus der Süd-Sahara und dem Nord-Sahel wird hier verzichtet.

Zinder repräsentiert das voll sahelische Klima von Zentral-Niger und Sansanne Mango das nord-sudanische Klima von Nord-Togo. Aus dem Vergleich der Diagramme werden sowohl die unterschiedliche *Intensität und Dauer der Regenzeit* in den einzelnen Klimazonen, als auch die großen *jährlichen Schwankungen* besonders im Sahel ersichtlich. Weiterhin zeichnet sich in den Diagrammen eine *tendenzielle Abnahme* der jährlichen Niederschläge in den siebziger und achtziger Jahren gegenüber dem Jahrzehnt von 1960–1970 ab, die noch deutlicher erschiene, wenn das (feuchte) Jahrzehnt 1950–1960 mitbe-

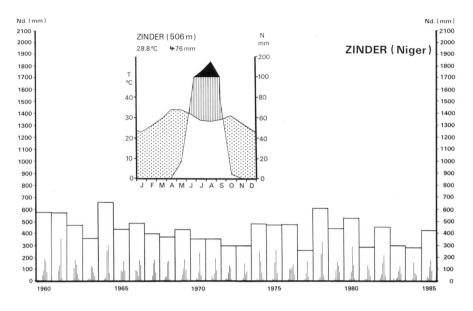

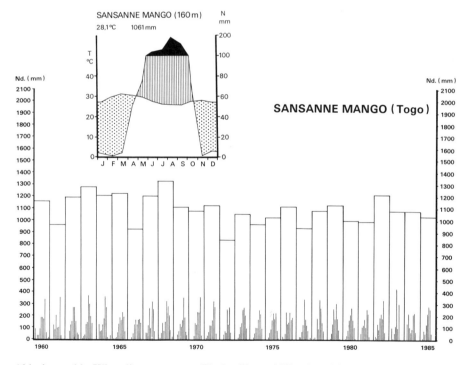

Abb. 1 a und b: Klimadiagramme von Zinder (Zentral-Niger) und Sansanne Mango (Nord-Togo). (Entwurf Erdmann/Grunert) Quellen: Ann. Mét. du Niger 1980–1985, Rép. du Niger: Précipitations journalières de l'origine des stations à 1965, Deutscher Wetterdienst: Seewetteramt, WALTER & LIETH (1960): Klimadiagramm-Weltatlas.

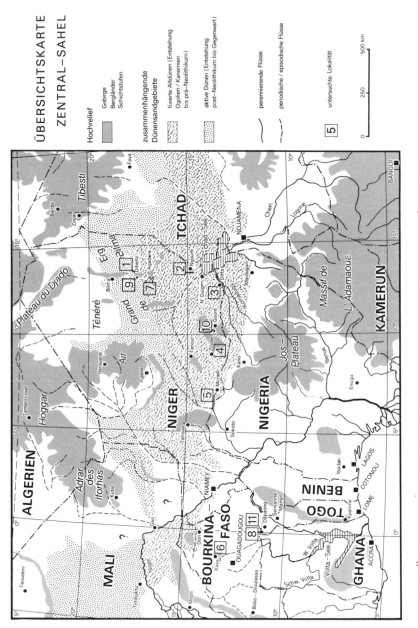

Abb. 2: Übersichtskarte des Untersuchungsgebietes mit der Lage der Bodenprofile. In der vorliegenden Abhandlung werden nur die Profile 1, 4, 5, 6, 9 und 11 erläutert. Die Profile 2, 3, 6, 7, 8 und 10 sind nicht dargestellt. (Entwurf Grunert)

rücksichtigt worden wäre. Alle drei Faktoren sind für das Verständnis der gegenwärtigen Verwitterungs- und Abtragungsprozesse wichtig.

2. Die untersuchten Böden

2.1. Böden auf Altdünen

2.1.1. Dibella (Ost-Niger), Profil 1

Das dargestellte Geländeprofil stammt aus dem Hinterland der isoliert im südlichen Erg von Bilma gelegenen Schichtstufe von Dibella und zeigt *drei Dünen-Generationen* (VÖLKEL 1987):

- älteste, stark abgeflachte Dünen, die einen rotbraunen Fossilboden tragen und nur in den Senken zwischen jüngeren Dünen zutage treten,
- jüngere, erniedrigte Dünnen, die in ihrer Gesamtheit ein sanftes Rückenrelief bilden und landschaftsbestimmend sind. Ihre Oberfläche ist zu einem ganz schwach verbraunten (cambic) Regosol bzw. „sol brun isohumique" (O.R.S.T.O.M.) verwittert.
- jüngste, aktive und daher völlig unverwitterte Dünen, die scharfe Grate besitzen und in Passatrichtung orientierte, kilometerlange Längsdünenzüge bilden. Ihre *Südgrenze* liegt gegenwärtig unmittelbar südlich Dibella (17° 30′ N.), etwa an der 30-mm-Isohyete.

Das Mindestalter der *ältesten Dünensande* beträgt 7085 ± 340 y.b.p. (Hv. 14 482). Datiert wurde Holzkohle aus der Wand einer Profilgrube in 40 cm Tiefe. Der Wert stimmt mit den Altersangaben der Seesedimente in der abflußlosen Depression auf der Westseite der Schichtstufe von Dibella gut überein, die nach BAUMHAUER (1987) zwischen 9785 ± 75 y.b.p. (Hv. 14 025) und 5370 ± 100 y.b.p. liegen. Eine der *frühholozänen („tchadien") Seenperiode* vorausgegangene Bodenbildung wurde mit 10 230 ± 245 y.b.p. (Hv. 14 026) datiert. Die Zuordnung des untersuchten Fossilbodens im Dünengelände auf der Ostseite der Schichtstufe zur großen Feuchtzeit des „tchadien" erscheint daher gesichert.

Die Entstehung und Überdauerung eines zeitweilig 30 m tiefen Sees über etwa 3 Jahrtausende läßt sich nur mit ausgeprägt pluvialzeitlichen Klimaverhältnissen erklären. Gegenwärtig fallen kaum 30 mm Nd./a Ein vermutlich sahelisches Klima von relativ kurzer Dauer (ca. 5000 Jahre) hat zu der intensiven Bodenbildung geführt. Die ältesten Dünen, die den Boden tragen, entstanden in der vorausgegangenen extremen Trockenperiode des Ogolien/Kanemien, d.h. im Zeitraum von ca. 22 000–12 000 y.b.p. Sie wären im Sinne von GAVAUD (1967) als Dünen des „erg ancien", die Dünen der mittleren Generation dagegen als „erg recent" zu bezeichnen. Diese Namen beziehen sich nur auf die Form der Dünen, nicht auf die abweichende Altersgliederung von GAVAUD (s. Kap. 1.2).

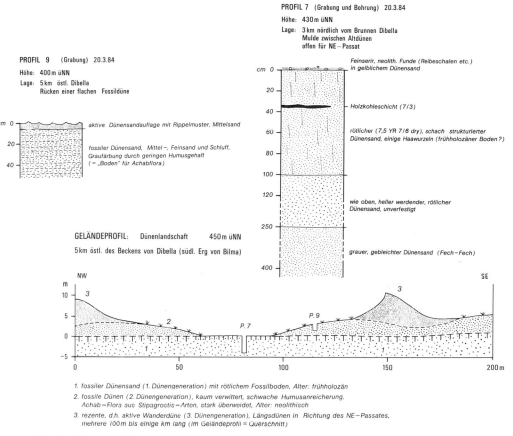

Abb. 3: Geländeprofil der Altdünenlandschaft von Dibella (Ost-Niger) mit der Lage der Bodenprofile. (Entwurf Grunert)

Der *rotbraune* (7,5 YR $^7\!/_6$) *Fossilboden* besitzt folgende *Merkmale* (VÖLKEL 1987): Er besteht ganz überwiegend aus Mittelsand, enthält jedoch im Vergleich zum jüngeren, mutmaßlich neolithischen Boden (P.9) einen deutlich höheren Schluff- und sogar einen geringen Tongehalt von 1 %. Der Ton ist fast rein kaolinitisch. Eisenoxid- und Carbonatgehalt, Salzgehalt und Gehalt an organischer Substanz ergeben Werte von weit unter 1 %. Der pH-Wert liegt im Neutralbereich. Eine Gefügebildung ist durch senkrecht verlaufende Risse angedeutet. Die Quarzkörner besitzen jedoch eine, unter dem Binokular-Mikroskop erkennbare Ummantelung mit Tonsubstanz, die auf eine ehemals schwache Tonneubildung hinweist (Bv). Eine Tonverlagerung fehlt; ein Bt-Horizont ist nicht zu erkennen.

Systematisch wäre der Boden als *„cambic Arenosol"* (F.A.O.) bzw. mäßig entwickelter *„sol brun subaride"* (O.R.S.T.O.M.) einzuordnen; der A-Horizont ist gekappt. Es handelt sich somit um den gleichen Bodentyp, den VOGG (1985) aus dem klimatisch etwas feuchteren Azaouad (ca. 50 mm Nd./a.) beschreibt.

Der Reliktboden auf dem „niederen Goz" in Nord-Kordofan (FELIX-HEN-NINGSEN 1983, 1984) ist dagegen wesentlich besser entwickelt und zeigt eindeutige Lessivierungserscheinungen. Nach BOULET (1978) und GAVAUD (1967) findet man voll entwickelte „sols bruns subarides" im Sahel als Jetztzeitböden erst bei ca. 450 mm Nd./a. Der vergleichsweise schwach entwickelte Fossilboden von Dibella könnte demnach unter einem Niederschlagsregime von 300–400 mm/a. bei sahelischem Klimatyp entstanden sein. Im Unterschied dazu wird für den *„sol brun isohumique"* mit flachem AC-Profil auf den sanften Dünenrücken der *mittleren,* ebenfalls fossilen *Dünen-Generation* von Dibella ein sahelisches Bildungsklima von höchstens 150 mm Nd./a. angenommen. Der Boden entstand wahrscheinlich im Neolithikum (ca. 6500–3500 y.b.p.) auf den vermutlich prä-neolithisch (7500–6500 y.b.p.) aufgewehten Dünen. Nach den seltenen Regenfällen kommt hier eine niedrige Gras-Kraut Flora auf, die als Kamelweide dient – ein Beleg für eine anhaltende, schwache Pedogenese in der Gegenwart. Die jüngsten, *aktiven Längsdünenzüge* bleiben dagegen vegetationslos. Eine Bodenbildung wird durch die häufigen Sandumlagerungen bei Nordost-Passat völlig unterbunden.

2.1.2. Zinder (Zentral-Niger), Profil 4

Dieses Bodenprofil wurde an der Nationalstraße, 80 km östlich Zinder aufgenommen. Das flachwellige *Altdünenrelief* trägt eine stark degradierte Dornsavannenvegetation, in der Leptadenia-Büsche vorherrschen; den Unterwuchs bildet eine Decke aus niedrigem Cram-Cram-Gras. Die Dünen wiesen Ende März 1984 deutliche Deflationsspuren auf; der Oberboden ist daher mit Sicherheit gekappt. Vermutlich handelt es sich um einen *Jetztzeitboden,* denn die Niederschläge betragen im Raum Zinder immerhin 450 mm/a.

Der Boden besitzt folgende *Merkmale:* Die Horizontierung in einen grauen (7,5 YR $^5/_4$), sandigen, schwach humosen Oberboden (A) und einen rötlichen (5 YR $^5/_8$), ebenfalls sandigen, verfestigten Unterboden (B) mit säuligem Absonderungsgefüge ist gut erkennbar. Beide Horizonte sind stark durchwurzelt und von zahlreichen Tiergängen durchzogen, d. h. deutlich bioturbat geprägt. Die Körnungsanalyse ergibt für alle Horizonte ca. 65% Mittelsand und 30% Feinsand. Die Mittelsanddominanz weist das Substrat, auf Grund zahlreicher weiterer Analysenergebnisse aus dieser Region, als typischen Dünensand aus (MAINGUET & CALLOT, 1978). Es ist daher mit den Altdünensanden von Dibella gut vergleichbar. Der Unterboden enthält 4,6% kaolinitischen Ton, der größtenteils durch Verwitterung des Dünensandes entstanden sein dürfte (Bv). Der Dünensand enthält 5% Schluff und weniger als 1% Ton mit deutlicher Smektitvormacht. Der erhöhte Tongehalt und eine erkennbare Sesquioxidanreicherung im Bv-Horizont deuten außerdem auf eine schwache Lessivierung hin.

Der Boden ähnelt typologisch dem rubefizierten Fossilboden von Dibella. Er kann ebenfalls als *„cambic Arenosol"* (F.A.O.) bzw. *„sol brun subaride"* (O.R.S.T.O.M.) eingestuft werden. Sein Entwicklungszustand ist jedoch etwas besser als der des Bodens von Dibella. Auf Grund der Lessivierungsspuren könnte er sogar als schwach entwickelter *„luvic Arenosol"* bezeichnet werden.

Nach BOULET (1978) müßte es sich um einen *typischen* „sol brun subaride" handeln, der sich ja bei 450 mm Nd./a. optimal bilden soll. Abweichend davon weist die Bodenkarte des Niger im M. 1:500000 von 1964/67, die von BOC-QUIER, BOULET und GAVAUD erstellt wurde, für das Gebiet östlich von Zinder *„sols ferrugineux tropicaux non ou peu lessivés"* aus. Erst weiter nördlich, im Nord-Sahel bei ca. 300 mm Nd./a. sind nach der Bodenkarte die „sols bruns subarides bzw. steppiques" verbreitet. „Ferruginisation". d.h. Ton- und Sesquioxidverlagerung bzw. – Anreicherung im Unterboden sowie Kaolinitbildung treten nach BOULET (1978) aber in größerem Umfang, allerdings auf Kristallingestein erst ab etwa 1000 mm Nd./a. auf. Dies würde heißen, daß der untersuchte Boden östlich Zinder als Reliktboden eingestuft werden müßte, was auf Grund der beschriebenen Merkmale und seines vermutlich geringen Alters schwerfällt. Nach GAVAUD (1967) liegt er auf Dünen des „erg recent", deren Südgrenze ja mit der heutigen 500 mm-Isohyete übereinstimmen soll und hätte damit nach meiner Deutung höchstens ein neolithisches Alter. Dies gilt aber nur, falls die Zuordnung zum „erg recent" wirklich richtig ist.

Nach Abwägung aller Argumente ist es wohl am ehesten zutreffend, den Boden weder als reinen Jetztzeitboden, noch als echten Reliktboden, sondern als *Jetztzeitboden mit teilweisem Reliktcharakter* einzustufen. Seine optimale Entwicklung hätte demnach unter pluvialzeitlichen Klimaverhältnissen während des Neolithikums stattgefunden. Die jährlichen Niederschläge lagen sicherlich nicht viel höher als heute, vermutlich zwischen 500 und 600 mm.

Zum Vergleich soll ein *weiteres Bodenprofil* auf Dünensand des „erg ancien", vorgestellt werden. Es liegt ebenfalls an der Nationalstraße, 80 km westlich von *Maradi* (Zentral-Niger), in einem Gebiet mit etwa 550 mm Nd./a. Das Bodenprofil ist über 1 m mächtig, im tiefrot gefärbten Unterboden (2,5 YR $^6\!/_8$) deutlich säulig strukturiert und durch Anreicherung mit Ton-Sesquioxiden im trockenen Zustand stark verbacken. Der Tongehalt steigt auf 9% an. Es handelt sich um einen *„sol ferrugineux tropical peu lessivé"*, der nach GAVAUD (1967) sowie der Bodenkarte des Niger typisch für die Dünen des „erg ancien", d.h. für die ältesten Dünensande sein soll und für seine Entstehung nach den Angaben von BOULET (1978) mehr als 1000 mm Nd./a. benötigt. Der Boden ist daher mit Sicherheit reliktisch und stammt wahrscheinlich aus der großen frühholozänen Feuchtzeit, dem „tchadien". BOULET (1978), MICHEL (1970) und PIAS (1968), die in verschiedenen Teilen des Sahel Böden und Lateritkrusten untersucht haben, kommen zu dem Schluß, daß während des „tchadien" die jährlichen Niederschläge im Süd-Sahel von gegenwärtig 500 mm auf gut 1000 mm/a. erhöht, d.h. gegenüber heute verdoppelt gewesen sein müssen.

Dieser Boden ist demnach nicht nur wesentlich besser entwickelt, sondern auch erheblich älter als der Boden von Zinder. Er ist aber wahrscheinlich altersgleich mit dem Fossilboden von Dibella, der sich ebenfalls auf ältesten Dünensanden des „erg ancien" gebildet hat und typologisch als „sol brun subaride" eingestuft wird. Unter Vorbehalt ist es daher möglich, eine „tchadien"-zeitliche Klimazonierung zu rekonstruieren, die, ähnlich der gegenwärtigen Zonierung, zwischen der Süd-Sahara (Dibella) und Süd-Sahel (Maradi) eine Differenz des Jahresniederschlags von ca. 500 mm aufwies.

2.1.3. Kaya (Burkina Faso), Profil 6

Dieses Bodenprofil auf Altdünensand liegt in der nördlichsten Sudan-Zone, 55 km nördlich von Ouagadougou, an der Piste nach Kaya in ca. 350 m Meereshöhe. Die Jahresniederschläge betragen etwa 750 mm. Die Piste quert ein Granithügelland, dessen Senken und besonders die dem Nordost-Passat zugewandten Unterhänge von Dünensand bedeckt sind. Der Sand wurde infolge periodischer Spülprozesse zu flach ansteigenden, glacisartigen Rampen umgeformt, die wegen ihrer dichten Runsenzerschneidung nicht leicht als fossile Dünenkörper anzusprechen sind. Sie liegen an der *Südgrenze der Altdünenverbreitung* in Burkina Faso. Die ehemals vorhandene Trockensavanne wurde gerodet, was zu einer starken, oberflächlichen Verfestigung des Dünensandes führte.

An der Wand einer 2,20 m tiefen Runse konnte ein *Bodenprofil* aufgenommen werden. Es zeigt folgenden Aufbau: Ein grauer, humoser Oberboden fehlt; das Profil ist daher eindeutig gekappt. Die Oberfläche bildet ein rötlicher (5 YR 5/6), sandiger, jedoch stark verkrusteter Horizont von 40 cm Mächtigkeit, der ein säuliges Gefüge aufweist. Der Tongehalt ist mit 12% auffallend hoch; dennoch dürfte er überwiegend aus der autochthonen Verwitterung des Dünensandes stammen, obwohl das Schwermineralspektrum, abweichend von allen untersuchten Profilen auf Altdünensand, noch einen nennenswerten Anteil an instabilen Mineralen (Epidot 11,5%) besitzt. Diese können nur aus dem umgebenden Granitgebiet stammen. Ein zusätzlicher Eintrag an Tonmineralen ist daher ebenfalls wahrscheinlich.

Die Tonfraktion besitzt eine große Kaolinitvormacht und ein SiO/AlO – Molverhältnis von 3,41 in 80 cm Tiefe, jedoch nur von 1,96 in 170 cm Tiefe. Daraus könnte ein allitischer Charakter der Profilbasis abgeleitet werden. Von 40–170 cm Tiefe folgt gelblicher (7,5 YR 5/6), nur schwach verfestigter Dünensand ohne erkennbare Gefügebildung. Der Tongehalt bleibt nahezu konstant bei 12%, der Schluffgehalt steigt jedoch auf 10–15% an. Die Bioturbation ist sehr gering. Der gesamte Horizont erscheint lessiviert. Er wird in 170–210 cm Tiefe von einem ebenfalls sandigen, verfestigten und auffallend reduktionsfleckigen Horizont unterlagert, dessen Tongehalt sich aber nicht ändert. Er kann daher nicht als Bt –, wohl aber als Staunässehorizont gedeutet werden (pH 6).

Mit scharfer Grenze folgt im Liegenden (210–220 cm) ein rötlicher (7,5 YR 5/6), stark verfestigter Horizont mit Eisenoxidkonkretionen, dessen ziemlich hoher Ton- und Schluffgehalt von je etwa 15% ihn als fossilen Bodenhorizont (Bf) ausweist. Eine Zugehörigkeit zum gesamten Profil als Bt-Horizont ist aber nicht auszuschließen. Der Horizont bildet die Sohle der Runse sowie der übrigen Runsen in der Nachbarschaft. Er stellt die örtliche Erosionsbasis dar. Ihn tiefer aufzugraben und damit die Basis des gesamten Profils zu erfassen, war nicht möglich. Der Dünensand liegt auf Granit unbekannter Verwitterungsart und – tiefe. In den vergleichbaren Bodenprofilen von Dori, im nördlichen Burkina Faso, die BOULET (1978) beschreibt, kommt an der Profilbasis über Granitschutt stets ein Kalkanreicherungshorizont vor.

Auch FELIX-HENNINGSEN (1983, 1984) beschreibt einen solchen Horizont in gleicher Position in dem reliktischen Bodenprofil von Nord-Kordofan. Er fehlt bei dem hier behandelten Profil von Kaya bzw. ist vermutlich vorhanden, aber nicht aufgeschlossen.

Typologisch läßt sich das Profil von Kaya nicht ohne weiteres mit den Profilen von Maradi und Zinder vergleichen. Wie bei Maradi, liegt es nach BOULET (1978) eindeutig auf Dünensand des „erg ancien" und besitzt daher vermutlich ebenfalls ein „tchadien"-zeitliches Alter; die Rubefizierung („ferruginisation") bzw. Ton-Sesquioxidverlagerung und -anreicherung ist jedoch eher schwächer ausgebildet, als bei dem Profil von Maradi, obwohl sie wegen der südlicheren Lage von Kaya eigentlich stärker sein müßte. Es fällt daher schwer, das Kaya-Profil als reliktisch zu deuten. Wie bei Zinder, käme hier eher die Deutung als *Jetztzeitboden mit teilweisem Reliktcharakter* in Frage. Typologisch stellt er einen *„luvic Arenosol"* (F.A.O.) bzw. die Übergangsform eines „sol brun subaride" zu einem „sol brun eutrophe" dar (BOULET 1978). Im Sinne von SEMMEL (1982) wäre er als „tropische" Parabraunerde zu deuten.

2.2. Böden auf Granit

2.2.1. Dibella (Ost-Niger), Profil 9

Im Südteil der abflußlosen Depression von Dibella steht auf kleiner Fläche ein *verwitterter Granit* an, der auffallend große Kalifeldspat-Kristalle enthält (FAURE 1966). Im Dünnschliff zeigen die Feldspäte alle deutliche Spuren von Lösung, Umkristallisation und Mineralneubildung (z.B. Illit aus Kalifeldspat). Der Quarz, der den Granit zu zwei Dritteln aufbaut, ist unverwittert. Der Verwitterungsgrad ist insgesamt nur als mäßig zu bezeichnen. Dafür spricht auch ein ungewöhnlich hohes SiO/AlO-Molverhältnis von etwa 6 in der Tonsubstanz des Granitgruses. Der hohe Wert ist indes nur zum Teil verwitterungsbedingt. Nach BAUMHAUER (1986) geht er wesentlich auf die Infiltration mit kieselsäurereichem Wasser während der früh- bis mittelholozänen Seebildung im Becken von Dibella zurück. Von etwa 9500–5500 y.b.p. (BAUMHAUER 1987) lag der Granit unter Wasser; die Verwitterung war infolge reduzierender Bedingungen sicherlich weitgehend unterbunden. Das gleiche gilt, wegen allzu großer Trockenheit, auch für die Periode des Ogolien/Kanemien (ca. 22000–12000 y.b.p.), so daß nur relativ kurze Abschnitte des Holozäns verwitterungsaktiv gewesen sein konnten. Vermutlich reicht die Verwitterung des Granits aber erheblich weiter in das Quartär zurück.

Auf dem Granit ist ein 40 cm mächtiger, graugrüner, sandiger *Paläoboden* entwickelt, der im obersten Teil eine Schaumstruktur aufweist. Der grusreiche Unterboden ist stark verfestigt und kaum strukturiert. Er enthält zahlreiche Muskovit-Plättchen – ein Beleg für den relativ geringen Zersetzungsgrad. Aus dem illitreichen Unterboden haben sich kaum Wechsellagerungsminerale, sondern Kaolinit im Oberboden gebildet. Hierbei ist aber auch beträchtlicher äolischer Fremdeintrag (Dünensand) beteiligt. Mit Vorbehalt wäre aus den

Angaben eine Verwitterung tropischen Typs mit schwach siallitischem Charakter abzuleiten, die ein zumindest periodisch feuchtes Bildungsmilieu voraussetzte. Die jährlichen Niederschläge lagen vermutlich um, oder etwas über 300 mm. Diese Menge wird als ungefährer Grenzwert für die Seebildung im Becken angenommen. Wegen der günstigen Bodenfeuchteverhältnisse am Beckenboden im Vergleich zum höher gelegenen Umland (Altdünenrelief) ist der Boden als Paläoklima-Anzeiger jedoch nur bedingt geeignet. Für die Entstehung des Palöobodens auf dem älteren Altdünensand von Dibella wird ja ein „tchadien"-zeitlicher Jahresniederschlag von 300–400 mm vermutet (vgl. Kap. 2.1.1).

2.2.2. Dapaong (Nord-Togo), Profil 11

Das Verwitterungsprofil auf grobkristallinem, migmatitischem Granit wurde an der Wand einer Straßenbaugrube an der Nationalstraße von Togo nach Burkina Faso, ca. 30 km nordwestlich von Dapaong aufgenommen. Das Klima ist voll sudanisch mit knapp 1000 mm Jahresniederschlag bei einer gut sechsmonatigen Regenzeit. Das flachwellige Granitrelief wird von Muldentälchen zerschnitten. Es wird sowohl von niedrigen, kahlen Schildinselbergen, als auch

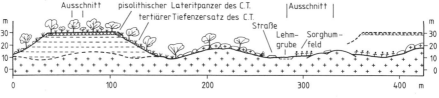

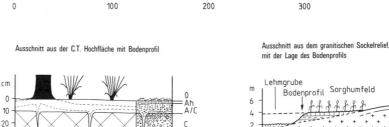

Abb. 4: Geländeprofil und Ausschnitt-Profile nordwestlich von Dapaong (Nord-Togo). Das in Abb. 5 dargestellte Bodenprofil gehört zum rechten Ausschnitt-Profil. (Entwurf Grunert)

von 20–30 m hohen, mesaartigen Resten des Continental Terminal überragt. Sie bilden eine mittel-jungtertiäre Reliefgeneration auf der alttertiären, granitischen Rumpffläche. Das. C. T. besteht aus einer ca. 1 m mächtigen Eisenkruste auf tonreichem, kaolinitischem Zersatz.

Das Bodenprofil besitzt folgenden Aufbau:

Der dunkelgraue A-Horizont ist ca. 30 cm mächtig und durch den intensiven Sorghum-Anbau sicherlich verändert worden. In 30–50 cm Tiefe folgt ein hellgrauer (10 YR %), dichter Horizont mit 26,5 % Ton, der lessiviert erscheint (Ae). Darunter folgt, bis in 100 cm Tiefe, ein von gelblichen und rötlichen Flecken durchsetzter, stark verdichteter Horizont mit 39 %(!) Ton. Er wird als Bt-Horizont interpretiert. Gleiches gilt für den liegenden, bis 140 cm Tiefe reichenden Horizont, dessen Feinboden sogar 43 % Ton enthält. Durch Einlagerung von zersetzten Granitbruchstücken wirkt er aber heterogen (B/C). Sehr homogen, nämlich aus grünlich aussehendem (2,5 YR ⁷/₄), tonreichen Lehm (38 % Ton) aufgebaut, ist dagegen der unterlagernde, bis 2 m Tiefe reichende Basis-Horizont, der als *fossiler Boden (Bf)* interpretiert wird. Darunter ist bis 220 cm stark zersetzter, grobkristalliner Granit (C) aufgeschlossen. Es liegt offenbar ein *zweigliedriges Bodenprofil* vor.

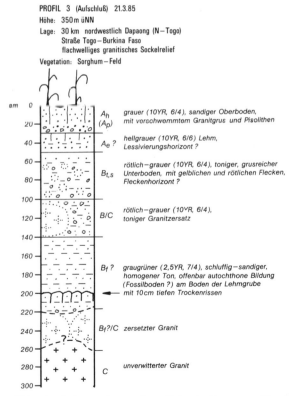

Abb. 5: Bodenprofil in der Lehmgrube nordwestlich von Dapaong (Nord-Togo). (Entwurf Grunert)

Die *geochemische Analyse* aller 5 Horizonte ergibt jedoch keine besonderen Unterschiede. Das SiO/AlO-Molverhältnis etwa schwankt von 0–100 cm Tiefe um den Wert 2,3, steigt bis 140 cm Tiefe leicht auf 2,4 und von 140–220 cm Tiefe deutlicher auf 2,7 an. Alle Werte belegen eine voll siallitische Verwitterung und damit eher die Einheitlichkeit des gesamten Bodenprofils. Ein ferrallitischer Basalteil des Profils fehlt. Nach BOULET (1978), LEVEQUE (1969) und MAIGNIEN (1958) benötigen ferrallitische Verwitterungsprozesse in den Tropen mehr als 1600 mm Nd./a. bzw. ein Klima vom Guinea-Typ. Dieses scheint in Nord-Togo während des Quartärs nicht geherrscht zu haben.

Die *Tonmineralanalyse* ergibt, wie erwartet, in allen Horizonten einen hohen Kaolinitpeak, jedoch außerdem einen deutlichen peak von Illit und eine ebenso deutlich angehobene Linie im Bereich der Wechsellagerungsminerale. Die Verwitterungsvorgänge im Boden, und zwar in allen Horizonten, können daher keinesfalls als abgeschlossen betrachtet werden. Der Boden ist von einem Endzustand (ferrallitischer Zersatz) weit entfernt und kann mit Vorbehalt sicherlich als aktiver Jetztzeitboden interpretiert werden, dessen Entwicklung indes durchaus das gesamte Quartär umfaßt haben kann.

Die *Mikromorphologie* des anstehenden, beträchtlich verwitterten Granits ergibt folgenden Befund: Gut 50% des Gesteins besteht aus Quarz und ca. 25% aus Kalifeldspat; der Rest verteilt sich auf Plagioklas, Muskovit sowie Tonsubstanz, Fe_2O_3 und andere Oxide. Alle Minerale, besonders die Feldspäte, sind ziemlich stark verwittert. Teile des Kalifeldspats weisen z. B. eine vollständige Trübung auf; an anderen Stellen findet Umkristallisation und Mineralneubildung statt. Quarz ist im Vergleich zum frischen Gestein deutlich angereichert (Restmineral).

Zur Frage *Jetztzeit – oder Vorzeitboden* sei kurz auf die Untersuchungsergebnisse in benachbarten Gebieten verwiesen. LEVEQUE (1969) untersuchte Toposequenzen auf unterschiedlichen Kristallingesteinen (Granit, Gneis, Phyllit) in Togo. Auf migmatitischem Granit in *Nord-Togo* bei ca. 1300 mm Nd./a. trifft er am flachen Hang einen *Jetztzeitboden* an vom Typ der „*sols ferrugineux tropicaux*", der am Hangfuß in einen „*sol hydromorphe vertique*" übergeht. Am Hang besitzt die Tonfraktion des Bodens Kaolinitdominanz, am Hangfuß, infolge lateraler Si-Verlagerung, zu gleichen Teilen Kaolinit und Montmorillonit. Das Profil am Hangfuß ähnelt in diesem und weiteren Merkmalen stark dem *Bodenprofil von Dapaong,* das ebenfalls in Hangfußposition liegt. Es kann daher ebenfalls als „*sol hydromorphe vertique*" gedeutet werden.

Nur etwa 50 km östlich von Dapaong, *bei Diebiga* in Burkina Faso, untersuchte BOULET (1978) eine Toposequenz auf dem Hangfuß eines Inselberges, der ebenfalls aus migmatitischem Granit besteht. Er klassifiziert die höher, d. h. am oberen Ende des Hanges gelegenen Böden als „*sols bruns eutrophes*" und diejenigen am unteren Ende des Hanges als „*vertisols*", insgesamt also eine Stufe trockener als die Böden in Nord-Togo. Diebiga erhält nur 900 mm Nd./a. Der untere bzw. *basale Teil der Bodenprofile von Diebiga* entspricht jedoch ziemlich genau den *Jetztzeitböden im feuchteren Nord-Togo* und wird daher von BOULET folgerichtig als reliktisch eingestuft. Der obere Teil der Bodenprofile, d. h. das montmorillonitische „System" „*sols bruns eutrophes/vertisols*" entwikkelt sich nach BOULET gegenwärtig auf Kosten des unteren bzw. älteren kaolinitischen „Systems" und stellt daher den an das heutige Klima angepaßten *Jetztzeitboden* dar. Dieser als „Aridisierung" bezeichnete Prozeß müßte somit auch das Bodenprofil von Dapaong erfaßt haben, das, wie die Altdünen-Böden von Maradi und Kaya, als *Jetztzeitboden mit teilweisem Reliktcharakter* gedeutet werden kann. Der Boden besitzt tatsächlich auffällige Vertisol-Merkmale. Seine optimale Entwicklung lag vermutlich im „tchadien" bei etwa 1300 mm Nd./a.

Im *Vergleich* mit dem saharischen Granit-Verwitterungsprofil von Dibella ist das Bodenprofil von Dapaong ungleich viel stärker entwickelt. Dies gilt sowohl für die Mächtigkeit, als auch für alle bodenbildenden Merkmale. Abgesehen davon, daß sich das Becken von Dibella vermutlich schon in einem Klima mit 300–400 mm Nd./a., möglicherweise aber erst in einem viel feuchterern Klima am Grunde mit Wasser füllte, könnte allein aus den Merkmalen des reliktischen Bodens niemals auf ein nord-sudanisches Bildungsklima während bestimmter Abschnitte des Quartärs geschlossen werden. Der Boden entstand, wie dargelegt, höchstwahrscheinlich unter einem zentral-sahelischen Paläo-Klimaregime.

3. Schlußfolgerungen

Im Untersuchungsbereich Süd-Sahara/ Sahel/ Nord-Sudan ist eine *Zonalität der gegenwärtigen Verwitterungs- und Bodenbildungsprozesse* vorhanden, die mit der ungefähr breitenkreisparallelen Anordnung der heutigen Klimazonen übereinstimmt. Besonders in der Süd-Sahara, aber auch im Sahel, ist es wegen der schwach ausgeprägten pedogenen Merkmale schwierig, die Jetztzeitböden entsprechend der hygrischen Abstufung des Klimas zu unterscheiden bzw. systematisch voneinander zu trennen.

Die Unterscheidung wird zusätzlich durch die Tatsache erschwert, daß die Böden in allen Klimazonen mehrphasige Gebilde sind. Sie stellen mit Ausnahme der Süd-Sahara Jetztzeitböden mit einem mehr oder weniger deutlich erkennbaren vorzeitlichen, d.h. pluvialzeitlichen Bildungsanteil dar. Dieser *partielle Reliktcharakter der sahelischen und nord-sudanischen Oberflächenböden* läßt sich durch den Vergleich von Böden aus unterschiedlichen Klimazonen zwar einigermaßen qualitativ, kaum jedoch quantitativ erfassen. Die vorliegende Abhandlung war ein Versuch in dieser Richtung. Das Vorgehen wird noch dadurch erschwert, daß die Bodenprofile auf Dünensand durch Deflation meist stark gekappt sind. Ein vollständiges Profil mit intaktem A-Horizont ist daher kaum zu finden. Gerade die *Böden auf Altdünensanden* wären aber wegen ihrer weiten Verbreitung in allen drei Klimazonen für einen Vergleich gut geeignet.

Ein klimazonaler Vergleich von *Böden auf Granit* stößt wegen der wenigen, weit verstreuten Vorkommen in Süd-Sahara und Sahel auf große Schwierigkeiten. Außerdem ist es wegen der im Vergleich zu Böden auf Dünensand viel längeren Bildungsgeschichte der Böden – sie umfaßt vermutlich das gesamte Quartär – erheblich schwieriger, den partiellen Reliktcharakter qualitativ oder gar quantitativ zu erfassen. Umgekehrt heißt dies, es dürfte bei solchen, stets polygenetischen Böden kaum möglich sein, die jetztzeitlichen Merkmale eindeutig zu definieren. Die von BOCQUIER (1971) und BOULET (1978) angewandte Methodik stellt eine gute Anleitung dar. Der *mehrfache Klimawechsel* während des kurzen Zeitraums des Jungquartärs und Holozäns hat sich auf die Bodenbildung in allen drei Klimazonen und auf allen Substraten nachhaltig ausgewirkt. Die hauptsächliche *Bodenentwicklung* erfolgte unter dem ausgeprägt pluvialzeitlichen Klimaregime des „tchadien", das, bei vermutlich gleichem jährlichen Klimagang, vom Nord-Sudan bis zur Süd-Sahara um 300–500 mm Nd./a. feuchter war als heute. Ebenso nachhaltig war der Einfluß arider Perioden, besonders des Ogolien/Kanemien im Sinne einer *Bodenzerstörung*. Für die Böden auf Dünensand wurde das Substrat um jene Zeit allerdings erst geschaffen. Saharische Dünen rückten bis etwa zur heutigen 800-mm-Isohyete nach Süden vor, was nur durch eine entsprechende Verlagerung der Wüstenzone möglich war. Für den relativ kurzen Zeitraum der letzten 20 000 Jahre läßt sich demnach im Sahel und Nord- Sudan eine gesamte (positive + negative) *Niederschlagsschwankung* von ca. 1000 mm/a. berechnen.

Es fällt schwer, dies in den Rahmen eines raum-zeitlichen „aridmorphodynamischen Systems" im Sinne von MENSCHING (1979, 1983) einzuordnen, das zwar mäßige Klimaschwankungen des Pleistozäns berücksichtigt, bei der Integration von Schwankungen der genannten Größenordnung jedoch überfordert wäre. Vor allem die *Entstehung der Altdünenzone* kann wohl kaum nur als „Sequenz" innerhalb einer lang anhaltenden, geringen Schwankungen unterworfenen ariden Entwicklung gesehen werden; sie stellt im Sinne von GROVE (1958) eher das Ergebnis einer Klimakatastrophe dar, in deren Verlauf, ähnlich wie bei den Eiszeiten in Mitteleuropa, die Landschaft nachhaltig bzw. dauerhaft geprägt wurde. Der hinterlassene äolische Formenschatz, der überwiegend aus dem Ogolien/Kanemien stammt, hat indessen die große „tchadien"-zeitliche und die kleine neolithische Feuchtzeit ohne nennenswerte (fluviale) Veränderungen überdauert und bestimmt heute noch den Landschaftscharakter weiter Teile des Sahel und sogar des Nord-Sudan.

Zusammenfassung

Die vorliegende Abhandlung stellt einen Vergleich der jetztzeitlichen und reliktischen Bodenbildung in den drei Klimazonen dar. Im ersten Kapitel wird der gegenwärtige Forschungsstand, einschließlich der Klimaentwicklung im Jungquartär, ausführlich diskutiert. Nach der detaillierten Paläo-Klimakurve aus dem Tchadsee-Gebiet (Nord-Sahel) von SERVANT (1973/83) herrschte zwischen ca. 22 000 und 12 000 y.b.p. extreme Trockenheit (Ogolien/Kanemien); von ca. 10 000–7500 y.b.p. gab es eine große Feuchtzeit (Tchadien), von 7500–6500 y.b.p. erneut eine kurze Trockenperiode und danach, bis ca. 3500 y.b.p. eine „kleine" neolithische Feuchtzeit, die allmählich zum gegenwärtigen Klima überleitete.

Im zweiten Kapitel werden einige ausgewählte Bodenprofile auf Altdünensanden und auf Granit vorgestellt und analysiert.

Die Altdünen („erg ancien" bzw. „low goz") stellen ein sehr junges Substrat dar. Sie entstanden überwiegend im Ogolien/Kanemien und rückten bis in den Nord-Sudan, d. h. bis zur heutigen 800 mm-Isohyete nach Süden vor. Im Tchadien verwitterten die Dünensande zu tiefgründigen, gut entwickelten Böden vom Typ der „sols ferrugineux tropicaux", die heute Reliktcharakter besitzen. In der anschließenden, prä-neolithischen Trockenperiode kam es erneut zu weiträumiger Dünenbildung („erg recent" bzw. „high goz"), die jedoch auf die Süd-Sahara und den Sahel beschränkt blieb. Die tchadienzeitlichen Böden wurden entweder unter Dünensand begraben, oder gekappt. Die nachfolgende, schwache Pluvialzeit des Neolithikums begünstigte die Bodenbildung nicht wesentlich.

Die Böden auf Granit sind dagegen erheblich älter; ihre Bildung umfaßte das gesamte Quartär. Infolge des mehrfachen Wechsels von Feucht- und Trockenperioden sind sie polygenetisch. Der Anteil etwa des Tchadien an der Pedogenese ist nur schwer abzuschätzen. Ebenso schwer läßt sich das Ausmaß der Bodenzerstörung durch Kappung im ariden Ogolien/Kanemien bestimmen.

Alle untersuchten, rubefizierten Böden im Sahel und Nord-Sudan stellen Jetztzeitböden mit unterschiedlich stark ausgeprägtem Reliktcharakter dar. Die schwach rubefizierten, ariden Braunerden in der Süd-Sahara sind dagegen reine Paläoböden, die sich unter einem sahelischen Klima von 300–500 mm Nd./a. entwickeln konnten.

Summary

(Weathering and soil formation in the South-Sahara, Sahel and North-Sudan region, with examples from Niger, Burkina Faso and Togo)

This paper is concerned with the comparison of the present-day and relict soil formations in these three climatic Zones. Chapter one presents the results of the most recent studies of several scientists, including the climatic history in the later Quaternary. According to SERVANT's (1973/83) detailed paleo-climatic curve of the Lake Chad region (North-Sahel), extremely arid conditions prevailed between 22000 and 12000 y.b.p. (Ogolien/Kanemien). An intense pluvial period followed from 10000–7500 y.b.p. (Tchadien); this was succeeded by a short arid period, and then, from 6500–5300 y.b.p. by the slight Neolithic pluvial period, which gradually developed into the climate of the present-day.

Chapter two presents and analyses some characteristic soil profiles found on top of fossil dune sands and on granite.

The fossil dunes („erg ancien" or „low goz") are a very young substratum. They were mainly formed in the Ogolien/Kanemien period and advanced southward as far as the North-Sudan (GROVE, 1958), i. e. up to the present-day 800 mm-Isohyete. During the Tchadien period the dune sands weathered deeply. Soils of the „sols ferrugineux tropicaux" type developed, which today are relict in character. In the following pre-Neolithic arid period extensive dune formation took place again („erg recent" or „high goz"). This, however, was restricted to the South-Sahara and the Sahel. The Tchadien soils were either buried beneath dune sands or partly eroded. The slight pluvial period of the Neolithic, which followed, hardly favoured soil formation.

The granite soils are, on the other hand, considerably older. They developed throughout the whole of the Quaternary. As a result of the alternation of pluvial and arid periods these are polygenetic. For example the effect of the Tchadien period on the pedogenesis is difficult to estimate. It is equally difficult to assess the degree of soil erosion during the arid Ogolien/Kanemien period.

All rubefied soils of Sahel and North-Sudan, which were examined, are of present-day type, and contain relict features to varying degrees. The slightly rubefied arid soils in the South-Sahara on the other hand, are paleosoils only, which developed under the sahelian climatic conditions of 300–500 mm annual precipitation.

Literatur

Annuaire Météorologique du Niger. – ORSTOM, Inst. Mét. Nationale (Niamey).

BARTH, H. K. (1982): Accelerated erosion of fossil dunes in the Gourma region (Mali) as a manifestation of desertification. – Catena Suppl. Bd. 1, S. 211–219.

BAUMHAUER, R. (1986): Zur jungquartiären Seenentwicklung im Bereich der Stufe von Bilma (NE-Niger). – Würzburger Geogr. Arb. 65, 235 S.

BAUMHAUER, R. (1987): Holozäne limnische Akkumulationen im Bereich der Stufen von Zoo Baba und Dibella (NE-Niger). – Im Druck.

BOCQUIER, G. & M. GAVAUD (1964): Étude pédologique du Niger oriental. – ORSTOM, Dakar, 347 S. multigr.

BOCQUIER, G. (1971): Genèse et évolution de toposéquences de sols tropicaux du Tchad. Interprétation biogéodynamique. – Thèse Sci. Strasbourg et Mém., ORSTOM, 62, 1973, 350 S.

BOULET, R. (1978): Toposéquences de sols tropicaux en Haute-Volta. Equilibre et déséquilibre pédobioclimatique. – ORSTOM 85, 272 S.

BÜDEL, J. (1977): Klima-Geomorphologie. – 403 S., Berlin-Stuttgart (Bornträger).

BUSCHE, D. (1983): Silcrete in der zentralen Sahara (Murzuk-Becken, Djado-Plateau und Kaouar; Süd-Libyen und Nord-Niger). – Z. Geomorph. N. F. Suppl. Bd. 48, S. 35–49.

Carte Pédologique de Reconnaissance de la Rép. du Niger 1:500000 (3 feuilles). – Serv. cartographique de l'ORSTOM, Paris (1964/1967).

DURAND, A., ICOLE, M. & S. BIEDA (1981/82): Sédiments et climats quaternaires du Sahel central: Exemple de la vallée de Maradi (Niger Méridional). – Cah. ORSTOM, sér. Géol., vol. XII, n° 1, S. 77–90.

DUTIL, P. (1971): Contribution à l'étude des sols et des paléosols du Sahara. – Thèse Sci. Strasbourg, 346 S.

FAURE, H. (1966): Reconnaissance géologique des formations sédimentaires post-paléozoïques du Niger oriental. – Mém. B.R.G.M. 47, 630 S., Paris.

FELIX-HENNINGSEN, P. (1983): Zur Genese und Vergesellschaftung von Böden auf den Altdünen der nördlichen Goz-Region im Sudan. – Mitt. der Dtsch. Bodenkundl. Ges. 38, S. 485–490.

FELIX-HENNINGSEN, P. (1984): Zur Relief- und Bodenentwicklung der Goz-Zone Nordkordofans im Sudan. – Z. Geomorph. N. F. 28, S. 285–303.

FÖLSTER, H. (1971): Ferrallitische Böden aus sauren metamorphen Gesteinen in den feuchten und wechselfeuchten Tropen Afrikas. – Göttinger Bodenkundl. Ber. 20, 231 S.

GAVAUD, M. (1967): Interprétation chronologique des systèmes de sols des dunes fixées du Niger méridional. – Actes 6e Congr. Panafr. Préhist. Et. Quatern., S. 376–380.

GREIGERT, J. & R. POUGNET (1967): Note explicative sur la Carte Géologique de la République du Niger, 1:2000000. – Ed. du B.R.G.M., 61 S., Paris.

GROVE, A. T. (1958): The ancient Erg of Hausaland, and similar formations on the south side of the Sahara. – Geogr. Journal 124, S. 528–533.

HAGEDORN, H. (1979): Das Verbreitungsmuster der Dünen am Westrand des Murzuk-Beckens (zentrale Sahara). – Würzburger Geogr. Arb. 49, S. 103–125.

KUBIENA, W. L. (1955): Über die Braunlehmrelikte des Atakor (Hoggar-Gebirge, Zentrale Sahara). – Erdkunde 9, S. 115–132.

LEPRUN, J. C. (1971): Premières observations sur des toposéquences à l'amont cuirassé en Haute-Volta orientale: rôle de la pédogenèse dans la destruction des cuirasses et le façonnement du modelé. – Bull. Liais. Théme B, ORSTOM 2, S. 39–53.

LEVÊQUE, A. (1969): Les principaux évènements géomorphologiques et les sols sur le socle granitogneissique au Togo. – Cha. ORSTOM, Sér. Pédol., VII, 2, S. 203–224.

MAIGNIEN, R. (1958): Le cuirassement des sols en Guinée, Afrique occidentale. – Mém. Serv. Carte Géol. Alsace/Lorraine 16, 239 S., Strasbourg.

MAINGUET, M. & Y. CALLOT (1978): L'Erg de Fachi-Bilma (Tchad-Niger). – Ed. du C.N.R.S., 18, 184 S., Paris.

MALEY, J. (1980): Études palynologiques dans le bassin du Tchad et paléoclimatologie de l'Afrique Nord-tropicale de 30000 ans à l'époque actuelle. – Thèse Univ. de Montpellier, 586 S. multigr.

MECKELEIN, W. (1959): Forschungen in der zentralen Sahara. I. Klimageomorphologie. – 181 S., Braunschweig (Westermann).

MENSCHING, H., GIESSNER, K. & G. STUCKMANN (1970): Sudan – Sahel – Sahara. – Jb. Geogr. Gesellsch. Hannover für 1969, 219 S., Hannover.

MENSCHING, H. (1974): Aktuelle Morphodynamik im afrikanischen Sahel. – Abh. d. Akad. der Wiss. in Göttingen, Math.-Physikal. Klasse, III. Folge, Nr. 29, S. 22–38.

MENSCHING, H. (1979): Beobachtungen und Bemerkungen zum alten Dünengürtel der Sahelzone südlich der Sahara als paläoklimatischer Anzeiger. – Stuttgarter Geogr. Studien 93, S. 67–78.

MENSCHING, H. (1983): Die Wirksamkeit des „Arid-Morphodynamischen Systems" am mediterranen Nordrand und am randtropischen Südrand (Sahel) der Sahara. Ein Beitrag zur zonalen Klima-Geomorphologie. – Geoökodynamik 4, S. 173–189.

MICHEL, P. (1970): Chronologie du Quaternaire des bassins des fleuves Sénégal et Gambie. – Études sur le Quaternaire dans le Monde, 8ᵉ Congrès INQUA, Paris, 1969 (1971), S. 49–61.

PIAS, J. (1968): Les formations sédimentaires tertiaires et quaternaires de la cuvette tchadienne et les sols qui en dérivent (République du Tchad). – Mém. ORSTOM 43, 408 S., Paris.

République du Niger (1976): Précipitations journalières de l'origine des stations à 1965. – ORSTOM, Serv. Hydrologique, 506 S.

ROHDENBURG, H. (1977): Beispiele für holozäne Flächenbildung in Nord- und Westafrika. – Catena 4, S. 65–109.

SEMMEL, A. (1982): Catenen der feuchten Tropen und Fragen ihrer geomorphologischen Deutung. – Catena Suppl. Bd. 2, S. 123–140.

SERVANT, M. (1973/1983): Séquences continentales et variations climatiques: Evolution du bassin du Tchad au Cénozoique supérieur. – Trav. et Doc. de l'ORSTOM 159, 574 S.

SKOWRONEK, A. (1987): Bodengeographisch-paläopedologische Untersuchungen zum Problem der klimagenetisch-geomorphologischen Landschaftsentwicklung in der zentralen Sahara. – Relief, Boden, Paläoklima 5, 184 S.

VÖLKEL, J. (1987): Geomorphologische und pedologische Untersuchungen in Dünengebieten der Südsahara und des Sahel der Republik Niger. – Göttinger Geogr. Abh. 84, S. 109–125

VOGG, R. (1985): Aspekte zur rezenten und reliktischen Merkmalbildung von Wüstenböden der westlichen Zentral- und Südsahara. – Mitt. Dtsch. Bodenkundl. Ges. 43/II, S. 811–816.

WARREN, A. (1970): Dune trends and their implications in the central Sudan. – Z. Geomorph. N. F., Suppl. Bd. 10, S. 154–180.

ZEESE, R. (1983): Reliefentwicklung in Nordost-Nigeria – Reliefgenerationen oder morphogenetische Sequenzen. – Z. Geomorph. N. F., Suppl. Bd. 48, S. 225–234.

Verwitterung und Bodenbildung in der zentralen Sahara

Von ARMIN SKOWRONEK, Würzburg

Wissenschaftlicher Rückblick und Fragestellung

Oberflächlich anstehende Gesteine passen sich den bioklimatischen Bedingungen an, indem sie zu Lockerdecken und Böden verwittern. Das auf diese Weise entstehende und/oder entstandene Material beeinflußt die Abtragung über den Grad seiner Beweglichkeit. Angesichts der Vielgestaltigkeit der Verwitterungshülle ist eine differenzierte Betrachtung nötig, was zunehmend auch in Monographien (z. B. OLLIER 1969, BIRKELAND 1974, GERRARD 1981) oder in gemeinsamen Tagungen von Bodenkundlern und Geomorphologen (z. B. ZAKOSEK & BREMER 1979, SABELBERG & ROHDENBURG 1979, YAALON 1982) zum Ausdruck kommt.

Den prinzipiellen Zusammenhang von Verwitterung und Abtragung formulierte bereits W. PENCK (1924, S. 28–59) mit dem Konzept der „Gesteinsaufbereitung". Darüber hinaus schreibt BÜDEL (1981, bes. Abb. 9, S. 17) zwei Verwitterungsvorgängen sogar formbildende Wirksamkeit zu: in der subpolaren Zone erfolge „exzessive Talbildung", weil dort die mechanische Desintegration unter der Flußsohle das Gestein tiefgründig vorlockere („Eisrindeneffekt"), in der randtropischen Zone dagegen dominiere „exzessive Flächenbildung", weil die chemische Tiefenverwitterung die gleichzeitige (saisonale) Flächenspülung vertikal kompensiere, und daher die Flüsse nicht in das anstehende Gestein einschneiden könnten („Doppelte Einebnungsflächen"). Aus der Gleichzeitigkeit von chemischer Tiefenverwitterung („Profundation") und mechanischer Flächenabtragung („Nivelation") leitet BÜDEL (1986, S. 15–17) für die feuchten Tropen sog. „Arbeitsböden" ab, welche sich von ektropischen „Ortsböden" u. a. dadurch unterscheiden sollen, daß sie als „Durchgangsgebilde ständiger Neugestaltung" unterliegen und daher keine pedogenetische Horizontierung erfahren, und daß sie als Rotlehme, Latosole und Regure mit einer mittleren Mächtigkeit von 5 m über die chemische Tieferlegung der Bodenbasis an der Reliefbildung der Rumpfflächen mitwirken, während die ektropischen Podsole, Lessivés, Gleye, Braun- und Schwarzerden mit ihrem bis 2 m dicken „Reifeprofil" keinerlei Beziehung zur Entstehung der jungpliozänen/quartären Talterrassen(flächen) haben und dort überall ohne Beziehung zum Formenschatz am Ort verbleiben. Die roten Verwitterungsböden des saharischen Rumpfflächen-Reliefs interpretiert BÜDEL (1981, S. 157–183) typologisch dann auch als reliktische Rotlehme bzw. Latosole und im Sinne des Mechanismus der „doppelten Einebnungsflächen" als Träger einer vorzeitlichen Flächenbildung. Im Zuge der quartären Austrocknung der Sahara sei die präpleistozäne „Latosoldecke zu Wüstenbodentypen" und zu „wüstenhaften Schuttdecken" umgewandelt worden. Die pleistozänen Feuchtzeiten bewirkten jeweils nur eine abgeschwächte „chemisch-lehmige Bodenbildung", während die heutige Abtragung auf der entblößten „Verwitterungs-Basisfläche" diese nur „traditional" weiterbilde und eine sog. „Sandschwemmebene" erzeuge.

Die verwitterungsspezifischen Eigenheiten und die morphodynamische Leistungsfähigkeit warmer Wüsten stellte WALTHER (1924; 1. Auflage 1900!) heraus. Und MORTENSEN, der auch „Die Wüstenböden" zusammenfassend beschrieb (1930), hat nach einer klimageomorphologischen Gliederung des nordchilenischen Trockenraumes in Steppe, Halbwüste, Mittel- bis Randwüste und Kernwüste (1927) ein Idealschema vorgelegt, das zeigt, wie die bioklimatisch bedingte Beweglichkeit des Materials das Verhältnis von äolisch-gravitativer zu fluviatiler Abtragung beeinflußt und dadurch letztlich die Formungsintensität mitbestimmt (1950, Abb. 4, S. 813).

Aufbauend auf dem Gedanken der Kernwüste (Areale stark reduzierter Verwitterung und äolischer Morphodynamik) charakterisiert MECKELEIN die Serir Tibesti als „alten Kernraum der Sahara", in dem weite Teile bereits seit dem Rückzug des Meeres im Eozän ein wüstenhaftes Klima besessen haben müssen, da geomorphologische sowie pedologisch-sedimentologische Zeugen für größere Klimaänderungen fehlen (1959, S. 132–135). Diese „Extremwüste" sei u. a. durch oberflächlich stark verfestigte Böden gekennzeichnet, welche die Spuren mikrofluviatiler Formung (Rinnen und Runsen) besonders lange bewahren. Die flächig verbreiteten, eluvialen Staubböden und ihre entwicklungsgeschichtlich – und z. T. petrographisch – bedingten Strukturen gehen auf eine zwar langsame aber doch wirkungsvoll arbeitende chemische Verwitterung zurück (MECKELEIN 1971, S. 397). Auch die polygenetischen Flächen der Tanezrouft gehören zu einem Raum, in dem „eine aride Morphodynamik und damit ein entsprechendes Klima mindestens seit Ende des Tertiärs, eventuell seit dem Miozän [MAINGUET 1982], durchgehend erhalten geblieben ist" (MECKELEIN 1984, S. 44).

Zyklische Wechsel des Quartärklimas, welche im westlichen Mediterrangebiet (und in Mitteleuropa) an reich gegliederten Boden-Sediment-Serien bis in das Altpleistozän hinein nachweisbar sind und ein Alternieren von morphodynamischer Stabilität mit Bodenbildung und morphodynamischer Aktivität mit Abtragung bezeugen, müssen nach ROHDENBURG & SABELBERG (1973, S. 141–145) auch den nordafrikanischen Trockenraum im Sinne einer Parallelitätshypothese erfaßt haben. Gegenüber den humideren Subtropen und gegenüber Westafrika sei der gegenwärtige Stabilitätszustand aber in der Sahara weitgehend ersetzt durch den Zustand der sog. „Teilaktivität": diese bewirke über eine korngrößenselektive Abtragung der Hänge und Flächen eine erheblich langsamere Relieferniedrigung als der konzentrierte Abfluß in den vollaktiven Wadis. Flächenbildung könne jedoch rezent dort erfolgen, wo auflagernder Grobschutt die Kompetenz des Oberflächenabflusses nicht überfordert und dadurch nicht Abtragungsschutzfunktion ausübt, wie z. B. in den „Granitgrusarealen" des nördlichen Hoggarvorlandes oder des Air-Plateaus (ROHDENBURG 1977, S. 88 u. Photo 17–22, S. 86–87). Kräftige Bodenbildungen, welche in der zentralen Sahara „auf die weniger häufigen Zeiten mit größter bodenklimatischer Humidität" beschränkt sind (ROHDENBURG & SABELBERG 1973, S. 76 u. 149), könnten jetzt parallel verlaufende und klimazonenübergreifende Stabilitätszeiten belegen.

Nach MENSCHING (1983, S. 185) ist am nördlichen und am südlichen Wüstensaum der Sahara schon seit dem jüngeren Tertiär das sog. „Aridmorphodynamische System" wirksam. Die heute zu beobachtenden Prozesse der Gesteinsaufbereitung: überwiegend chemische Verwitterung in den Randtropen und überwiegend physikalische Verwitterung mit hoher Schuttproduktion in den Subtropen stellen der Abtragung genügend bewegliches Material zur Verfügung, um am mediterranen Nordrand Flächenerhaltung, am randtropischen Südrand Flächenweiterbildung zu gewährleisten. Eine prinzipiell gleiche Dynamik habe auch im vollariden Bereich der saharischen Kernzone geherrscht, doch waren für die Flächenbildung hier größere Zeiträume nötig (1970, S. 27). Die geomorphologisch-sedimentologischen Zeugen der quartären Klimaschwankungen (Hangglacis, Glacisterrassen) seien auf die Gebirgskörper und ihr unmittelbares Vorland beschränkt, im Tiefland waren davon besonders die großen Abflußsysteme betroffen, „während sich die Morphodynamik der Abtragungsflächen kaum änderte" (S. 26). Auch die Entwicklung der Wadis entspreche einer z. T. langwährenden „morphogenetischen Sequenz" (MENSCHING 1979, S. 559), wobei die Akkumulationsterrassen große zeitliche und regionale sowie lokale Unterschiede ihrer Morphogenese aufweisen (1984).

Geht man schließlich mit J. HAGEDORN & POSER (1974, Karte: Zone IV) davon aus, daß im saharischen Trockenraum heute „intensivste äolische Prozesse, episodisch starke Flächenspülung, episodisch fluviale Prozesse" charakteristisch sind, so stellt sich die Frage nach der Bedeutung von Verwitterung und Bodenbildung in diesem Abtragungssystem. Sie zu kennzeichnen, steht auch in einem engen Zusammenhang mit dem Thema des Symposiums „Aktuelle Morphodynamik und Morphogenese in den semiariden Randtropen und Subtropen", weil nicht auszuschließen ist, daß die Zeiten stärkerer Verwitterung und Bodenbildung in der zentralen Sahara mit einer Verschiebung der mediterranen Winterregenzone bzw. der monsunalen Tropikfront korrespondieren.

Im folgenden werden die morphodynamisch-morphogenetische Stellung und der (paläo)klimatische Indikatorwert einiger wichtiger Verwitterungs- und Bodenbildungen aus der zentralen Sahara hinterfragt, wofür die gelände- und laboranalytische Auswertung zahlreicher Profile die Grundlage bildet (SKOWRONEK 1987).

Ausgewählte Beispiele von Verwitterung und Bodenbildung

1. Zur aktuellen Verwitterung

Mitunter wird aus dem guten Erhaltungszustand von 6000 bis 8000 Jahre alten Felsbildern gefolgert, daß das heutige Wüstenklima nur zu äußerst geringer Verwitterung und Abtragung fähig sei (z.B. BÜDEL 1981, S. 108 u. 169). Organisch bedingte Wüstenlackbildung, für die „Regenmengen von über 100 mm oder von sogar wenigen hundert Millimeter Niederschlag ... nötig zu sein scheinen" legt BUSCHE (1973, S. 84) an das Ende der neolithischen Feuchtzeit, zwischen die Pflaster- und die Schaumbodenentwicklung. Rote Bodenfarben gehen nach BÜDEL (1981, S. 170 u. Photo 46, S. 168–169) eindeutig auf tropisch-wechselfeuchte Klimabedingungen zurück.

Andererseits wird von z.T. erheblichen Verwitterungs- und Abtragsleistungen berichtet. WALTHER beschreibt in seinem Kapitel II: „Die Abtragung in der Wüste" (1924, S. 138–240) besonders eindrucksvoll das große Massendefizit, das durch Verwitterung und Ausblasung in historischer Zeit an altägyptischen Denkmälern entstand. Die Dezimeter bis Meter messende Zurückverlegung natürlicher und künstlicher Wände infolge arider Verwitterung konnten auch KNETSCH & REFAI (1955) sowie KNETSCH (1960) belegen.

Hinsichtlich der Geschwindigkeit der Wüstenlackentstehung kann sowohl auf experimentelle als auch auf stratigraphische Untersuchungen verwiesen werden. Nach HABERLAND (1975) und HABERLAND & FRÄNZLE (1975) reicht der für Vollwüsten charakteristische tägliche Wechsel von Befeuchtungs- und Austrocknungsphase noch zur Mobilisierung von Kieselsäure und zur Bildung entsprechender Krusten aus. Wüstenlacke scheinen auch aktuell zu entstehen (vgl. a. SCHEFFER et al. 1963). Stratigraphische Befunde an holozänen Fußflächentreppen Südmarokkos ergaben, daß lediglich die rezent aktiven Pedimente, welche sich in Silur-Steinmergeln gegenüber den inaktiven wüstenlackbedeckten Altflächen um mehrere Dezimeter bis mehrere Meter tiefergelegt haben, ohne Patina sind (ROHDENBURG 1977, S. 79).

Was die Rotfärbung (Rubefizierung) von Gesteins- und Bodenmaterial angeht, so kann der gegenwärtige Stand der Diskussion um die verschiedenen Entstehungsmöglichkeiten noch nicht befriedigen (vgl. GLENNIE 1970, S. 173–193). Beispielsweise entstehen im Zuge der Patinierung von Gesteinsoberflächen an deren Unterseiten rote Beläge (SCHEFFER et al. 1963, Abb., S. 114). Auf Kalkstein sind eher der Gehalt an carbonatisch gebundenem Fe, vor allem aber eine gute Drainage und Durchlüftung, also das Mikroklima dafür verantwortlich, ob Entkalkungsrötung stattfindet oder nicht (MEYER 1979). Auf Kalksanden in rezenten Terrassen am Toten Meer (Israel) ließ sich feststellen, daß die farbgebende Anreicherung von Eisen in einigen Jahrzehnten zustande kommt und damit das Initialstadium einer „red bed formation" auch im extrem ariden Milieu erreicht wird (BOWMAN 1982). Und WALKER (1967) geht generell davon aus, daß „Red Beds" unter heißen ariden und semiariden Klimaten in situ nach Ablagerung der Sedimente entstehen, wobei vor allem die (detritischen) Hornblenden und Biotite als Fe-Lieferanten für die Rotfärbung dienen.

Angesichts des hohen diagnostischen Aussagewertes bestimmter Verwitterungsbildungen für klimageomorphologische Fragestellungen in Trockenräumen wird man zur Unterscheidung von „rezent" und „reliktisch" zunehmend auf eine genauere Kennzeichnung der heute ablaufenden Prozesse angewiesen sein. Auch von bodenkundlicher Seite wurden dazu bereits erste Ansätze erarbeitet (vgl. z.B. BLUME 1985, BLUME et al. 1984 u. 1985, VOGG 1985).

2. Lockerdecken in Grundgebirgslandschaften

Von besonderer klimagenetisch-geomorphologischer Bedeutung sind hier die roten Paläoböden auf den präkambrischen Kristallingesteinen. Sie sind reliktisch, meistens aber fossil an Unterhängen (vgl. BÜDEL 1981, S. 166) bzw. auf Pedimenten erhalten (s. hier Abb. 1). Im Hoggar- und Air-Gebirge, wo sie SKOWRONEK (1984) unter klimageomorphologischen Gesichtspunkten beschrieb, besitzen diese Böden einen rotbraunen bis roten Bv-, manchmal auch einen Bt-Horizont. Vielfach ist darunter noch ein Saprolith-C-Horizont vorhanden (vgl. SKOWRONEK 1985a, Abb. 4., S. 79). Die Böden sind stark erodiert, sie tragen oberflächlich eingeschnittene Spülschuttdecken (s. Abb. 2).

Die Tongehalte der B-Horizonte bewegen sich im Hoggar zwischen 8.2 und 23%, im Air zwischen 24.8 und 50.8%. Der Verwitterungstyp ist – gemessen an dem Molekularverhältnis von SiO_2 und Al_2O_3 in der Tonfraktion – noch (fer)siallitisch, wobei die südlichen Air-Böden stärker chemisch umgesetzt sind als die Hoggar-Böden. Die Tonmineralgarnitur enthält Kaolinit, Illit und Montmorillonit. Mikromorphologisch erkennt man in der Bodenmatrix verschiedenartige Separationen, welche aber nur z.T. auf Lessivierung zurückgehen. Systematisch könnte man die Grundgebirgsböden den Inceptisols und Alfisols der Soil Taxonomy (SOIL SURVEY STAFF 1975) bzw. den Cambisols und Luvisols der Legende zur Weltbodenkarte der FAO-Unesco (1974) zuordnen (vgl. SKOWRONEK 1985, Abb. 6, S. 134).

Diese Kennzeichnung und Klassifizierung nach pedogenetischen Merkmalen erlaubt nicht die Anwendung des Begriffes Latosol, den BÜDEL (1981, S. 157–183) im Sinne der „doppelten Einebnungsflächen" für die Flächenbildung im saharisch-arabischen Trockenraum postuliert. Aber auch der gefügekundlich definierte und m. W. nur noch in Deutschland verwandte Begriff Rotlehm sollte vermieden werden, da er viel zu sehr mit genetischen Konzepten überfrachtet ist (vgl. zuletzt KUBIENA 1986, S. 44–52), und da er ohne weiterführende Untersuchungen keine brauchbaren (paläo)klimatischen Aussagen liefert (LESER 1985, S. 200–202).

Darüber hinaus zeigen sowohl Lagerung als auch Stratigraphie der hier vorgestellten Grundgebirgsböden (s. Abb. 1 u. 2) an, daß die horizontale Flächenausdehnung durch Pedimentation erfolgte und nicht durch sog. „subkutane Rückwärtsdenudation", welche nach BÜDEL (1981, Fig. 43, S. 102 u. Fig. 53a, S. 161) vormals auch in der Sahara mit einer Latosoldecke die höheren Rücklandhänge unterschnitten haben soll. Vielmehr könnte die laterale Ausdehnung des proximalen Flächenteils durch den neuerdings in BÜDELs Nach-

Abb. 1: Inselgebirge, polygenetisches (?), mehrphasig zerschnittenes Pediment und rezentes Wadi in präkambrischen Gesteinen des nördlichen Hoggar-Tieflandes (ca. 950 mNN). Lokkermaterial weitflächig für Straßenbau abgeschoben. (A. SKOWRONEK 6. 4. 1980)

Abb. 2: Stratigraphischer Aufbau der Lockerdecke von Abb. 1 (Zollstock 80 cm). Heller Saprolith aus kristallinem Schiefer, darauf rotes (10R 5/8) Solum und abschließende, lehmig verwitterte (oder verwitternde?) Spülschuttdecke. Oxic (?) Ustropept. (A. SKOWRONEK 6. 4. 1980)

laß (1986, Fig. 5, S. 37) formulierten „zentrifugalen Hangfußeffekt" erklärt werden, weil jetzt die verwitterungschemischen Bedingungen am Unterhang und die formbildenden Oberflächenabflüsse als allein vom natürlichen Gefälle gesteuert dargestellt werden und nicht von einer autark gegen das (flach ansteigende) Rückland wachsenden Fläche!

Der vom Gefälle solcher Inselberg-Pediment-Landschaften gesteuerte Stoffhaushalt wurde von BOCQUIER (1973) und BOULET (1978) in Toposequenzen der trockenen Randtropen des Tchad und Obervoltas analytisch beschrieben. Die dort erzielten Ergebnisse geben eine hervorragende Basis für die Interpretation der Restmerkmale in den saharischen Böden ab: so läßt sich z. B. die Mineralparagenese von Kaolinit und Montmorillonit in den B-Horizonten zwanglos mit einer Si-Auswaschung am Oberhang und einer Anreicherung am Hangfuß unter Bildung von Montmorillonit (Bisiallitisation) erklären. Außerdem hätte man mit den holozänen Bodensequenzen um Granit-Inselberge des Tchad ein Modell an der Hand, mit dessen Hilfe man den pedo- und morphogenetisch wichtigen Stoffhaushalt der saharischen Reliktböden rekonstruieren könnte (vgl. BOCQUIER 1973, Fig. 3, S. 10 u. BOCQUIER et al. 1977). Bei aktualistischem Vergleich würden die Grundgebirgsböden in der Sahara vielleicht einem jährlichen Niederschlagsvolumen von ca. 500 mm bei tropischem Sommerregenregime entsprechen. DUTIL (1971, S. 247) ordnet die „Sols brun rouge subarides" auf den Fußflächen im kristallinen Grundgebirge des Hoggar einem etwas geringeren Jahresniederschlag von 350–500 mm bei 2–3 humiden Monaten zu, und DEWOLF et al. (1972, S. 205) halten die roten erodierten Verwitterungsprodukte auf den Hängen und Glacis für Böden, die „ne dépasse le stade de sol fersiallitique peu évolué".

Schwierigkeiten bereitet die z. T. intensive Rotfärbung der B-Horizonte in Hangfußposition, wo unter humideren Verhältnissen eigentlich mit Wasserzuzug vom Hang, schlechterer Durchlüftung und mehr reduzierten Bodenfarben zu rechnen ist. LAPPARENT (1937, S. 198) nahm an, daß eine „décomposition argileuse de couleur générale gris verdâtre" nur unter humuserzeugender Vegetation entstehen konnte, Rubefizierung sei erst unter ariden Bedingungen eingetreten und zeitlich mit der Bildung von montmorillonitischen Sedimenten des Miozän in Nordalgerien und Marokko zu korrelieren. Die damit verbundene Altersfrage roter Böden auf Kristallin wird ebenfalls sehr unterschiedlich beantwortet: tertiär (KUBIENA 1986, S. 70) und präpleistozän (BÜDEL 1981), plio-pleistozän (SKOWRONEK 1987a) und mittelpleistozän (DUTIL 1971, S. 298). Topographisch bedingter Bodenwassergewinn (vgl. ROGNON 1980, Fig. 3, S. 50) könnte allerdings noch bis in die jüngste (neolithische) Feuchtphase verwitterungswirksam gewesen sein, so daß sich evtl. mehrere (jungtertiäre und quartäre) Feuchtzeiten in diesen Grundgebirgsböden dokumentieren (und kumulativ addieren?). Selbst aktuelle Silikatverwitterung erscheint möglich, wenn man bedenkt, daß der Oberflächenabfluß nach Starkniederschlägen durch Schuttdecken und Wüstenpflaster erheblich gedämpft und teilweise zur Infiltration gebracht werden kann. Rezente Suffosion (SOLEILHAVOUP & CAILLEUX 1979) beweist jedenfalls die Existenz von Wasser in diesem Feinmaterial.

Problematisch bleibt der Saprolith-C-Horizont, weil seine Bildung zeitlich nicht mit der Entwicklung des Solums (B-Horizont) zusammenfallen muß und daher sein Alter prinzipiell nicht bestimmbar ist. Daß ein solcher Gesteinszersatz sogar älter als Paläozoikum (!) sein kann, demonstriert BARBIER (1967, Fig. 3, S. 20) an den Tassili N'Ajjer bei Djanet im östlichen Hoggar-Gebirge: dort taucht eine mehrere Dekameter tiefverwitterte und oberflächlich rubefizierte Pediplain mit einem kryptogenen Inselberg-Relief unter die kambroordovizischen Sandsteine ab. Der präpaläozoische Zersatz ist noch mehrere Kilometer vor der Schichtstufe erhalten und von der tertiär-quartären Abtragung nicht ganz ausgeräumt.

In den proximalen Teilen der Hoggar-Aufwölbung, also auch am Standort der Abb. 1 und 2, dürften die Saprolithe jedoch viel jünger sein.

3. Lockerdecken im Schichtstufen-Tafel-Relief

Pedologisch unterscheiden sich die Lockerdecken in der Umrahmung des Mourzouk-Beckens und auf dem Plateau du Tademait dadurch von den Grundgebirgsböden, daß sie generell weniger stark verwittert sind und noch zahlreiche Merkmale des Ausgangsgesteins besitzen (Abb. 3). Oft wird sogar die (lithogene) Farbe des Untergrundes in die Böden vererbt, wie z. B. von einigen „Red Desert soils" auf Nubischem Sandstein (ATKINSON & WAUGH 1979). Systematisch können sie den Aridisols (Orthids), auf Tonsteinen auch den Vertisols der Soil Taxonomy bzw. den Yermosols, Xerosols und Vertisols der FAO-Nomenklatur zugeordnet werden.

Bei näherer gelände- und laboranalytischer Betrachtung stellt sich aber heraus, daß die Dachflächen großer Schichtstufensysteme wie z. B. um Mourzouk oder das Tademait-Plateau komplex aufgebaute Verwitterungs- und Bodendecken tragen (s. SKOWRONEK 1985a, Fig. 4, S. 79). Die Böden sind polygenetisch und spiegeln eine Abtragung wider, die in den geringresistenten Gesteinen intensiver und rascher in die Tiefe griff als auf den harten Dachgesteinen (vorwiegend Sand- und Kalksteine). Das hatte zur Folge, daß im Laufe der (nicht immer rekonstruierbaren) Landschaftsgeschichte die hinter der allgemeinen Relieferniedrigung zurückbleibenden Dach- und Tafelflächen Nordafrikas mehrfach bestimmten pedo- und morphogenetischen Prozessen ausgesetzt waren, während die davor und darin eingetieften jüngeren Landoberflächen nur so viele Überformungen (Transformationen) erlebten wie Tieferschaltungen erfolgten, d. h. in jedem Fall weniger als die höchste (Dach) Fläche.

Diese generell auch für die Reliefgenese in humiden Gebieten gültigen Regeln sollen hier noch einmal hervorgehoben werden, weil die Sedimenttafeln und Dachflächen Nordafrikas oft noch großflächig ein z. T. sehr altes pedogenetisches Erbe besitzen. So ist die oligozäne Verkieselung der Dachfläche um Mourzouk noch fast vollständig erhalten (vgl. BUSCHE 1983). Auch eisenreiche Krusten haben einen erheblichen flächenmäßigen Anteil (vgl. KALLENBACH 1972). Die höchste Fläche des Tademait ist ebenfalls, aber weni-

Abb. 3: Lithomorpher, monogenetischer, vor dem Aushub der Grube serirbedeckter Boden (Lithic Calciorthid), aus gefältelten oberkretazischen Mergeln einer mutmaßlich quartären Abtragungsfläche am nördlichen Tademait-Plateau (ca. 400 mNN), dahinter Sebkha und Erg. (A. SKOWRONEK 7. 4. 1980)

ger stark silifiziert, tiefere (und jüngere) Oberflächen dagegen nur calcifiziert (s. SMITH & WHALLEY 1982).

Was die beweglichen Lockerdecken auf diesen Tafeln betrifft, so sind vereinzelt etwas höhere Verwitterungsintensitäten als in den nachweislich jüngeren Böden festzustellen (SKOWRONEK 1985, Abb. 6, S. 134). Am Plateau du Tademait enthält die Mineralkomposition der Verwitterungsdecken sehr unterschiedliche Stoffgruppen, wie sekundäres $CaCO_3$, Gips, Chalcedon-Quarz, Silikate und pedogene Oxide. Hohe Skelettanteile in den Unterböden (s. VOGG 1981, Abb. 18, S. 92) lassen auf mehrfache Umlagerung der Böden schließen. Große Mengen von verwitterungsinstabilem Attapulgit in Kolluvien (VÖLK & LEVELT 1970, Proben Nr. 42 u. 43) und in Böden (DUTIL 1971, S. 68–71 u. 114–118) erlauben den Schluß, daß weder Gesteinsaufbereitung noch Formung unter verwitterungsintensiven Klimaten verlief. „Dickes rotlehmartiges Feinmaterial", aus dem BÜDEL (1981, S. 169) direkt eine Rumpffläche tropischer Provenienz ableitet, ist hier nicht nachzuweisen.

In den tonigen Tilemsin-Schichten an der Messakstufe des Mourzouk-Beckens sind drei unterschiedlich alte Glacisreste erhalten. Sie haben sich nach GRUNERT (1983, Fig. 75, S. 197) im Alt- und Mittelpleistozän unter semihumid-semiariden Klimabedingungen gebildet. Ihre Zahl erinnert an die Verhältnisse in den saharischen Gebirgen Air, Hoggar und Tibesti und ihre unmittelbaren Vorländer, wo die Reliefentwicklung offenbar ähnlich ablief. An der Messakstufe hat sie bewirkt, daß die jüngste Vorlandfläche, die hier flächenmäßig dominiert, einen monogenetischen Boden trägt, der sich in einer spätglazial-holozänen Feuchtphase entwickelte, und mit dessen absoluter Datierung auch die weitere Morphogenese rekonstruiert werden konnte (SKOWRONEK 1985a, Fig. 5, S. 82). Diese verlief über die flächenhafte Kappung des Bodens (Pedimentation) und die Schüttung der sog. „Mittelterrasse", über eine weitere (neolithische) Bodenbildung und die anschließende Ausbreitung von niederterrassenzeitlichem Material zur heutigen Oberfläche, welche durch weitständige rezente Wadibildung gekennzeichnet ist.

Als Fazit der großräumig-vergleichenden Bodenuntersuchungen bleibt festzuhalten, daß in den saharischen Tiefländern abseits der Hochgebirge und außerhalb abtragungsgünstiger Gesteinsareale (Tone, Mergel u.a.) überwiegend mit polygenetischen Böden gerechnet werden muß. In abtragungsgeschützten Positionen können zudem noch sehr alte Bodenreste überdauert haben.

4. Grundwasserverwitterung

Besonders in klastischen Sedimentgesteinen findet man zahlreiche Indikationen einer Wasserbewegung, so z.B. oberflächennahe Krusten, Verfärbungs- oder Lösungshorizonte, Verkieselungsanlagen an der Grenze von Tonkomplexen und Sandstein, verkarstete oder Kalk-, Mn- oder Fe-belegte Klüfte, Bänder, Schwarten, Röhren in Sanden und Sandsteinen usw. (KNETSCH 1966). Unter Wadis im Grundgebirge sind Zersatztiefen bis zu 20 m nachgewiesen (ROGNON 1967, S. 390–391). Diese Spuren belegen eine subterrane Gesteinsaufbereitung durch Boden- und Grundwasser.

Die Existenz von oberflächennahem Grundwasser kann man heute besonders in den tiefsten geomorphologischen Depressionen an zeitweiligen Wasseraustritten beobachten (z.B. FÜRST 1970, S. 134–135 u. Taf. 2, GLENNIE 1970, Fig. 49 u. 50, S. 59). Sebkhen bilden sich, wenn das Wasser verdunstet. Aber auch Oberflächenböden können weitflächig hydromorph beeinflußt und geprägt sein, wenn sie innerhalb des Kapillarsaumes der Verdunstungsfront zu liegen kommen. Die Abb. 4 und 5 beschreiben eine Depression vor einer Schichtstufe am nördlichen Westflügel des Beckens von Bilma. Auf pedologischem Weg (SKOWRONEK 1984) und dank prähistorischer Datierungen (TILLET 1983, S. 195–243) ist es möglich, die Obergrenze eines atérienzeitlichen Grundwassersees festzulegen: unterhalb des auf Abb. 4 erkennbaren „Paléosol rouge brun encroûté" kommen nur noch gebleichte Bodenfarben in den alluvialen Reg-Sedimenten vor, die sich aber bis in das anstehende, stark zermürbte Mesozoikum vor der eingesandeten Oasendepression fortsetzen (linker Bildmittelgrund). Auch fehlen in dem gebleichten Bereich jegliche Artefakte des Atérien. Diese markante Farbgrenze zeichnet also das Ufer eines gegenüber heute um ca. 40 m höheren Sees nach. Fossile Bleichhorizonte sind unterhalb der Stufe des Emi Bao unter patiniertem Hangschutt zu finden. Es ist denkbar, daß die Depression als Ganzes dadurch entstand, daß im Zuge jungtertiärer/ quartärer Grundwasserspiegelschwankungen das Anstehende subterran aufbereitet und fluvial/äolisch ausgeräumt wurde.

Abb. 4: Blick über Depression der Oase Séguédine nach Nordosten auf Stufe des Emi Bao, nördlich Bilma. Im Vordergrund Farbgrenze zwischen terrestrischer und hydromorpher Verwitterung am ehemaligen Ufer eines fossilen Grundwassersees. (A. SKOWRONEK 13. 3. 1980)

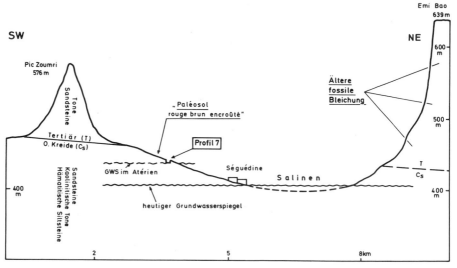

Abb. 5: Landschaftsprofil bei der Oase Séguédine mit Standort von Profil 7.

Der Grundwasserhaushalt der großen artesischen Becken wird nach Ro-
GNON (1980, Fig. 8, S. 60) von höheren Gebirgen mitgesteuert, so daß eine
Zunahme des Wasservolumens nicht a priori auf eine Erhöhung des Gebiets-
niederschlages zurückgehen muß. Die geomorphologischen Auswirkungen
subterraner Verwitterung können sich in der Ausbildung sog. Grarets und
Dayas äußern, abflußloser Hohlformen, die in der östlichen Sahara schon
früher beschrieben und genetisch gedeutet wurden (PFANNENSTIEL 1953,
KLITZSCH 1974), und die jetzt auch im Überblick von Satellitenbildern weiter
untersucht werden (KOHLER-WOICK 1984). Die Abb. 6 zeigt ein Graret aus der
nordwestlichen Sahara mit Grundwasserbleichung bis zur Geländeoberfläche
eines Restbergs und mit Sebkhabildung. Angesichts dieser Möglichkeiten von
Verwitterung und Bodenbildung wird man sich fragen müssen, ob Bleichung
und Gefügelockerung von Beckensedimenten in jedem Fall als Relikte einer
Lateritisierung sensu strictu angesehen werden können (vgl. z.B. BUSCHE
1983, S. 36 od. H. HAGEDORN 1985, Abb. 25, S. 226).

Abb. 6: Graret westlich Timimoun, mit in Auflösung begriffenem Restberg, welcher von der
zertalten Schichtstufe im Vordergrund abgetrennt ist. Grundwasserbedingte Verwitterung
hat Bleichung bis zur Oberfläche bewirkt. Aktuelle Absandung und Ausblasung sowie
Sebkhabildung. Person steht auf eisenverkrusteter, polygenetischer Dachfläche. (E. SKOWRO-
NEK 14. 4. 1981)

Böden und ihre Bedeutung für die Klimageomorphologie der zentralen Sahara

Die eben skizzierten zentralsaharischen Verwitterungs- und Bodendecken sind, wie in anderen Räumen auch, Träger und Objekt der Abtragung. Es stellt sich die Frage, in welchem Umfang aktuelle Verwitterung und Bodenbildung stattfinden und die Abtragung beliefern, vor allem aber ist zu klären, ob und welche Vorzeitklimate an der Gesteinsaufbereitung und Formung beteiligt sind.

Dabei zeigt sich, daß zur allgemeinen Beurteilung der aktuellen Verwitterung sehr unterschiedliche Objekte und Standorte herangezogen werden. Das führt infolge sehr differenziert ablaufender Prozesse zwangsläufig auch zu verschiedenen Interpretationsergebnissen. Sicher haben die rezenten Vorgänge entscheidenden Anteil an der Ausgestaltung des Feinreliefs. Ebenso sollte man berücksichtigen, daß die hochariden Verhältnisse erst relativ kurze Zeit, seit der letzten (neolithischen) Feuchtphase vorherrschen. Immerhin sind stellenweise erheblicher Gesteinszerfall und Meter messende Rückverlegungen natürlicher und künstlicher Wände sowie flächenhafte Eintiefungen in der gleichen Dimension zu verzeichnen, im Vergleich mit humiden Gebieten stattliche Beträge. Auch scheinen pedogene Prozesse und Teilprozesse (Patinierung, Rubefizierung, Schaumbodenbildung) gegenwärtig nicht zu fehlen. Besonders die Verwitterung durch Grundwasser ist es, die (vor allem) klastische Sedimentgesteine aufbereitet und in Oberflächennähe das gebildete Lockermaterial für die sofort wirksame äolische Abtragung exponiert. Auch Großformen wie z. B. Grarets werden auf diese Art (weiter)gebildet.

Zur Kennzeichnung vorzeitlicher Morphodynamik und Morphogenese können vorwiegend Böden (in nicht zu eng gefaßter Definition) angeführt werden. Eigene bodengenetische, -systematische und -stratigraphische Untersuchungsergebnisse bilden die Grundlage. Danach muß die Vorstellung einer Flächenbildung nach dem Modell von gleichzeitiger chemischer Tiefenverwitterung (Latosol, Rotlehm) und oberflächlicher Abspülung in zweifacher Hinsicht modifiziert bzw. korrigiert werden. Weil nach bodenkundlicher Erkenntnis Latosole nur unter Wald, Rotlehme unter Savanne über sehr lange Zeiträume bei gleichzeitiger Abtragungsruhe ihr typisches Reifeprofil mit genetischen Horizontabfolgen entwickeln können, ist ihre Abtragung auch nur nach einem Klimawechsel möglich. In den Tropen erfolgte sie über den Prozeß der Pedimentation, wenn man den bodenstratigraphischen Aufbau (Saprolith/Solum, Steinsohle, Pedimentschutt, Hangsediment) geomorphogenetisch interpretiert. Dies gilt auch für die zentrale Sahara, wo die Abtragungsfußflächen teilweise noch ihre erodierten Böden tragen. Dabei ist es unerheblich, welche Bodentypen ausgebildet wurden. Spätglazial-holozäne Pedimente besitzen mäßig entwickelte Entisols bzw. Vertisols, polygenetische Fußflächen mit vermutlich pliozäner Anlage Inceptisols, stellenweise Alfisols, welche nur bedingt mit dem Rotlehmbegriff gleichgesetzt werden können. Zum zweiten läßt das o. g. Modell bei seinem aktualistischen Vorgehen den semiarid-ariden Übergangsraum zwischen (wechsel)feuchten Tropen und Sahara außer Acht, wo die meisten Vergleichsböden für die saharischen Vorkommen gesucht werden müssen. Außerdem ist es sehr unwahrscheinlich, daß ein jungtertiäres feuchttropisches Waldklima mit Latosolen über den relativ kurzen Zeitraum des Quartär in ein Wüstenklima überging.

Was die aus aktueller Formungsintensität abgeleitete Wüstengliederung und ihre Übertragung auf die morphogenetische Entwicklung der zentralen Sahara angeht, so könnten bodenstratigraphische Befunde aus dem zentralen Hoggar-Gebirge (Atakor) in der Tat für eine hygrische Horizontalgliederung und die Existenz einer Kernwüste schon im Tertiär sprechen. So wurden die in unter- und mittelmiozänen Basaltdecken fossilierten Tropenböden (Sols ferrugineux tropicaux) außerhalb des Atakor bisher nicht gefunden, obwohl sie infolge stärkerer Eisenanreicherungen sehr abtragungsresistente Oberflächen abgeben würden. Allerdings ist die (boden)stratigraphische Lücke zwischen Eozän und Jungquartär auf der Serir Tibesti und wohl auch in der Tanezrouft zu groß, um daraus auf längerfristige Klimaentwicklungen zu schließen. Paläoklimatische Aufschlüsse würden sich aus noch aufzufindenden korrelaten Abtragungssedimenten ergeben.

Auch um die quartäre Boden- und Reliefentwicklung zu rekonstruieren, bräuchte man in den saharischen Tiefländern solche Akkumulationsstandorte. So sind außerhalb des Wadi Saoura, der Hochgebirge und einiger anderer Gunstgebiete für die Quartärdokumentation weder Zahl noch Intensität pedo- und morphodynamisch wirksamer, autochthoner Klimaänderungen bekannt. In einem gegenwärtig hochariden Raum, wo sowohl für Bodenbildung (i.e.S.) als auch für übergreifende fluviale Prozesse höhere Niederschläge nötig sind, fehlen auch eindeutige Zeugnisse für mehrfache morphodynamische Stabilität, nämlich Böden, weitgehend. Das könnte bedeuten, daß sich in einer altangelegten (z.B. jungtertiären) und heute nur noch in Resten erhaltenen Bodendecke alle quartären Feuchtzeiten summiert haben, und deshalb die einzelnen Intensitäten pedogenetisch nicht mehr gesondert erkannt werden können. Anders verhält es sich in abtragungsgünstigen Gesteinsarealen, wo unterschiedlich alte Pedimente mit ihren Böden noch erhalten sind und der jüngste Boden monogenetisch ist.

Eine Gleichzeitigkeit von Verwitterung und Bodenbildung auf der einen Seite und fluvialer Abtragung auf der anderen Seite erscheint in Gebieten hoher Niederschlagsvariabilität denkbar, wo in den Jahren mit trockenheitsbedingter Vegetationsauflichtung so wenig Bodenschutz vorhanden ist, daß zuvor gebildetes Verwitterungs- und Bodenmaterial abgetragen werden kann. Zur Gesteinsaufbereitung in so kurzer Zeit bedarf es aber erheblicher Verwitterungsenergien, die in den ariden Randtropen und Subtropen wegen des hohen Temperaturangebotes bzw. der hohen Amplituden gegeben sind. In einem derartigen Abtragungssystem wird man natürlich auch keine stratigraphisch klar abgrenzbaren Reliefeinheiten mehr erhalten, sondern Morphosequenzen, in deren Entwicklung auch bodenhydrologisch stabilere Phasen mit größeren Verwitterungsintensitäten vorkommen können. Der überwiegend arid-morphodynamische Abtragungsmechanismus schränkt damit die Bildungs- und Erhaltungsmöglichkeiten reifer Bodenprofile ein.

Zusammenfassung

Ausgewählte Beispiele von Verwitterung und Bodenbildung aus dem Grund- und Deckge-
birge der zentralen Sahara werden den zur Zeit diskutierten klimageomorphologischen
Theorien gegenübergestellt. Es zeigt sich, daß aktuelle Vorgänge wie Wüstenlackbildung,
Rubefizierung und vor allem Grundwasserverwitterung stärker beachtet werden müssen.
Vorzeitliche Flächenbildung kann nicht mit einer gleichzeitigen chemischen Tiefenverwitterung und Abtragung erklärt werden, sondern eher mit Pedimentation nach Klimawechseln.
Kernwüsten, also Bereiche stark reduzierter Verwitterung und äolischer Morphodynamik
könnten nach bodenstratigraphischen Befunden auch schon im jüngeren Tertiär bestanden
haben. In den Tiefländern ohne ausgeprägte Reliefgliederung summieren sich die quartären
Feuchtzeiten wahrscheinlich in polygenetischen Böden. Wenn man dem Prinzip des Aktua-
lismus folgt, könnte man die vorzeitliche Morphodynamik und Morphogenese der zentralen
Sahara auch mit gegenwärtig ablaufenden Prozessen in den mediterranen und tropischen
Randzonen der Sahara vergleichen. In diesen Gebieten scheinen Verwitterung/Bodenbil-
dung und Abspülung infolge der hier noch vorhandenen Verwitterungsenergie und der
hohen Niederschlagsvariabilität gleichzeitig abzulaufen.

Summary

(Weathering and soil formation in the central Sahara)
Selected examples of weathering and soil formation from basement and sedimentary rocks in
the central Sahara are compared with currently discussed theories of climatic geomorphology.
It is shown that present processes such as formation of desert varnish, rubefaction and in
particular groundwater weathering are more to be considered. Ancient surface planation
cannot be explained by simultaneous deep chemical weathering and denudation but by
pedimentation after climatic changes. „Kernwüsten" that means areas of strongly reduced
weathering and eolian morphodynamics might have been existed since Younger Tertiary
according to soil stratigraphical observations. In lowlands without distinct relief structure the
Quaternary humid periods probably cumulate in polygenetic soils. Following the principle of
actualism ancient morphodynamics and morphogenesis in the central Sahara could also be
compared with present-day morphodynamic processes in the mediterranean and the tropical
marginal zones of the Sahara. In these areas weathering/soil formation and denudation of
slopes and plains seem to be simultaneous depending on the high variability of rainfall.

Literatur

ATKINSON, K. & B. WAUGH (1979): Morphology and mineralogy of Red Desert Soils in the
    Libyan Sahara. Earth Surface Processes 4, S. 103–115.
BARBIER, R. (1967): Nouvelles réflexions sur le problème des „pains de sucre" à propos
    d'observations dans le Tassili N'Ajjer (Algérie). Trav. Lab. Géol. Grenoble 43, S. 15–21.
BIRKELAND, P. W. (1974): Pedology, Weathering, and Geomorphological Research. - 285 p.
    London (Oxford University Press, Inc.).
BLUME, H.-P. (1985): Klimabezogene Deutung rezenter und reliktischer Eigenschaften von
    Wüstenböden. Geomethodica 10, S. 91–121, Basel.
BLUME, H.-P., ALAILY, F., SMETTAN, U. & J. ZIELINSKI (1984): Soil types and associations of
    Southwest Egypt. Berliner geowiss. Abh. (A) 50, S. 293–302, Berlin.
BLUME, H.-P., VAHRSON, W.-G. & H. MESHREF (1985): Dynamics of water, temperature, and
    salts in typical aridic soils after artificial rainstorms. Catena 12, S. 343–362, Braunschweig.
BOCQUIER, G. (1973): Genèse et évolution de deux toposequences des sols tropicaux du
    Tchad. Interprétation biogéodynamique. Mémoires O.R.S.T.O.M. 62, 350 p., Paris.

BOCQUIER, G., ROGNON, P., PAQUET, H. & G. MILLOT (1977): Géochimie de la surface et formes du relief. II. Interprétation pédologique des dépressions annulaires entourant certains inselbergs. Sci. Géol. Bull. 30, S. 245–253.

BOULET, R. (1978): Toposéquences des sols tropicaux en Haute-Volta. Équilibre et déséqui-libre pédobioclimatique. Mémoires O.R.S.T.O.M. 85, Paris.

BOWMAN, D. (1982): Iron coating in recent terrace sequences under extremely arid conditions. Catena 9, S. 353–359, Braunschweig.

BÜDEL, J. (1981): Klima-Geomorphologie. – 304 p., Berlin-Stuttgart (Gebrüder Borntraeger).

BÜDEL, J. (1986): Tropische Relieftypen Süd-Indiens (aus dem Nachlaß bearbeitet und herausgegeben von DETLEF BUSCHE). Relief Boden Paläoklima 4, S. 1–84, Berlin-Stuttgart.

BUSCHE, D. (1973): Die Entstehung von Pedimenten und ihre Überformung, untersucht an Beispielen aus dem Tibesti-Gebirge, République du Tchad. Berliner Geogr. Abh. 18, 110 p., Berlin.

BUSCHE, D. (1983): Silcrete in der zentralen Sahara (Murzuk-Becken, Djado-Plateau und Kaouar; Süd-Libyen und Nord-Niger). Z. Geomorph. N. F., Suppl.-Bd. 48, S. 35–49, Stuttgart.

DEWOLF, Y., JOLY, F., RAYNAL, G. & G. ROUGERIE (1972): Premières observations sur une traversée du Sahara Central. Bull. A.G.F. 399, S. 191–211.

DUTIL, P. (1971): Contribution à l'étude des sols et des paléosols du Sahara. Thèse Strasbourg, 346 p.

FAO-Unesco (1974): Soil map of the world 1:5 000 000. Volume I Legend. Paris.

FÜRST, M. (1970): Beobachtungen an quartären Buntsedimenten der zentralen Sahara. Abh. hess. L.-Amt Bodenforsch. 56, S. 129–150.

GERRARD, A. J. (1981): Soils and Landforms. An Integration of Geomorphology and Pedo-logy. – 219 p., London (George Allen & Unwin).

GLENNIE, K. W. (1970): Desert Sedimentary Environments. Developments in Sedimentology 14, 222 p., Amsterdam (Elsevier).

GRUNERT, J. (1983): Geomorphologie der Schichtstufen am Westrand des Murzuk-Beckens (Zentrale Sahara). Relief Boden Paläoklima 2, 271 p., Berlin-Stuttgart.

HABERLAND, W. (1975): Untersuchungen an Krusten, Wüstenlacken und Polituren auf Ge-steinsoberflächen der nördlichen und mittleren Sahara (Libyen und Tchad). Berliner Geogr. Abh. 21, 71 p., Berlin.

HABERLAND, W. & O. FRÄNZLE (1975): Untersuchungen zur Bildung von Verwitterungskru-sten auf Sandsteinoberflächen in der nördlichen und mittleren Sahara (Libyen und Tchad). Würzb. Geogr. Arb. 43, S. 148–163, Würzburg.

HAGEDORN, H. (1985): Formen und Bilder der Wüste am Beispiel der Sahara. Natur und Museum 115, H. 7, S. 210–230, Frankfurt a. M.

HAGEDORN, J. & H. POSER (1974): Räumliche Ordnung der rezenten geomorphologischen Prozesse und Prozeßkombinationen auf der Erde. Abhandlungen der Akademie der Wissenschaften in Göttingen, Math.-Phys. Klasse, III. Folge, Nr. 29, S. 426–439, Göttin-gen.

KALLENBACH, H. (1972): Petrographie ausgewählter quartärer Lockersedimente und eisenrei-cher Krusten der libyschen Sahara. Berliner Geogr. Abh. 16, S. 83–93, Berlin.

KLITZSCH, E. (1974): Bau und Genese der Grarets und Alter des Großreliefs im Nordostfez-zan (Südlibyen). Z. Geomorph. N. F. 18, S. 99–116.

KNETSCH, G. (1960): Über aride Verwitterung unter besonderer Berücksichtigung natürlicher und künstlicher Wände in Ägypten. Z. Geomorph. N. F., Suppl.-Bd. 1, S. 190–205.

KNETSCH, G. (1966): Über Boden- und Grundwasser in der Wüste (am Beispiel westägypti-scher Vorkommen). Nova Acta Leopoldina 31, S. 67–88, Leipzig.

KNETSCH, G. & E. REFAI (1955): Über Wüstenverwitterung, Wüsten-Feinrelief und Denkmal-zerfall in Ägypten. Neues Jb. Geol. u. Paläontol., Abh. 101, S. 227–256, Stuttgart.

KOHLER-WOICK, H. (1984): Methode zur Erfassung kleinerer Formen aus Landsat-Auf-nahmen. Beispiel aus der algerischen Sahara. Die Erde 115, S. 1–17.

KUBIENA, W. L. (1986): Grundzüge der Geopedologie und der Formenwandel der Böden (aus dem Nachlaß bearbeitet von FRANZ BLÜMEL und FRANZ SOLAR). – 128 p., Wien (Verlags-union Agrar).

LAPPARENT, J. DE (1937): Les phénomènes anciens de rubéfaction dans le Sahara central. C.R. Acad. Sc. Paris 205, S. 196–198.

LESER, H. (1985): Fazit zum 10. BGC: „Klimaaussage von Paläoböden arider bis wechselfeuchter Klimate Afrikas – Ein methodisches Grundproblem der Paläoökologie". Geomethodica 10, S. 193–206, Basel.

MAINGUET, M. (1982): A-t-on fait une juste place aux Paléo-arides du Sahara? Bull. Assoc. Géogr. Franc. 484, S. 25–29, Paris.

MECKELEIN, W. (1959): Forschungen in der zentralen Sahara. Klimageomorphologie. – 181 p., Braunschweig (Westermann).

MECKELEIN, W. (1971): Zum Problem der klimageomorphologischen Gliederung der Wüste. In: RATHJENS, C. (Hrsg.), Klimatische Geomorphologie. Wege der Forschung 218, S. 394–400, Darmstadt.

MECKELEIN, W. (1984): Zur physischen Geographie der Tanezrouft (Algerische Sahara). Die Erde 115, S. 19–46.

MENSCHING, H. (1970): Flächenbildung in der Sudan- und Sahel-Zone (Ober-Volta und Niger). Beobachtungen zum arid-morphodynamischen System und zur Morphogenese in den Randtropen Westafrikas. Z. Geomorph. N. F., Suppl.-Bd. 10, S. 1–29.

MENSCHING, H. (1979): Die klima-geomorphologische Bedeutung von Wadis in der Ariden Zone. Bemerkungen zu ihrer morphogenetischen Sequenz. Innsbrucker Geogr. Stud. 5, S. 551–561.

MENSCHING, H. (1983): Die Wirksamkeit des „Arid-Morphodynamischen Systems" am mediterranen Nordrand und am randtropischen Südrand (Sahel) der Sahara. Ein Beitrag zur zonalen Klima-Geomorphologie. Geoökodynamik 4, S. 173–189, Darmstadt.

MENSCHING, H. (1984): Waditerrassen als paläoklimatische Zeugen in Nordafrika. Mitt. Geol.-Paläont. Inst. Univ. Hamburg (Festband GEORG KNETSCH) H. 56, S. 133–141.

MEYER, B. (1979): Die Entcarbonatierungsrötung als bodengenetischer Teilprozeß. Mitteilgn. Dtsch. Bodenkundl. Gesellsch. 29, S. 705–708.

MORTENSEN, H. (1927): Der Formenschatz der nordchilenischen Wüste. Ein Beitrag zum Gesetz der Wüstenbildung. Abh. d. Ges. d. Wiss. Göttingen, Math.-Phys. Kl. N. F. XII, 1, Berlin.

MORTENSEN, H. (1930): Die Wüstenböden. In: BLANCK, E. (Hrsg.) Handbuch der Bodenlehre, Dritter Band, S. 437–490, Berlin.

MORTENSEN, H. (1950): Das Gesetz der Wüstenbildung. Universitas 5, H. 7, S. 801–814.

OLLIER, C. (1969): Weathering. Edinburgh (Oliver & Boyd) 304 p.

PENCK, W. (1924): Die morphologische Analyse. Ein Kapitel der Physikalischen Geologie. Geogr. Abh., Zweite Reihe, H. 2, 283 p.

PFANNENSTIEL, M. (1953): Das Quartär der Levante. Teil II. Die Entstehung der ägyptischen Oasendepressionen. Abh. d. Akad. Wiss. u. Lit. Math.-Naturwiss. Kl. Jahrgang 1953, Nr. 7, S. 337–411.

ROGNON, P. (1967): Le massif de l'Atakor et ses bordures (Sahara Central). C.N.R.S., 559 p., Paris.

ROGNON, P. (1980): Pluvial and arid phases in the Sahara: The role of non-climatic factors. Palaeoecology of Africa 12, S. 45–62.

ROHDENBURG, H. (1977): Beispiele für holozäne Flächenbildung in Nord- und Westafrika. Catena 4, S. 65–109, Braunschweig.

ROHDENBURG, H. & U. SABELBERG (1973): Quartäre Klimazyklen im westlichen Mediterrangebiet und ihre Auswirkungen auf die Relief- und Bodenentwicklung vorwiegend nach Untersuchungen an Kliffprofilen auf den Balearen und an der marokkanischen Atlantikküste. Catena 1, S. 71–180, Braunschweig.

SABELBERG, U. & H. ROHDENBURG (Hrsg.) (1979): Relief- und Bodenentwicklung im Mediterrangebiet – Kurzberichte eines Symposiums (Braunschweig, Februar 1979). Landschaftsgenese und Landschaftsökologie 5, 120 p.

SCHEFFER, F., MEYER, B. & E. KALK (1963): Biologische Ursachen der Wüstenlackbildung. Zur Frage der chemischen Verwitterung in ariden Gebieten. Z. Geomorph. N. F. 7, S. 112–119.

SKOWRONEK, A. (1984): Bodengeographisch-paläopedologische Untersuchungen zum Problem der klimagenetisch-geomorphologischen Landschaftsentwicklung in der zentralen Sahara. Habilitationsschrift, 254 p., Würzburg.

SKOWRONEK, A. (1985): Zur känozoischen Klimaentwicklung der zentralen Sahara nach bodenstratigraphischen Befunden. Geomethodica 10, S. 123–151, Basel.

SKOWRONEK, A. (1985a): Zur Morpho- und Pedostratigraphie der zentralen Sahara. Z. Geomorph. N. F., Suppl.,-Bd. 56, S. 69–87.

SKOWRONEK, A. (1987): Böden als Indikator klimagesteuerter Landformung in der zentralen Sahara. Relief Boden Paläoklima 5, 184 p., Berlin–Stuttgart.

SKOWRONEK, A. (1987a): Zur Bodenstratigraphie im nördlichen Afrika. Palaeoecology of Africa 18, S. 209–216.

SMITH, B. J. & W. B. WHALLEY (1982): Observation on the composition and mineralogy of an Algerian duricrust complex. Geoderma 28, S. 285–311.

SOIL SURVEY STAFF (1975): Soil taxonomy. A basic system of soil classification for making and interpreting soil surveys. - 754 p., Washington D.C.

SOLEILHAVOUP, F. & A. CAILLEUX (1979): Formes de suffossion actuelle près de Tamanrasset (Hoggar, Sahara). Z. Geomorph. N. F. 23, S. 13–26.

TILLET, T. (1983): Le paléolithique du bassin tchadien septentrional (Niger-Tchad). C.N.R.S., Paris.

VOGG, R. (1981): Bodenressourcen arider Gebiete. Untersuchungen zur potentiellen Fruchtbarkeit von Wüstenböden in der mittleren Sahara. Stuttgarter Geogr. Stud. 97, 224 p., Stuttgart.

VOGG, R. (1985): Aspekte zur rezenten und reliktischen Merkmalbildung von Wüstenböden der westlichen Zentral- und Südsahara. Mitteilgn.Dtsch.Bodenkundl.Gesellsch.43/II, S. 811–816.

VÖLK, H. R. & TH.W.M. LEVELT (1970): Tonmineralogische Ergebnisse und einige paläoklimatische Betrachtungen. Jb. Geogr. Ges. zu Hannover 1969, S. 191–211.

WALKER, T. R. (1967): Formation of Red Beds in Modern and Ancient Deserts. Geol. Soc. Amer. Bull. 78, S. 353–368.

WALTHER, J. (1924): Das Gesetz der Wüstenbildung in Gegenwart und Vorzeit. - 421 p., Leipzig (Quelle & Meyer).

YAALON, D. H. (Hrsg.) (1982): Aridic Soils and Geomorphic Processes. Catena Supplement 1, 219 p.

ZAKOSEK, H. & H. BREMER (Hrsg.) (1979): Relief und Boden. Z. Geomorph. N. F., Supp.-Bd. 33.

II.
Aktuelle morphodynamische Prozesse und Prozeßkombinationen

Grundzüge der Morphogenese und aktuellen Morphodynamik auf den Ostkanaren

Von PETER HÖLLERMANN, Bonn

Einleitung

Das Untersuchungsgebiet auf den östlichen Kanaren-Inseln bietet die Möglichkeit, das Relief und die aktuelle Morphodynamik im Bereich des aridmorphodynamischen Systems der trockenen Subtropen in einem gut erreichbaren Raum mit vergleichsweise geringem logistischen Aufwand zu studieren und dabei auch längerfristige Vergleichsbeobachtungen, Messungen und Feldexperimente durchzuführen. Dieser Beitrag faßt Beobachtungen und Ergebnisse zusammen, die während 12 Geländeaufenthalten mit einer Gesamtdauer von gut 10 Monaten in den Jahren 1979 bis 1986 gewonnen wurden.

Lage, Klima und Vegetation

Die Inseln Fuerteventura und Lanzarote nebst den benachbarten kleinen Isletas liegen zwischen 28° und 29° 25′ N auf der Breite der nördlichen Sahara. Sie sind vulkanogenen Ursprungs und nehmen eine Fläche von insgesamt 2567 km² ein. Die Lage im ozeanischen nordwestlichen Vorfeld der Sahara bringt gegenüber dem Zonalklima Nordafrikas einen größeren Einfluß der winterlichen Zyklonalwitterung im Rahmen des Kernpassat-Wechselklimas mit sich. Der mittlere Jahresniederschlag wird für Lanzarote mit 135 mm und für Fuerteventura mit 147 mm angegeben (FERNANDOPULLÉ 1976, S. 197); er variiert regional von kaum 100 mm in der küstennahen Fußstufe bis gegen 200–300 mm im höheren Bergland. Die mittlere Zahl der Niederschlagstage steigt höhenwärts von 19 (Arrecife) auf 31 (Mña. de Haría, nach RIEDEL 1973, S. 132). Die Gegenüberstellung mit einer potentiellen Evaporation von 1550–1600 mm (Schätzung nach der HAUDE-Formel) macht das Maß der Aridität deutlich. Die für Trockengebiete charakteristische Unzuverlässigkeit der Niederschläge von Jahr zu Jahr spiegelt sich in einer durchschnittlichen Abweichung um 55 % vom langfristigen Mittel in der Fußstufe. Über die Bedeutung der Dürren für die Landnutzung hat PARSONS (1975) kurz berichtet. Im vollariden Fußstufenklima treten durchschnittlich alle 2–3 Jahre 1–2 humide Monate als Ausdruck zeitweilig semiarider Bedingungen auf. Die Intensitäts-Häufig-

keitsverteilung der maximalen Tagessummen und der Jahresniederschläge ist
anhand einer 20jährigen Meßserie in Abb. 1 dargestellt (Los Estancos, Fuerteventura, Daten nach BRAVO 1964 und HEMPEL 1978). Die Darstellung ist so zu
verstehen, daß z.B. Starkregen $\geq$ 30 mm eine mittlere Wiederkehrzeit von
etwa 2 ½ Jahren und bei $\geq$ 50 mm von 10 Jahren aufweisen. Am 26. Januar 1980
wurden auf Lanzarote lokal sogar Tagesniederschläge bis über 100 mm verzeichnet. Die mittelfristige Periodizität der Niederschlagssummen und Starkregen läßt Beziehungen zu Lageverschiebungen des Azorenhochs erkennen.

Ozeanische Randlage und Kanarenstrom führen in der meernahen Fußstufe
zu hoher relativer Luftfeuchte (Mittel 60–80%) sowie zu nur mäßigen periodischen Tages- und Jahresschwankungen der Lufttemperatur um das Jahresmittel von 18–20° (Arrecife Monatsmittel August 23,9°, Dezember 16,9°). Die
mittlere Sonnenscheindauer liegt zwischen 2700 und 2900 Stunden pro Jahr,
die mittlere Globalstrahlung läßt sich auf 435 ly/d bzw. 211 W/m^2 veranschla-

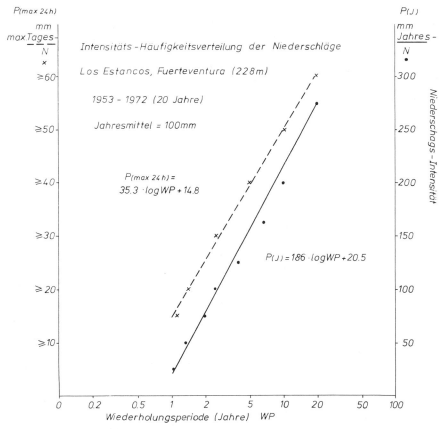

Abb. 1: Intensitäts-Häufigkeitsverteilung der Niederschläge für die Station Los Estancos,
Fuerteventura (228 m), 1953–1972 (20 Jahre), Daten nach T. BRAVO (1964) und L. HEMPEL
(1978). Zugrunde liegen die Niederschlagssummen der einzelnen Jahre und die maximalen
Niederschläge innerhalb von 24 Stunden auf Monatsbasis.

gen. Der hohe Energieumsatz sommerlicher Strahlungstage führt an trockenen Sandoberflächen zu absoluten Temperaturmaxima zwischen 59 und 63°, bei dunklen Pyroklastika sogar bis 66°. An der Oberfläche festen Basaltgesteins gehen die Maxima wegen der besseren Wärmeleitfähigkeit hingegen selten über 50–52° hinaus. Nähere Angaben über das Mikro- und Bodenklima finden sich bei HEMPEL (1980, 1981) und HÖLLERMANN (1985).

Die Vegetation besteht großenteils aus Halbwüste und trockener Strauchsteppe mit vielen nordafrikanischen Florenelementen. Weithin überwiegt heute die sekundäre, anthropo-zoogen stark aufgelichtete Pflanzendecke. An Küstensaum und Sandgebiete mit Halophyten und psammophiler Vegetation schließt sich die besonders ausgedehnte Halbwüste mit Dornlattich (*Launaea arborescens*) und seinen Begleitern an, oft mit einem Deckungsgrad unter 25%, der nach Regenfällen durch rasch aufkommende annuelle Pflanzen jedoch zeitweilig bis über 80% anwachsen kann (z. B. März 1985). Oberhalb von 200 bis 400 m – auf felsigen Standorten auch schon tiefer bis in Meeresnähe – nehmen Vertreter der *Kleinio-Euphorbietea*-Klasse an Bedeutung zu, im Bergland oft mit niedrigem *Asteriscus*-Strauchwerk vergesellschaftet. Die höchsten Erhebungen der Bergländer mit stärkerer Bewölkung dürften ursprünglich zur Lorbeerwaldstufe gehört haben (vgl. u. a. KUNKEL 1977, S. 11, 1982, S. 11). Wegen der relativ geringen Höhenerstreckung (Lanzarote 670 m, Fuerteventura 807 m) ist der hypsometrische Wandel von Klima und Vegetation weitaus schwächer ausgeprägt als auf den höheren Westinseln des Archipels. Die durch häufigere Bewölkung verringerte Aridität der Gipfelregion ist jedoch ein wichtiger Faktor für die Vegetation, Verwitterung und Bodenbildung.

Grundzüge der Morphogenese

Im Schrifttum wurde bislang der geologisch-vulkanologischen Entwicklung die meiste Beachtung gewidmet (u. a. HAUSEN 1956, 1959, BRAVO 1964, FUSTER et al. 1968a, 1968b, SCHMINCKE 1976, MITCHELL-THOMÉ 1976, ARAÑA & CARRACEDO 1979, ROTHE 1986), während die Reliefentwicklung i.e.S. nur in den Grundzügen bekannt ist (dazu u. a. HAUSEN 1956, KLUG 1961–1969, DRISCOLL et al. 1965, HEMPEL 1978–1980, POMEL 1986). Die älteren Phasen der Morphogenese, die für das Makro- und Mesorelief von besonderer Bedeutung waren, lassen sich im „Altland" von Fuerteventura deutlicher verfolgen als auf Lanzarote, wo der Entwicklung weniger Zeit zur Verfügung stand und wo der junge Vulkanismus ausgedehnte Gebiete verändert und überdeckt hat.

In der Morphogenese können vier Hauptphasen unterschieden werden. Am Anfang steht die subaerische vulkanische Aufbauphase im Miozän vor 20 bis 5 Millionen Jahren (Ma), als es zunächst im Bereich von Fuerteventura (hauptsächlich mittelmiozän) und dann auch von Lanzarote (besonders jungmiozän) zur Förderung bis 800 m mächtiger Plateaubasalte nebst eingelagerten Tuffen und Agglomeraten diskordant über submarinen Vulkaniten, Plutoniten und marinen Sedimenten des Basiskomplexes kam. Alte Reliefzeugnisse sind die 450–600 m hoch gelegenen, heute weithin von mächtigen Kalkkrusten überkleideten Flächenreste des Famara-Guatifay-Hochlandes in Nord-Lanzarote mit Akkordanz an die Struktur der Plateaubasalte (KLUG 1961).

Die zweite und bei weitem wichtigste Phase der Reliefentwicklung brachte im Obermiozän und älteren Pliozän einerseits die tektonische Zerlegung der miozänen Plateaubasalte in Hoch- und Tiefschollen mit ausgeprägten Gefällsunterschieden, andererseits eine exogene Gestaltung in einer Phase zurücktretenden Vulkanismus, die örtlich ungleich etwa 3 bis 10 Ma lang andauerte. Diese exogene Morphodynamik im Neogen dürfte sich unter der Herrschaft eines randtropischen oder eher subtropischen sommerfeuchten Klimas vollzogen haben. Darauf weisen die Geländeformen hin, aber auch paläobiologische und -pedologische Befunde auf den Kanaren sowie im größeren nordwestafrikanisch-westmediterranen Umfeld (vgl. u.a. KLUG 1968, SCHMINCKE 1968, AXELROD 1973, FERNANDEZ CALDAS 1980, TEJEDOR SALGUERO et al. 1985, POMEL 1986). Die Tieflagen waren Ausgang für die Flächenbildung, die Basaltbergländer für die Talbildung.

In Zentral-Fuerteventura kam es zur tektonischen Anlage einer langgestreckten Senkenzone (HAUSEN 1956, S. 20, BRAVO 1964, S. 473, KLUG 1968, S. 24), aus der sich zwischen miozänen Basalten im Osten und Gesteinen des Basiskomplexes im Westen ein intramontanes Becken entwickelte, das durch mehrere muldenförmige Breittäler in verschiedene Richtungen nach außen zum Meer entwässerte. Diese „Insel der Flächenbildung" wurde wohl auch durch leicht ausräumbare Pyroklastika lokal begünstigt. Das östliche Basaltbergland zwischen Becken und Küste ist durch die breiten Täler in langgestreckte Rücken („cuchillos") aufgelöst worden. Anders als in den intramontanen Becken des Anti-Atlas (BÜDEL 1977, S. 127) sind in der zentralen Senke Fuerteventuras weithin intensiv rotbraun gefärbte Böden bzw. Bodensedimente anzutreffen, deren Bildungsbedingungen freilich noch nicht hinreichend geklärt sind. Z.Zt. laufen Untersuchungen von BRÜCKNER-NEHRING (1986/87). Möglicherweise bestand auch in Zentral-Lanzarote zwischen den randlichen Bergländern eine intramontane Senkenzone, die jedoch vom jüngeren Vulkanismus überdeckt wurde.

In den Hochschollen der Basaltbergländer beider Inseln bildeten sich im Neogen relativ breite Täler mit Muldenprofil und steileren Hängen, die in ihrem gestreckten Verlauf z.T. alpinen Trogtälern ähneln (Abb. 2) und von KLUG (1968, 1969) mit den Kehltälern des heutigen tropischen Gebirgsreliefs verglichen wurden. Im wasserscheidenden Kammbereich von Jandía und Los Ajaches sind um 26–30° geneigte Hänge mit geradlinigem oder leicht konvexem Profil nach Art der „Glatthänge" auf die Täler ausgerichtet (Abb. 2). Die jungtertiäre Tektonik hat mancherorts zur Köpfung von Muldentälern und zur Kappung von Hangprofilen entlang von Bruchstufen geführt (z.B. am Westabfall des Famara- und Ajaches-Hochlandes auf Lanzarote oder am Ostrand der intramontanen Senke von Zentral-Fuerteventura). Weil dabei auch Glatthangprofile gekappt wurden (z.B. bei Femés oder Guinate auf Lanzarote oder im oberen Vallebrón auf Fuerteventura), müssen solche Formen schon im Neogen vorhanden gewesen sein. Da kaltklimatische Prozesse auszuschließen und aride Bedingungen in dieser Zeit unwahrscheinlich sind, tun sich interessante

Abb. 2: Breites muldenförmiges Tal (Valle de Butihondo) in den miozänen Basalten an der Südostabdachung der Jandía-Halbinsel, Fuerteventura, vom Pico de la Zarza (807 m) gesehen. Der Mittel- und Oberhang der linken Talseite bis zur Wasserscheide (um 570 m Höhe) weist ein geradlinig-gestrecktes Profil bzw. eine mehr oder minder glatte Form auf.

Probleme der Glatthang-Morphogenese auf. Vielleicht ist eine Entwicklung als Regolithhänge im Zusammenspiel von chemischer Verwitterung und Hangabspülung vorstellbar, wie sie von BREMER und SPÄTH (1981, S. 53) für heutige Tropengebirge (Sri Lanka) beschrieben wurde. Hänge und Muldentäler im Bergland könnten dann der gleichen Phase und dem gleichen Prozeßgefüge zugeschrieben werden. Eine Genese glatter Hänge in Südbrasilien durch Breitenwachstum von Kerbtälern erwähnt ROHDENBURG (1982, 1983, S. 413).

Am Fuß der Bergländer sind zur Küste abdachende flache Streckhänge von 2–12° Neigung mit dem Habitus von Bergfußflächen verbreitet, so im Nordwesten und entlang der mittleren Ostküste von Fuerteventura, im südlichen Vorland von Jandía oder weniger deutlich am Fuß der alten Basaltbergländer Lanzarotes. Diese peripheren Flachformen müssen ebenfalls bereits im Pliozän bestanden haben, da sie stellenweise von pliozän-altpleistozänen Laven überflossen wurden (K/Ar-Alter 1,8–5,8 Ma) und an ihrem küstenwärtigen Rand im Altpliozän (oder lokal wohl schon im Jungmiozän) von einer Meerestransgression betroffen worden sind (vgl. dazu die neueren Strandliniendatierungen von MECO & STEARNS 1981 oder RADTKE 1985). Da die pedimentartigen Randverflachungen an der gebirgswärtigen Seite mancherorts mit Dreieckbuchten in das Bergland bzw. die dort mündenden Breittäler eingreifen, dürften sie der gleichen Reliefgeneration zuzurechnen sein wie diese breiten Muldentäler und das intramontane Becken. Durch Flächenbildung im intramontanen Becken und peripher zwischen Bergländern und Küste sowie durch die breiten Täler wurden die alten Basaltbergländer im Jungmiozän und Pliozän zunehmend gegliedert und aufgelöst. Aus dieser Phase mit wohl relativ humiden Bedingungen stammen die wichtigsten Grundzüge des Makro- und Mesoreliefs der Ostkanaren, die gegen Ende des Tertiärs also bereits voll entwickelt gewesen sein müssen. Die grundlegende Bedeutung der neogenen Morphogenese wurde für die Nachbarinsel Gran Canaria schon von LIETZ (1975, S. 80) und SCHMINCKE (1976, S. 142) betont. Natürlich haben alle diese neogenen Formen unter der anschließenden Herrschaft des arid-morphody-namischen Systems eine Fortentwicklung und Umbildung erfahren und stellen in ihrer heutigen Gestalt das Ergebnis einer mehrphasigen und langdau-ernden „morphogenetischen Sequenz" im Sinne von MENSCHING (1979) dar.

Während der dritten Phase der Morphogenese im Jungpliozän und Altquar-tär wurden besonders zwischen 3 und 0,7 Ma (lokal auch schon früher) aus Schildvulkanen dünnflüssige geringmächtige Lavadecken und -ströme geför-dert, die sich in Becken, Tälern und auf den peripheren Fußflächen mancher-orts bis zur Küste ausbreiteten. Dadurch kam es in Zentral-Fuerteventura auch zur Zweiteilung des intramontanen Beckens durch eine Querschwelle zwischen La Ampuyenta und Valle de Santa Inés. Die ausgeprägte Relieforien-tierung der pliopleistozänen Laven belegt wiederum die Existenz der wesentli-chen Grundzüge des Reliefs gegen Ausgang des Tertiärs. Die Laven dieser Zeit wurden in die Muldental- und Hangfußentwicklung einbezogen und heben sich daher nicht wie junge Laven als Vollformen von ihrer Umgebung ab. Die Einbeziehung erfolgte keineswegs nur durch jüngere Überschüttung vom Hang, sondern auch durch flächenhafte Abtragung mit Kappung der Oberflä-che (gut erkennbar z. B. im Mittelteil des Barranco de la Torre-Tales auf Fuerteventura). Die Flächen- und weiträumige Talbildung dauerte also abge-schwächt noch bis ins Altquartär an. So wird in dieser Übergangsphase noch kein grundlegender Umbruch der Morphogenese erkennbar, obwohl mit ei-nem zunehmenden Wandel der Bildungsbedingungen zu rechnen ist. Die Flächenbildung bzw. -weiterbildung hat nun ihren Schwerpunkt im Bergfuß-bereich. Glatte und sanftkonvexe Hangprofile, wie sie nicht selten noch an neogen angelegten Bruchlinienstufen und sogar an quartären Vulkanbergen ausgebildet sind (z. B. in der Vulkanreihe subparallel zur Südostküste Lanza-rotes, besonders deutlich an der Montaña Blanca), lassen im Unterschied zu den älteren Formen eine ausgeprägtere Expositionspräferenz (Süd- und West-auslagen) erkennen. Nach AXELROD (1973, S. 265) soll im westmediterran-nordafrikanischen Raum der Umschlag vom Sommerregensystem zu mediter-ranen Winterregen und trockeneren Klimaten erst im Altquartär erfolgt sein, doch treten gegen Ende des Tertiärs Zeugnisse wachsender Aridität auf. Dazu gehören auf Fuerteventura Fanglomeratablagerungen in Tälern unter pliozän-altquartären Laven sowie auf der gebirgigen Nachbarinsel Gran Canaria große Bergfuß-Fanglomeratfächer (LIETZ 1973, S. 118, 1975, S. 84). Im Bohrkern 397 mit Meeressedimenten südlich der Ostkanaren beginnt ein verstärkter Staub-eintrag als Indikator wachsender Aridität ab 3,2 Ma und besonders ab 2,5 Ma (STEIN 1986, S. 129). Zugleich macht sich in dieser Phase eine Abkühlung bemerkbar (SÜNDERMANN & LEGUTKE 1986, S. 105 ff.).

Während der vierten Phase der Morphogenese im weiteren Verlauf des Quartärs hat es einen mehrfachen Wechsel morphodynamisch aktiver, teilaktiver und stabiler Perioden jeweils im Gesamtrahmen des arid-morphodynamischen Systems gegeben. Nach palynologischen Untersuchungen von Meeressedimenten ist für die Breite der Kanaren nur mit geringen Schwankungen innerhalb des vorherrschenden Trockenklimas zwischen den Kaltzeiten und den wohl etwas feuchteren Warmzeiten mit leicht erhöhtem tropischen Pollenanteil zu rechnen (AGWU & BEUG 1984, S. 45). Das schließt deutliche morphologische Konsequenzen aber nicht aus. Während der Kaltzeiten war der Passateinfluß recht stabil und gegenüber der Gegenwart verstärkt (PARKIN & SHACKLETON 1973, S. 455, SARNTHEIM 1982, TETZLAFF & PETERS 1986, S. 78).

In die stabileren Perioden gehören die in bemerkenswerter Verbreitung erhaltenen quartären Böden und Kalkanreicherungshorizonte ebenso wie manche Verwitterungskleinformen an steilen Felshängen (als Anzeichen stabiler Großformung i. S. von WILHELMY 1977). In morphodynamisch aktiven Perioden mit Starkregenkonzentration kam es zu kräftigen Schuttverlagerungen im Bergland-Steilrelief (z. B. Jandía, Famara und Los Ajaches) mit Aufschüttung von Fanglomeratdecken und -fächern im Hangfußbereich sowie zu Schuttverlagerungen und Abtragung im Bereich von Bergfußflächen. Zuvor einfacher gestaltete Basalthänge mit glattem oder sigmoidalem Profil wurden durch Hangzerschneidung und Materialumlagerung in mehrgliedrige (meist dreigliedrige) Hänge umgestaltet, wobei zwischen trichterförmigen Hangtälchen mit Oberhangversteilung und den Aufschüttungen des Hangfußes am Mittelhang dreieckförmige, heute meist kalkkrustenüberkleidete Reste des ursprünglichen Hanges erhalten blieben (typisches Beispiel: Mittelabschnitt der westseitigen Famara-Steilabdachung auf Lanzarote). – Am Rande breiter Senken und Talräume entwickelten sich in Verbindung mit geringresistenten Tuffen und Pyroklastika auch Fußflächen vom Glacistyp (Lokalname „raña"), so im Süden Fuerteventuras im Gebiet zwischen Tuineje, Gran Tarajal und Cardón, im nördlichen Fußgelände der Jandía-Halbinsel sowie im Nordteil der Insel bei Tefia. Da sie niemals von pliozän-altpleistozänen Laven überdeckt, wohl aber lokal von jungquartär-rezenten Laven erreicht wurden und in der Gegenwart keiner flächenhaften Weiterbildung unterliegen, ergibt sich ihr pleistozänes Alter. Sie sind damit in ihrer Anlage jünger als die schon erwähnten Bergfuß-Felsflächen vom Pedimenttyp.

In den Haupttälern, besonders in den älteren breiten Muldentälern, vollzogen sich quartäre Gerinneeintiefungen meist mit Kasten- oder Sohlenkerbtalprofil. Steilwandige Kastenprofile sind vor allem dort anzutreffen, wo die jüngere Einschneidung in standfeste pliozän-altpleistozäne Lavaströme der Talböden erfolgte (Bsp. Bco. de la Torre, Bco. de Río Cabras, Bco. de los Molinos auf Fuerteventura). Hier ergeben sich Parallelen zu Beobachtungen über die Talentwicklung im Tibesti-Gebirge (GRUNERT 1975). Da die Taleintiefung auf den Ostkanaren im Neogen weit fortgeschritten war und die pliozäne Denudationsbasis weithin nur zwischen 10–55 m über dem heutigen Meeresspiegel lag (dazu RADTKE 1985, S. 84), blieb für die pleistozäne Tieferlegung jedoch nur ein begrenzter Spielraum, und sie führte nicht bis zur Entwicklung von „Wüstenschluchten". In den Talunterläufen und Mündungsgebieten sind auch mächtigere, z. T. terrassierte Aufschüttungen anzutreffen, die im älteren Schrifttum zumeist mit quartären eustatischen Meereshochständen bzw. Strandlinien in Beziehung gesetzt wurden (z. B. CROFTS 1967, KLUG 1968, auch noch KLAUS 1983). Dafür fehlen jedoch die Grundlagen, nachdem durch neuere Untersuchungen nur ein deutlicher pleistozäner Meereshochstand bei 2–4 m ü.d.M. (letztinterglazial um 125000 Jahre b. p.) nachgewiesen wurde (MECO & STEARNS 1981, RADTKE 1985). Manche Vorkommen sog. „Strandgerölle" erweisen sich bei näherer Untersuchung als mäßig gerundete fluviale Ablagerungen. Wie im Prinzip bereits LIETZ (1975) für Gran Canaria nachgewiesen hat, sind auch auf den Ostkanaren die Aufschüttungen in den Talausgängen sowie die Hangfuß-Fanglomeratfächer offensichtlich auf niedrigere Meeresstände als in der Gegenwart ausgerichtet. Sie verzahnen sich im Küstenbereich mit Kalkareniten bzw. Äolianiten, die größtenteils durch Anwehung überwiegend biogener Kalksande vom trockengefallenen Litoralbereich entstanden und vereinzelt auch absolut als kaltzeitlich datiert sind (z. B. LIETZ 1975, S. 86, RADTKE 1985, S. 81). Die Materialverlagerungen der aktiven Perioden in ihrer Verknüpfung mit tieferen Meeresständen stehen also in chronolgischem Zusammenhang mit den Kaltzeiten der Mittelbreiten.

Der jungquartäre Vulkanismus, der auf Lanzarote ein weit größeres Ausmaß erreichte als auf Fuerteventura, hat ältere Geländeformen verhüllt, die normale Talnetzentwicklung gestört und infolge der hohen Infiltrationskapazität der jungen Lavadecken („Malpaís") ausgedehnte edaphische Trockengebiete mit stark eingeschränkter exogener Morphodynamik entstehen lassen. Auf Lanzarote haben allein die historischen Ausbrüche von 1730–1736 rund ein Viertel der gesamten Inselfläche überdeckt.

Gegenüber dem Ergebnis der langdauernden Morphogenese und der vulkanogenen Formenbildung erscheint die Wirkung der aktuellen Morphodynamik recht bescheiden. Dabei sind natürlich die unterschiedlichen Zeitdimensionen zu berücksichtigen. Die beschriebene morphogenetische Sequenz läßt sich als „Folge von Reliefentwicklungsetappen mit immer geringerer Fähigkeit zur Flächenbildung" interpretieren, wie sie ROHDENBURG (1982, S. 75, 1983, S. 398) als Charakteristikum der Formenentwicklung in den Tropen und Subtropen ableitete und mit der unterschiedlichen Formenerhaltung nach dem „Intensitätsausleseprinzip" in Verbindung brachte.

Verwitterung und Böden

Verwitterung und Böden werden hier vorrangig in ihren Beziehungen zum Prozeßgefüge der Gegenwart und nicht unter pedogenetisch-chronologischen Aspekten behandelt.

Bei der Basaltverwitterung hat HEMPEL (1978, 1980a, 1980b) auf Fuerteventura eine ältere Phase der Entstehung rundlicher Blöcke (meist mit Hämatitkrusten und in Verbindung mit einer smektithaltigen Rotlehmdecke) sowie eine jüngere, noch andauernde Phase der Bildung scherbigen und kleinstückigen Schuttes unterschieden. Die aus der Lage zu Strandlinien abgeleitete Datierung der Block- und Rotlehmverwitterung als zeitgleich mit Altwürm erscheint freilich nicht mehr haltbar, diese kann sehr wohl älter sein. Als Hauptagens der gegenwärtig noch ablaufenden kleinscherbigen Schuttbildung überwiegt die Hydratationsverwitterung (in Verbindung mit Salzen oder auch quellfähigen Tonmineralen) gegenüber der reinen Insolationsverwitterung (ähnlich HEMPEL 1980a, S. 37, 1980b, S. 13, Diskussion der Prozesse bei HÖLLERMANN 1982, S. 250 ff.) Umwandlungsprozesse in Kalkkrusten sowie Absonderungsklüfte in Massengesteinen des Basiskomplexes von Fuerteventura können ebenfalls zur Gesteinsdesintegration beitragen. Die Relation Altschutt/frisch erscheinender Schutt wie die Beschaffenheit der Oberflächen weisen auf eine geringe absolute Gesamtleistung der jungen Schuttproduktion hin.

Selbst an freien Basaltfelswänden der Bergländer ist die aktuelle Schuttproduktion offensichtlich nur gering (dichter Flechtenbewuchs, Mangel frischer Wandfußakkumulationen). Eine kavernöse Verwitterung in Anknüpfung an die Gesteinsstruktur ist an küstennahen Felspartien ebenso anzutreffen wie in den alten Bergländern bis gegen 650 m Höhe. Darüber treten in der relativ humiden und wolkenreichen Gipfelregion die wasserlöslichen Salze als Agens der Verwitterung zurück und das Glatthangrelief blieb dort am besten erhalten.

Abseits des Steilreliefs (> 27–30° Hangneigung) und junger bzw. jung umgelagerter Oberflächen bildet die feinmaterialarme Schuttdecke in der Regel nur eine hamada-artige Auflage über braunen und rotbraunen Böden oder bodenartigen Bildungen. Gekappte Profile und umgelagerte Bodensedimente sind verbreitet. Bei autochthonen Profilen dürfte deren grundsätzlicher Charakter als Paläoböden im heute vollariden Klima außer Frage stehen, obwohl eine andauernde Pedogenese nach gelegentlicher tiefgründiger Starkregendurchfeuchtung (dazu BLUME 1985 und SKOWRONEK 1985) oder in den weniger ariden Hochlagen (BRÜCKNER-NEHRING 1986/87) nicht auszuschließen ist. Wie auf dem nordafrikanischen Festland mag die neolithische Feuchtphase um 5–6000 Jahre b. p. die jüngste Periode effektiver Pedogenese gewesen sein. POMEL (1986) berichtet von Braunerden zwischen 9000–7000 Jahre b. p. Bei der hamada-artigen Schuttdecke fragt sich, ob sie ganz überwiegend allochthon durch Überlagerung vom Oberhang her oder auch autochthon durch selektive Skelettanreicherung bei Feinmaterialabtrag, vielleicht sogar als „sekundäre Hamada" (nach JÄKEL 1984) durch Hochwandern von Steinen aus quellfähigem Substrat entstand. Eine autochthone Bildung, die als Ergebnis einer längerdauernden Entwicklung und geringer Formungsintensität zu werten wäre, ist im Flachrelief nach den Geländebefunden nicht auszuschließen.

Im hängigen Relief der Bergländer und auf jungen Vulkaniten herrschen azonale Lithosole und Regosole mit einer Entwicklungstendenz zu Andosolen (JAHN, STAHR & GUDMUNDSSON 1983, S. 118, FERNANDEZ CALDAS 1980, S. 9). Über alten Unterlagen sind polygenetische Profile mit Tonanreicherungshorizonten und Kalkkrusten verbreitet. Nach FERNANDEZ CALDAS haben sich fersiallitische Paläoböden angeblich tropischen Ursprungs im Zuge der Aridisierung zu kastanienfarbenen Kalkkrustenböden umgewandelt, während in Hangfußlagen und auf Altflächen auch durch Kalkkrusten fossilisierte Vertisole auftreten. Bei tiefgründigen Bildungen ist häufig eine Verbraunungszone über rotbraunem bis rotem Material zu beobachten, doch ist bei paläoklimatisch-chronologischen Interpretationen zu beachten, daß im humusarmen kalkreichen Material Eisenfreisetzung und Rubefizierung rasch erfolgen können und zudem auch vulkanogen-hydrothermale „Edaphoide" (MÜCKENHAUSEN 1967) intensive Farben aufweisen. Nach ROHDENBURG (1982, S. 107, 1983, S. 405) sind in Trockengebieten der Kanaren rote Böden noch jüngstpleistozän bis altholozän entstanden. Über jüngeren Kolluvien finden sich kalkreiche Braunerden, welche oft die vorgenannten Paläoböden überdecken. Die Xeromorphisierung von Paläoböden kommt in Humusverlust, Rekarbonatisierung und küstennaher Salinisierung zum Ausdruck. Die Böden der trockenen Fußstufe Lanzarotes sind – ungeachtet der vorzeitlichen Entwicklungsstadien und unreifen Serien – nach ihrem heutigen Zustand der Xerosolgruppe (luvic, calcic, haplic Xerosol) zuzuordnen oder in Küstennähe als Solonchak und Solonetz anzusprechen (JAHN et al. 1983, S. 120, JAHN & STAHR 1985, S. 745). Wenig entwickelte graue Xerosole treten auch auf Kalkareniten und ruhenden Dünenablagerungen auf.

Durch Bodenabtrag am Hang wurden weithin die Kalkanreicherungshorizonte freigelegt und bilden z. T. mächtige verfestigte Krusten an der Oberfläche (CaCO$_3$-Gehalt der Oberkruste 80–90%, Unterkruste bis unter 35%). JAHN, GUDMUNDSSON & STAHR (1985) sehen das basaltische Ausgangsmaterial als Hauptquelle der Karbonatanreicherung an. Besonders mächtig entwickelte Kalkkrusten nahe der Costa Calma (Jandía, Fuerteventura) und im Hinterland der Famarabucht (Lanzarote) jeweils am Rande von Flugsandgebieten lassen neben der deszendent-lateralen Kalkzufuhr im Bodenwasserstrom an eine Begünstigung durch zusätzliche äolische Aufkalkung denken. Auch der gelegentlich zugeführte Sahara-Flugstaub enthält bis über 20% Kalkanteil. Eine starke Beteiligung der äolischen Komponente bei der Kalkkrustenentwicklung wird u. a. von BRAVO (1964, S. 339) und BLÜMEL (1982) vertreten.

R. JAHN et al. (1983, 1985) haben für Lanzarote eine Chronosequenz der Böden in Abhängigkeit vom Alter der Unterlage vorgestellt (dazu auch ROHDENBURG 1983, S. 405). Eigene Untersuchungen mit Schwerpunkt auf Fuerteventura lieferten schon wegen der Beschränkung auf einfache Analyseverfahren weniger differenzierte Ergebnisse, die jedoch gleichfalls nach dem Alter des Ausgangsgesteins differenziert sind (Abb. 3). Zu den älteren Unterlagen nimmt der Tonanteil der Feinerde im Oberboden bis über 75% zu. Wie auf Lanzarote (ZAREI, JAHN & STAHR 1985) ist nach den vorliegenden Untersuchungen Smektit das dominante Tonmineral. BRÜCKNER-NEHRING (1986/87) fand im Bergland und in Beckenlagen Zentral-Fuerteventuras jedoch Xerosole mit Illit-Dominanz neben Kaolinit und Chlorit. Die tonreichen Böden begünstigten den Oberflächenabfluß und unterliegen ungeschützt einer starken Abspülung und Zerschneidung. Da der Anteil der organischen Substanz unabhängig vom Alter der Unterlage bis auf wenige Ausnahmen unter 2% bleibt, ist

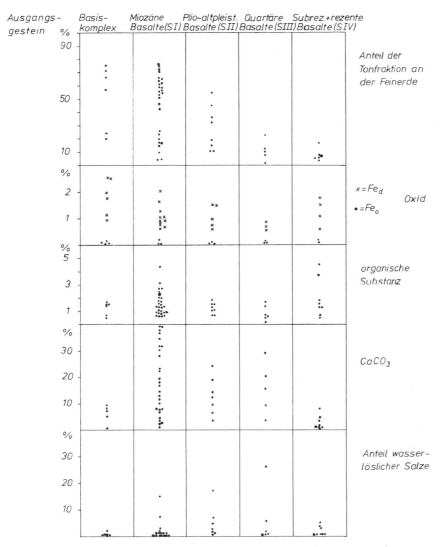

Abb. 3: Graphische Darstellung der Analysedaten von Böden der Ostkanaren auf Ausgangsgesteinen unterschiedlichen Alters (oberflächennahe Proben).

die Bodenstabilisierung oder Infiltrationssteigerung durch humose Bodensubstanz unbedeutend. Der Kalkgehalt nahe der Oberfläche nimmt trendmäßig mit dem Alter zu (nicht allein durch wachsende Karbonatisierung, sondern auch durch zunehmende Exhumierung von Kalkkrusten). Der relativ geringe Karbonatanteil der Basiskomplex-Proben geht z. T. auf Ca-ärmere Ausgangsgesteine und z. T. auf größere Höhenlage der Probeentnahmestellen mit gesteigerter Humidität zurück. Der Anteil der wasserlöslichen Salze ist weniger vom Alter des Substrates als von der Küstendistanz, Lage im Relief und Meereshöhe abhängig. Die Natrium-Belegung der großenteils kalkreichen und humusarmen Böden mindert die Aggregatstabilität und fördert damit die Abtragungsanfälligkeit (dazu auch IMESON & VERSTRATEN 1985).

Mit wachsender Höhenlage der Bodenproben nehmen erwartungsgemäß Kalk- und Salzgehalte ab, während der Anteil der organischen Substanz und die Azidität höhenwärts ansteigen. Eine deutliche Höhengrenze tritt dabei um 650–700 m auf.

Die flächenhafte Erhaltung von Paläoböden und pedogenen Kalkanreicherungshorizonten bezeugt, daß in weiten Bereichen das anstehende Gestein nicht flächenhaft von jüngeren Abtragungsvorgängen angegriffen wurde und daß der so konservierte Formenschatz vorzeitlicher Natur ist.

Massenbewegungen

Unmittelbare gravitative Massenbewegungen spielen gegenwärtig augenscheinlich nur eine unbedeutende Rolle. Am ehesten treten spontane Stein- oder Blockverlagerungen im Steilrelief während des Winters auf, wenn es bei Regenfällen zur Lagerungsdestabilisierung infolge Durchfeuchtung oder Unterspülung kommt. In Verbreitung und Umfang bedeutsamer ist wohl die Auslösung von Materialverlagerungen am Hang durch den Tritt von Ziegen einzuschätzen (mittlere Ziegendichte auf Fuerteventura 34 Tiere/km^2, nach AFONSO PÉREZ 1983, S. 116). In Bergländern (Jandía, Ajaches) ist eine Kleinstufung steilerer Hänge durch Trittpfade weitverbreitet.

Ob die fast allgegenwärtigen geringmächtigen Schuttdecken über Bodenmaterial am Hang (vgl. S. 73) vielleicht langsamen flächenhaften Massenbewegungen in Vergangenheit oder Gegenwart zugeschrieben werden können, bedarf näherer Untersuchung. In dazu angelegten Meßfeldern mit 7–18° Neigung ergaben sich im Laufe eines Jahres keine erkennbaren Verlagerungen. HEMPEL (1978, S. 55ff.) leitete aus Regelungsmessungen pleistozäne Schuttbewegungen für steilere Hänge (15–20°) ab und schloß sie für sanftere Abdachungen aus.

Wasserwirkung an Hängen

Das für eine überwiegend episodische Wasserwirkung verfügbare Gebiet wird durch einen hohen Flächenanteil wasserdurchlässiger Substrate ohne Oberflächenabfluß eingeschränkt. Dazu gehören neben den Sandgebieten (4–5% der Gesamtfläche) die Malpaís-Areale der historischen und subrezenten Laven (Fuerteventura ca. 9%, Lanzarote um 30% der Gesamtfläche) sowie grobklastische Hangschutt- und Fanglomeratdecken mit schwer quantifizierbarer, jedenfalls beträchtlicher Ausdehnung. So bestimmt also vielerorts die edaphische Trockenheit das Abflußverhalten. Die Bedingungen der Wasserwirkung werden weiterhin durch die Landnutzung modifiziert, wobei die vegetationsschädigende Kleintierbeweidung und der traditionelle Trockenfeldbau mit langen Brachphasen zu einer Verstärkung, die engständige Hangterrassierung sowie die „Enarenado-Kulturen" mit Lapilliauflagen (Abb. 4) hingegen zur Einschränkung des Oberflächenabflusses und der Bodenabspülung führen. In dieser Hinsicht ist Lanzarote günstiger gestellt als Fuerteventura.

Abb. 4: Blick vom Guanapay (452 m) bei Teguise (Lanzarote) nach Norden auf den durch Grabenerosion in tonreichem Material stark zerschnittenen Unterhang des Berges. Im Mittelgrund das breite, zunehmend von lapillibedeckten Anbauflächen eingenommene Tal Vega de San José, dessen ursprünglicher Talschluß von der jungtertiären Bruchlinienstufe der Riscos de Famara gekappt wird (links im Hintergrund). Rechts davon das flache Hochland von Famara mit der höchsten Erhebung Peñas del Chache (670 m).

Die erosiv-denudative Wasserwirkung an Hängen bis hin zur badland-artigen Zerschneidung wird in Verbindung mit ungeschützten ton- und feinschluffreichen Böden und Kolluvien am augenfälligsten, so auf Fuerteventura in den Becken von Tetir und La Matilla oder im Bergland von Betancuria, auf Lanzarote im Famara-Hochland, im Tal von Femés, am Hang des Guanapay-Vulkans bei Teguise (Abb. 4) sowie im Fußgelände weiterer älterer Vulkanberge. Es handelt sich jeweils um Material mit Tongehalten der Feinerde von 55 bis über 75%, mit geringer Aggregatstabilität und hohem Oberflächenabflußanteil. Aus den vorliegenden Abfluß- und Infiltrationsmessungen in kanarischen Trockengebieten (HEMPEL 1978, S. 65 ff., HÖLLERMANN 1982, S. 294 ff., BORK & ROHDENBURG 1984, S. 23 ff.) wird die Abflußsteigerung durch große Tonanteile sowie durch Kalkkrustenversiegelung des Untergrundes deutlich. Flächenhaft freigelegte Kalkzementationshorizonte am Oberhang führen oft zu gesteigertem Wasseranfall und erhöhter Wasserwirkung am Mittel- und Unterhang. Bei La Matilla sind auch Pipingprozesse am Feinmaterialabtrag beteiligt.

Da Erosionsformen in Kulturland ausgreifen, durch bestimmte Formen der Landnutzung begünstigt werden oder z. B. bei Teguise ein altes Gräberfeld angeschnitten haben, ist grundsätzlich nicht an ihrer jungen Entstehung oder Weiterbildung zu zweifeln. Neben augenfälligen Zeugnissen der Bodenerosion erweist auch die rasche Staubeckenverlandung durch Tone und Schluffe in der Nachkriegszeit die aktuelle aquatische Feinmaterialverlagerung (dazu schon HAUSEN 1954, 1956).

Eine fortlaufende photographische Überwachung frisch erscheinender Miniaturbadlands in Hangfußkolluvien und Beckensedimenten bei La Matilla (Fuerteventura) über nunmehr 8 Jahre hinweg (1979 bis 1987, Abb. 5) ergab freilich eine überraschend langsame bis kaum merkliche Weiterbildung in der Zentimeterdimension (Material mit 65–84% Tonanteil und 1,3% wasserlöslichen Salzen), obwohl in dieser Zeit mehrere Starkregen niedergingen (Januar 1980, September 1984, März 1986). Die geringe Badlandfortbildung entspricht Erfahrungen auch in anderen Trockengebieten (WARREN 1984, S. 408 f.). Entweder fand eine rasche Formenentwicklung lediglich in der Initialphase statt oder nur sehr extreme Witterungsereignisse führen zur Fortbildung.

Obwohl an der Wirksamkeit anthropogen ausgelöster oder verstärkter Bodenerosion im Gebiet kein Zweifel bestehen kann, ist die Bodenabspülung am Hang nicht ausschließlich der Landnutzung oder Desertifikation zuzuschreiben. Dagegen sprechen sehr mächtige ältere Beckenfüllungen, die lokal am Rand von subrezenten Vulkaniten überlagert wurden (z. B. Becken von La Oliva im Norden Fuerteventuras). Auch Beobachtungen, daß die Anlage mancher altkanarischer Siedlungen im Jandía-Bergland schon in einer Zeit mit gekappten oder weitgehend abgetragenen Bodenprofilen erfolgt sein muß und daß tonreiche Hangkolluvien sich gewöhnlich nicht mit den aktuellen Flußablagerungen im Talgrund verzahnen (vgl. unten S. 82), weisen auf ältere, vorspanische Phasen der Bodenabtragung und Feinmaterialabspülung am Hang hin, die vielleicht sogar von menschlichen Einflüssen völlig unabhängig waren (dazu auch HEMPEL 1980/81, S. 34 f.).

An den meisten Hängen bewirken Schuttdecken bzw. hamada-artige Steinauflagen eine Einschränkung der Wasserwirkung. Feinmaterialstau an der bergwärtigen Seite von Blöcken und Pflanzen, Schwemmterrassetten, kleine Spülrinnen sowie die Unterspülung der Auflagebasis größerer Blöcke zeigen an, daß bei lückenhafter Steinbedeckung eine Abspüldenudation im Gefolge episodischer Starkregen stattfinden kann, die lokal eine Größenordnung bis zu einigen Kilogramm Feinmaterialverlagerung pro Quadratmeter und Ereignis erreicht.

Auf den sanftgeneigten Bergfußflächen (1–10° Neigung) findet sich unter dem Oberflächen-Steinpanzer zumeist ein mehrere Dezimeter mächtiges Profil mit braunem Boden (oder Bodensediment) und Kalkanreicherungshorizont im Übergang zum anstehenden Basalt. Da durch die Kalkzementation die Basis der Schuttauflage fest mit dem Untergrund verbacken ist, kann eine flächenhafte korrasive Weiterbildung durch Abtragung des anstehenden Gesteins nicht mehr stattfinden. Am bergwärtigen Ansatz der Fußflächen können zwar vom steileren Rückhang Spülprozesse streifenförmig übergreifen, so wie

Abb. 5: Vergleichsaufnahmen aus dem Badlandsgebiet von La Matilla, Fuerteventura (355 m).
Datum der Aufnahmen
5a: 27. Februar 1980   5b: 9 Januar 1987
In dieser Zeit haben sich die Formen nur sehr wenig verändert, obwohl mehrere Starkregen niedergingen. Der Tonanteil des betroffenen Materials liegt bei 65–84% der Feinerde.

auch in Lücken der Steinlage auf den Fußflächen Feinmaterial und Steinchen bis etwa 5 cm ⌀ verspült werden und kleine Spülrillen vorkommen können. Die meisten Steine und Blöcke der Auflage erweisen sich jedoch durch Hämatitkrusten und Flechtenbewuchs an ihrer Oberfläche sowie durch Kalküberzüge der im Boden lagernden Partien als seit langem lagestabil. Auch die nachträgliche in situ-Verwitterung ursprünglich kantengerundeter Pediment- und Glacisschotter zu kleinstückigem eckigen Schutt schließt einen jungen flächenhaften Durchtransport des Materials ebenso aus wie das verbreitete Bodenprofil mit Kalkzementationslage an der Basis. Insgesamt gesehen ist die heutige Morphodynamik auf den Pediment- und Glacisflächen sehr gering und trägt allenfalls zur Flächenerhaltung bei. Unser Gebiet kann also keinesfalls einer aktualmorphologischen Zone der Fußflächenbildung (i. S. von WILHELMY 1974, S. 210 f., oder SEUFFERT 1983, S. 289) zugeordnet werden. Hingegen ist eine lineare Gestaltung entlang der Bahnen mit Abflußkonzentration unverkennbar, welche durch die Kalkkrusten ins feste Gestein eingreift.

Die gegenwärtigen Hangformen bzw. -profile stehen weniger mit dem aktuellen Prozeßgefüge als mit dem vorgegebenen Altrelief und Gestein in Beziehung. In den alten Basaltbergländern und auch bei vielen pleistozänen Vulkanbergen überwiegen noch glatte oder sigmoidale Hangprofile mit stark ausgeprägtem konkaven Unterhang, der zu Bergfußflächen überleiten kann. Diese einfachen und wenig gegliederten Ausgangsformen, die schon für das Neogen nachweisbar sind, wurden während morphodynamisch aktiver Perioden des Pleistozäns vielerorts in komplexere, meist dreigliedrige Hänge umgestaltet (vgl. oben S. 71). Auch sie sind heute überwiegend stabil, bis auf Segmente mit ungeschütztem Feinmaterial sowie schmale Stränge mit Ansatz in Hohlformen, entlang derer bei Starkregen nach Abflußkonzentration murartige Schuttverlagerungen bis ins Vorland stattfinden können.

In den Gesteinen des Basiskomplexes im Westen Fuerteventuras (vor allem Plutonite und submarine Vulkanite) überwiegen Oberhänge mit breit-konvexem Profil, die sich im Wasserscheidenbereich zu rundlichen Bergrücken und -kuppen vereinen. Nur die Unterhänge nahe dem Talgrund weisen schmalkonkave Profile auf. Weithin erweist die Bedeckung mit mächtigen Kalkzementationen den Vorzeitcharakter der Hangformen. Als junge Prozesse treten eine fortdauernde Feinmaterialabspülung und Krustenexhumierung am Hang sowie eine Gerinneeintiefung oft durch die Kalkkrusten hindurch bis ins anstehende Gestein hervor. Die so augenfälligen Unterschiede in den überkommenen Hangformen zwischen den Basaltbergländern und dem Basiskomplex gehen offensichtlich mehr auf eine petrographische als auf eine klimatische Differenzierung der vorzeitlichen Formungsprozesse zurück.

HEMPEL (1980a, S. 38, 1980b, S. 20) errechnete unmittelbar aus Abtragungsmessungen auf Fuerteventura einen Zeitraum von 10 000 Jahren, in dem eine vollständige Bodenabtragung bei Andauern der gegenwärtigen Bedingungen zu erwarten wäre. Eigene Überschlagsrechnungen auf der Basis des Schwebstoffgehaltes abkommender Bäche und des Abflußanteils am Wasserhaushalt führen für einen Zeitraum von 10 000 Jahren zu größenordnungsmäßig 15–20 cm Gesamtabtrag des Bodens auf Fuerteventura bei nur 5–8 cm auf Lanzarote. Das sind Minimalwerte bezogen auf die ganzen Inselflächen, wobei lediglich die zum Meer geführten Schwebstoffmengen berücksichtigt sind, nicht aber die regional stark differenzierten Umlagerungen auf dem Lande. Die Verläßlichkeit solcher Größenordnungskalkulationen ist nicht sonderlich hoch einzuschätzen.

Wasserwirkungen in den Tälern

Die Gerinnebetten der Talgründe sind im Mittel- und Unterlauf gewöhnlich breit-kastenförmig mit einer Verwilderungstalsohle ausgebildet. In diesem Bereich episodischer Abflußkonzentration wird ein schlecht sortiertes Gemenge verschiedenster Korngrößen von tonig-schluffigen Schwebstoffen bis zu Grobschottern und Blöcken verlagert. Entsprechend den ruckartig-episodischen Transportbedingungen ist die Zurundung der Schotter mäßig (Abb. 6). Während auf Teneriffa mit einer semihumiden Höhenstufe im Einzugsgebiet der Täler und längeren Transportstrecken mit sanftgeneigtem Unterlauf die Zurundungsmorphogramme Maxima in der 2. oder gar 3. Indexgruppe (nach der CAILLEUX-Methode) erreichen (T 1, T 2), geht für die aktiven Gerinnebetten in Bergländern der Ostkanaren das Rundungsmaximum nicht über die 2. Indexgruppe hinaus (F 1) oder bleibt in den Tälern von Jandía und anderer gefällsreicher Einzugsgebiete sogar in der 1. Gruppe (F 2, L 2, L 3). Diese geringe Rundung ist nicht allein den klimagesteuerten unregelmäßigeren Abfluß- und Transportbedingungen zuzuschreiben, sondern auch Unterschieden im Ausgangsrelief sowie einer stärkeren Neuaufnahme kantigen Hangschuttes aus den Uferböschungen der Ostkanaren-Gerinne. Vor allem die Bäche der Jandía-Täler schneiden entlang des größten Teils ihrer Laufstrecke ältere Fanglomeratfächer und -rampen der Talhänge an, wodurch im Mittellauf dieser Täler terrassenähnliche Formen mit 2–6 m hohen Steilkanten zum Bachbett hin verbreitet sind (vgl. dazu Abb. 7 oben).

Echte Flußterrassen im Sinne von Formen phasenhafter strangförmiger Aufschüttung und Erosion fluvialen Materials sind als Begleiter des heutigen Gerinnebettes vornehmlich in den unteren Laufabschnitten nahe dem Meer zu finden. Je nach Relief und jeweiliger Beschaffenheit der Einzugsgebiete treten dabei erhebliche regionale und individuelle Unterschiede auf (vgl. allgemein dazu MENSCHING 1984 über „Waditerrassen"), so daß die von einigen Autoren beschriebene regelhafte Terrassenabfolge m. E. mit Vorbehalten zu sehen und in ihrer Beziehung zu bestimmten Strandlinien durch neuere Untersuchungen fragwürdig geworden ist (MECO & STEARNS 1981, RADTKE 1985). Recht allgemein ist mit der bis über 10 m breiten Verwilderungstalsohle eine 0,6–1 m hohe, in Segmente zerschnittene teilaktive Hochwasserterrasse verbunden, die stellenweise noch von den abkommenden Fluten überschüttet wird, stellenweise jedoch durch leichte Verbackung und Verbraunung der Oberfläche eine Stabilisierung anzeigt.

Im Unterlauf vieler Täler von Jandía ist eine von HEMPEL (1980/81, S. 35) sogenannte „Schotter-Lehm-Terrasse" etwa 2,5–4 m über der heutigen Gerin-

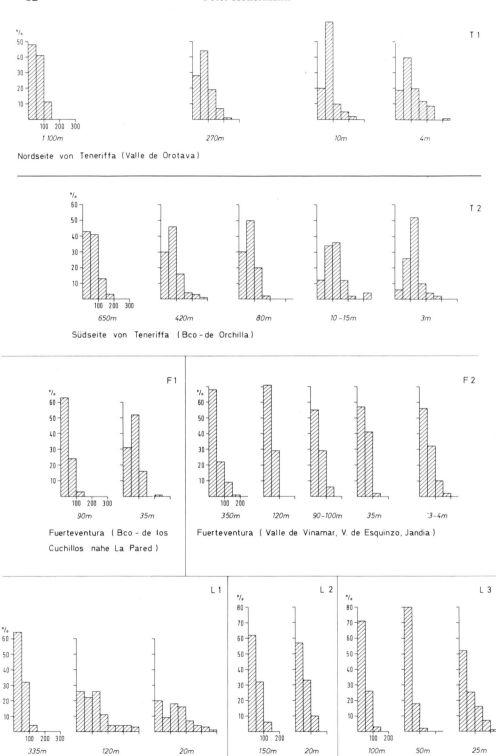

T 1

Nordseite von Teneriffa (Valle de Orotava)

T 2

Südseite von Teneriffa (Bco - de Orchilla)

F 1

Fuerteventura (Bco - de los Cuchillos nahe La Pared)

F 2

Fuerteventura (Valle de Vinamar, V. de Esquinzo, Jandia)

L 1

Nord - Lanzarote (Valle de Temisa)

L 2

Nord - Lanzarote (Steilabfall Famara)

L 3

Süd - Lanzarote (Ajaches, Bco - del Valle, Bco - la Higuera) nesohle ausgebildet (wohl gleichzusetzen der 2 m-Terrasse bei KLUG 1968, S. 147), die sich durch besser gerundete Schotter und eine braune lehmige Matrix von den aktuellen Aufschüttungen unterscheidet (Abb. 7 unten, Tab. 1).

Tab. 1:
Rundung und Korngröße von Terrassenmaterial, Esquinzo-Tal, Jandía, Fuerteventura, 28 m ü.d.M.

„Hochwasserterrasse"		„Schotter-Lehm-Terrasse"	
Rundung der Schotter	Korngröße der Feinerde	Rundung der Schotter	Korngröße der Feinerde
Gr. 1 = 60%	gS = 13,5%	Gr. 1 = 24%	gS = 13,7%
Gr. 2 = 38%	mS = 22,3%	Gr. 2 = 52%	mS = 8,9%
Gr. 3 = 2%	fS = 24,2%	Gr. 3 = 12%	fS = 4,5%
Gr. 4 = –	gU = 16,0%	Gr. 4 = 4%	gU = 1,5%
Gr. 5 = –	mU = 7,0%	Gr. 5 = 6%	mU = 12,4%
Gr. 6 = –	fU = 5,0%	Gr. 6 = 2%	fU = 6,7%
	T = 12,0%		T = 52,4%

Die lehmreiche Terrasse ebenso wie an anderen Stellen die Verzahnung von Flußablagerungen mit Hangfußlehmen (Abb. 7 Mitte) belegt eine Phase verstärkter Zufuhr von Bodenmaterial aus dem Einzugsgebiet, die wegen der recht ausgeprägten Kalkverbackung des Terrassenmaterials nicht ganz jung sein kann. Hinsichtlich dieser Terrasse besteht Übereinstimmung bei den Autoren, daß sie mit einem geringfügig höheren holozänen Meeresstand korreliert (KLUG 1968, S. 102, HEMPEL 1980/81, S. 34f., KLAUS 1983, S. 100). Für diesen Stand ist nach jüngsten Datierungen (RADTKE 1985, S. 85) eher ein jungholozänes Alter wahrscheinlich als die zuvor übliche Einordnung als altholozän.

In den breiten Tälern des Berglandes von Los Ajaches (Lanzarote) ist nach vorläufigen Untersuchungen die Gliederung der jüngeren Terrassen weniger übersichtlich, im Prinzip jedoch mit den Verhältnissen auf Jandía vergleichbar. Systematische Vergleichsstudien stehen noch aus.

Ein Zusammenspiel flächenhafter Hangdenudation mit dem linearen Transport in den Gerinnebetten ist vornehmlich in breiten Tälern zu erwarten, wo ungeschützte Hanglehme an den Vorfluter herantreten. In den Bergländern ist

Abb. 6: Serien von Zurundungsmorphogrammen (Methode CAILLIEUX) rezenter Basalt-Schotterproben aus Barrancos der Kanaren. Die Meter-Angaben beziehen sich auf die Höhenlage der Probeentnahmestelle im jeweiligen Tal. Nähere Erläuterungen im Text.

das heutige Gerinnebett nebst begleitenden niedrigen (jungpleistozän-holo-
zänen) Terrassen gewöhnlich strangförmig in die seitlich angrenzenden Alt-
schuttdecken und Hangfußschwemmfächer der Talhänge eingelagert, deren
längerdauernde Stabilität durch Blockdecken mit Hämatitkrusten oder Flechtenbewuchs sowie durch Boden- und Kalkzementationshorizonte angezeigt
wird (Abb. 7 oben). Vielerorts machen von den Hängen dicht an die heutigen
Gerinnebetten herantretende, von den Gerinnen zerschnittene Kalkkrusten
besonders deutlich, daß die effektive aktuelle Morphodynamik hier auf einen
relativ schmalen Streifen im Talgrund und die darauf ausgerichteten Hangge-
rinne beschränkt bleibt. Der Anschluß der Hangabtragung an den Vorfluter
vollzieht sich dann durch solche Hangrinnen und -kerben, welche die vorgege-
bene Altform der Talhänge gliedern. Die Umgestaltung der Täler durch Tiefen-
und besonders Seitenerosion der Gerinne seit der letzten effektiven Aktivitäts-
zeit hält sich offensichtlich in engen Grenzen.

Grundzüge der äolischen Morphodynamik

Da über die Ergebnisse der recht umfangreichen Beobachtungen und Messungen zur äolischen Morphodynamik an anderer Stelle ausführlich berichtet
werden soll, wird hier lediglich eine knappe Zusammenfassung gegeben. Die
Windwirkung ist mehr als die Wasserwirkung an bestimmte Voraussetzungen
gebunden (Materialangebot, Bewuchsdichte, Windregime, Lage im Relief), so
daß der Bereich augenfälliger äolischer Morphodynamik auf rund 5% der
Inselflächen beschränkt bleibt.

Die äolisch mobilisierten Mittel- und Feinsande (mittlere Korngröße um
0,25 mm = 2 phi) entstammen in der Regel pleistozänen Kalkareniten ganz
überwiegend aus bioklastischem Material mit einem durchschnittlichen Kalkanteil von 86% (Fuerteventura) bzw. 62% (Lanzarote). Nähere Angaben zur
Sedimentpetrographie und Zusammensetzung dieser Kalkgesteine finden sich
bei TIETZ (1969) und ROTHE (1986). Durch ihren Ursprung aus Äolianiten sind
die Sande bereits äolisch vorgeformt und dadurch in Korngröße und Sortie-
rung relativ einheitlich. Als Liefergebiet ist der schütter bewachsene Küstensaum mit auflandigen Winden und flach ansteigendem Hinterland von besonderer Bedeutung. Da in diesem Milieu Strandsande, Flugsande, Dünensande
und aquatisch verlagerte Sande im raum-zeitlichen Wechsel leicht ineinander
übergehen und die Transportstrecken meist nur kurz sind, lassen sich auf
korngrößenstatistisch-morphometrischer Basis kaum prozeßspezifische Unterschiede nachweisen.

Das Windregime wird von der passatischen Nordost- und Nordströmung
beherrscht, die im Sommer recht beständig ausgebildet ist (85–93% Richtungs-
beständigkeit), bei winterlichen zyklonalen Störungen jedoch von unregelmäßigeren Winden mit einer starken West-Nordwestkomponente unterbrochen
wird. Je nach Relief und Lage kommt es zu lokalen Abwandlungen des
Windregimes.

Valle de Vinamar, Jandía, Mittellauf, ca. 130 m

1 ältere Hangfußschwemmfächer mit berindeten Blöcken (Hämatitkruste)
2 lockere braune Bodenlage oder Bodensediment
3 Kalkzementationshorizont
4 teilweise kalkverbackenes Fächermaterial
5 Hochwasserterrasse
6 Gerinnebett

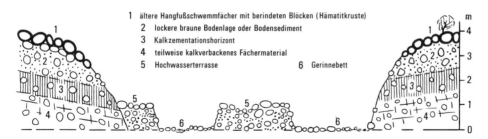

Bco. de los Cuchillos nahe La Pared, Fuerteventura, ca. 40 m

1 lehmiges Hangfußmaterial, kräftig verbraunt
2 eingeschaltete und aufgelagerte Schotter
3 Lehm mit eingestreuten Schottern und Antophora-Nestern, z. T. kalkverbacken
4 schotterfreie Sandlage
5 Hochwasserterrasse mit leicht verbraunter Oberfläche, Material schlecht gerundet
6 Gerinnebett mit mäßig gerundetem Material

Valle de Esquinzo, Jandía, Unterlauf, ca. 30 m

1 Talhang mit vielen rundlichen Blöcken (z. T. Hämatitkrusten) und Kalkzementationshorizont
2 „Schotter-Lehm-Terrasse" mit besser gerundeten Schottern
als im heutigen Gerinnebett und teilweiser Kalkverbackung
3 Hochwasserterrasse, stellenweise an der
Oberfläche leicht verbacken und verbraunt
4 Gerinnebett mit schlecht gerundetem Material
und einzelnen runden Blöcken bis 1,5 m Ø

Terrassen-Profile aus SW-Fuerteventura

Abb. 7: Terrassen-Profile aus Südwest-Fuerteventura. Nähere Erläuterungen im Text.

Tab. 2:
Mittlere Häufigkeitsverteilung der Windrichtungen auf den Ostkanaren
(nach FERNANDOPULLÉ 1976 und GARCIA CABRERA 1976)

Station	N	NE	E	SE	S	SW	W	NW	Kalmen
Arrecife, Lanzarote (1969–71)	32.0	29.5	4.5	3.7	3.0	3.5	3.7	9.5	10.6
Fuerteventura (1970)	25.3	41.2	6.5	3.4	2.9	2.4	7.2	11.1	ohne Angabe

Die Sandverlagerung von Dünen findet zu rund ⅔ durch die richtungskonstanten Passate im Sommerhalbjahr statt. Die in Dünengebieten tagsüber gemessenen mittleren Windgeschwindigkeiten zwischen 4,4 und 5,2 m/s liegen nur wenig über der zur Mobilisierung trockener Sande erforderlichen Grenzgeschwindigkeit bzw. kritischen Scherspannung von 4,3–4,5 m/s. Tagesperiodisch wird dieser Grenzwert vor allem zwischen 11 und 18 Uhr überschritten. Mit der Windstärke wächst die Sandverlagerung rasch an.

In Abhängigkeit von Sandangebot, Windregime und Relief stellt sich die äolische Morphodynamik durchaus regional differenziert dar. Bei geringem Sandangebot überwiegt der Durchtransport mit aerodynamisch gestalteten Sandwehen im Lee von Hindernissen („Nebkas") und stellenweise korrasiver Beanspruchung des freiliegenden Untergrundes (Bsp. Landenge von La Pared, Fuerteventura). Im Küstensaum mit auflandigen Winden kommt es im Zusammenwirken mit der Salzverwitterung zur selektiven Herauspräparierung von Unterschieden der Gesteinsresistenz sowie lokal zur Ausbildung von Deflationspflastern mit seltenen Ansätzen von Ventifakten. Selektiver Windschliff tritt besonders an mürben Sandsteinen hervor und führt schon innerhalb eines Jahres zu ausgeprägten Änderungen des Korrasions-Mikroreliefs. Dichtständige kleine Rillenformen, zumeist auf Kalkkrusten bzw. Kannelierungen in Windrichtung mit glänzenden Oberflächenpolituren wie sie ähnlich von MENSCHING & STUCKMANN (1970, S. 159) in der algerischen Sahara beschrieben wurden, sind gleichfalls Erscheinungen der Windkorrasion und nicht primär des Mikrokarstes, denn sie greifen auf angrenzende Basaltoberflächen über. Durch Pflanzen festgelegte Sande können eine korrasive Umgestaltung zu Kupsten mit fortschreitender Deflation an den Luvseiten erfahren (Bsp.: Gebiet südwestlich von Lajares, Nord-Fuerteventura, Umgebung Casas Risco del Paso, Jandía). Insgesamt erreicht die äolische Korrasion auf den Ostkanaren jedoch nur ein mäßiges und lokal begrenztes Ausmaß, wobei die geringe Härte der Kalksande eine Rolle spielen mag.

Im 5–8 km breiten Sanddriftgürtel „El Jable", der die ganze Insel Lanzarote von Norden nach Süden quert, treten bei gesteigertem Sandangebot neben zahlreichen Nebka-Dünen und Flugsandfeldern einzelne Gruppen von asymmetrischen Schilddünen mit Übergängen zu Barchanen auf, die einer raschen Verlagerung und Umbildung unterliegen. Untersuchungen an solchen 1,5–4 m hohen Dünengruppen in Nord-Lanzarote (Hinterland der Famara-Bucht) über nunmehr 7 Jahre hinweg ergaben mittlere jährliche Dünenverlagerungen zwischen 17 und 38 m mit einem Sandmassenumsatz von 37–64 m³ pro Meter Dünenquerschnitt und Jahr. Die nördliche passatische Hauptwindrichtung bestimmt die Lage der Längs- bzw. Symmetrieachsen der Dünen, doch ist die längerfristige Bewegungsrichtung demgegenüber durch gelegentliche kräftige Fallwinde östlicher Herkunft etwas seitlich nach Südwesten versetzt. In Anpassung an die jeweils günstigsten aerodynamischen Bedingungen (TSOAR 1985) sowie an Relief und Untergrund vollziehen sich Formenänderungen der Dünen sowohl jahresperiodischer Art (größte Bewegung und beste Ausbildung der Luv-Lee-Asymmetrie im Sommer, zeitweiliger Stillstand oder Richtungsänderung nebst nachlassender Formenprägnanz während winterlicher Störungen) als auch längerfristiger Natur (z. B. Wandlung von der Barchan- zur Schilddünenform innerhalb weniger Jahre).

Im Nordosten von Fuerteventura (südlich von Corralejo) hat sich bei reichlichem Sandangebot ein 17,5 km² großes Feld 4–9 m hoher asymmetrischer Transversaldünen mit barchanoid-girlandenförmig geschwungenen Firstlinien entwickelt (HÖLLERMANN 1982, S. 318 ff.). Die seit 1979/80 mit Unterbrechungen durchgeführten Messungen ergaben jährliche Bewegungsbeträge von durchschnittlich 4–5 m und Sandmassenumsätze von 25–50 m³ pro Meter Dünenquerschnitt und Jahr, d. h. etwas geringere Werte als im Norden von Lanzarote. Dafür mögen Unterschiede in der Menge und Korngröße der Sande sowie in der Oberflächenreibung verantwortlich sein.

An der Playa de Sotavento im Südosten der Jandía-Halbinsel (Süd-Fuerteventura) treten an Talausgängen auch einzelne quasistationäre Lineardünen vom Seif-Typ mit beiderseitigen Steilböschungen und gratförmigem Längskamm auf. Die südliche Richtung der Längserstreckung ergibt sich als Resultante alternierender Windsysteme, nämlich der annähernd küstenparallelen Passatdrift aus Nordost und der an den Talausgängen düsenartig verstärkten Nordwestwinde bei winterlichen Störungslagen. Zudem ist ein kurzperiodischer Windwechsel häufig.

Insgesamt tritt die äolische Morphodynamik nur auf rund 5% der Inselflächen deutlich hervor und weist durch die Bevorzugung des küstennahen Bereiches eine extrazonale Begünstigung auf. Im Küstensaum lagen und liegen die wesentlichen Ursprungsgebiete des Sandes, der nach Mobilisierung und Transport durch Wind und Wasser großenteils wieder dem Meer zugeführt wird. Der Wind erzeugt in den betroffenen Teilräumen einen rasch veränderlichen Formenschatz, beeinflußt die anderen Geländeformen hingegen kaum dauerhaft.

Schluß

Beim Versuch einer zusammenfassenden Charakterisierung der aktuellen Morphodynamik eines Gebietes liegt die Gefahr einer unzureichenden schlagwortartigen Generalisierung nahe. Angeblich zonentypische Leitformen wie die im Zusammenhang mit den trockenen Subtropen oft genannten Pedimente können zwar den morphologischen Landschaftstyp kennzeichnen (vgl. z.B. HÖVERMANN & HAGEDORN 1984, HÖVERMANN 1985), sind jedoch kein hinreichender Ausdruck des aktuellen Prozeßgefüges. In der Beziehung Prozeß-Relief erscheint die Regelfunktion des vererbten Reliefs für das heutige Prozeßgefüge wichtiger als die reliefbildende Funktion der heutigen Prozesse, die sich in der Dimension der Mikro- oder allenfalls Mesoformen hält.

Grundlage einer aktualmorphologischen Zuordnung kann selbstverständlich nur das gegenwärtige Prozeßgefüge selbst sein. Versuche, die tatsächliche Vielfalt der Prozesse bzw. Prozeßkombinationen und ihre räumliche Differenzierung auf eine Zonennorm zu reduzieren bzw. nach dem Dominanzprinzip zu generalisieren, führen jedoch leicht zu sehr allgemeinen Benennungen wie z.B. „Äol- und Trockenschutzzone" bei L. BEYER (1978,1981). BÜDELS Bezeichnung „warme Trockenzone der Flächenerhaltung" (BÜDEL 1977, 1981) erscheint für unser Gebiet wie allgemein für die mediterranseitige Randzone der Sahara zwar akzeptabel (vgl. auch MENSCHING 1983, S. 186f.), jedoch erfolgt eine „traditionale Weiterbildung" vorhandener Flächen auf den Ostkanaren nur in sehr geringem Maße und schon gar nicht „vorweg durch Sandschwemmebenen".

Andererseits kann eine reine Bestandsaufnahme aller aktuellen Prozesse nach der Katalogmethode auch nicht recht befriedigen. Erfolgversprechender erscheint eine Fortentwicklung des induktiven prozessualen Ansatzes von HAGEDORN & POSER (1974), der die Möglichkeit bietet, mit einer formelhaften Kennzeichnung der Prozesse auch komplexere Prozeßgefüge zu kennzeichnen und in ihrer räumlichen Differenzierung zu erfassen. Unser Versuch, diesen Ansatz auf die ganz andere Maßstabsdimension der Insel Lanzarote zu übertragen und im Kartenbild festzuhalten, wird hier nicht im einzelnen vorgestellt, da der Kenntnisstand von den Prozessen noch keine hinreichend detaillierte räumliche Differenzierung erlaubt und da die wünschenswerte Einbeziehung der Verwitterungsprozesse wegen der schwierigen Trennung aktueller und vorzeitlicher Vorgänge problematisch bleibt. Derartige Probleme sind grundsätzlich bekannt (vgl. HAGEDORN 1980, S. 59). So bedarf der bisher erarbeitete Entwurf noch weiterer Verbesserungen.

Der vorläufige Entwurf für Lanzarote läßt ein Raummuster des Prozeßgefüges erkennen, das in der gegebenen Dimension vornehmlich durch Relief und Substrat und nur nachgeordnet durch Klimavarianz bestimmt wird. Es werden auch Sonderheiten der vulkanogenen Inselnatur deutlich, indem in den jungvulkanischen Teilräumen die Morphodynamik durch Mangel an Oberflächenentwässerung und Feinmaterial stark eingeschränkt wird. Die an den jungen Vulkanismus gebundenen speziellen Formen des kanarischen Trockenfeldbaus (MATZNETTER 1955, 1958, BRAVO 1964, CORCHERO CRUZ 1980, PASENAU 1981) sind mit einem hohen Maße kulturtechnischer Materialverlagerungen verbunden, welche den natürlichen Massenumsatz dieser Gebiete sicherlich übertreffen. Deutlich abgehoben erscheinen die lokalen Bereiche augenfälliger äolischer Prozesse a. In den verbleibenden Teilräumen überwiegen Kombinationen der episodischen fluvialen Prozesse f 3 sowie der episodischen Flächen- und Hangabspülung s 1 und s 2.

Die effektivsten morphologischen Erscheinungen der Gegenwart vollziehen sich linear bzw. bandförmig entlang der Tiefenlinien mit Abflußkonzentration. Zwischen den Abflußbahnen herrscht die Tendenz zur Flächenerhaltung, während die geringfügige und anthropogen verstärkte Flächenweiterbildung zur fortschreitenden Exhumierung von Kalkkrusten beiträgt, aber gewöhnlich das anstehende unterlagernde Gestein nicht angreift. Der mehr lokal verbreitete, rasch veränderliche äolische Formenschatz beeinflußt die anderen Geländeformen nur in geringem Maße.

Ungeachtet der bemerkenswerten regionalen Sonderheiten (vulkanogener Charakter, ozeanische Klimavariante) fügen sich die Grundzüge der Morphodynamik auf den Ostkanaren zwanglos in das allgemeine Bild von den ariden Subtropen im nördlichen Randgebiet der Sahara ein, wie es auf breiterer Basis letzthin von MENSCHING (1983) zusammenfassend charakterisiert wurde.

Danksagung

Für die Durchführung von Boden- und Sandproben-Analysen bin ich Frau Dr. BRÜCKNER-NEHRING sowie Frau E. MAINZ und für statistische Berechnungen den Herren Dr. H. ZEPP und M. BÜTTCHER zu großem Dank verbunden.

Zusammenfassung

Der Beitrag behandelt die Hauptphasen der Morphogenese der ostkanarischen Inseln (a) beginnend mit der subaerischen vulkanischen Aufbauphase im Miozän (20–5 Ma) über (b) die grundlegende Phase exogener Gestaltung des Makro- und Mesoreliefs im Jungmiozän und Pliozän wohl unter subtropisch-sommerfeuchten Bedingungen (Flächenbildung in den Tieflagen, Talbildung und Glatthangentwicklung in den Basaltbergländern) und (c) den mehrfachen Wechsel morphodynamischer Aktivität und (Quasi-) Stabilität unter ariden Bedingungen im Quartär (d) bis hin zum aktualmorphologischen Prozeßgefüge. Die weite Erhaltung von Paläoböden und verfestigten Kalkanreicherungshorizonten über dem anstehenden Gestein erweist den vorherrschenden Altformencharakter des Makro- und Mesoreliefs, abgesehen von jungvulkanischen Bildungen.

Die leistungskräftigsten Prozesse der Gegenwart finden durch Abflußkonzentration entlang der Gerinnebetten und Hanggräben statt. Bodenabspülung und Feinmaterialverlagerung sind nicht erst das Ergebnis anthropogen induzierter Bodenerosion. Abseits der Gerinne trägt die Feinmaterialabspülung zur Flächenerhaltung und Exhumierung resistenter Lagen bei, doch findet keine aktive Bildung oder Weiterbildung von Abtragungsflächen bzw. Bergfußflächen (Pedimente, Glacis) statt. Augenfällige äolische Prozesse betreffen nur rund 5% des Untersuchungsgebietes, meist im Anschluß an pleistozäne Kalkarenitvorkommen. Wanderdünen erreichen je nach Lage, Größe und Substrat Jahresmittel der Verlagerung zwischen 4 und 45 Meter. Die Reliefentwicklung insgesamt stellt sich als Sequenz mit abnehmender Flächenbildungstendenz und zunehmender Bedeutung linear wirksamer Prozesse dar. Das Gebiet kann nicht der morphoklimatischen Zone aktiver Pedimentierung zugerechnet werden.

Summary

(Landform Evolution and Present-day Morphodynamic Processes on the Eastern Canary Islands (Spain))
The volcanic islands of Fuerteventura and Lanzarote (Canary Islands, Spain, 28–29° 25′ north. lat.) with a semi-desert climate and occasional high-intensity rainfalls (Abb. 1) are part of the arid-morphodynamic system on the mediterranean fringe of the Sahara. The morphologic evolution began with the subaerial volcanic construction in Miocene (20–5 Ma) and continued with tectonic deformations and intensive exogenous landforming processes in late Miocene and Pliocene (planation processes in the lowlands and valley forming processes in the mountains), probably under the influence of a summer-humid subtropical climate. During the Quaternary with more or less arid conditions periods of morphodynamic activity and stability (or quasi-stability) alternated.

The extensive distribution and preservation of paleosoils, soil sediments, and carbonate-cemented horizons demonstrates the dominant old character of landforms in the macro- and mesoscale, because the soil- or caliche-covered bedrock was evidently not affected by younger denudation processes. The present-day slope wash and gullying is most spectacular in unconsolidated and unprotected material of high clay content (Abb. 4). The present rate of badland extension is very low, however, after 7 years of observation (Abb. 5). There is evidence, that periods of effective soil erosion happened already in pre-spanish or pre-historic time, perhaps even independent of human impacts. Most slopes are protected by a stone pavement or caliche layer. Young basaltic lavas represent „edaphic deserts“ with subterraneous runoff. On piedmont slopes (pediments, glacis) no active planation of bedrock takes place.

The present-day water action is most prominent in places of linear runoff concentration, i. e. in valley channels and slope trenches, which have dissected the extensive caliche horizons as a rule. The roundness of gravels and boulders is low (Abb. 6) because of the episodic transportation and active bank erosion. Aggradation and young fluvial terrasses are mainly concentrated in the lower valley sections near the coast (Abb. 7). The so-called „pebble-loam terrasse“ (2.5–4 m above the present channel) indicates a period with dislocation of fine material in the catchment areas and probably dates from the younger Holocene.

Eolian sands mostly originate from pleistocene calcarenites. The effectivity of eolian corrasion as well as the accumulation of active dunes and sandfields is of local importance only and covers about 5% of the total area. The movement of barchanoid shield dunes in northern Lanzarote was found to be between 18–45 m/yr, while higher transverse dunes in northeastern Fuerteventura move between 4–5 m/yr in the average only.

In conclusion, the landform evolution as a whole presents a sequence of decreasing tendency towards planation and increasing importance of linear processes. The most effective present-day processes take place in areas of runoff concentration. On the interfluve slopes and piedmonts the tendency of surface conservation is more distinct than the very weak planation activity. Soil erosion brings about a further denudation of caliche layers but does not result in a planation of bedrock. Consequently the study area cannot be included in a morphoclimatic zone of active pedimentation.

Literatur

AFONSO PÉREZ, L. (Ed.) (1983): Geografía de Canarias. – 215 S., Santa Cruz de Tenerife.
AGWU, C. O. C. & H.-J. BEUG (1984): Palynologische Untersuchungen an marinen Sedimenten vor der westafrikanischen Küste. – In: COETZEE, J. A. & E. M. VAN ZINDEREN BAKKER (Ed.) Palaeoecology of Africa, Vol. 16, 37–51, Rotterdam.
ARAÑA, V. & J. C. CARRACEDO (1979): Los volcanes de las Islas Canarias II: Lanzarote y Fuerteventura. – 176 S., Madrid.
AXELROD, D. I. (1973): History of the mediterranean ecosystem in California. – In: DI CASTRI, F. & H. A. MOONEY (Ed.) Mediterranean Type Ecosystems, Ecological Studies 7, 225–277.

BEYER, L. (1978): Klimageomorphologische Zonierung und Klimaklassifikation - eine Synthese. - Dissert. Bochum.

- (1981): A climatic classification for geomorphological purposes. - Géogr. physique et Quaternaire 25, 287-300.

BLUME, H.-P. (1985): Klimabezogene Deutung rezenter und reliktischer Eigenschaften von Wüstenböden. - Geomethodica 10, 91-121, Basel.

BLÜMEL, W. D. (1982): Calcretes in Namibia and SE-Spain - relations to substratum, soil formation and geomorphic factors. - In: YAALON, D. H. (Ed.), Aridic Soils and Geomorphic Processes, Catena Suppl. 1, 67-82.

BORK, H.-R. & H. ROHDENBURG (1984): Eine Methode zur Messung der Infiltrationskapazität im Feld an extrem stark bis nicht geneigten Standorten mit einem Doppelring-Infiltrometer. - Landschaftsökolog. Messen u. Auswerten 1, 19-27.

BRAVO, T. (1964): Geografía General de las Islas Canarias II, 592 S., Santa Cruz de Tenerife.

BREMER, H. & H. SPÄTH (1981): Die glaziale Überprägung eines Gebirges. Ein Vergleich von Formen in den Alpen und im Hochland von Sri Lanka. - Sonderveröff. Geolog. Inst. d. Univ. Köln 41, 43-57.

BRÜCKNER-NEHRING, C. (1986/87): Böden der Ostkanaren und Probleme ihrer Nutzung. - Unveröffentlichte Berichte vom 3. 10. 1986 und 26. 9. 1987, Bonn.

BÜDEL, J. (1977): Klima-Geomorphologie. - Berlin-Stuttgart, 304 S., 2. Aufl. Berlin-Stuttgart 1981.

CORCHERO CRUZ, J. (1980): Lanzarote, cuna de enarenados. - El Campo 76, 22-24.

CROFTS, R. (1967): Raised beaches and chronology in north west Fuerteventura, Canary Islands. - Quaternaria 9, 247-260.

DRISCOLL, E. M., HENDRY, G. L. & K. J. TRINKLER (1965): The geology and geomorphology of Los Ajaches, Lanzarote. - Geolog. Journal 4, 321-334, Liverpool.

FERNANDEZ CALDAS, E. (1980): Suelos de Lanzarote y Fuerteventura. El Campo 76, 9.

FERNANDOPULLÉ, D. (1976): Climatic characteristics of the Canary Islands. - In: KUNKEL, G. (Ed.), Biogeography and Ecology in the Canary Islands, Monogr. Biologicae 30, 185-206.

FUSTER, J. M., CENDRERO, A., GASTESI, P., IBARROLA, E. & J. L. RUIZ (1968a): Geology and Volcanology of the Canary Islands. Fuerteventura. - Instituto Lucas Mallada, 239 S., Madrid.

- SANTIN, S. F. & A. SANGREDO (1968b): Geology and Volcanology of the Canary Islands. Lanzarote. - Instituto Lucas Mallada, 177 S., Madrid.

GARCIA CABRERA, C. (1976): Estudio de desarollo pesquero de la Isla de Fuerteventura. - Equipo de Análisis y Proyectos, S. A. (zit. nach HERNANDEZ-RUBIO CISNEROS, J. M., 1983: Fuerteventura en la Naturaleza y la Historia de Canarias, St. Cruz de Tenerife, S. 187 f.).

GRUNERT, J. (1975): Beiträge zum Problem der Talbildung in ariden Gebieten am Beispiel des zentralen Tibestigebirges (Rep. du Tchad). - Berliner Geogr. Abh. 22, 95 S.

GUDMUNDSSON, T., JAHN, R. & K. STAHR (1984): Kalkanreicherung und Krustenbildung in Böden aus jungen Vulkaniten Lanzarotes. - Mitteil. Dtsch. Bodenkundl. Ges. 39, 25-28.

HAGEDORN, J. (1980): Klimabedingte Relieftypen und aktuelle Formungsregionen der Erde. - In: Tagungsber. u. Abhandl., 42. Deutsch.Geographentag 1979 in Göttingen, 50-64, Wiesbaden.

- & H. POSER (1974): Räumliche Ordnung der rezenten geomorphologischen Prozesse und Prozeßkombinationen der Erde. - In: Abhandl. d. Akad. d. Wissensch. in Göttingen, Math.-Phys. Kl., III. Folge, 29, 426-439.

HAUSEN, H. M. (1954): Hidrografía de las Islas Canarias. - CSIC, Instituto de Estudios Canarios, La Laguna de Tenerife, 84 S.

- (1956): Fuerteventura. Some geological and geomorphological aspects of the oldlands of the Canarian Archipelago. - Acta Geographica 15/2, 55 S., Helsingfors.

- (1959): On the geology of Lanzarote, Graciosa and the Isletas (Canarian Archipelago). - Societas Scient. Fennica, Comment.Phys.-Math. 23, 116 S., Helsinki-Helsingfors.

HEMPEL, L. (1978): Physiogeographische Studien auf der Insel Fuerteventura (Kanarische Inseln). - Münstersche Geogr. Arb. 3, 50-104.

- (1980a): Studien über rezente und fossile Verwitterungsvorgänge im Vulkangestein der Insel Fuerteventura. - Münstersche Geogr. Arb. 9, 7-64.

–   (1980b): Studien über fossile und rezente Verwitterungsvorgänge im Vulkangestein der Insel Fuerteventura (Islas Canarias). – Forschungsber.d.Landes Nordrhein-Westf. Nr. 2927, Fachgr. Physik/Chemie/Biologie, 32 S.

–   (1980/81): Mensch oder Klima? „Reparaturen" am Lebensbild vom mediterranen Menschen mit Hilfe geowissenschaftlicher Meßmethoden. – Gesellsch. z. Förderung der Westf. Wilhelms-Univ. 1980/81, 30–36.

–   (1981): Studien über fossile und rezente Verwitterungsvorgänge im Kalkgestein sowie über die Bedeutung von Gesteinsporositäten und -farbe auf der Insel Fuerteventura (Islas Canarias). – Forschungsber.d.Landes Nordrhein-Westf. Nr. 3047, Fachgr. Physik/Chemie/Biologie, 48 S.

HÖLLERMANN, P. (1982): Studien zur aktuellen Morphodynamik und Geoökologie der Kanareninseln Teneriffa und Fuerteventura. – Abhandl. d. Akad. d. Wissensch. in Göttingen, Math.-Phys. Kl., III. Folge, 34, 406 S.

–   (1985): Beiträge zur Kenntnis des Mikro- und Bodenklimas der Kanarischen Inseln. – Bonner zool. Beitr. 36, 237–260.

HÖVERMANN, J. (1985): Das System der klimatischen Geomorphologie auf landschaftskundlicher Grundlage. – Ztschr. f. Geom. N. F., Suppl.-Bd. 56, 143–153.

–   & H. HAGEDORN (1984): Klimatisch-geomorphologische Landschaftstypen. – In: Tagungsber. u. wiss. Abh., 44. Deutsch.Geographentag Münster 1983, 460–466, Stuttgart.

IMESON, A. C. & S. M. VERSTRATEN (1985): The erodibility of highly calcareous material from southern Spain. – Catena 12, 291–306.

JÄKEL, D. (1984): Untersuchungen und Analysen zur Entstehung der Hamada. – Berliner Geogr. Abh. 36, 93–104.

JAHN, R., STAHR, K. & T. GUDMUNDSSON (1983): Bodenentwicklung aus tertiären bis holozänen Vulkaniten im semiariden Klima Lanzarotes (Kanarische Inseln). – Ztschr. f. Geom. N. F. Suppl.-Bd. 48, 117–129.

JAHN, R., GUDMUNDSSON, T. & K. STAHR (1985): Carbonatisation as a soil forming process on soils from basic pyroclastic fall deposits on the island of Lanzarote, Spain. – In: FERNANDEZ CALDAS, E. & D. H. YAALON (Ed.), Volcanic Soils, Catena Suppl. 7, 87–97.

–   & K. STAHR (1985): Entwicklung der Standorteigenschaften einer Chronosequenz aus Vulkaniten im semiariden Klima Lanzarotes – Kanarische Inseln – Mitteil. Dtsch. Bodenkundl. Gesellsch. 43/II, 745–750.

KLAUS, D. (1983): Verzahnung von Kalkkrusten mit Fluß- und Strandterrassen auf Fuerteventura/Kanarische Inseln. – In: KELLETAT, D. (Ed.), Beiträge zum 1. Essener Symposium zur Küstenforschung, Essener Geogr. Arb. 6, 93–127.

KLUG, H. (1961): Zur Oberflächengestaltung des nördlichen Lanzarote (Kanarische Inseln). – In: Festschrift W. PANZER, Mainzer Geogr. Studien, 163–176.

–   (1968): Morphologische Studien auf den Kanarischen Inseln. Beiträge zur Küstenentwicklung und Talbildung auf einem vulkanischen Archipel. – Schriften d. Geogr. Inst. d. Univ. Kiel 24/3, 184 S.

–   (1969): Die Talgenerationen der Kanarischen Inseln. – In: Tagungsber. u. wiss. Abhandl., 36. Deutsch. Geographentag Bad Godesberg 1967, 369–381.

KUNKEL, G. (1977): Las plantas vasculares de Fuerteventura (Islas Canarias), con especial interés de las forrajeras. – Naturalia Hispanica 8, ICONA, 131 S., Madrid.

–   (1982): Los Riscos de Famara (Lanzarote, Islas Canarias). Breve descripción y guía florística. – Naturalia Hispanica 22, ICONA, 114 S., Madrid.

LIETZ, J. (1973): Fossile Piedmont-Schwemmfächer auf der Kanaren-Insel Gran Canaria und ihre Beziehung zur Lage des Meeresspiegels. – Ztschr. f. Geomorph. N. F., Suppl. – Bd. 18, 105–120.

–   (1975): Marines und terrestrisches Quartär auf Gran Canaria (Kanarische Inseln) und seine paläoklimatische Deutung. – Neues Jahrb. f. Geol. Paläontol., Abh. 150, 73–91.

MATZNETTER, J. (1955): Der Trockenfeldbau auf den Kanarischen Inseln, Mittl. d. Geograph. Gesellsch. Wien 97, 79–96.

–   (1958): Die Kanarischen Inseln. Wirtschaftsgeschichte und Agrargeographie. – Peterm. Mitteil. Erg.-H. 266, 192 S., Gotha. (1958a).

- (1958): Die Wirtschaftsformen der Kanareninseln Lanzarote. – Geograph.Rundschau 10, 17–21. (1958b).

MECO, J. & C. E. STEARNS (1981): Emergent littoral deposits in the eastern Canary Islands. – Quaternary Research 15, 199–208.

MENSCHING, H. (1979): Fußflächen als morphogenetische Sequenz. – Landschaftsgenese u. Landschaftsökologie 5, 111–113.

- (1983): Die Wirksamkeit des „arid-morphodynamischen Systems" am mediterranen Nordrand und am randtropischen Südrand (Sahel) der Sahara – ein Beitrag zur zonalen Klima-Geomorphologie. – Geoökodynamik 4, 173–190.

- (1984): Waditerrassen als paläoklimatische Zeugen in Nordafrika. – Mitteil. Geolog. – Paläontol. Inst. Univ. Hamburg 56 (Festband G. KNETSCH), 133–141.

- (1985): Anthropogen gesteuerte morphodynamische Prozesse in der ariden Zone Afrikas. – Geograficky Časopis 37, 218–228.

- & G. STUCKMANN (1970): Beobachtungen zur äolischen Morphodynamik in der nördlichen und zentralen Sahara und im Sahel. – Jahrb. Geogr. Ges. Hannover f. 1969, 159–182.

MITCHELL-THOMÉ, R. C. (1976): Geology of the Middle Atlantic Islands. – Beitr. Region.Geol. Erde 12, 382 S., Berlin-Stuttgart.

MÜCKENHAUSEN, E. (1967): Die Feinsubstanz vulkanogener Edaphoide. Anales de Edafologia y Agrobiol. 26, 703–715.

PARKIN, D. W. & N. J. SHACKLETON (1973): Trade winds and temperature correlations down a deep-sea core off the Sahara coast. – Nature 245, 455–456.

PARSONS, J. J. (1975): Drought and hunger in Fuerteventura. – Geogr. Review 65, 110–113.

PASENAU, H. (1981): Bodenphysikalische Beobachtungen im Trockenfeldbau auf Lanzarote. – Aachener Geogr. Arb. 14, 273–285.

POMEL, R.-S. (1986): Morphologie volcanique et paléoclimatologie des Îles Canaries. Comparaison avec d'autres milieux volcaniques insulaires. – Thèse Doct. Etat, Université d'Aix-Marseille II, Aix-en-Provence, T. I–III, 817 S.

RADTKE, U. (1985): Untersuchungen zur zeitlichen Stellung mariner Terrassen und Kalkkrusten auf Fuerteventura (Kanarische Inseln, Spanien). – In: H. KLUG (Ed.), Küste und Meeresboden, Kieler Geogr.Schriften 62, 73–95.

RIEDEL, U. (1973): Sozialgeographische Untersuchungen auf Lanzarote. In: KLUG, H. (Hrsg.), Beiträge zur Geogr. der mittelatlantischen Inseln, Schriften d. Geogr. Inst. d. Univ. Kiel 39, 131–155.

ROHDENBURG, H. (1982): Geomorphologisch-bodenstratigraphischer Vergleich zwischen dem nordostbrasilianischen Trockengebiet und immerfeucht-tropischen Gebieten Südbrasiliens. – In: Beiträge zur Geomorph.d.Tropen, Catena Suppl. 2, 73–122.

- (1983): Beiträge zur allgemeinen Geomorphologie der Tropen und Subtropen. – Catena 10, 393–438.

ROTHE, P. (1986): Kanarische Inseln. – Sammlung Geolog. Führer 81, 226 S., Berlin-Stuttgart.

SARNTHEIM, M. (1982): Zur Fluktuation der subtropischen Wüstengürtel seit dem letzten Hochglazial vor 18000 Jahren: Klimahinweise u. Modelle aus Tiefseesedimenten. In: Geomethodica – Veröff. 7. BGC, 125–161, Basel.

SCHMINKE, H.-U. (1968): Pliozäne, subtropische Vegetation auf Gran Canaria. – Naturwissenschaften 55, 185–186.

- (1976): The geology of the Canary Islands. – In: KUNKEL, G. (Ed.), Biogeography and Ecology in the Canary Islands. Monogr. Biologicae 30, 67–184, The Hague.

SEUFFERT, O. (1983): Mediterrane Geomorphodynamik und Landwirtschaft. Grundzüge und Nutzanwendungen geoökodynamischer Untersuchungen in Sardinien. – Geoökodynamik 4, 287–341.

SKOWRONEK, A. (1985): Zur känozoischen Klimaentwicklung der zentralen Sahara nach bodenstratigraphischen Befunden. – Geomethodica 10, 123–151, Basel.

STEIN, R. (1986): Late Neogene evolution of paleoclimate and paleoceanic circulation in the Northern and Southern Hemisphere – a comparison. – Geol. Rdsch. 75, 125–138.

SÜNDERMANN, J. & S. LEGUTKE (1986): Late Neogene Atlantic circulation model. – Geol. Rdsch. 75, 105–124.

TEJEDOR SALGUERO, M. L., JIMENEZ MENDOZA, C., RODRIGUEZ RODRIGUEZ, A. & FERNANDEZ
    CALDAS, E. (1985): Polygenesis on deeply weathered pliocene basalt, Gomera (Canary
    Islands): from ferrallitization to salinization. – In: FERNANDEZ CALDAS, E. & YAALON,
    D. H. (Ed.), Volcanic soils, Catena Supplement 7, 131–151
TETZLAFF, G. & PETERS, M. (1986): Deep-sea sediments in the eastern equatorial Atlantic off
    the African coast and meteorologic flow patterns over the Sahel. – Geol. Rdsch. 75, 71–79
TIETZ, G. F. (1969): Mineralogische, sedimentpetrographische und chemische Untersuchun-
    gen an quartären Kalkgesteinen Fuerteventuras (Kanarische Inseln, Spanien). – Dissert.
    Math.-Naturw. Fak. Univ. Heidelberg, Manuskript, 148 S.
TSOAR, H. (1985): Profiles analysis of sand dunes and their steady state signification. –
    Geograf. Annaler 67 A, 47–59
WARREN, A. (1984): Arid geomorphology. – Progress in Physical Geography 8/3, 399–420
WILHELMY, H. (1974): Klima-Geomorphologie in Stichworten. – Geomorphologie in Stich-
    worten IV, HIRTS Stichwortbücher, 376
– (1977): Verwitterungskleinformen als Anzeichen stabiler Großformung. – In: BÜDEL,
    J. (Ed.), Beiträge zur Reliefgenese in verschiedenen Klimazonen, Würzburger Geogr.
    Arb. 45, 177–195
ZAREI, M., JAHN, R. & STAHR, K. (1985): Tonmineralneu- und Umbildung in einer Chronose-
    quenz von Böden aus Vulkaniten im semiariden Klima Lanzarotes (Spanien). – Mitteil.
    Dtsch. Bodenkundl. Ges. 43/II, 943–948

Untersuchungen zur Morphogenese des äolischen und limnischen Formenschatzes im sahelischen Dünengebiet des Qoz Abu Dulu (Republik Sudan)

Von BIRGIT GLÄSER, Hamburg

1. Einleitung

Der vorwiegend in den arideren Phasen/Perioden des Quartärs entstandene sahelische Altdünengürtel stellt im Hinblick auf seine Morphogenese und sein Alter noch heute ein „wichtiges ungelöstes Problem dar" (BUTZER 1971: 381). Einigkeit besteht in bezug auf den hier zur Diskussion stehenden sudanesischen Altdünenkomplex lediglich dahingehend, daß die Altdünensande (in der Republik Sudan als ‚Qozsande' bezeichnet) während zweier arider Hauptphasen aufgeweht und während der darauf folgenden graduell feuchteren Klimaabschnitte fixiert und pedogenetisch überprägt wurden (vgl. u. a. FELIX-HENNINGSEN 1984, PARRY & WICKENS 1981, WARREN 1970, WICKENS 1975).

Laut übereinstimmender Beschreibung sind die älteren, basalen Qozsande (Alter Qoz) erheblich intensiver verwittert und durch bodenbildende Prozesse stärker verändert als die jüngeren, der zweiten Hauptphase der Dünenbildung zuzurechnenden Sande (Junger Qoz), was auf eine unterschiedliche Intensität bzw. Dauer der feuchtzeitlichen Überprägung schließen läßt. Für die Verwitterungsperiode nach der Ablagerung der Alten Qozsande werden relativ feuchte klimatische Randbedingungen gefordert. So bezeichnen WARREN (1970:161) und WICKENS (1975:46) die betreffende Feuchtphase als „long or intense wet period of degradation" bzw. „very wet phase"; FELIX-HENNINGSEN (1984:301) geht sogar so weit, subhumide bis humide Klimaverhältnisse anzudeuten.

Während die Intensität der sich nach der Aufwehung des Alten Qoz etablierenden Feuchtphase recht einheitlich eingeschätzt wird, liegen bezüglich ihrer zeitlichen Einordnung unterschiedliche Meinungen vor. Die feuchtzeitlich bedingte Konsolidierung der Alten Qozsande wird entweder ins Altholozän (vgl. WICKENS 1975, FELIX-HENNINGSEN 1984) oder ins Jungpleistozän (vgl. PARRY & WICKENS 1981) gestellt, wobei die erstere Hypothese stärker verbreitet zu sein scheint.

Problematisch hierbei ist jedoch, daß nach jüngeren Untersuchungen das alte bis mittlere Holozän im Bereich der nördlichen Republik Sudan maximal semiaride Klimaverhältnisse erreicht haben soll (vgl. u. a. GABRIEL 1986, MENSCHING 1979, PACHUR & BRAUN 1986, PACHUR & RÖPER 1984); Belege für eine intensive, möglicherweise subhumide Feuchtphase, wie sie für die pedogenetische Überprägung der Alten Qozsande angeblich erforderlich war, konnten trotz zahlreicher Geländeuntersuchungen für den alt- bis mittelholozänen Zeitabschnitt nicht erbracht werden.

Demzufolge steht eine sichere chronostratigraphische Einordnung der Hauptphasen der Qoz-Entstehung bis heute aus, worin der Ansatzpunkt für die Durchführung mehrjähriger Forschungsarbeiten[1] zur Problematik des Altdünengürtels in der Republik Sudan zu sehen ist. Anhand von einigen ausgewählten Regionalkomplexen in der nördlichen Sahelzone wurde der mehrphasige Aufbau des Dünenreliefs untersucht, wobei den oftmals in die Senken der Sandlandschaft eingeschalteten fossilen Seeablagerungen eine Schlüsselfunktion für die paläoklimatisch-morphogenetische Interpretation zukam. Grundlegende Fragestellungen für die Auswertung und Deutung der Geländebefunde lagen einerseits in der zeitlichen Einordnung der Aufwehung und Fixierung des Alten und des Jungen Qoz, andererseits in der Erfassung des Ariditäts- bzw. Humiditätsgrades der jungpleistozänen bis holozänen Klimaschwankungen.

Aussagen bezüglich des letzteren Komplexes lassen sich methodisch durch eine vergleichende Betrachtung des unterschiedlichen Verwitterungsgrades der im Untersuchungsgebiet vorkommenden Altdünengenerationen sowie mit Hilfe limnischer Ablagerungen treffen. Hierbei muß allerdings berücksichtigt werden, daß fossile Seesedimente aufgrund ihrer räumlichen Gebundenheit an lokale Gunststandorte (Senken im Sandrelief, alte Wadiläufe) paläoklimatisch nur bedingt aussagekräftig sind und eher Rückschlüsse auf die Existenz einer feuchteren Phase als auf deren Humiditätsgrad erlauben. Im Gegensatz dazu ermöglichen pedogenetisch verfestigte Altdünenrelikte mitunter eine weiterreichende klimatische Interpretation, da sie in der Regel flächenhaft auftreten und ihr Verwitterungsgrad Hinweise auf die Dauer und Intensität der feuchteren Phase geben kann. Demzufolge reflektieren ausgedehnte, pedomorph überprägte Dünengebiete die Intensität regionaler Klimaschwankungen, wohingegen das Auftreten von Paläoseen vor allem als Spiegel lokaler Gunstsituationen aufzufassen ist.

Ausschlaggebende Bedeutung erhalten die Limnite jedoch im Hinblick auf die altersmäßige Einordnung der Dünengenerationen, da sie aufgrund ihres Kohlenstoffgehaltes geochronologisch datierbar sind und somit absolute Zeitmarken liefern. Aufgrund des räumlichen Verteilungsmusters von limnischen und äolischen Akkumulationen ist es häufig möglich, die Dünengenerationen in einen zeitlichen Bezug im Sinne von ‚jünger als / älter als‘ zu der datierten limnischen Phase zu setzen, wodurch das Alter der Paläoseen zu einem Eichpunkt in der Rekonstruktion der morphogenetischen Dünensequenz wird.

----

[1] Die betreffenden Untersuchungen wurden im Rahmen eines von H. MENSCHING geleiteten Forschungsprojektes der Kommission ‚Geomorphologische Prozesse, Prozeßkombinationen und Naturkatastrophen in den Landschaftszonen und Höhenstufen der Erde‘ der Akademie der Wisserschaften in Göttingen durchgeführt. Eine umfassende Darlegung der Ergebnisse findet sich bei B. GLÄSER (1987).

2. Physisch-geographische Grundzüge und morphographische Gliederung der Abu-Dulu-Region

Von den untersuchten Dünengebieten (Qoz Abu Dulu, Wadi-el-Milk-Region, Jebel-Haraza / Qoz-el-Harr-Komplex, vgl. Abb. 1a) bildet der Qoz Abu Dulu den am weitesten nördlich gelegenen Regionalkomplex. Aufgrund der hier vorkommenden Vergesellschaftung von alt- bis mittelholozänen Seeablagerungen und äolischen Akkumulationen unterschiedlichen Alters stellt die Abu-Dulu-Region das wohl interessanteste Arbeitsgebiet dar; insofern konzentriert sich der vorliegende Beitrag auf diese bislang kaum untersuchte Dünenlandschaft (vgl. Abb. 1).

Die Kernregion des Qoz Abu Dulu liegt mit einer Erstreckung zwischen 17° 15' und 17° 30' N bereits im nördlichen Marginalbereich der Sahelzone und damit in einem heute durch aride Klimaverhältnisse geprägten Gebiet der nordafrikanischen Randtropen. Die jährlichen Niederschlagssummen bleiben mit durchschnittlichen Beträgen von 95,3 mm (Station Shendi, Meßperiode 1951–1984)[2] unterhalb der 150-mm-Isohyete, die in der Literatur häufig als eine mögliche Nordgrenze des Sahels herangezogen wird.

Die westlich von Omdurman einsetzenden Sandakkumulationen des Qoz Abu Dulu ziehen sich über ungefähr 300 km bis zum Südrand des Bayuda-Schildes im Norden. Die Geländeuntersuchungen beschränken sich im wesentlichen auf die morphogenetisch-paläoklimatische Analyse des Kernbereiches der Qoz-Region, die im Norden durch das Wadi-Biti-System und den anschließenden Jubal-Gilif-Ringkomplex mit seinen vorgelagerten Restbergen der Nubischen Formation begrenzt wird. Im Süden scheinen die ebenfalls aus Nubischem Sandstein bestehenden Sibak und Hambuti Hills eine natürliche Barriere gegen die nach SSW driftenden Sandmassen zu bilden (vgl. Abb. 1).

Der geologische Untergrund des Dünenreliefs wird durch die Sedimentgesteine der Nubischen Formation gebildet, die speziell am nördlichen Rand des Qoz-Gebietes in Form von flachen Restbergen anstehen. Gesteine des kristallinen Sockels (Basement-Komplex) treten erst im Bereich des Bayuda-Schildes auf, das infolge lebhafter tektonischer Prozesse im Tertiär aufgewölbt und aufgrund seiner nun exponierten Lage nahezu vollständig von den auflagernden Nubischen Decksedimenten befreit wurde. Da die flächenhafte Weiterbildung des kristallinen Bayuda-Schildes nach PFLAUMBAUM (1984:221) durch überwiegend zum Nilsystem entwässernde Wadis gesteuert wurde, gelangte ein großer Teil des Nubischen Detritus aufgrund fluviatiler Transportprozesse in den betreffenden Vorfluter.

Es erscheint jedoch als durchaus denkbar, daß kleinere Mengen an Verwitterungsmaterial auf äolischem (bereits im Tertiär lagen phasenweise klimatisch aride Verhältnisse vor) bzw. auf fluviatilem Wege (noch heute entwässern einige größere Wadiläufe nach Süden ins Wadi-Biti-System) in den Bereich des Qoz Abu Dulu transportiert wurden, der im Tertiär/Quartär vermutlich ein

---

[2] Quelle: Eigene Berechnungen nach Daten des Sudan Meteorological Department, Khartoum.

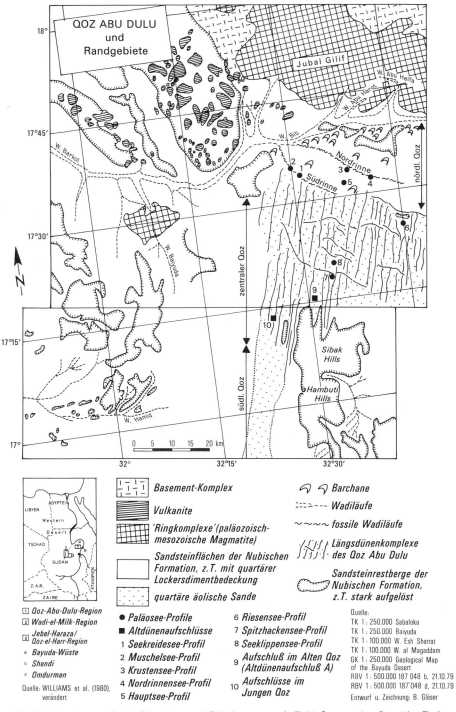

Abb. 1: Morphographische Situation und Gliederung sowie Paläoformen des Qoz Abu Dulu.

Sedimentationsbecken zwischen der Bayuda-Aufwölbung im Norden und den Sibak und Hambuti Hills im Süden gebildet hat. Deutliche Belege für einen vorzeitlichen fluviatilen Sedimenteintrag finden sich in Form von fossilen Wadiläufen, die im Nordteil der Abu-Dulu-Region anhand von Satellitenbildern und limnischen Ablagerungen sicher ausgemacht werden können und vermutlich auch den zentralen Qoz-Bereich durchzogen haben (vgl. Abb. 1).

Die Ausgestaltung des rezenten Qoz-Reliefs wurde dementsprechend durch tertiäre bis quartäre Lockersedimente mehr oder weniger autochthonen Ursprungs bestimmt. Im Zuge der graduellen quartären Klimaschwankungen wechselten stärker fluviatil geprägte morphodynamische Gestaltungsphasen mit stärker äolisch akzentuierten; es entwickelten sich vorwiegend klimatisch gesteuerte Sequenzen im äolisch-limnischen Formenschatz, die heute mit Hilfe der Paläoformen näherungsweise rekonstruierbar sind.

Morphographisch läßt sich der Qoz Abu Dulu in einen nördlichen und einen zentralen Qoz-Bereich gliedern. Der nördliche Qoz wird im Norden durch das Wadi Biti und im Süden durch die einsetzenden Dünenketten des zentralen Qoz begrenzt und erreicht somit eine Nord-Süd-Erstreckung von ungefähr 20 km. Vom physiognomischen Erscheinungsbild her handelt es sich um eine schwach gewellte, zum Wadi Biti hin abdachende Sandebene, die von vereinzelten Restbergen und fossilen Entwässerungslinien durchsetzt ist. Rezent-aktuelle, abgesehen vom Südrand des Biti vorrangig vereinzelt auftretende Barchane bezeugen die gegenwärtige Dominanz äolischer Prozesse, wohingegen der vorhandene fluviatile Formenschatz in fossilisierter Form vorliegt und damit auf die heute untergeordnete Bedeutung der fluviatilen Morphodynamik hinweist.

Beherrschende Paläoformen im nördlichen Qoz-Bereich sind gehäuft vorkommende limnische Akkumulationen, deren Verbreitung den auf den Satellitenbildern erkennbaren fossilen Wadiläufen folgt. Im Gegensatz dazu lassen sich Vorzeitformen äolischen Ursprungs nicht sicher nachweisen; diese sind an den südlich anschließenden Kernbereich des Qoz Abu Dulu gebunden.

Der zentrale Qoz wird durch rezent wirkende, NNE-SSW orientierte Dünenketten mit regelmäßig dazwischengeschalteten Dünengassen gekennzeichnet. Die komplex aufgebauten Längsdünensysteme bestehen aus barchanähnlichen Transversalelementen und können Höhen von 70 m erreichen. Die gelb-orange gefärbten, weitgehend unverfestigten Dünensande überlagern ältere Ablagerungen, die aufgrund ihres Verwitterungsgrades und ihrer stratigraphischen Lage als fossil bzw. relikthaft angesprochen werden müssen. So sind in den äolisch übertieften Senken der Längsdünensysteme häufig rot gefärbte, durch Eisen und Ton verbackene Dünensedimente aufgeschlossen bzw. blockartig herauspräpariert, die im Hinblick auf ihren unterschiedlichen Verfestigungsgrad in zwei Gruppen bzw. Altdünengenerationen fallen:

Die erste Gruppe umfaßt die häufig vorkommenden Relikte einer durch Verwitterungsprozesse extrem konsolidierten Altdünengeneration, die ihre pedogenen Merkmale einer recht intensiven oder langandauernden Feuchtphase verdankt und infolgedessen mit den Ablagerungen des Alten Qoz parallelisiert wird.

Im Gegensatz dazu zeigen die Verwitterungsbildungen der zweiten nachweisbaren Altdünengeneration einen sehr viel geringeren Verfestigungsgrad und weisen bezüglich Körnung und Materialzusammensetzung enge Parallelen zu den nahezu unverwitterten Sanden der Längsdünensysteme auf. Infolge ihrer nur schwachen Konsolidierung und damit geringen Stabilität gegenüber den äolischen morphodynamischen Prozessen konnten sich die Relikte dieser zweiten, offenbar jüngeren Altdünenphase nur sehr vereinzelt erhalten und im Gelände lediglich anhand zweier Aufschlüsse nachgewiesen werden.

Neben äolischen Vorzeitformen treten im zentralen Bereich des Qoz Abu Dulu in den Dünengassen vereinzelt auch fossile Seeablagerungen auf. Möglicherweise markieren sie Abschnitte eines auch den zentralen Qoz durchziehenden Paläo-Wadisystems, das aufgrund der Dekameter mächtigen Dünenzüge mit Hilfe herkömmlicher Fernerkundungsmethoden nicht mehr rekonstruierbar ist.

3. Der (Paläo)Formenschatz des Qoz Abu Dulu

3.1 Der konsolidierte Altdünensockel im zentralen Qoz Abu Dulu

Fossilierte Sande des Alten Qoz finden sich im Bereich der Längsdünenketten nicht selten in Form von herauspräparierten Äolianitblöcken, die Mächtigkeiten von 2 m erreichen können und bevorzugt in den Senken des Dünenreliefs unter der hier dünneren Sandbedeckung auftauchen. Da die Häufigkeit deutlich herauspräparierter Altdünenblöcke im Gelände nicht groß ist, entsteht zunächst der Eindruck, daß die Alten Qozsande nur noch sehr sporadisch erhalten sind. Die nähere Untersuchung zeigt jedoch, daß in nahezu jeder Dünendepression und damit im gesamten zentralen Qoz konsolidierte Altdünensedimente anstehen, die von einer oftmals nur wenige Zentimeter mächtigen rezenten bis aktuellen Sandschicht maskiert werden. Untrügliche Vegetationsindikatoren für rezent überlagerte Äolianite sind Akazien, für die die pedomorph überprägten Altdünensande unter den gegebenen Klimaverhältnissen offenbar einen Gunststandort bilden.

Demzufolge werden die Längsdünenketten flächenhaft von alten, verfestigten Dünensanden unterlagert. Die Ablagerungen des Altdünensockels werden mitunter von Dezimeter langen, fossilen Wurzelröhren, die auf eine ehemalige Pflanzenbedeckung hinweisen, durchzogen, und zeigen Spuren einer intensiven feuchtzeitlichen Überprägung. So erfolgte im Zuge einer für Dünensande sehr intensiven Bodenbildung eine Anreicherung pedogener Feinsubstanz (vgl. Abb. 2), die zur Konsolidierung der ehemals unverfestigten Dünensande führte. Dominierende pedogenetische Prozesse waren Tonneubildung, Tonanlagerung und Eisenfreisetzung; die röntgenographische Phasenanalyse weist auf erhebliche Anteile von Kaolinit und Hämatit bzw. Goethit in den vorrangig aus Quarzkörnern zusammengesetzten Dünensanden hin. Aus Dünnschliffuntersuchungen wird ersichtlich, daß die Quarzkörner von dicken Ton-/Eisen-

oxidbelägen umkleidet werden, die teilweise zu einer Matrix zusammenge-
wachsen sind und somit die Verfestigung des Materials verursachen.

In Kombination mit den Merkmalen der Tonanlagerung deuten derart
ausgeprägte Kornbeläge auf eine intensive Paläo-Pedogenese hin, die nach
FELIX-HENNINGSEN (1984:285), der ähnlich verfestigte Altdünensedimente im
Bereich des Kaja-Serug-Berglandes (Nordkordofan, Rep. Sudan) untersuchte,
an deszendent gerichtete Bodenwasserverhältnisse und an eine „humide Kli-
maperiode langer Dauer" gebunden ist. Selbst in der sicherlich notwendigen
Abschwächung im Feuchtigkeitsgrad dieser paläoklimatischen Hypothese erscheint es sehr fraglich, ob die übereinstimmend als maximal semiarid einge-
stufte alt- bis mittelholozäne Feuchtphase in der Lage war, die flächenhafte
pedogenetische Überprägung des Alten Qoz hervorzubringen. Aus der Intensität der Verwitterungs- und Bodenbildungsprozesse ergeben sich vielmehr
Hinweise auf ein pleistozänes Alter der Aufwehung und Verwitterung der
basalen Qozsande, die dieser Hypothese folgend bereits vor dem Einsetzen des
ariden Endpleistozäns um 25 000 B. P. (vgl. PACHUR & BRAUN 1986) bzw. 20 000
B. P. (vgl. u. a. WICKENS 1975) erfolgt sein müssen.

3.2. Paläoseen im nördlichen und zentralen Qoz Abu Dulu

In den fossilen Entwässerungslinien des nördlichen und vermutlich auch des
zentralen Qoz treten von hydromorphen Bodenbildungen unterlagerte limnische Sedimente auf, die durch mehrere im alten bis mittleren Holozän vorhandene Süßwasserseen abgelagert wurden. Die teilweise mehr als 1 m mächtigen
Seeablagerungen sind in der Regel sehr homogen aufgebaut und bestehen

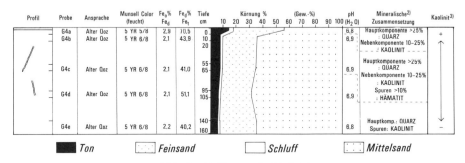

Abb. 2: ‚Altdünenaufschluß A'

[1] bezogen auf die Fraktion < 2 mm
[2] Bestimmung mit Hilfe röntgenographischer Phasenanalysen durch H. RÖSCH (BGR,
Hannover)
[3] Abschätzung des Kaolinitgehaltes anhand röntgenographischer Phasenanalysen durch
H. RÖSCH (BGR, Hannover)

Quelle: Geländeaufnahme 1986; Laboranalysen

überwiegend aus Karbonaten; lediglich im zentralen Qoz treten auch sulfatreichere Seen auf[3].

Ein im nördlichen Qoz-Bereich aufgenommenes und für diesen Bereich repräsentatives Profil (Muschelsee-Profil) gibt Einblick in das ehemalige Sedimentationsgeschehen:

Limnische Seekreiden von 110 cm Mächtigkeit lagern über schwach karbonathaltigen Sanden, deren Basis nicht ergraben werden konnte. Die Karbonatgehalte der Seekreide sind mit Werten von 55,5 % an der Basis und 86,6 % in den oberen Lagen als sehr hoch zu bezeichnen und scheinen relativ gleichmäßig anzusteigen. Vermutlich spiegeln sie ein sukzessive feuchter werdendes Milieu wider, das augenscheinlich nicht durch Austrocknungsstadien unterbrochen wurde, da sich diese sedimentologisch niedergeschlagen hätten. Auf ein ökologisch günstiges Paläo-Environment deutet auch der Reichtum an im Sediment vorhandenen Schnecken- und sogar Muschelschalen hin.

Die geochronologische Datierung setzt das Muschelsee-Profil in die alt- bis mittelholozäne Feuchtphase. Offenbar setzte der limnische Sedimentationszyklus um 8550 B. P. ein und hielt bis mindestens 7500 B. P. an[4]. Daraus ergibt sich, daß der Muschelsee mehrere hundert Jahre perennierte, was auf eine klimatische Gunstsituation schließen läßt, die sich durch große Kontinuität auszeichnete.

Die radiometrische Datierung des Muschelsee-Profils erfährt Bestätigung durch die Altersbestimmung von weiteren, den Qoz Abu Dulu durchsetzenden fossilen Seeablagerungen. Das Datenfeld (11 C-14-Daten)[5] erstreckt sich von 9430 ± 230 B. P. (HAM-2459) bis 6630 ± 100 B. P. (HAM-2450), wobei um 8000 B. P. eine deutliche Datenmassierung auftritt. Offensichtlich lag hier das Maximum der holozänen Feuchtphase, was sich auch in der homogenen Zusammensetzung und der Mächtigkeit der betreffenden Limnite zeigt.

Aus dem in der Abu-Dulu-Region gehäuften Auftreten von fossilen Seeablagerungen lassen sich nur bedingt Rückschlüsse auf die Intensität der alt- bis mittelholozänen Feuchtphase ziehen. Eine über Jahrhunderte andauernde Existenz offener Gewässer ist durchaus unter ariden bis semiariden Klimaverhältnissen möglich, da sich die Süßwasserseen im Qoz Abu Dulu ausschließlich in ökologisch begünstigten Lokalitäten gebildet haben. Interessant in diesem Zusammenhang erscheint die Beobachtung, daß das Grundwasser in den fossilen Wadiläufen auch gegenwärtig recht hoch anzustehen scheint; so erwiesen sich bei einer Probenahme die Lagen ab 2 m Tiefe als grundfeucht.

---

[3] Die Untersuchungen bezüglich der Paläoseen wurden z. T. gemeinsam mit H. Pflaumbaum durchgeführt.

[4] Das Muschelsee-Profil wurde am Inst. f. Umweltphysik d. Univ. Heidelberg datiert und die C-14-Alter auf eine C-14-Anfangskonzentration von 85 pcm bezogen. Dementsprechend wurden C-14-Alter von 7240 ± 90 (HD 10542-10416) bzw. 6200 ± 100 (HD 10540-10387) B. P. errechnet. Um eine Vergleichbarkeit mit den am Ordinariat f. Bodenkunde (Univ. Hamburg) datierten Proben zu erreichen, wurden die Daten auf eine C-14-Anfangskonzentration von 100 pcm umgerechnet, woraus sich die oben stehenden C-14-Alter ergaben.

[5] Die betreffenden C-14-Daten sind auf eine C-14-Anfangskonzentration von 100 pcm bezogen.

Hieraus wird gefolgert, daß bereits eine geringfügige Erhöhung der Niederschlagsbeträge ausreichen würde, um erneut Seenbildung in einer arid-semiariden Region zu initiieren; insofern fügt sich die Existenz der alt- bis mittelholozänen Paläoseen problemlos in die Konzeption einer maximal semiariden Feuchtphase ein (s. o.).

Im Gegensatz zu der sich ohnehin nur in hydrographischen Gunsträumen vollziehenden Seenbildung dürfte eine lediglich geringfügige Niederschlagserhöhung kaum ausgereicht haben, um die flächenhafte und tiefgreifende Verwitterung der Alten Qozsande zu bewirken. Demzufolge sind die Paläoseen und die Paläoböden des Alten Qoz vermutlich keine synchronen, sondern unterschiedlich alte Bildungen, wobei die feuchtzeitliche Konsolidierung des Alten Qoz ins Pleistozän gesetzt wird.

Folgt man dieser Hypothese, so wäre die Aufwehung des Jungen Qoz in das aride Endpleistozän, das im Bereich der Western Desert von 25 000 bis 11 000 B. P. gedauert hat (vgl. PACHUR & BRAUN 1986), zu stellen, da sich ansonsten eine über Jahrtausende während Lücke in der Rekonstruktion der äolischen morphogenetischen Sequenz ergeben würde. Der Junge Qoz wäre dementsprechend ebenfalls älter als das limnische Stadium in der Abu-Dulu-Region – eine Schlußfolgerung, die sich anhand von Literaturauswertungen und eigenen Geländebefunden untermauern läßt.

So wird in der relevanten Literatur häufig darauf hingewiesen, daß das Auftreten limnischer Sedimente im sahelischen Bereich an die Existenz eines jungen, offenbar prä-existierenden und weitgehend unverfestigten Dünenreliefs gebunden ist. Vermutlich speicherten die im späten Pleistozän aufgewehten Dünenkomplexe des Jungen Qoz aufgrund ihrer hohen Infiltrationskapazität die im Holozän erhöhten Niederschlagsmengen, so daß es im Bereich größerer, unverwitterter Dünenfelder zu seinem allmählichen Anstieg des lokalen Grundwasserspiegels mit späterer Seenbildung kam. Stark begünstigte Lokalitäten waren die unter dem jungen Dünenrelief liegenden, äolisch verschütteten Wadiläufe, die beispielsweise im Qoz Abu Dulu zu limnischen Akkumulationsräumen wurden.

Bestätigt werden diese theoretischen Überlegungen durch eigene Geländebeobachtungen, wobei die interessantesten Beobachtungen bezüglich des räumlichen Verteilungsmusters und der stratigraphischen Lagerung limnischer und äolischer Akkumulationen nicht aus dem Qoz Abu Dulu, sondern aus dem Jebel-Haraza / Qoz-el-Harr-Komplex (Nordkordofan) stammen (vgl. Abb. 1a und 3):

Hier bildet sich ein zwischen 9080 und 7220 B. P.[6] existierender See (Haraza-See) erst aufgrund einer Dünenbarriere des Jungen Qoz (Qoz el Harr), die ein vom Jebel Haraza zum Wadi Maghad gerichtetes, in die Ablagerungen des Alten Qoz eingetieftes Entwässerungssystem verschüttete.

---

[6] Die am Inst. f. Umweltphysik d. Univ. Heidelberg ermittelten C-14-Alter des Haraza-Sees (HD 10545-10444 : 7700 ± 130 B. P. und HD 10544-10436 : 5900 ± 80 B. P.) wurden auf eine C-14-Anfangskonzentration von 100 pcm umgerechnet.

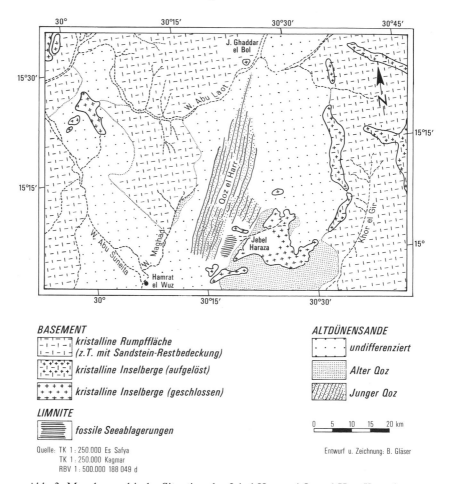

BASEMENT

⊢⁻¹⁻¹⁻¹⁻⊣ *kristalline Rumpffläche*
⌊₋₁₋₁₋₁⌋ *(z.T. mit Sandstein-Restbedeckung)*

[+⁻+⁻+⁻+] *kristalline Inselberge (aufgelöst)*

[+ + + +] *kristalline Inselberge (geschlossen)*

LIMNITE

[≡≡≡] *fossile Seeablagerungen*

ALTDÜNENSANDE

[. . .] *undifferenziert*

[▨] *Alter Qoz*

[▧] *Junger Qoz*

Quelle: TK 1 : 250.000 Es Safya
TK 1 : 250.000 Kagmar
RBV 1 : 500.000 188 049 d

Entwurf u. Zeichnung: B. Gläser

0   5   10   15   20 km

Abb. 3: Morphographische Situation des Jebel-Haraza / Qoz-el-Harr-Komplexes.

Somit ist die Entstehung des Süßwassersees an die äolische Barriere des Qoz
el Harr gebunden, der insofern zwangsläufig älter als der alt- bis mittelholozäne See sein muß. Als Bildungszeitraum des Qoz-Gebietes kommt damit nur
das aride Endpleistozän in Frage. Demzufolge müssen die den Jebel Haraza
umkränzenden Altdünen (Alter Qoz), die höchstwahrscheinlich auch den Qoz
el Harr unterlagern und erheblich intensiver verwittert sind als die Jungen
Qozsande, im mittleren bis jüngeren Pleistozän vor 25 000 B. P. (vgl. PACHUR &
BRAUN 1986) bzw. 20 000 B. P. (vgl. u. a. WICKENS 1975) sowohl aufgeweht als
auch verwittert worden sein, wodurch die vorangehend vertretene zeitliche
Einordnung der Hauptphasen der Qoz-Entstehung (Alter und Junger Qoz)
erhärtet wird.

3.3. Längsdünenketten und Verwitterungsbildungen geringer Intensität im zentralen Qoz Abu Dulu

Die Längsdünensysteme (Junger Qoz) der zentralen Abu-Dulu-Region sind aus gelb-orange gefärbten, weitgehend unverfestigten Sanden aufgebaut. Sedimentologisch handelt es sich um Derivate des Nubischen Sandsteins, deren Mineralbestand sich aus Quarz (weitaus dominierender Bestandteil), Feldspäten und eisenschüssigen Partikeln der Nubischen Formation zusammensetzt. Merkmale einer Bodenbildung lassen sich in den Jungen Qozsanden in der Regel nicht nachweisen; Ausnahmen bilden lediglich die beiden bereits erwähnten Aufschlüsse, anhand derer die Existenz einer zweiten, schwächer verfestigten und verwitterten Altdünengeneration nachgewiesen werden konnte, die im folgenden kurz charakterisiert wird:

In zwei benachbarten Mulden der Längsdünenketten sind rötlich-braun gefärbte Altdünensande aufgeschlossen, die als Relikte graduell feuchterer Klimaverhältnisse zu interpretieren sind. Im Gegensatz zu den Ablagerungen des Alten Qoz sind sie nur schwach verfestigt, heller gefärbt und erreichen Ton- und Schluffgehalte von maximal 4–5 %. Verglichen mit der Intensität der Pedogenese im Alten Qoz, die nach FELIX-HENNINGSEN (1984:297) in Richtung „rubefizierter Parabraunerden mit unterschiedlichem Staunässeeinfluß" tendiert, sind die Verwitterungbildungen der jüngeren, zweiten Dünengeneration lediglich als schwach entwickelte Braunerden einzustufen.

Bezüglich der Korngrößenverteilung und der mineralogischen Zusammensetzung zeigen die betreffenden Altdünensande enge Parallelen zu den gelborange gefärbten, Jungen Qozsanden. Granulometrische Untersuchungen nach der Methode von FOLK & WARD (1957) deuten darauf hin, daß die ‚jüngeren Altdünensande' aus den Jungen Qozsanden hervorgegangen und in einer feuchteren Phase, die vermutlich ins alte bis mittlere Holozän einzuordnen ist, schwach pedogenetisch überprägt worden sind.

Anhand eines von FRIEDMAN (1961) konzipierten und von BESLER (1983) erweiterten Diagrammes (vgl. Abb. 4) können die granulometrischen Charakteristika der in der Abu-Dulu-Region vertretenen, unterschiedlich intensiv verwitterten Dünengenerationen verglichen werden, wobei davon auszugehen ist, daß die jeweiligen Korngrößenspektren bei einer ähnlichen Zusammensetzung des Ausgangsmaterials Unterschiede in der Verwitterungsdauer und -intensität widerspiegeln (vgl. auch FELIX-HENNINGSEN 1984).

So fallen die Sande der jungen Längsdünenketten, die als potentielles Ausgangsmaterial beider Altdünengenerationen anzusehen sind, mit Ausnahme der im Transportprozeß zurückbleibenden äolischen Residuen in den äolischen Mobilitätsbereich bzw. Stabilitätsbereich. Die lineare Anordnung der die Dünenkomplexe aufbauenden Elemente (äolische Residuen → niedrige → mittelhohe → hohe Transversaldünen) verdeutlicht die fortschreitende äolische Materialaufbereitung, die sich in guten bis sehr guten Sortierungswerten und einer mittleren Korngröße zwischen 2,0 und 2,5 phi äußert.

Im Gegensatz zu den Sedimenten der unverfestigten Dünen liegen die durch Verwitterungsprozesse geprägten Altdünen in einem klar abgrenzbaren

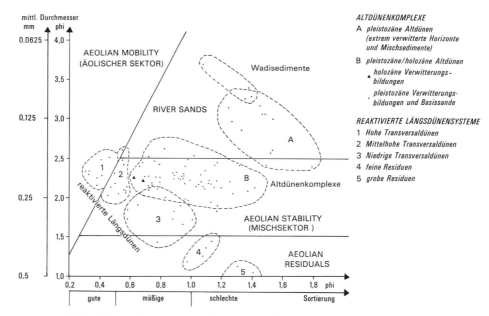

Abb. 4: Darstellung ausgewählter Korngrößenparameter der Sedimente des
Qoz Abu Dulu im Reaktionsdiagramm.

Quelle: Laboruntersuchungen an 1985/1986 im Gelände entnommenen Proben;
Berechnung der statistischen Parameter nach der Methode von FOLK/WARD (1957)

Bereich des Diagrammes, der sich stark der Grenze zum fluvialen Sektor
nähert. Offenbar werden die granulometrischen Charakteristika hier nicht
mehr durch äolische Sortierungsprozesse bedingt, sondern müssen auf feuchtzeitlich intensivierte Prozesse der pedogenen Feinsubstanzanreicherung zu-
rückgeführt werden.

Das Diagramm zeigt zusätzlich Unterschiede im Verwitterungsgrad der
Altdünen auf:

Während die Ablagerungen der jüngeren, vermutlich im Holozän fixierten
Altdünengeneration noch recht gut sortiert sind (geringer pedogener Feinma-
terialanteil), lassen sich die Alten Qozsande durch relativ schlechte Sortie-
rungswerte, verbunden mit hohen Ton- und Schluffgehalten, kennzeichnen.
Extrem verwitterte Horizonte des Alten Qoz fallen sogar in den fluvialen
Sektor; hier sind die bodenbildenden Prozesse offenbar so weit vorangeschrit-
ten, daß das für äolische Sedimente charakteristische Korngrößenspektrum
vollständig verändert worden ist.

Insgesamt erhärten die granulometrischen Parameter das Vorkommen sehr
unterschiedlich verwitterter Altdünengenerationen im Qoz Abu Dulu, wobei
die Ablagerungen des Alten Qoz pedogenetisch derart verändert sein können,
daß die maximal semiaride alt- bis mittelholozäne Feuchtphase als Bildungszeitraum vermutlich nicht Frage kommt. Den im frühen und mittleren Holozän gegebenen klimatischen Randbedingungen entsprechen viel eher die in

Richtung Braunerde tendierenden Bodenbildungen der zweiten Altdünengeneration, die allerdings nur noch sporadisch erhalten sind. Vermutlich wurde die holozäne Bodendecke infolge intensiver äolischer Prozesse nahezu flächenhaft abgetragen, da sich im Anschluß an die holozäne Periode gesteigerter Niederschläge allmählich vollaride, bis zur Gegenwart anhaltende Klimaverhältnisse entwickelten.

4. Paläoklimatische und morphogenetische Interpretation

In Anbetracht der paläoklimatischen Interpretation der Feld- und Laborbefunde läßt sich die Entwicklung der Dünenlandschaft des Qoz Abu Dulu folgendermaßen rekonstruieren:

Im Zuge einer oder mehrerer arider Perioden wurden im mittleren bis jungen Pleistozän (möglicherweise auch schon ab dem Altquartär) die Sandakkumulationen des Alten Qoz aufgeweht, die in einer vermutlich langandauernden, phasenweise wohl subhumide Verhältnisse erreichenden Feuchtphase pedogenetisch überprägt wurden. Eine solche Feuchtphase muß vor 20 000 B.P. (vgl. WICKENS 1975) bzw. sogar vor 25 000 B.P gelegen haben, wenn man PACHUR & BRAUN (1986), die zu diesem Zeitpunkt bereits die vollariden, das Endpleistozän kennzeichnenden Klimaverhältnisse annehmen, folgt. Bezüglich des Humiditätsgrades unterscheidet sie sich jedoch grundlegend von der alt- bis mittelholozänen Feuchtphase, die maximal semiarid war.

So machten die Sedimente des Alten Qoz im Pleistozän eine intensive, nach FELIX-HENNINGSEN (1984) in Richtung Parabraunerde tendierende Bodenentwicklung durch; die Verwitterungsprozesse waren so intensiv, daß sich beträchtliche Mengen an pedogener Feinsubstanz bilden konnten. Aufgrund der pedogenen Konsolidierung der Altdünen dürften sich auch die physikalischen Bodenparameter und damit der Steuerungsmechanismus der morphodynamischen Prozesse verändert haben; so wurde der ursprünglich lockere, durch eine hohe Infiltrationskapazität gekennzeichnete Sandboden aufgrund der Feinmaterialanreicherung zu einem relativ wasserundurchlässigen Substrat. Infolgedessen verstärkte sich der Oberflächenabfluß und die Altdünen wurden durch vermutlich zahlreiche, kleinere Abflußrinnen zerschnitten und blockartig aufgelöst. Limnische Akkumulationen aus der betreffenden Feuchtphase konnten im Untersuchungsgebiet nicht nachgewiesen werden, was möglicherweise auf die durchgängige Entwässerung der Alten Qozflächen zurückzuführen ist und somit ein öfter durchflossenes hydrologisches System anzeigt, das heute nicht mehr besteht.

Auf die feuchtzeitliche Fixierung und Zerschneidung der Altdünen folgte ab 25 000 bzw. 20 000 B.P. (s.o.) eine teilweise hyperaride Phase, die erneut Dünenbildung initiierte und zu einer völligen Überlagerung des jungpleistozänen Reliefs durch die Dünensande des Jungen Qoz führte. Geländebeobachtungen zeigen, daß die äolischen Komplexe des Jungen Qoz wichtige auslösende Faktoren für die nachfolgend im Altholozän einsetzende Seenbildung darstellten; insofern sind die Ablagerungen des Jungen Qoz mit Sicherheit prä-holozänen und damit endpleistozänen Alters.

Zu Beginn der holozänen, im Bereich der auch den nördlichen Sudan umfassenden Western Desert zwischen 11 000 und 5000 B. P. anzusetzenden Feuchtphase (vgl. PACHUR & RÖPER 1984) kam es – begünstigt durch die hohe Infiltrationskapazität der jungen Dünensande – zu einem allmählichen Grundwasseranstieg mit späterer Seenbildung. Die flächenhafte Bodenentwicklung ging während dieser maximal als semiarid einzustufenden Periode gesteigerter Niederschläge in Richtung schwach ausgeprägter Braunerden, die heute weitgehend wieder abgetragen worden sind. Im Vergleich zu der Intensität der pleistozänen Pedogenese zeigt die alt- bis mittelholozäne Bodenentwicklung eine sehr viel geringere Ausprägung, was auf den größeren Ariditätsgrad der holozänen Feuchtphase zurückzuführen ist.

Im Anschluß an die holozäne Feuchtphase entwickelten sich ab 5000 B. P. (s. o.) allmählich vollaride Klimaverhältnisse, die bis zur Gegenwart anhalten. Die holozäne Bodendecke wurde infolge intensiver äolischer Prozesse flächenhaft abgetragen; es kam zu Reaktivierungs- und Umlagerungsprozessen, in deren Verlauf das Relief der Sandlandschaft verjüngt und erneut akzentuiert wurde, so daß heute rezent-aktuell wirkende, bereits im Endpleistozän angelegte Formen (Längsdünenkomplexe) das Landschaftsbild prägen.

Im Rahmen der gebräuchlichen Qoz-Terminologie findet sich keinerlei Bezeichnung für diese rezenten bis aktuellen, durch die Reaktivierung des Jungen Qoz entstandenen Sande; sie werden meist undifferenziert unter die Bildungen des Jungen Qoz subsummiert. In Anbetracht der Untersuchungsergebnisse erscheint es jedoch sinnvoller, das Konzept der Qoz-Entstehung (Alter Qoz, Junger Qoz) um eine dritte Hauptphase zu erweitern, die in Anlehnung an WILLIAMS & al. (1980) als ‚Aktueller‘ oder ‚Rezenter Qoz‘ bezeichnet werden sollte.

Zusammenfassung:

Der sahelische Altdünenkomplex in der Republik Sudan wirft in bezug auf seine Morphogenese viele ungeklärte Probleme auf. Insbesondere umstritten ist nach wie vor die zeitliche Einordnung der Haupthasen der Dünenaufwehung, worin ein Ansatzpunkt für die Durchführung mehrjähriger Forschungsarbeiten im Sudan zu sehen ist. Anhand von einigen ausgewählten Regionalkomplexen wurde der mehrphasige Aufbau des Dünenreliefs untersucht, wobei den oftmals in die Senken der Sandlandschaft eingeschalteten fossilen Seeablagerungen eine Schlüsselfunktion für die paläoklimatisch-morphogenetische Interpretation zukam. Aufgrund des räumlichen Verteilungsmusters von limnischen und äolischen Akkumulationen war es möglich, die Dünengenerationen in einen zeitlichen Bezug zu der radiometrisch datierbaren limnischen Phase zu setzen, wodurch das alt- bis mittelholozäne Alter der Paläoseen zu einem Eichpunkt in der Rekonstruktion der morphogenetischen Dünensequenz wurde. Aus den Geländeuntersuchungen ergibt sich, daß die erste Hauptphase der Dünenbildung (Alter Qoz) vermutlich vor dem Beginn des ariden Endpleistozäns um 25 000 bzw. 20 000 B. P. (vgl. PACHUR & BRAUN 1986, WICKENS 1975) lag, während die zweite Hauptphase (Junger Qoz) in das Endpleistozän fällt. Für den holozänen Zeitabschnitt zeichnet sich die Existenz einer dritten Hauptphase der Dünenbildung ab, die als ‚rezenter‘ oder ‚aktueller Qoz‘ bezeichnet werden sollte.

Summary

(Investigations on the Morphogenesis of Aeolian and Limnic Forms in the
Sahelian Dune Area of Qoz Abu Dulu (Republic of Sudan))

The morphogenesis of the old Sahelian dune complex in the Republic of Sudan raises many open questions. Especially the dating of the main phases of dune development have remained controversial. This was the point of departure for extended research in the Sudan. On the basis of several selected regional complexes the phases of dune relief development were investigated. It soon became apparent that the frequent occurrence of old lake deposits in the numerous depressions that are part of the sand landscpae play a key role for the palaeoclimatic and morphogenetic interpretation. The distribution pattern of the limnal and aeolian accumulations made it possible to determine the chronological relation between the dune generations and the radiometrically dated limnal phases. The lower to middle Holocene age of the palaeolakes served as a standard value for reconstructing the morphogenetic sequence of dune development. Field research shows that the first main period of dune formation (Old Qoz) presumably occurred before the onset of the arid late Pleistocene around 25000–20000 B.P. (cp. PACHUR & BRAUN 1986, WICKENS 1975), while the second main phase (Young Qoz) occurred during the late Pleistocene. For the Holocene a third main phase of dune formation can be assumed that should be termed as ‚recent‘.

Literatur

BESLER, H. (1983): The Response Diagram: Distinction between Aeolian Mobility and Stability of Sands and Acolian Residuals by Grain Size Parameters. – In: Z. Geomorph., Supp.-Bd. 45, S. 287–301.

BUTZER, K. W. (1971): Quartäre Vorzeitklimate der Sahara. – In: Die Sahara und ihre Randgebiete. Bd. I. Hrsg. v. H. SCHIFFERS. S. 349–387. (IFO-Institut für Wirtschaftsforschung München, Afrika-Studien 60). München.

FELIX-HENNINGSEN, P. (1984): Zur Relief- und Bodenentwicklung in der Qoz-Zone Nordkordofans. – In: Z. Geomorph. 28, S. 285–303.

FOLK, R. & W. C. WARD (1957): Brazos River Bar: A Study on the Significance of Grain Size Parameters. – In: J. Sedim. Petrol. 27, S. 3–26.

FRIEDMAN, G. (1961): Distinction between Dune, Beach, and River Sands from their Textural Characteristics. – In: J. Sedim. Petrol. 31, S. 514–529.

GABRIEL, B. (1986): Dic östliche Libysche Wüste im Jungquartär. (Berliner geographische Studien 19). Berlin.

GLÄSER, B. (1984): Quantitative Untersuchungen zur Morphogenese und Mobilität des Altdünenkomplexes in der Provinz Weißer Nil. – In: Beiträge zur Morphodynamik im Relief des Jebel-Marra-Massivs und in seinem Vorland (Darfur/Republik Sudan) (mit drei Beiträgen aus den westlichen Nilbereichen). Hrsg. v. H. MENSCHING. S. 202–217. Hamburg.

GLÄSER, B. (1987): Altdünen und Limnite in der nördlichen Republik Sudan als morphogenetisch-paläoklimatische Anzeiger. Untersuchungen zur jungquartären morphogenetischen Sequenz eines Regionalkomplexes. Hrsg. v. H. MENSCHING, Hamburg (Druck in Vorber.).

MENSCHING, H. (1979): Beobachtungen und Bemerkungen zum alten Dünengürtel der Sahelzone südlich der Sahara als paläoklimatischer Anzeiger. Festschrift f. W. Meckelein. Hrsg. v. C. BORCHERDT, R. GROTZ. (Stuttgarter Geographische Studien 93). S. 67–78. Stuttgart.

PACHUR, H.-J. & G. BRAUN (1986): Drainage Systems, Lakes and Ergs in the Eastern Sahara as Indicators of Quaternary Climatic Dynamics. – In: Berliner geowiss. Abh. (A) 72, S. 3–16.

PACHUR, H.-J. & H. P. RÖPER (1984): The Libyan (Western) Desert and Northern Sudan during the Late Pleistocene and Holocene. – In: Berliner geowiss. Abh. (A) 50, S. 249–284.

PARRY, D. E. & G. E. WICKENS (1981): The Qozes of Southern Darfur, Sudan Republic. In: Geogr. J. 147, S. 307–320.

PFLAUMBAUM, H. (1984): Ursachen und Auswirkungen einer extremen Hochflut im Wadi Abu Dom, Bayuda Desert. – In: Beiträge zur Morphodynamik im Relief des Jebel-Marra-Massivs und in seinem Vorland (Darfur/Republik Sudan) (mit drei Beiträgen aus den westlichen Nilbereichen). Hrsg. v. H. MENSCHING. S. 218–233. Hamburg.

WARREN, A. (1970): Dune Trends and Their Implications in the Central Sudan. – In: Z. Geomorph., Suppl.-Bd. 10, S. 154–180.

WICKENS, G. E. (1975): Changes in the Climate and Vegetation of the Sudan since 20000 B. P. – In: Boissiera 24, S. 43–65.

WILLIAMS, M. A. J. & al. (1980): Jebel Marra Volcano: A Link between the Nile Valley, the Sahara and Central Africa. – In: The Sahara and the Nile. Ed. by M.A.J. WILLIAMS, H. FAURE. S. 305–337. Rotterdam.

Aktuelle äolische und fluviale Morphodynamik im semiariden Piedmont von Süd-Mendoza (W-Argentinien)

Von ERNST BRUNOTTE, Köln

Landschaftsgenetischer Überblick

Die Landschaftsgenese Westargentiniens ist weitgehend Ausdruck der Interferenzen zwischen den geologisch-tektonischen Strukturen des Andenorogens und seiner östlichen Vorsenke und der hypsometrischen und planetarischen Differenzierung der klimatischen Steuerungsfaktoren, wie sie sich aus der Lage innerhalb der „ariden Diagonale Südamerikas" ergeben. Dabei liegt der westargentinische Piedmont im Übergangsbereich von subtropisch-ariden bis semiariden Verhältnissen im N (Provincen San Juan und Catamarca) zu gemäßigt-semiariden Verhältnissen im S (Patagonien). Entsprechend der Zugehörigkeit zu verschiedenen Gliedern der atmosphärischen Zirkulation wird das Niederschlagsregime im N von ausgeprägten Sommerregen beherrscht, während im S Winterregen dominieren. Für den Landschaftsaufbau der – im N aus drei parallelen Gebirgssträngen bestehenden – Mendociner Kordilleren und ihres östlichen Vorlandes ist das südwärtige Aussetzen zunächst der Präkordillere bei etwa 33° S und schließlich auch der Frontalkordillere bei etwa 34° 45′ S entscheidend. Dazu springt der Gebirgsrand zweimal bajonettartig nach W zurück, so daß der andine Piedmont im Süden der Provinz Mendoza unmittelbar an die Hauptkordillere anknüpft. Bereits südlich der Präkordillere schwächt sich das ausgeprägte Sommerregenregime deutlich ab. Bei Verlagerung des Niederschlagsmaximums in den Winter nehmen die jährlichen Niederschlagsmengen auf zunächst 350 mm zu und die Jahresmitteltemperatur (auf 13–15° C) ab. Im Landschaftsbild wird dieser Wandel in dem allmählichen Aussetzen der aktuellen Flächenspülung deutlich (vgl. GARLEFF & STINGL 1974).

Unter den heutigen semiariden Verhältnissen ist das hydrographische System des Mendociner Kordillerenvorlandes durch endorhëische Entwässerung gekennzeichnet. Die Flüsse, die aus niederschlagsreicheren Höhenstufen der in weiten Teilen über 5000 m hohen und maximal annähernd 7000 m ü. M. (Aconcagua) aufragenden Gebirge durch zumeist epigenetisch bis antezedent angelegte, aufgrund der Gebirgshebung tief eingeschnittene Täler an den Kordillerenrand gelangen, versiegen z. T. schon in ihren Schwemmfächern. Nur die größeren dringen periodisch bis episodisch über den Piedmont hinaus bis in die Salzsümpfe der abflußlosen Becken (Bolsone) vor. Selbst die größten Fließgewässer, welche – aus der glazial/nivalen Höhenstufe gespeist –

die extraandinen Aufschüttungsebenen als Fremdlingsflüsse bis über 200 km weit nach E queren, dringen nicht unmittelbar bis zum Atlantik vor.

Die beherrschende, xeromorphe Vegetationsformation des Kordillerenvorlandes von Mendoza ist der Strauchmonte. Bei Bestandeshöhen von 1–3 m erreicht er in der Strauchschicht zumeist Deckungsgrade zwischen 30 und 60 %. Er besteht vorwiegend nur aus Larrea- und Prosopis-Arten. Auf feuchten Standorten, wie entlang von Fließgewässern und in der Nähe von Lagunen der Beckenböden, kommen auch höherwüchsige bzw. dichtere Bestände vor, zu denen sich Halophyten gesellen. Wuchshöhe, Artenzahl und Dichte der Strauchschicht verringern sich mit Abnahme der Jahresniederschläge und in Abhängigkeit vom allgemeinen Temperaturniveau; desgleichen die Dichte der Feldschicht, die auf unter 10 % zurückgehen kann. So geht der Monte in Annäherung an seine südliche Verbreitungsgrenze insbesondere aufgrund der häufigen Winterfröste in die niedrige Strauchformation des Jarrilal mit Wuchshöhen von 1 bis 1,5 m mit Dominanz von Larrea-Arten und häufigerem Auftreten von Rutensträuchern (u. a. Ephedra spec.) über. Die Deckungsgrade dieser Larrea-Halbwüste (WALTER 1968, S. 681) gehen auf unter 10 %, in der Feldschicht annähernd auf 0 % zurück (GARLEFF 1977, S. 17).

Gemessen an mitteleuropäischen Verhältnissen ist der Piedmont der Mondociner Kordilleren trotz seiner ausgeprägten Reliefspanne, seiner gewaltigen Ausdehnung und seiner deutlichen morphotektonischen Gliederung sehr jung. Seine Entwicklung wurde unter trockenklimatischen Bedingungen durch die Bewegungen der neotektonischen Hauptphase i. S. von REGAIRAZ (1974, 1985) ausgelöst. Diese epirogenen Vorgänge haben die Ablagerungen der oberpliozänen Formación Mogotes gefaltet und disloziert; sie werden deshalb allgemein stratigraphisch in den Übergang vom Tertiär zum Quartär eingestuft. Die mit ihnen einhergehenden Dislozierungen betragen maximal mehrere tausend Meter. Diesen Hebungen gehen regional beträchtliche Absenkungen des Mendociner Piedmonts wie auch des weiteren Kordillerenvorlandes einher.

Der Mendociner Piedmont zeichnet sich durch eine regelhafte Anordnung von Abtragungs- und Akkumulationsfußflächen, weitläufigen Schwemmfächern und definitiven Akkumulationsebenen aus. Aufgrund des Anwachsens des „Subduktionswinkels" auf über 30° (JORDAN et al. 1983) wird er südlich 34° 30′ durch zahlreiche quartäre Vulkane, Maare, Lavadecken und -felder in seinem Formeninventar bereichert. Trotz der intensiven neotektonischen Beanspruchung des Piedmontbereiches hat die planierende Abtragung weit ausgreifende Fußflächen geschaffen. Allgemein unterscheidet man zwei Hauptniveaus: ein älteres, höher gelegenes und oft nur in Relikten erhaltenes „Primer Nivel de Piedemonte" und ein jüngeres, sich weithin erstreckendes „Segundo Nivel de Piedemonte". Da diese Niveaus einerseits die Formación Mogotes kappen bzw. in diese eingreifen, andererseits über den jungen Talböden liegen, werden sie als früh- bis mittelpleistozäne Bildungen angesehen. Neben dem damit verknüpften Problem der genauen Datierung dieser beiden Niveaus liegt ein weiteres Problem der Piedmontgenese darin, daß effektiv – in regionaler Differenzierung – mehr als zwei Fußflächenstockwerke auftreten, worauf bereits STINGL (1979) hinweist. Im folgenden soll nun weniger den Ursachen für die zugehörigen Aktivitätsphasen nachgegangen werden, vielmehr stellt sich hier die Frage nach der jüngsten Überprägung dieser Niveaus, vor allem nach der aktuellen äolischen und fluvialen Morphodynamik. Beantwortet werden soll sie anhand der exemplarischen Behandlung des Westsaums der Laguna Llancanelo.

Die aktuelle äolische und fluviale Überprägung des Piedmonts am Westsaum des Bolsons Laguna Llancanelo

Der Bolson Laguna Llancanelo erstreckt sich als 80–120 km breites Becken über mehr als 150 km meridional von ungefähr 34° 40′ bis 36° 40′ S. Während sein annähernd ebener Boden den Höhenbereich von 1300 bis über 1400 m einnimmt, erreicht die Beckenumrahmung meist Höhen zwischen 2000 und 3000 m ü. M. Lediglich die größeren Täler des westlichen Beckenrandes wurzeln in den Hochlagen der Hauptkordillere bei 3000 bis über 4000 m ü. M. Die Beckenstruktur wie das endorhëische hydrographische System spiegeln die Einflüsse der andinen Gebirgsbildung wie auch das semiaride Klima wider. Die jüngsttertiär/quartäre Reliefentwicklung vollzog sich am Westrand des Bolsons phasenhaft mit dem Ergebnis stockwerkartig angeordneter Abtragungsniveaus in Form ausgedehnter Fußflächen sowie umfangreicher Akkumulationen in tektonische Becken. Im Zuge der Ausbildung und Tieferschaltung der Fußflächen wurden die Ausstriche höher resistenter Gesteinsfolgen als Strukturformen herauspräpariert. So besteht das Abtragungsrelief in 1450–1850 m ü. M. vorwiegend aus höhenwärts gestaffelten Fußflächen und Fußflächenrelikten, die sich mit annähernd N-S streichenden, max. 100–150 m hohen Schichtkämmen verzahnen (Abb. 1; vgl. geomorph. Karte in BRUNOTTE 1985, 1986; s.a. STINGL 1979). Da bisher keine sedimentologischen, geomorphologischen, pedologischen oder paläobotanischen Hinweise auf starke quartäre Klimaschwankungen – mit Ausnahme einer jungquartären – bekannt geworden sind, ist damit zu rechnen, daß bis ins Jungquartär hinein trockenklimatische Formungsbedingungen geherrscht haben – wobei für die jeweilige Tieferschaltung der großflächig ausgebildeten Reliefstadien tektonische Impulse anzunehmen sind.

Dagegen können kürzere, weniger effektive Phasen der Reliefentwicklung im mittleren und jüngeren Holozän mit Schwankungen der klimatischen Verhältnisse verknüpft werden, und zwar insbesondere mit einer Veränderung in Richtung auf höhere Humidität. Wie in Abb. 2 am Beispiel des mittleren Malargüe-Tales dargestellt, führte diese Veränderung im Piedmont von Süd-Mendoza zum Umschlag von Flächenaktivität (A) zu weitgehender Formungsruhe und autochthoner Bodenbildung (B). Die gleiche Veränderung löste allerdings in den Hochgebirgslagen der Beckenumrahmung einen Gletschervorstoß aus und trug damit entscheidend zu den allochthonen Veränderungen der fluvialen Dynamik in den größeren Flüssen bei, so daß hier Phasen der

Abb. 1: Schichtkämme am Westrand des Bolsons Laguna Llancanelo; rel. Höhe bis 150 m.

Einschneidung (B) und der Aufschotterung (C) zu verzeichnen sind. Durch
die Datierung der zugehörigen Gletschervorstöße im nördlich benachbarten
Atuel-Talsystem (STINGL & GARLEFF 1978, GARLEFF & STINGL 1982, 1985)
sind diese Phase und damit auch weitere, zunächst nur relativ datierbare
Phasen, wie z.B. die Ignimbritförderung (D), relativ gut ins mittlere Holozän
einzuordnen. Auf diese humide Phase zwischen ungefähr 6000 und 4000 BP,
die mittlerweile auch palynologisch belegt worden ist (D'ANTONI 1980, MARK-
GRAF 1983), folgten wiederum semiaride Bedingungen mit der klimatisch
gesteuerten Tendenz zur Fußflächenausweitung bzw. -tieferschaltung in Anlehnung an die inzwischen tiefergelegten Vorfluter (F). Wie im folgenden
belegt werden kann, ist im Verlauf der weiteren jungholozänen Landschaftsgenese mit nicht sicher nachweisbaren Schwankungen die Tendenz zu erneuter
Stabilität der Oberflächen, d.h. u.a. Verdichtung der Vegetationsdecke, zu
schließen; nicht zuletzt aus den Berichten der Reisenden und Militärexpedi-
tionen im vorigen Jahrhundert. Möglicherweise geht die jüngste Einschneidungsphase des Río Malargüe (G) auf entsprechende hygrische Veränderungen zurück; allerdings gibt es auch Hinweise auf tektonische Impulse (s.
BRUNOTTE 1985, 1986). Die klimatischen Bedingungen der aktuellen äolischen und fluvialen Morphodynamik des Piedmonts lassen sich anhand von
Daten zweier Meßstationen am Westsaum des Bolsons Laguna Llancanelo
folgendermaßen skizzieren: Die – im langjährigen Mittel – zweigipfelige Nie-

derschlagskurve resultiert aus der Grenzlage des Bolsons zwischen der West-
windzone der Mittelbreiten und den Subtropen: das winterliche Hauptmaxi-
mum entspricht dem ausgeprägten Winterregenregime der südwestlichen, das
sommerliche Nebenmaximum dem Halbwüsten- und Wüstenklima der nördlichen Zone. Allerdings bestimmen die wechselnden Einflüsse der beiden
benachbarten Klimazonen den Niederschlagsgang einzelner Jahre weitgehend, was mit einer hohen Variabilität der Jahressummen einhergeht. Beispielsweise übertreffen in der Meßperiode der Jahre 1929–1937 die Niederschläge des Winterhalbjahres die des Sommerhalbjahres im mehrjährigen
Mittel um über 30 %. In den einzelnen Jahren übertreffen die Winternieder-
schläge die Sommerniederschläge jedoch nur dann, wenn die Jahresniederschläge überdurchschnittlich hoch sind. So fielen im Jahre 1930 im Winter
425,9 mm und im Sommerhalbjahr 186,5 mm Niederschläge. In trockenen und
außergewöhnlich trockenen Jahren überwiegen dagegen die Sommerniederschläge, so beispielsweise 1935 mit 90,0 mm gegenüber 48,1 mm des Winterhalbjahres.

Das Mittel der Jahressummen des Niederschlags der genannten Meßperiode beträgt 223 mm bei 3 bis 4 humiden Monaten. Das Minimum des Jahresniederschlags wurde 1936 mit 104,3 mm, das Maximum 1930 mit 612,4 mm
registriert. Die Regenfälle sind meist sehr heftig und von kurzer Dauer und
häufig mit starkem Hagelfall verbunden.

Die Jahresmitteltemperatur der Meßdekade 1941–1950 beträgt bei einem
mittleren Jahresniederschlag von 199 mm 11,4° C, die der Meßreihe von
1929–1937 ergab 12,5° C. Die Mitteltemperatur des Januar ist in diesen Zeiträumen 18° C bzw. 21,3° C, die des Juli 3,2° C bzw. 3,6° C. Das Mittel der
Tagesschwankungen der Temperatur liegt zwischen 15,1° C und 18,0° C für
Juni und 21,1° C und 24° C für Dezember. Groß ist die Anzahl von Frosttagen;
sie belaufen sich in Malargüe auf über 130 im Jahr. – Weitere Angaben machen
u. a. CAPITANELLI 1967, GARLEFF 1977 und DESSANTI 1978.

Die Aridität des Bolsons Laguna Llancanelo wird durch Winde verstärkt, die
das ganze Jahr über mit großer Intensität in das Becken hineinwehen. Den
eigenen Erfahrungen zufolge dringen sie als heftiger, bis zu mehreren Tagen
andauernder Föhn in den Bolson ein. Sie beeinflussen die Vegetation und
damit auch die aktuelle Morphodynamik.

Im halbwüstenhaften Piedmont am Westrand der Laguna Llancanelo bewirkt die aktuelle Morphodynamik eine zunehmende klein- bis kleinsträumige
Differenzierung des Formen- und Standortsgefüges.

Die Schichtkämme sind in ihren obersten Partien vegetationsarm und zumeist schuttfrei, so daß die kammbildenden Gesteine in der Regel unmittelbar
an die Tagesoberfläche treten. Die semiaride Prägung der Hangformung zeigt
sich in der Aufdeckung selbst geringer Resistenzunterschiede, insbesondere in
der Feinstufung der Rückhänge im Dezimeter- bis Meterbereich. Hangker-
ben und vereinzelte hangfußparallele Rinnen bezeugen linearen Abfluß. Die
sporadische Vegetation ist teils als Strauchhalbwüste, teils als Zwergstrauch-
Dornpolsterhalbwüste entwickelt. Sie wurzelt zumeist in Klüften und Schicht-
fugen; wo sie Polster bildet, werden diese durch Flugsand aufgehöht. Auffällig

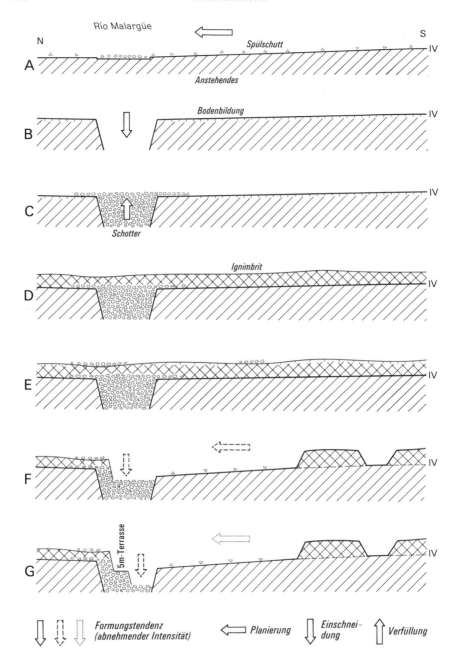

Abb. 2: Die Abfolge der mittel- und jungholozänen Phasen der Landschaftsentwicklung am Mittellauf des Río Malargüe. IV = prämittelholozäner Fußflächenkomplex.

ist die Bindung der äolischen Morphodynamik an die dominierenden West-winde: Während die Luvseiten der Schichtkämme in den mittleren und obe-ren Hangbereichen nahezu sandfrei sind, verschwinden die Unterhänge und Hangfüße der Leeseiten stellenweise unter Sanddecken und Dünen, die in Ausnahmefällen über 10 m hoch sind (s. a. STINGL 1979). CaCO$_3$-umkrustete Schuttstücke und geringe Humusgehalte in skelettreichen schwach-lehmigen Sanden, wie sie sporadisch in Spaltenfüllungen oder unter frischen Steinpfla-stern und Flugsandschleiern vorkommen, sind offenbar Relikte einer ehemali-gen Bodendecke und bezeugen deren flächenhafte Abtragung.

Korrelate Sedimente junger Hangdenudation liegen insbesondere auf jenen konkaven Böschungen, mit denen die Schichtkamm-Rückhänge in die Fußflä-chen übergehen. Am weitesten verbreitet sind hier bis über 1 m mächtige, schuttdurchsetzte humose Sande. Diese Kolluvien werden teils von den er-wähnten Flugsanden überdeckt. Teils werden sie vom Hang her von sandi-gen, mehr oder weniger schuttreichen Spülbahnen mit anbindenden kleinen Schwemmfächern durchzogen – wobei die Abtragung am Hang linear, am Hangfuß dagegen flächenhaft erfolgt. Im Bereich mit stärkerer aquatischer For-mung wechseln Flugsandauflagen und Spülbahnen auf engem Raum. Auf den Flugsandrücken wie auf den angrenzenden Arealen der Fußflächenwurzeln stocken 0,5 bis 1,0 m hohe Strauchgesellschaften, wobei der Deckungsgrad der Vegetation auf den schuttreichen Flächen 40 bis 60 % erreicht.

Auch auf den Fußflächen deckt die aktuelle Morphodynamik die petrogra-phische Feinstruktur des Untergrundes auf, desgleichen trägt die äolische Komponente expositionsabhängige Züge.

Am augenfälligsten ist die Herauspräparierung von Resistenzunterschieden jeweils an den Rändern der verschiedenen Fußflächenniveaus. Ihre Hänge und Übergangsböschungen sind Bereiche intensiver Badland-Bildung. Die einzelnen Runsen und Kerben halten sich eng an die Ausstriche der sandigen Ton- und Schluffsteinschichten, wodurch die zwischengeschalteten Kalksand-steinbänke als kleine, vorwiegend nur mehrere Meter hohe Miniaturschicht-kämme in Erscheinung treten. Nur die größeren der erwähnten Kerben gehen in Tälchen über, welche die nächst tiefere Fußfläche queren und schließlich die größeren Täler erreichen. Die meisten laufen mit kleinen Schwemmfä-chern auf dem tieferen Niveau aus.

Obwohl das – aufgrund der hohen Niederschlagsintensität – vorwiegend oberflächlich abfließende und dabei sowohl denudativ wie erosiv wirkende Wasser das Hauptagens dieser Formung ist, äußert sich die äolische Mor-phodynamik in einer erstaunlich großen Fülle von Deflationserscheinungen und Sandakkumulationen. Wie die großen Strukturformen, werden auch die kleinen stellenweise von leeseitigen Flugsandanhäufungen (mit stärkerem Gramineen-Bestand und hohem Ephedra-Anteil) überdeckt.

Bei einem Block- und Felsanteil von 30–60 % erreicht die Vegetationsbedek-kung (Sträucher) auf den erwähnten Miniaturschichtkämmen 60–80 %. Dage-gen liegt sie über den angrenzenden Ausstrichen geringer resistenter Ge-steine, die von der Abspülung sehr viel stärker angegriffen werden, unter 30 %. Besonders wirksam ist die Abspülung dort, wo die Kerben des zerfransten

Fußflächenrandes der tieferen Fußfläche Zuschußwasser zuführen. Die von einem Netz aus Spül- (und Deflations-)Flächen umgebenen Nebkas tragen bis 1,5 m hohe Strauchgesellschaften mit Vorherrschaft von Dornsträuchern (Monte-Arten). Am Rande der Nebkas streicht häufig die im Jahre 1932 nach dem Ausbruch des chilenischen Vulkans Quizapú abgesetzte Aschenlage aus (Abb. 3). Da die angrenzenden Spül- und Deflationsflächen und Spülbahnen zwischen 10 und 30 cm tiefer liegen als die Aschenlage, sind diese Areale seit 1932 im Dezimeterbereich erniedrigt worden. Entsprechende Abtragungsbeträge ergeben sich auch aus der Beobachtung, daß die Wurzelhälse zahlreicher Büsche um 10–20 cm freigelegt worden sind.

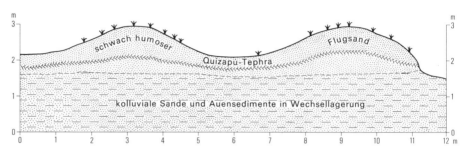

Abb. 3: Nebkas mit Quizapú-Tephra aus dem Jahre 1932 über kolluvialen Sanden und Auensedimenten.

Trotz dieser zumeist bis ins Anstehende reichenden rezenten bis aktuellen Denudation haben sich sowohl auf den ausgedehnten Fußflächen als auch zwischen den Miniaturschichtkämmen lokal schwach pedogenetisch überprägte jungholozäne Schluffe wie auch vereinzelte Relikte des mittelholozänen Bodens (vgl. Abb. 2) erhalten. Offenbar handelt es sich um den Rest eines Steppenbodens mit A- und C_{ca}-Horizont, wobei die Mächtigkeit des gekappten A-Horizontes unbekannt bleibt. Begonnen hat die Verkürzung der Bodenprofile offenbar schon vor 1932, denn in den benachbarten Nebkas finden sich unter der Quizapú-Asche nirgendwo vollständige A-Horizonte.

Mehr noch als die eigentlichen Bodenrelikte bezeugen die zahlreichen humosen kolluvialen Decksedimente eine ehemals geschlossene Bodendecke. Ihre weite Verbreitung auf allen Fußflächenstockwerken deutet ebenso wie die stark degradierte und arealweise durch fluviale und äolische Prozesse vernichtete, insgesamt aber noch mit hohen Deckungsgraden verbreitete Halbwüstenvegetation darauf hin, daß sich die aktuelle Morphodynamik in einem Anfangsstadium befindet.

Vielfach liegen die Kolluvien jedoch unmittelbar auf anstehendem Gestein. Dieses Phänomen beruht auf vollständigem Bodenabtrag kleiner Areale und anschließender Umlagerung von Bodenmaterial benachbarter Bereiche. Es ist das Kennzeichen des räumlich wie zeitlich differenzierten Aktivitätsmosaiks der aktuellen Morphodynamik.

Neben derartigen engmaschigen Spülbahnnetzen Nebka-reicher Flächenteile gibt es ausgedehnte Nebka-arme Areale mit großflächig ansetzender aktueller Morphodynamik. In den proximalen wie auch sonstigen stärker geböschten Teilen der Fußflächen schließen sich solchen mehr oder weniger hangfuß- bzw. isohypsenparallelen, durch sandige Spülbahnen und Steinpflaster gekennzeichneten Abtragungszonen flächenabwärts braungraue, feinschuttdurchsetzte, humose Spül- bis Wehsande von bis über 1 m Dicke an.

Oberhalb 1600–1700 m ü. M. stellen sich auf den Fußflächen verwaschene Auffrier- und Kammeiserscheinungen ein. Somit wird die Verdrängung der Vegetation in dieser Höhenstufe durch seichten Bodenfrost, d. h. periglaziale Morphodynamik, begünstigt (vgl. GARLEFF 1977).

In tieferen Lagen nehmen die Nebkas an Zahl und Höhe zu, wobei 2 m überschritten werden. Dies gilt auch für das jüngste ausgedehnte Fußflächenstockwerk (IV in Abb. 2), das sich randlich mit den mittelholozänen Schottern des Río Malargüe verzahnt. Wo zwischen solchen großen Nebkas bzw. Flugsandhügeln in jüngerer Zeit Flugsande und Kolluvien die ehemaligen Deflations- und Spülbahnen überdeckt haben, stockt – wie an den Hangfüßen der Schichtkämme – eine schüttere Grasdecke mit Deckungsgraden um 60%.

Als Folge der rezenten bis aktuellen Morphodynamik ergibt sich an den Schichtkämmen und Fußflächen eine Differenzierung der Vegetationsstandorte. Dabei ist die Bestockung von Sand, Schutt und Festgestein derart spezifisch, daß nach hinreichender Geländekenntnis aus der jeweils dominierenden Vegetation auf die oberflächennahen Substrate geschlossen werden kann. Im Landschaftsbild heben sich die zumeist kahlen, im Sonnenlicht hell leuchtenden oberen und mittleren Teile der Kalksteinhänge scharf von dem Grün der in der perspektivischen Verkürzung insgesamt vegetationsbedeckt erscheinenden Unterhänge und Fußflächen ab. Innerhalb dieses Grüns markieren helle Farbtöne die vorwiegend von Gräsern eingenommenen Areale kolluvialer Sande, während die dunkelgrünen Farbtöne gehäufte Vorkommen von Nebkas und Schuttdecken sowie Festgesteinsausbisse mit vorherrschendem Buschwerk anzeigen.

Lokale Hangpedimentation bei Coihueco

Angesichts der insgesamt schwachen aktuellen Morphodynamik am Westrand des Bolsons Laguna Llancanelo verdient jenes junge Pediment, das nordwestlich der Estancia Coihueco unmittelbar an der Grenze zum Beckenboden den Osthang eines plateauartigen Höhenzuges aufzehrt und damit gegen das Plateau selbst vorgreift, besondere Aufmerksamkeit.

Der nördlich wie südlich dieser Stelle unversehrte Ausgangshang ist ungefähr 50 m hoch und von sigmoidalem Querschnitt (Abb. 4). Er vermittelt zwischen dem ungefähr mit 4° nach E geböschten Saum der Plateaufläche und dem bei ungefähr 1550 m ü. M. gelegenen Beckenboden. Der mehrfach gebuchtete Pedimenthang setzt an der konvexen Übergangsböschung des Plateaurandes an. Er gliedert sich in ein 20–25° steiles oberes und in ein 8–10° geneigtes unteres Segment, das zum Hangfuß hinabführt. Der hier begin-

Abb. 4: Der sigmoidale Ausgangshang des Pediments von Coihueco.

nende proximale Teil der Fußfläche ist eine ungefähr 100 m breite, um 4° geböschte Schrägfläche. Unter allmählicher Abnahme des Gefälles geht sie beckenwärts in den 2° geneigten distalen Teil der Fußfläche über (Abb. 5), der schließlich auf den Akkumulationen des Beckenbodens ausläuft.

Bei einer generellen Vegetationsbedeckung von 70–80% mit Dominanz von Larrea divaricata zeichnen sich die vegetationsfreien Stellen des Plateausaumes durch eine bis zu 5 cm dicke Kiesstreu über 15–25 cm mächtigem graubraunen, humosen Sand aus; offenbar handelt es sich um gekappte Braunerden aus Flugsand. In Nebkas wird der humose Sand bis über 1 m mächtig. Die Quizapú-Asche liegt hier 10–20 cm unter der Oberfläche, deren Vegetationsbedeckung auf 80–100% anwächst. Durch Zunahme der Ephedra-Nebkas auf ca. 50% Flächenanteil vergrößert sich der Deckungsgrad der Vegetation bei gleichbleibender Artenzusammensetzung in den randfernen Teilen der Plateaufläche. Hier wird die Landoberfläche von einem bis zu 70 cm mächtigen, schwach steinführenden, humosen Sand getragen. Dieses Kolluvium überdeckt einen C_{ca}-Horizont.

All diese Befunde bestätigen die vorausgegangenen Darlegungen. Obwohl insgesamt flächenhaft ansetzend, beschränkt sich die subrezente bis aktuelle Morphodynamik weitgehend auf Umlagerung und Abräumung oberflächennaher Deckschichten und Verwitterungshorizonte. Dies gilt auch für jene episodisch Wasser führenden, relativ breiten, muldenartigen Rinnen des nach E geneigten Plateaus – solange sie dem Plateaurand zustreben. Wo sie dessen konvexe Übergangsböschung erreichen, verstärkt ihr „Zuschußwasser" den

Abb. 5: Umwandlung des Ausgangsreliefs durch aktuelle Spülung und Hangzerrunsung. Proximaler und distaler Teil des Pediments von Coihueco.

Oberflächenabfluß des Hanges jedoch derart, daß sich Kerben und Runsen bilden, die bis in das Anstehende eingreifen. Aus der Summe solcher Abfluß-ereignisse resultieren zunächst lokale nischenartige Steilsegmente. Durch ihre Erweiterung und Rückverlagerung entsteht schließlich das in seinem Grund-riß mehrfach gebuchtete Pediment.

Unmittelbar nach einem Formungsereignis stellte sich das Pediment von Coihueco folgendermaßen dar. Von starkem Hagelschlag begleitete heftige Gewitterschauer der Nachmittags- und Abendstunden des Vortages hatten zu Oberflächenanfluß und damit verbundener fluvialer Formung wie auch zur Durchfeuchtung der kolluvialen Sande bis 80 cm unter Flur geführt. Das Steilsegment des Pedimenthanges, der eine Wechselfolge schräggestellter grauer kiesiger Konglomeratbänke und rotbrauner Ton- und Schluffsteine nach Art eines Stirnhanges konträr schneidet, war im unteren Teil von scharf begrenzten, bis 3 dm tiefen und 1 bis 3 dm breiten Spülrinnen so engständig zerrunst, daß praktisch der gesamte Hangabschnitt durch das strömende Was-ser angegriffen und zurückverlegt worden war. Demgegenüber war das Wasser in dem unteren, flacheren Hangsegment gebündelt, d.h. in einer geringeren Anzahl zumeist tieferer (bis 5 dm tiefer) und deutlich voneinander getrennter Rinnen abgeflossen. Gegen Ende des Abflußvorganges war ein Teil der oben abgespülten Kiese und Tonsteinbrocken in ihnen liegen geblieben. Auf den sie trennenden kleinen, kiesbestreuten Rücken und Stegen stocken 1 bis 3 dm hohe Sträucher, so daß die Vegetationsbedeckung zum Hangfuß hin 30%, gelegentlich auch 40% erreicht. Der Vielzahl der freigespülten Wurzelhälse zufolge unterliegen auch diese „erhabenen" Standorte der Abtragung.

In dem daran anschließenden 100 m breiten proximalen Saum des Pediments, der zu 80% von bis zu 1 m hohen Nebkas eingenommen wird, sind die Spülbahnen als 0,5 bis 1,0 m tiefe Rinnen in das Anstehende eingeschnitten. Wie aus dem Kies- und Steinpflaster der von kies- und steinführenden Sanden bedeckten, nahezu vegetationslosen Zwischenbereiche hervorgeht, werden auch diese leicht konvex gewölbten „interfluves" gelegentlich überspült.

Der hier anbindende untere Teil der Fußfläche war von frischen, vegetationslosen, in ihrem Grundriß anastomosierenden, flachen Spülbahnen überzogen, deren schluffig-sandiges Feinsediment infolge Stauwirkung verschiedentlich bis zu 2 dm, in Ausnahmen 4 dm hoch in die hauptsächlich mit Larrea divaricata-Büschen besetzten Nebkas eingespült worden war. Dies zeigt, daß die normalerweise durch äolische Sande erfolgende Aufhöhung der Basis solcher Büsche zu Nebkas durch fluviale Akkumulation ergänzt werden kann. Unter diesen Büschen lag eine dichte Streu vom Hagel abgeschlagener Blätter. In den Spülbahnen und anderen Rändern hatte der frisch akkumulierte schluffige Sand eine schaumig-lockere Textur. Stellenweise wies er – durch eine unregelmäßig wellige, von kleinen Rissen versehrte Oberfläche gekennzeichnet – deutliche Sackungserscheinungen auf. Wie sich beim Aufgraben solcher Stellen immer wieder ergab, gingen diese Erscheinungen auf das partielle Abschmelzen einer noch ungefähr 10 cm dicken Schicht bis zu 8 mm großer ($\emptyset$) Hagelkörner zurück, die das frische Feinsediment unterlagerte.

In diesem Teil der Fußfläche erreicht die Vegetation einen Deckungsgrad von ungefähr 50%, wobei 1,5–2,0 m hohe Sträucher mit Abständen von 2 bis 10 m vorherrschen.

Die während des Gewitters zwischen dem Gewirr von Nebkas zum Becken hin abgekommenen Suspensionsströme bildeten mit dem weiteren Nachlassen des Gefälles Schwemmfächer, welche die quer zur allgemeinen Strömungsrichtung verlaufende Asphaltdecke der Nationalstraße in einer Mächtigkeit von maximal einigen Dezimetern überdeckten.

Als extrazonales Phänomen beruht die aktuelle Weiterbildung des Pediments von Coihueco auf dem Zusammentreffen mehrerer Gunstfaktoren. Hierzu zählt erstens die Gesteinsausbildung: 150 m mächtige gipsführende Ton- und Schluffsteine und tonige Sandsteine werden von zumeist feinkörnigen Konglomeraten und Sandsteinen mit konglomeratischen Einschaltungen überlagert. Hervorzuheben ist die geringe Festigkeit all dieser Sedimente, wobei insbesondere die Konglomerate und Sandsteine überaus bröckelig sind und leicht abgetragen werden können.

Angesichts der Tatsache, daß dieser Gunstfaktor zumindest weite Teile des Plateaus betrifft, stellt sich die Frage, warum sich die aktuelle Pedimentation auf die beschriebene Lokalität beschränkt. Die Ursache hierfür ist sicherlich in der konservierenden Wirkung der Schuttdecke mitbegründet, die laut geologischer Karte fast das gesamte Plateau überzieht. Die zuvor charakterisierten tertiären Gesteine treten lediglich im Pediment selbst und in seiner näheren Umgebung an die Tagesoberfläche.

Weiterhin ist entscheidend, daß sich der Formungseffekt, den diese „potentielle Erosionsanfälligkeit" des primär schuttarmen Ausganghanges impliziert, durch die hier hangwärtige Entwässerung des angrenzenden Plateaurandes („Zuschußwasser") in nicht zu quantifizierender Weise vergrößert.

Dies führt zu der Frage, warum im Bereich der Estancia Coihueco überhaupt steile Hänge ausgebildet sind, während alle anderen Ausstrichsareale der betreffenden Gesteinsfolgen flache Landoberflächen tragen? Die Ursache ist eindeutig tektonischer Art. Denn allein aufgrund der allgemeinen Geländekenntnis kann aus der geomorphologischen Erscheinung des von Estancia Coihueco über das Engtal des Río Atuel hinweg um mehr als 10 km geradlinig nach NNE verlaufenden und dabei allmählich auf über 100 m relative Höhe ansteigenden, zerrunsten, jedoch unzertalten, relativ steilen Plateauhanges auf ein neotektonisches Lineament geschlossen werden. Diese Deutung deckt sich mit den Angaben der geologischen Karte, wonach der Hangfuß von einer entsprechenden Verwerfungslinie begleitet wird, die nördlich Estancia Coihueco unmittelbar aufgeschlossen ist. Da sie den Westrand des Beckenbodens in derselben Weise wie die an anderer Stelle behandelte Beckenrandverwerfung von Malargüe (BRUNOTTE 1985, 1986) markiert, ist anzunehmen, daß beide zu dem jüngsten System solcher Lineamente gehören. Demnach ist der Ostrand des Plateaus von Coihueco eine mittelholozäne Bruchlinienstufe, woraus sich die altersmäßige Einstufung des erwähnten Hangschuttes und nicht zuletzt die Jugendlichkeit des untersuchten Pediments ergeben.

Dieses Beispiel macht deutlich, daß bei günstiger Konstellation verschiedener reliefwirksamer Faktoren, die sich in jüngster Zeit um die Devastierung von Vegetation und Böden durch Überweidung vermehren, das gegenwärtige semiaride Klima durchaus geeignet ist, durch episodische Starkregen in gering verfestigten Gesteinen Pedimente zu schaffen.

Zusammenfassung

Einem Überblick über die weitgehend unter trockenklimatischen Bedingungen abgelaufene Morphogenese des Piedmonts im Süden der westargentinischen Provinz Mendoza folgen eine Aufzählung kurzer, weniger effektiver Phasen der Relief- und Landschaftsentwicklung im mittleren und jüngeren Holozän, die teilweise auf Klimaschwankungen beruhen, sowie ein Abriß der gegenwärtigen klimatischen Verhältnisse.

Danach wird am Beispiel von Fußflächen und Schichtkämmen des halbwüstenhaften Piedmonts am Westrand des Bolsons Laguna Llancanelo gezeigt, daß hier die aktuelle – äolische und fluviale – Morphodynamik vor allem durch Hang- und Flächendenudation, Kerbenbildung und Schwemmfächerbildung, Ausbreitung von Kolluviums- und Flugsanddecken sowie Aufbau von Nebkas (und im Lee der Schichtkämme auch Dünen) eine zunehmende klein- bis kleinsträumige Differenzierung des Formen- und Standortgefüges, und damit auch der Vegetation, bewirkt. Besonders augenfällig ist die Herauspräparierung von Resistenzunterschieden, insbesondere an den Rändern der verschiedenen Fußflächenstockwerke. Trotz dieser zumeist bis ins Anstehende vorgreifenden (rezenten bis) aktuellen Abtragung haben sich Relikte mittel- und jungholozäner Böden erhalten. Sie und die zahlreichen kolluvialen Decksedimente bezeugen eine ehemals geschlossene Bodendecke. Ihre weite Verbreitung deutet ebenso wie die stark degradierte und arealweise vernichtete Halbwüstenvegetation darauf hin, daß sich die aktuelle Morphodynamik in einem Anfangsstadium befindet.

Im Gegensatz zu dieser insgesamt schwachen aktuellen Morphodynamik steht die lokale Hangpedimentation bei Coihueco. Sie ist ein Beispiel dafür, daß bei günstiger Konstellation verschiedener reliefwirksamer Faktoren das semiaride Klima dieser Region durchaus geeignet ist, durch episodische Starkregen in gering verfestigten Gesteinen Pedimente entstehen zu lassen.

Summary

(Present-day aeolian and fluvial geomorphic processes in the semi-arid piedmont
of South Mendoza (W-Argentinia)

After a general view on the genesis of the piedmont landforms in the semi-arid south of the West Argentine province Mendoza, and a specification of different short periods of landscape formation in Middle and Young Holocene partly based on change of climate, the present climatic conditions are shown.

Then, with respect to special investigations on the western edge of bolsón Laguna Llancanelo the actual formation of cuestas, hogbacks, and pediments by fluvial and aeolian geomorphic processes is explained: denudation of slopes and planes, gullying as well as sand-drift (with local sand-layers and nebkas) produce a growing variety of small landforms and habitats. Though most of the actual geomorphic processes expose the bedrock, relics of soils from Middle and Young Holocene are still to be found. This proves that the degradation of vegetation and landforms is still in it's infancy.

Finally, in contrast to these altogether small effects of recent geomorphic processes within the same investigation aeria a typical locality for present-day pedimentation is described – a phenomenon which is due to the superposition of several geomorphic factors.

Literatur

BRUNOTTE, E. (1985): Reliefentwicklung am Westrand des Beckens der Laguna Llancanelo, Argentinien. – Zbl. Geol. Paläont. Teil I, 1984, H. 11/12: 1571–1579; Stuttgart.

– (1986): Zur Landschaftsgenese des Piedmont an Beispielen von Bolsonen der Mendociner Kordilleren (Argentinien). – Göttinger geogr. Abh., *82;* Göttingen.

CAPITANELLI, R. G. (1967): Climatología de Mendoza. – Bol. Estud. Geogr., XIV, No. 54–57; Mendoza.

D'ANTONI, H. L. (1980): Los últimos 30000 años en el sur de Mendoza (Argentina). – Mem. INAH, III. Coloquio Palaeobotanica y Palinologia, Mexico City 1977, *86:* 83–108.

DESSANTI, R. N. (1978): Descripción geológica de la Hoja 28 b, Malargüe. Carta geológico-económica de la República Argentina, escala 1 : 200000. – Serv. geol. nac.; Buenos Aires.

GARLEFF, K. (1977): Höhenstufen der argentinischen Anden in Cuyo, Patagonien und Feuerland. – Göttinger geogr. Abh., *68;* Göttingen.

GARLEFF, K. & H. STINGL (1974): Flächenhafte Formung im südlichen Südamerika. – Abh. Akad. Wiss. Göttingen, math.-phys. Kl. III, Nr. 29: 161–173; Göttingen.

– (1982): Neue Befunde zu jungquartären Gletscherschwankungen in Argentinien. – Vortrag DEUQUA-Tagung Zürich. Kurzfassung in: Phys. Geographie, *5:* 71 (1982); Zürich.

– (1985): Jungquartäre Klimageschichte in Südamerika und ihre Indikatoren. – Bemerkungen zu den Vorträgen und Diskussionen der Sitzungen Holozäne Gletscher- und Klimaschwankungen, Glazialmorphologie und Klimageschichte sowie Ökologie und Paläontologie in räumlicher Differenzierung. – Zbl. Geol. Paläont. Teil I, 1984, H. 11/12: 1769–1775; Stuttgart.

JORDAN, T. E.; BRYAN, L.; ISACKS, R.; ALLMENDINGER, W.; BREWER, J. A.; RAMOS, V. &
C. J. ANDO (1983): Andean tectonics related to geometry of subducted Nazca plate. – Geol.
Stud. Amer. Bull., vol. *94:* 341–361.

MARKGRAF, V. (1983): Late and postglacial vegetational and paleoclimatic changes in sub-
antarctic, temperate, and arid environments in Argentina. – Palynology, *7:* 43–70.

REGAIRAZ, A. C. (1974): Rasgos geomorphológicos y evidencias de neotectónica en la
Huayqueria de Este (Mendoza). Primera contribución a su conocimiento. – Bol. Estud.
Geogr., XVII, No. *68:* 169–210; Mendoza.

– (1985): Rasgos neotectónicos de la morphogenesis de piedmonte cuyano (San Juan,
Mendoza y San Luis), Argentina. – Zbl. Geol. Paläont. Teil I, 1984, H. 11/12: 1541–1554;
Stuttgart.

STINGL, H. (1979): Strukturformen und Fußflächen im westlichen Argentinien. Mit besonderer Berücksichtigung der Schichtkämme. – Erlanger geogr. Arb., Sonderbd. *10;* Erlangen.

STINGL, H. & K. GARLEFF (1978): Gletscherschwankungen in den subtropisch-semiariden
Hochanden Argentiniens. – Z. Geomorph. N. F., Suppl.-Bd. *30:* 115–131; Berlin.

WALTER, H. (1968): Die Vegetation der Erde in ökophysiologischer Betrachtung. Bd. I. –
2. Aufl., Stuttgart.

Formungstendenzen im semiariden Kenia: Morphodynamik und Morphogenese im Samburuland

Von JÜRGEN SPÖNEMANN, Göttingen

Herrn Professor Dr. Dr. h. c. Hans Poser zum 80. Geburtstag gewidmet

Einleitung

In Ostafrika setzt die Zone der feuchten Tropen bekanntlich aus. Von Norden wie von Süden greift der Gürtel der randtropischen Trocken- und Dornsavannen auf äquatoriale Breiten in Kenia und Tansania über. In weiten Bereichen hat das östliche und nordöstliche Kenia bei mittleren Jahresniederschlägen von 300 bis 700 mm, verteilt auf zwei Regenzeiten, nur ein oder zwei humide Monate. Es handelt sich hier also trotz tropischer Breitenlage um einen ausgeprägt semiariden Raum. In ihm bringt der rasche Anstieg von der Küste zum Hochland der Ostafrikanischen Schwelle einen lebhaften Wandel des Klimas mit sich, der vom vollariden Tropenklima bis zum semiariden tropischen Höhenklima reicht (JÄTZOLD 1977 u. 1981). Der diesen Wandel verursachende orographische Anstieg ist mit einem Wandel der tektonischen Situation gekoppelt. Er vollzieht sich von der Küstenzone über den Akkumulationsbereich des Schwellenvorlandes und die sanft geneigte Schwellenabdachung bis zum Schwellenscheitel mit der Senke des Ostafrikanischen Grabens. Die morphogenetische Analyse des Raumes muß also klimatische und tektonische Bedingungen der Reliefentwicklung sorgfältig differenzieren. Die Aufgabe wird durch die im Zusammenhang mit den neotektonischen Deformationen der Schwellenbildung entstandenen vulkanischen Decken erleichtert, die recht genau datiert sind und mit ihrer Auflagerungsbasis weit verbreitete Referenzflächen bieten.

Aus dem Großraum der östlichen Schwellenabdachung wurde ein Untersuchungsgebiet ausgewählt, das direkt an solche Referenzflächen grenzt. Es handelt sich um die unmittelbar benachbarten Milgis- und Ewaso Ng'iro-Becken im Samburu-Distrikt, die zwischen der Grabenschulter mit ihren miozänen vulkanischen Decken und dem Karissia-Bergland im Westen und dem Höhenzug der Ndoto- und Lenkiyio-Bergländer im Osten liegen (Abb. 2). Die beiden Becken unterscheiden sich in auffälliger Weise: Das Milgis-Becken wird von einem Strukturrelief beherrscht, das aus zahlreichen, etwa meridional angeordneten Rücken besteht und vom Milgis gequert wird. Von ihm ist mit deutlicher Wasserscheide das Ewaso Ng'iro-Becken abgesetzt, in dem bei offensichtlich gleichartigem Untergrund Ebenen dominieren, überragt von einem schmalen, gewundenen Lavarest, der als ehemalige Talfüllung im Zuge einer Reliefumkehr herauspräpariert worden ist (SHACKLETON 1964) (Abb. 1)[1].

Östlich des Ndoto-Lenkiyio-Höhenzuges liegen wiederum Reste vulkanischer Decken aus Pliozän und Pleistozän und markieren die lokale Erosionsbasis. So stellt der Reliefgegensatz der beiden Becken ein geomorphologisches Problem dar, dessen Klärung durch die Referenzflächen erheblich erleichtert wird.

Gesteine und Böden

Die gesamte Ostflanke der Ostafrikanischen Schwelle gehört zum Mozambiden-Gürtel, dessen präkambrische Gneise den größten Teil des Untersuchungsgebietes beherrschen, nur randlich überdeckt von miozänen und plio-pleistozänen Laven. Die als Basement System zusammengefaßten Gesteine weisen eine außerordentliche Vielfalt auf. Sie sind durchweg hochgradig metamorphisiert, so daß sedimentäre, migmatische und magmatische Komplexe schwer zu unterscheiden sind. Granulite, Biotitgneise und Hornblendegneise bilden die Matrix, in der die anderen Gesteine verteilt sind, wobei Biotitgneise vorherrschen (SHACKLETON 1946, S. 6). Nur im Nordwesten, im Baragoi-Bereich, dominieren Plagioklas-Amphibolite (BAKER 1963, S. 22). Die Metamorphose bestand weithin in einer Granitisierung. Vielfach sind schicht- oder gangartige Zwischenlagen entstanden, die bandartig parallel zum Streichen zutage treten (SHACKLETON 1946, S. 15; BAKER 1963, S. 10 u. 29). Auch die Schieferung der Paragneise verläuft parallel zur ursprünglichen Schichtung und fällt im Milgis-Hügelland nach Osten ein (SHACKLETON 1946, S. 6 u. 24). Inselhaft verteilt kommen Intrusivstöcke mit Durchmessern von einigen hundert bis etwa zweitausend m vor, teils granitischer, teils basischer und ultrabasischer Zusammensetzung.

Als starkresistente Gesteine treten vorherrschend Granite und granitisierte Gneise, aber auch Metagabbros und Ultrabasite reliefbildend in Erscheinung. Vor allem die granitisierten Gneise bilden sowohl die hochaufragenden Erhebungen der Ndoto-, Lenkiyio- und Karissia-Bergländer als auch viele der Rücken des Milgis-Hügellandes sowie zahlreiche Inselberge. Andere Inselberge bestehen aus Granit, Metagabbro oder Ultrabasit (SHACKLETON 1946, S. 15 u. Karte; BAKER 1963, S. 10 u. Karte). Als Resistenzfaktor der Granite und granitisierten Gneise wird ihre schwache Schieferung vermutet (BAKER 1963, S. 10).

Auf der El Barta-Ebene, der Barsaloi-Suari-Abdachung und der Barsalinga-Wamba-Abdachung verhüllen Regolithdecken von mehreren m Mächtigkeit

---

[1] Vom Untersuchungsraum sind mehrere leicht zugängliche Landsat-Farbkompositen veröffentlicht worden: BODECHTEL & GIERLOFF-EMDEN 1974, S. 92; SHORT et al. 1976, Pl. 361; VÖLGER & MEIER 1987, Blatt 7.

Abb. 1: Landsat-Mosaik des Untersuchungsraumes; Lage s. Abb. 2 (Ausschnitte der Scenen E-2368-07025 u. -07031 vom 25. 1. 76, E-2367-0671 vom 24. 1. 76 u. E-2385-06571 vom 11. 2. 76; alle Kanal 7).

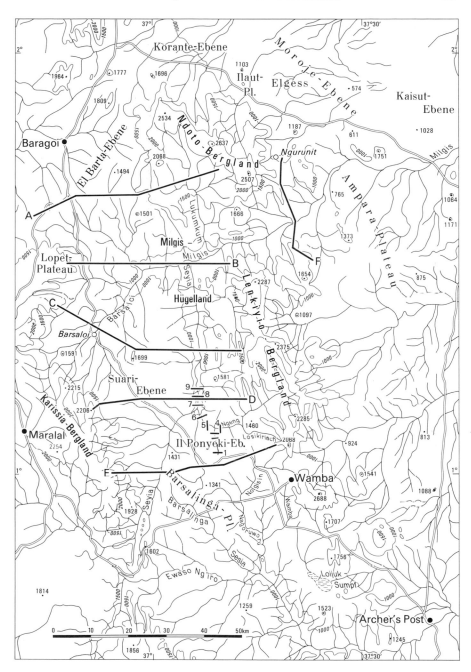

Abb. 2: Übersichtskarte des Untersuchungsraumes; Profile s. Abb. 4 und 5 (Grundlage: Intern. Map of the World 1:1000000, Series 1301 NA-37 Ed. 4-D.O.S. 1970; ergänzt).

das Anstehende. Sie sind als Reddish sandy soils (SHACKLETON 1946, S. 44) bzw. Reddish brown sandy soils (BAKER 1963, S. 49) beschrieben und in den zugehörigen Karten als Red sandy soils bzw. Red soils aufgeführt worden. Es handelt sich dabei nicht um Bodenbildungen im engeren Sinne, sondern um Decksubstrate unterschiedlicher Entstehung. Gleichwohl sind sie Grundlage eigener Bodenbildungen, die sich von den Böden der Nachbarräume unterscheiden. Der Übersichtskarte von SOMBROEK (1982) zufolge handelt es sich im wesentlichen um Luvisols. Es sind gut wasserdurchlässige, sandige bis sandig-tonige Lehme dunkelroter bis rotbrauner Färbung. Im Milgis-Hügelland und seinen zertalten Randbereichen herrschen teils flachgründige Luvisols: dunkelrote bis gelbbraune, steinig-sandige Lehme; teils Regosols mit zahlreichen Felsausbissen: rötlich-braune, steinige Rohböden. Außerdem kommen in Bergfußregionen stellenweise auch Cambisols und calcic Cambisols vor.

Klima und Klimageschichte

Die allgemeinen Niederschlagsverhältnisse sind relativ gut bekannt: von zwei Stationen im Untersuchungsgebiet, Wamba und Baragoi, sind langjährige Meßreihen verfügbar, ebenso von zwei Stationen in unmittelbarer Nachbarschaft, nämlich Maralal und Archer's Post (Tab. 1). Während Wamba mit fast 700 mm Regen im Jahr zweifellos durch die orographische Situation begünstigt ist, spiegelt Baragoi mit rund 560 mm eher die Verhältnisse des trockeneren Beckeninnern wider. Dort muß allerdings mit noch erheblich geringeren Jahresmengen, um 400 mm, gerechnet werden, wie man aus den Werten von Archer's Post einerseits, der Ausprägung der Vegetation mit Dorn- und Sukkulentenfluren andererseits folgern kann (vgl. BADER 1976, JÄTZOLD 1978, JÄT-

Tab. 1: Niederschlagsverhältnisse

	J	F	M	A	M	J	J	A	S	O	N	D	Jahr
						Regenfall (mm)							
Baragoi* (37 Jahre)	35	36	67	101	60	23	20	22	17	52	88	38	559
Wamba* (28 Jahre)	17	10	78	181	58	6	15	6	6	61	179	71	689
Archer's Post* (29 Jahre)	6	12	37	85	41	2	5	5	3	31	99	39	365
Maralal** (36 Jahre)	14	23	40	88	64	51	96	87	31	40	56	23	613

(Quellen: * JÄTZOLD & SCHMIDT 1983, S. 359; ** East African Met. Dep., Climatological Statistics for East Africa, Part 1 Kenya, Nairobi 1975)

Maximaler 24h-Regenfall (1945–1964)
Baragoi 107,9   Wamba 139,7   Maralal 71,6   Samburu 108,2   Merti 73,7 mm
(Quelle: East African Met. Dep., maschinenschr. vervielf., o. J.)

ZOLD & SCHMIDT O.J., SOMBROEK 1982). Der mittlere Jahresgang weist einen ausgeprägten Wechsel von Regen- und Trockenzeiten mit Maxima im April und November auf (Tab. 1). Die Variabilität ist jedoch ausgesprochen groß und äußert sich nicht nur in stark wechselnden Jahresmengen, sondern auch wechselnden jahreszeitlichen Verteilungen (vgl. z.B. GÖTTING 1984, Bild 7). Niederschlagsintensitäten sind nur als Tageswerte bekannt. Die verfügbaren Maximumwerte (Tab. 1) ordnen sich einem Verteilungsmuster ein, wonach der Raum im ostafrikanischen Vergleich relativ niedrige Werte aufweist (TAYLOR & LAWES 1971, Fig. 1). Wirkliche Intensitäten von Starkregen sind aus dem benachbarten Marsabit District bekannt, wo sie Größenordnungen von 50 bis 100 mm/h erreichten (BAKE 1983, Table 7). Die Temperaturverhältnisse lassen sich nur anhand der Daten der rund 100 km entfernten, 1100 m ü. M. gelegenen Meteorologischen Station Isiolo abschätzen. Dort betragen die mittleren jährlichen Maximumtemperaturen 30,2° C, die mittleren Minimumtemperaturen 16,8° C; die Extremwerte schwanken um 37° C bzw. 12° C.

Der für die Morphogenese des Raumes wesentliche Zeitabschnitt, das Jungtertiär, hat Klimaschwankungen erlebt, deren Tendenzen nur großräumig und relativ vage erfaßt worden sind. Im frühen Miozän war das Klima in Ostafrika wahrscheinlich feuchter als heute, und die Vegetation bestand weithin aus Gehölzformationen (lowland forest), jedoch gab es bereits den heutigen ähnliche räumliche Differenzierungen mit nordwärts zunehmender Trockenheit (vgl. zusammenfassende Darstellung von ANDREWS & VAN COUVERING 1975). Aus dem westlich benachbarten Gebiet des Baringo- und des Bogoria-(Hannington-)Sees liegt für das mittlere und späte Miozän eine detailliertere Rekonstruktion der Umweltverhältnisse vor, aus denen auf ein im ganzen dem heutigen ähnliches Klima geschlossen werden kann, wenn auch mit Variationen im Grad der Trockenheit. Im Mittelmiozän war ganz Kenia möglicherweise trockener als heute (PICKFORD 1978a u. 1978b). Nördlich des Turkanasees, im Omotal, war im Pliozän das Klima relativ feucht und wurde im Übergang zum Pleistozän trockener (COPPENS 1975). Aus dem Isotopen-Verhältnis O^{14}/O^{16} in Kalkkrusten, deren Alter C^{14}-datiert wurde, ist auf eine erhebliche Verminderung der Regenmenge vor 1,8 bis 2 Ma im Gebiet des Turkanasees geschlossen worden (CERLING, HAY et al. 1977). Pollenanalysen aus dem Gebiet unmittelbar östlich des Turkanasees lassen auf ein kühleres und feuchteres Klima als heute vor rund 1,5 Ma schließen (BONNEFILLE 1976). Die gründlich untersuchten Ablagerungen des Omobeckens enthalten zwar Hinweise auf mögliche Klimaschwankungen, sind aber erst ab den tektonisch nicht mehr gestörten mittelpleistozänen Sedimenten aussagefähige Indikatoren (BUTZER 1976). Danach lassen Seespiegelhochstände um 130000 und 35000 v.h. auf feuchtere Perioden schließen. Relativ gut bekannt und durch großräumige Vergleiche gesichert sind Klimaschwankungen des Jungpleistozäns und Holozäns: die Zeit von 21000 bis 15000 v.h. ist eine ausgeprägte Trockenphase. Ab 12000 v.h. wurde das Klima zunehmend feuchter, was zu einem frühholozänen Hochstand des Turkanasees um 9500 v.h. führte. Es folgen, unterbrochen von trockeneren Abschnitten, noch drei weitere Feuchtphasen, deren jüngste etwa 1000 v.h. endet (vgl. zusammenfassende Darstel-

lung von MÄCKEL 1986). Geomorphologische Zeugen dieser jüngsten Klimaschwankungen sind im benachbarten Marsabit-Distrikt von MÄCKEL (1983,
1986) untersucht worden. Es ergibt sich aus diesen Untersuchungen die Frage,
wie brauchbar solche Zeugen als Indikatoren von Formungstendenzen sind.

Reliefcharakteristika und Formenbestand

Wie schon einleitend hervorgehoben, unterscheiden sich das Milgis- und das
Ewaso Ng'iro-Becken grundlegend: Ersteres besteht zum überwiegenden Teil
aus hügeligem und stark zertaltem Relief, letzteres wird nahezu vollständig
von Ebenen beherrscht. Das Milgis-Becken besitzt ausgeprägte Ebenen nur in
seinen Randgebieten: den Wasserscheidenbereichen nach Norden, der El
Barta-Ebene, und nach Süden, der Il Ponyeki-Ebene, sowie der Suari-Ebene
am Westrand (Abb. 1 u. 2). Sie sind durch Flachmuldentäler gekennzeichnet,
deren Hänge in der Regel Neigungen von 1° bis 3° besitzen. Die Flachriedel
sind einige hundert m breit und haben teilweise mit Neigungen unter 1° den
Charakter von ebenen Platten. Ihnen sitzen rundliche oder längliche Inselberge auf, die sich in der überwiegenden Zahl als Härtlinge identifizieren
lassen. Dieses Relief ausgeprägter Ebenen wird als Baragoi-Typ bezeichnet
(SCOTT et al. 1971, S. 63; s. Abb. 3 rechts). Es kommt in fast gleicher Auspră-
gung auch im Ewaso Ng'iro-Becken vor, wo es dominiert. Leichte Abwandlungen gibt es dort bei Flachtälern in der Nachbarschaft des Barsalinga-Plateaus,
wo sie eine breite, in der Regenzeit versumpfte Sohle besitzen und damit
Dambos ähneln (vgl. MÄCKEL 1986, S. 137 u. Photo 15).

Der Baragoi-Typ der Ebenen geht vielfach in den stärker zertalten Barsaloi-
Typ (SCOTT et al. 1971, S. 64) über, wobei jedoch eine klare definitorische und
räumliche Abgrenzung schwierig ist. Besonders deutlich ist dieser Übergang
nördlich der Il Ponyeki-Ebene, wo die stärker zertalte Abdachung zum Seyia-
Tal in das Milgis-Hügelland überleitet (s. Abb. 3 Mitte). Wesentliches Unter-
scheidungsmerkmal sind die steiler geneigten Hänge der häufig kerbartig
eingeschnittenen Täler. Vorherrschende Hangneigungen sind Werte von etwa
5° bis 15°. Die Riedel sind deutlich gewölbt, vielfach sogar leicht zugeschärft.
Auf ihnen sind kleine Inselberge oder Felsburgen relativ häufig.

Der größte Teil des Milgis-Beckens besteht aus dem als Suari-Typ (SCOTT et
al. 1971, S. 67) bezeichneten Hügelland paralleler Rücken und Täler (s. Abb. 3
links). Die Rücken haben großenteils Höhen bis zu 100 m, manche bis 200 m.
Einige markante Höhenzüge am Südwestrand des Hügellandes und im östlichen Übergangsbereich zum Ndoto-Lenkiyio-Bergland ragen 300 bis 400 m
auf. Das Querprofil der Rücken ist in der Regel asymmetrisch, mit steileren
Hängen auf der Westseite. Es zeigt damit eine den asymmetrischen Schichtkämmen in Sedimentgesteinen analoge Anpassung an die Struktur, indem die
mit Schichtung und Schieferung konformen Hänge flacher, die konträren
Hänge steiler geneigt sind. Die maximalen Hangneigungen variieren stark im
Bereich von etwa 15° bis 30°. Vereinzelt kommen Felswände vor. Die Firstli-

Abb. 3: Luftbild-Triplet vom Südrand des Milgis-Beckens; Norden ist links (Befliegung 13 B/638, 12. 2. 67; Copyright Government of Kenya; veröffentlicht mit freundlicher Genehmigung des Director of Surveys, Nairobi, vom 2. 4. 1973, GMK/367III/68).

nien sind teilweise kammartig zugeschärft, überwiegend aber rundlich gewölbt. Häufig sind sie im Längsprofil in ungefähr gleichen Abständen eingesattelt, so daß der Rückenscheitel aus einer Folge von länglichen Kuppen besteht. Andere Rücken sind durch Quertäler in kurze Abschnitte zerlegt worden. Solche Einsattlungen und Quertäler lassen sich vielfach durch Geraden verbinden, die schräg zur Streichrichtung verlaufen und offensichtlich Ausdruck eines Kluftsystems sind. Das Landsatbild (Abb. 1) läßt sehr deutlich die Anpassung fast des gesamten Talsystems des Milgis-Hügellandes, aber auch des Ewaso Ng'iro-Tals an das Kluftsystem erkennen und zeigt damit sehr deutlich eine erosive Formung in engem Kontakt mit dem anstehenden Gestein an.

An einigen Stellen des Milgis-Hügellandes kommen Erhebungen mit ausgesprochen flacher, teilweise fast ebener Scheitelfläche vor, die sich mit Ausläufern des Flachreliefs vom Baragoi- oder Barsaloi-Typ, die von Norden, Westen und Süden in das Milgis-Hügelland eingreifen, korrelieren lassen. Dieser Umstand, aber auch die korrelierende Höhenlage der im Hügelland verteilten Scheitelflächen (vgl. Abb. 4) sprechen für ein flaches Altrelief, in das sich die Täler entlang schwachresistentem Gestein und dem Kluftsystem folgend eingetieft haben. Das Quertal des Milgis und Talmäander, beispielsweise des Ngeng (vgl. Abb. 3), beweisen eine epigenetische Talentwicklung.

Die Täler des Milgis-Hügellandes bilden ein breites Spektrum von Formen, das vom schmalen Kerbtal bis zur breiten Talsenke reicht. Die auf den Ausläufern des Barsaloi-Reliefs und den Scheitelflächen einsetzenden Täler sind flachhängige Kerbtäler, die in der Regel nach einigen hundert m in steilhängige Kerbtäler mit engen Gerinnebetten übergehen. Täler zweiter oder dritter Ordnung haben eine Sohle von einigen Dekametern Breite, in die ein Niedrigwasserbett eingetieft ist. In den Tälern der Hauptvorfluter, im Seyia- (Laana Nkigan-), im Lukumkum- und im Milgis-Tal, erreichen die Abflußbetten Breiten bis zu mehreren hundert m. Diese breiten Abflußbetten werden von mehr oder weniger ausgeprägten, terrassenartigen Randebenheiten begleitet. Ihre Kante ist etwa einen bis einige m hoch, ihre Fläche steigt mit leichter Neigung von etwa 1° bis 2° an und geht in die Fußflächen der angrenzenden Erhebungen über. Solche Randverflachungen haben Breiten von einigen hundert bis rund tausend m, so daß sich Talungen bis etwa 2 km Weite ergeben. Sie sind vorwiegend mehr oder weniger parallel zu den Rücken angeordnet, verlaufen aber auch schräg oder quer zu ihnen, das Talsystem in allen vorkommenden Richtungen nachzeichnend. Schon dieser Umstand zeigt an, daß es sich bei den Randverflachungen im wesentlichen um Abtragungsformen handelt, und der Aufbau auch der terrassenartigen Randverflachungen aus anstehendem Gneis mit dünner Regolithdecke beweist ihre denudative Entstehung. Nur vereinzelt findet man an den Rändern der Abflußbetten in die Randebenheiten einbezogene fluviale, vorwiegend sandige, teils kiesige Sedimente begrenzter Ausdehnung, jedoch keine regelhaft verbreiteten Akkumulationsterrassen. – Am Barsaloi, unmittelbar östlich der gleichnamigen Siedlung, liegt ein alter Talboden als Felsterrasse etwa 10 m über der Talsohle, mit einem Steilabfall von ihr abgesetzt. Da eine vergleichbare Form in den anderen Tälern des Milgis-Beckens (soweit untersucht) nicht gefunden wurde, müssen hier besondere Bedingungen der Talentwicklung angenommen werden (s. u.).

Nach Anordnung und Aufbau entsprechen die Randebenheiten der Talungen den Talseitenpedimenten, wie sie AHNERT (1982, S. 38) aus dem Rumpfbergland von Machakos beschrieben hat. Ausgehend von den Tälern der Hauptvorfluter haben sie sich in einigen Abschnitten bereits zu kleinen intramontanen Buchten entwickelt und zeigen im ganzen eine sehr deutliche Tendenz der Einebnung des Rückenreliefs an.

Indizien aktueller Morphodynamik

Die aktuellen Formungsprozesse müssen aus den Anzeichen für Abtragung und Aufschüttung erschlossen werden. Eine Schlüsselrolle kommt dabei den Tälern, besonders ihren Gerinnebetten, zu. Im Milgis-Becken sind dazu vor allem auf dessen Südflanke die Täler von Seyia und Ngeng und ihre Seitentäler untersucht worden. Die Talursprünge haben nach wenigen hundert m Kerben von einigen dm Tiefe und 1 bis 2 m Breite, die teils anstehenden Gneis freilegen, teils mit mittel- bis grobsandigem Substrat geringer Mächtigkeit gefüllt sind. An dessen aktueller Verlagerung kann kein Zweifel bestehen. Kantiges Grobmaterial bis etwa 10 cm Durchmesser entstammt teils offenbar direkt dem anstehenden Gneis, ist aber vielfach in die Sande eingebettet und mit ihnen transportiert worden. Je nach Gefälle, das eine Größenordnung von 10 bis 20‰ hat, verbreitern sich die Gerinnekerben nach etwa 1 bis 2 km kastenartig auf mehrere m und nehmen Tiefen von 1 bis 3 m an. Dabei hat in Abschnitten von einigen Dekametern bis zu einigen hundert m das Gerinnebett auf ganzer Breite das Anstehende freigelegt, zwischen dessen Rippen verspültes Sand- und Blockmaterial aktuellen Transport, frisch herausgebrochene Partikel unterschiedlicher Größe aktuelle Erosion anzeigen. Das Gestein des Bettbodens ist kernfrisch, das der Bettwände stellenweise mürbe angewittert. In der Regel besitzen die felsigen Bettsohlen eine flache, sandgefüllte Rinne für den Niedrigwasserabfluß. Größere Abschnitte des Gerinnebettes sind auf ganzer Breite mit Sand gefüllt, in dem vereinzelt Blöcke mit Kantenlängen bis zu einigen dm stecken. Auch in solchen Abschnitten tritt aber anstehendes Gestein in den Bettwänden zutage.

Mit zunehmender Größe des Einzugsgebietes verbreitert sich das Gerinnebett, und man findet nun längere Abschnitte mit reiner Sandfüllung, in der nur stellenweise grobkiesige, gerölldurchsetzte Bänke und isolierte Großblöcke auftreten. Hier ist aber an den Bettwänden das anstehende Gestein weithin, oft mehrere m hoch, freigelegt. An den Durchbrüchen der Kammberge verengen sich die Täler und haben ein vollständig aus anstehendem Gestein bestehendes Gerinnebett, wobei manche Abschnitte ein schluchtartiges Profil annehmen. Das Längsprofil versteilt sich auf solchen Strecken erheblich, bis auf Werte um 30‰, jedoch scheinen ausgeprägte Gefällstufen selten zu sein. Im

Bereich der Südabdachung zum Milgis wurden im Losikiriach-, Ngeng- und Seyia-Tal keine gefunden.

Vor den Talverengungen bestehen die Sedimente der breiten Talsohlen aus zunehmend feinerem Material bis zur Schluff- und Tonfraktion. Offenbar bewirken die Verengungen einen Stau. In den Engtalstrecken findet man auf dem anstehenden Gneis große Blöcke, aber wenig Kies. In Vertiefungen zwischen den Felsbarren hat sich sandig-schluffiges Material abgesetzt. Hinter den Talverengungen stecken in sandigem Bettmaterial zunächst zahlreiche, nach einigen hundert m nur noch einzelne Blöcke. Alle diese Anzeichen sprechen für eine wirksame Tiefen- und Seitenerosion, bei der das aus dem Verband gerissene Gestein rasch verfrachtet wird und in der Suspension der Hochwasserabflüsse versinkt, so daß talab nur vereinzelt Blöcke aus der sandigen Bettfüllung herausragen.

Das wenige km nach der Vereinigung von Ngeng- und Seyia-Tal einsetzende Breitbett des unteren Seyia (oder Laana Nkigan) hat eine vorherrschend fein- bis mittel-, nur stellenweise grobsandige Füllung, in der keine Blöcke mehr sichtbar sind. Randlich sind abschnittweise bis etwa 1 m hohe, manchmal auch höhere Terrassen in den jüngsten Ablagerungen entstanden, in denen vereinzelt gröberes Material, bis zu grobkiesigen Lagen, angeschnitten worden ist. Diese Terrassen müssen als Ausdruck beträchtlicher aktueller Sedimentverlagerungen gewertet werden, wobei allerdings schwer zu entscheiden ist, ob es sich nur um einen Transfer handelt, oder ob längerfristig Erosion oder Akkumulation dominieren. Da an den Bettwänden häufig kernfrisches Gestein freigelegt worden ist, findet anscheinend gegenwärtig zumindest Seitenerosion statt. Die von den Talseitenpedimenten stammenden Seitentälchen haben in der Regel bis kurz vor der Einmündung eine schmale Talsohle mit häufig freigelegtem Anstehenden, zeigen also keine Anzeichen einer vom Vorfluter ausgehenden Verfüllung. Eine aktuelle Akkumulation kann demnach wohl ausgeschlossen werden.

Auf der westlichen Abdachung, der Suari-Ebene, dient der Barsaloi, der Oberlauf des Milgis, als Indikator aktueller Prozesse. An der Siedlung gleichen Namens hat sich der Fluß ober- und unterhalb einer Furt in Talmäandern schluchtartig etwa 8 bis 10 m in den anstehenden Gneis eingetieft. Der Bettboden ist zwar mit Sand verfüllt, jedoch ist an seinen Rändern das Anstehende gleichfalls an mehreren Stellen sichtbar, so daß die Bettfüllung nicht sehr mächtig zu sein scheint. Das Gefälle beträgt rund 20‰. Oberhalb der Schluchtstrecke verbreitert sich der Bettboden auf etwa 200 m, und die sandige Bettfüllung reicht weit in die Seitentäler hinein. Hier muß Akkumulation stattgefunden haben, und zwar offensichtlich infolge einer von der Engtalstrecke ausgehenden Stauwirkung. Das Gefälle beträgt hier etwa 12‰. Von der Engtalstrecke talab vermindert es sich auf etwa 10‰. Zahlreiche Felsausbisse an den Bettseiten dieses Abschnittes lassen keinen Zweifel an der aktuellen Wirksamkeit der Seitenerosion, so daß auf einen Transfer der sandigen Bettfüllung geschlossen werden muß.

Von der Suari-Ebene zwischen Barsaloi- und Seyia-Tal, rund 25 km SE von Barsaloi, beschreibt Mäckel (1983, S. 191 u. 1986, S. 139) den Aufschluß einer mächtigen Talfüllung. Wie aus einer freundlichen Mitteilung MÄCKELs (Brief vom 16. 1. 1987) zu erschließen, ist es nicht das Seyia-Tal, sondern eines seiner Seitentäler. Nach der heute vorliegenden top. Karte 1:50000 und nach dem Landsatbild handelt es sich auch hier um einen Talabschnitt oberhalb einer Engtalstrecke, etwa 8 km von der Einmündung in den Seyia entfernt. Wie oben beschrieben, ist ein dem Befund MÄCKELs entsprechender Wechsel von Akkumulation und Erosion im Vorfluter nicht zu erkennen. Er ist für das Einzugsgebiet untypisch und hängt offenbar mit der besonderen Reliefsituation im Einflußbereich der Engtalstrecke zusammen.

Im Ewaso Ng'iro-Becken stützt sich die Beurteilung der aktuellen Morphodynamik der Täler auf Befunde von Wamba-, Nolgisin-, Barsalinga- und Ewaso Ng'iro-Tal und ihren Seitentälern. Das Nolgisin-Tal ist im Bereich der Wasserscheide zwischen Milgis- und Ewaso Ng'iro-Becken, bei maximalen Hangneigungen von 3° bis 4°, etwa 20 m in die Ebene eingetieft und hat ein mehrere Dekameter breites und 2 bis 3 m tiefes Kastenbett, das an der Sohle und an den Wänden das Anstehende an vielen Stellen freilegt. In der überwiegend sandigen Bettfüllung findet man Kiesbänke mit großen Blöcken. Alle Anzeichen sprechen für aktuelle, wenn auch schwache Tiefen- und Seitenerosion. Talab nimmt die maximale Hangneigung etwas zu und erreicht Werte um 5° bis 6°, entsprechend ist die Taltiefe größer. Das Gerinnebett verbreitert sich nur unwesentlich, hat aber stellenweise mehrere m hohe Wände. Während das Anstehende an ihnen häufig zutage tritt, ist die Sohle nahezu vollständig mit Sand verfüllt, und Kiesbänke und Großgerölle sind selten. So kann man hier eine gegenwärtig wirksame Seitenerosion erschließen, jedoch nichts über die Tiefenerosion sagen, wenn auch längerfristig eine Taleintiefung stattgefunden haben muß.

Das Wamba-Tal gleicht weitgehend dem Nolgisin-Tal, jedoch besitzt es eine ausgeprägte Gefällstufe: Während oberhalb der Straße Archer's Post-Wamba ein flach-kastenförmiges Gerinnebett in den anstehenden Gneis eingetieft ist, geht es unterhalb nach einer mehrere m hohen Stufe in eine Schlucht über. Erst nach einigen km stellt sich wieder ein flachhängiges Querprofil mit kastenförmigem Gerinnebett ein. Die Stufe ist an einen Gang granitoiden Gneises gebunden, der in unmittelbarer Nachbarschaft einen Inselberg bildet (vgl. SHACKLETON 1946, Karte). Da unterhalb der Gefällestrecke die sandige Bettfüllung anscheinend mächtiger ist als oberhalb, kann auch hier ein Andauern der Tiefenerosion nicht eindeutig nachgewiesen werden.

Das Barsalinga-Tal hat in seinem Oberlauf, wie die benachbarten Täler auch (vgl. Abb. 1), eine bis zu mehrere hundert m breite Sohle aus grauem, sandigen Ton mit kleinen, anastomosierenden Gerinnekerben. Sie lassen Talfüllungen von mindestens 1 bis 2 m Mächtigkeit erkennen. Nach einigen km verengt sich das Tal zu einer flachhängigen Mulde, und das kastenförmige Gerinnebett enthält graubraune bis hellgraue Sande, legt aber den anstehenden Gneis an vielen Stellen frei. Gleiches gilt für die benachbarten Täler. Auch dieser Übergang vom Sohlen- zum Flachmuldental läßt sich nach Geländebefunden und Luftbildauswertung als eine Anpassung des Talgefälles an den Untergrund erklären: Die Grenze beider Abschnitte liegt im Zuge flacher, mit zahlreichen Felsausbissen besetzten Schwellen, von denen eine Stauwirkung auszugehen scheint.

Das Ewaso Ng'iro-Tal ist als einziges im Untersuchungsraum ständig wasserführend, so daß aus dem Flußbett keine Aussagen zur aktuellen Morphodynamik zu gewinnen sind. Hinweise auf junge Formung bietet nur die Talgestalt. Sie hat im Untersuchungsraum zwei sich deutlich voneinander abhebende Ausprägungen: Der östliche Talabschnitt gleicht morphographisch (nach Luftbild- und Kartenauswertung) weitgehend den oben beschriebenen Seitentälern. Nur die Talsohle – stellenweise in Form kleiner Randebenheiten – ist mit 200 bis 300 m schmaler, und die Hänge sind mit etwa 6° bis 10° im ganzen etwas steiler. Die Böschungen von der Ebene zum Tal, auf denen häufig kleine Härtlingsrücken zu finden sind, haben jedoch mit 1° bis 2° ausgesprochen geringe Neigungen. Darin unterscheidet sich der westliche Abschnitt, der sich mit deutlich stärker geneigten Böschungen in die Ebene eingetieft hat und in einem 2 bis 3 km breiten Streifen die Untergrundstrukturen klar hervortreten läßt. Der Oberlauf im Becken ist kerbtalartig ausgebildet und folgt offensichtlich einer Kluft. Südlich des Barsalinga-Plateaus, an der nördlichsten Biegung des Grundrisses, wurde das Tal untersucht: Die Hänge fallen mit etwa 8° bis 15° zum Flußbett ab, das hier eine mehrere Dekameter breite Hochflutsohle besitzt. Der anstehende Fels ist an vielen Stellen freigelegt und läßt deutliche Spuren einer aktuellen Seitenerosion erkennen. Etwa 6 m über der Hochflutsohle ist eine ausgeprägte Terrasse vorhanden, deren sandiges Substrat an mehreren Stellen vom anstehenden Gneis durchragt wird, und die deswegen wohl eher als Abtragungs- denn als Akkumulationsform anzusehen ist. SHACKLETON (1946, S. 41 u. Fig. 11) beschreibt pleistozäne Flußablagerungen von einer mehrere km talab gelegenen Stelle und skizziert Schotterreste in 3 bis 7 m und einen Terrassenrest in 15 bis 18 m Höhe über der Hochflutsohle, wobei das untere Niveau wiederum zu einer Talterrasse zu gehören scheint. Das Vorkommen liegt nach SHACKLETONS Ortsangabe vor einer (der top. Karte 1 : 50 000 zu entnehmenden) Talverengung, so daß auch hier lokale Bedingungen eine vorübergehende Akkumulation verursacht zu haben scheinen, denn unterhalb dieser Engtalstrecke fehlen entsprechende Terrassenbildungen offenbar. Jedenfalls geben die pleistozänen Schotter das Mindestalter der Eintiefung des Ewaso Ng'iro-Tales an. Gemäß dem stark konvexen Längsprofil der Seitentäler hält die Eintiefung im westlichen Talabschnitt des Beckenbereiches bis in die Gegenwart an, während im östlichen Talabschnitt dafür keine Indizien zu erkennen sind. Die breiten Talsohlen und selbst auf der top. Karte 1 : 50 000 verzeichneten Sandschüttungen deuten im Gegenteil darauf hin, daß gegenwärtig keine Tiefenerosion stattfindet.

Im Ewaso Ng'iro-Becken wie im Milgis-Becken sind die Anzeichen einer aktuellen Flächen- und Hangabspülung weit verbreitet. Sie bestehen aus einer unterschiedlich dichten Steinstreu (vgl. SPÖNEMANN 1984, Fig. 29), aus kurzen, nur nach Metern messenden Spülbahnen, aber auch aus ganzen Spülbahnsystemen, die im Luftbild zu erkennen sind. Die Abhängigkeit der Abspülungsleistung von der Geländeneigung ist auf der Wasserscheide zwischen Milgis- und Ewaso Ng'iro-Becken nordwestlich Wamba augenfällig (Abb. 1): Auf der flachen, nach Süden gerichteten Abdachung ist die Oberfläche weithin mit hell glitzerndem, einen glatten Schleier bildenden Quarzsand bedeckt; auf den stärker geböschten Hängen der Nordabdachung besteht die Oberfläche aus gröberem Substrat mit hohem Grus- und Blockanteil, der eine deutliche Oberflächenrauhigkeit bewirkt. Daraus resultiert ein unterschiedliches Reflektionsverhalten, das auf dem Satellitenbild einen kräftigen Helligkeitsunterschied zur Folge hat und die Wasserscheide klar hervortreten läßt[2].

Die Abspülung findet auf einer Regolithdecke statt, deren Entstehung oft nicht eindeutig erkennbar ist. Es gibt jedoch, besonders auf den Flachrücken des Barsaloi-Reliefs, Aufschlüsse, in denen der Gneiszersatz klar zu erkennen ist und bis dicht unter die Oberfläche reicht, nur von einer 1 bis 3 dm dicken Auflage grusig-sandigen Materials bedeckt. An anderen Stellen tritt festes oder nur angewittertes Gestein zutage oder reicht ebenfalls bis dicht unter die Oberfläche. Daraus muß gefolgert werden, daß eine flächenhafte Abtragung durch Abspülung das anstehende Gestein großenteils mit erfaßt. Die dafür erforderliche mechanische oder chemische Verwitterung ist in zahlreichen Spuren zu erkennen: Besonders wirksam ist offenbar der Blockzerfall infolge feinster Risse. Vergrusung findet man besonders häufig im Granitgneis. Auf flachen Reliefpartien, besonders des Baragoi-Typs, ist ein mürber Gneiszersatz, der den ursprünglichen Gesteinsverband noch erkennen läßt, aber mit der Hand zerrieben werden kann, weit verbreitet. Ein für das Verständnis der Formung wesentliches Ergebnis der Befunde besteht in der Erkenntnis, daß die Verwitterung auf den Abtragungsebenen offenbar weitgehend mit der Spüldenudation schritthält.

Das verspülte Material ist teils als Decksand der Ebenheiten, teils als Kolluvium der Hangfußbereiche abgelagert worden. Häufig, aber unregelmäßig verteilt bilden dünne Steinsohlen die Basis sandiger, stellenweise mit Grus durchsetzter Decken, die einige dm mächtig sind. Westlich Wamba trennt ein pisolithischer Laterit, manchmal mit einer aufliegenden Steinsohle, den Gneiszersatz von rötlichem, lehmigen Decksand einer Mächtigkeit von einigen dm bis etwa 2 m. Der Decksand ist oberflächlich oft etwa 10 cm tief verhärtet, ohne jedoch eine regelrechte Kruste zu bilden. Häufig findet man auch einige dm mächtige Kalkkrusten, meistens unter dem Decksand, manchmal auch simsartig ausstreichend (vgl. GÖTTING 1984, S. 13). Sie sind auch in manchen Talabschnitten zu finden, wo sie im Gerinnebett angeschnitten sind und von dunkelgrauen, feinsandigen bis sandig-lehmigen Alluvionen überlagert werden (vgl. MÄCKEL 1983, S. 190).

Vom Westrand des Ewaso Ng'iro-Beckens am Fuß der Lengei-Berge hat MÄCKEL (1983, S. 190) ein Kolluvium beschrieben, das Holzkohle enthält und datiert werden konnte: Eine Probe aus 132 m Tiefe ergab ein Alter von 5300 ± 50 Jahren. Hier kann also eine ganz junge Wirkung der Hangabspülung nachgewiesen werden, die möglicherweise bereits anthropogene Ursachen hat (MÄCKEL l.c.). Andere Datierungen liegen aus dem Untersuchungsgebiet

---

[2] Auf den Luftbildern aus dem Jahre 1967 (Abb. 3) ist die Helligkeit anders differenziert, wahrscheinlich wegen der damals noch dichteren Vegetationsdecke (vgl. GÖTTING 1984).

nicht vor, sodaß über das Alter der Decksande und Kolluvionen keine allge-
meingültigen Aussagen gemacht werden können. Aus der nördlichen Nachbarschaft hat MÄCKEL (zusammenfassende Darstellung 1986, Tab. 3) drei
junge Phasen der Kalkkrustenbildung nachgewiesen.

Jüngste Formen der anthropogenen Bodenerosion, die in einer verstärkten
Flächenabspülung und einer Rinnen- und Grabenerosion bestehen, sind im
Ewaso Ng'iro-Becken von GÖTTING (1984), in der nördlichen Nachbarschaft
von MÄCKEL & WALTHER (1982) und MÄCKEL (1983, 1986) untersucht worden
und sollen hier nicht näher berücksichtigt werden.

Morphogenetische Situation

Entlang des ganzen Westrandes des Untersuchungsgebietes stellt die Auflagerungsfläche der miozänen Rumuruti-Phonolithe (SHACKLETON 1946; BAKER
1963) eine Referenzfläche der Morphogenese dar (Abb. 4: Profile A, B, C u. E;
vgl. SPÖNEMANN 1979, S. 106, 108 u. Abb. 4, 5). Am Plateaurand der Phonolithe
läßt sich die prävulkanische Oberfläche rekonstruieren, die sich als eine mehr
oder weniger ausgeprägte Abtragungsebene erweist, die der sog. submiozänen
Rumpffläche zuzurechnen ist (SHACKLETON 1946, S. 4 u. Fig. 2; BAKER 1963,
S. 4 u. 5). Diese ist in Kenia weit verbreitet, westlich des Grabens in großräumiger Ausdehnung, östlich nur in kleinen Resten (vgl. SPÖNEMANN 1984, Fig. 28).
Im Untersuchungsgebiet hat ihre Zertalung bereits vor der Effusion der Pho-
nolithdecke eingesetzt, wie SHACKLETON (1946, S. 4, 33 u. 45) durch die
Untersuchung des Barsalinga-Plateaus nachweisen konnte. Das Barsalinga-
Plateau als eine durch Reliefumkehr freigelegte ehemalige Talfüllung ist der
markante Zeuge einer Morphogenese, deren terminus post quem mit dem
radiometrisch bestimmten Alter der Rumuruti-Phonolithe von rund 10 bis
12 Ma (BAKER et al. 1971, Tab. 1; CHAPMAN & BROOK 1978, Tab. 5) recht genau
bekannt ist.

Bezogen auf die subvulkanische Referenzfläche, läßt sich das Ausmaß der
postvulkanischen Abtragung ermitteln. Es ist weitaus am geringsten auf der El
Barta-Ebene, deren Niveau fast identisch ist mit der subvulkanischen Oberfläche (vgl. Abb. 4, Profil A), und die deshalb als persistenter Rumpfflächenrest
zu werten ist. Abgesehen von einer schmalen Verbindung zur Fußfläche der
Ndoto-Berge im Nordosten, wird er von allen Seiten von Ebenen des Barsaloi-
Typs eingerahmt und von deren Tälern aufgezehrt (vgl. SCOTT et al. 1971,
Karte). Über Gneiszersatz liegt eine mehrere dm, stellenweise auch 1 bis 2 m
mächtige Decke rotbraunen, lehmigen Sandes, häufig mit einer Steinsohle an
der Basis (vgl. BAKER 1963, S. 49). Eine Kennzeichnung der El Barta-Ebene als
Aufschüttungsform (MÄCKEL 1983, S. 194) ist schon deswegen verfehlt, weil es
für Sedimente wegen der ringsum eingetieften Täler kein Liefergebiet gibt.

Die südwärtige Abdachung der El Barta-Ebene geht in die westliche Rand-
ebene des Milgis-Beckens über. Sie besteht größtenteils aus Ebenen des
Barsaloi-Typs, in der Suari-Ebene auch des Baragoi-Typs, die unterschiedlich

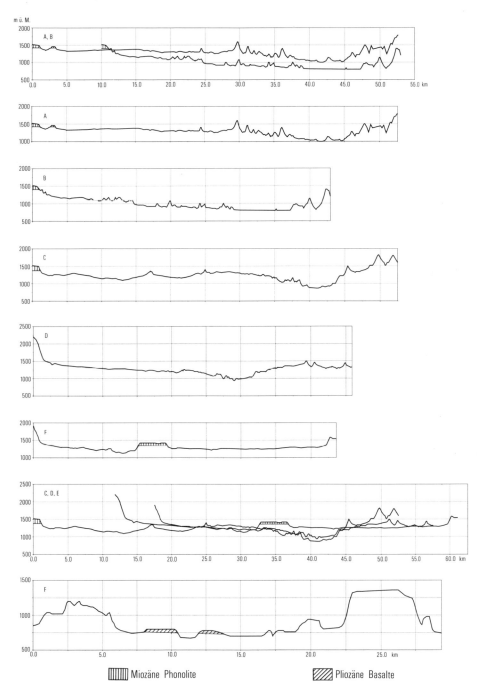

Abb. 4: Profile durch das Milgis-Becken (A bis D), den Ndoto-Lenkiyio-Durchbruch (F) und über die Wasserscheide zwischen Milgis- und Ewaso Ng'iro-Becken (E); Lage der Profile s. Abb. 2 (Quelle: Top. Karte 1 : 50 000 65/4, 66/3 u. 4, 78/2 u. 4, 79/1, 3 u. 4. Für die freundliche Überlassung von Karten danke ich Herrn Kollegen Mäckel, Freiburg).

tief unter dem Niveau der subvulkanischen Referenzfläche liegen. Einige entsprechen eher der El Barta-Ebene, die meisten sind jedoch postvulkanisch in der Größenordnung von 200 m tiefergelegt worden (Abb. 4, Profil B, C u. D). Wie schon ausgeführt, läßt sich das Flachrelief mit Ausläufern ins Milgis-Hügelland hinein verfolgen und dort mit Scheitelflächen korrelieren. Damit wird die Oberfläche rekonstruiert, aus der das Milgis-Hügelland durch Zertalung hervorgegangen sein muß. Sie kann einer endtertiären Rumpffläche zugeordnet werden (SHACKLETON 1946, S. 5).

Die Suari-Ebene geht in die Wasserscheide zwischen Milgis- und Ewaso Ng'iro-Becken mit der Il Ponyeki-Ebene über. Hier stellt das Barsalinga-Plateau mit seiner Basis die Referenzfläche dar (Abb. 4, Profil E). Für die Il Ponyeki-Ebene kann man postvulkanische Abtragungsbeträge von etwa 50 bis 100 m ermitteln. Nach Osten geht die Wasserscheide in die Fußfläche von Wamba über, die relativ gering tiefergelegt worden zu sein scheint und wohl eher dem prävulkanischen, also submiozänen Niveau zuzurechnen ist (SHACKLETON 1946, Fig. 8B u. 8C). Das Barsalinga-Plateau nähert sich dem Ewaso Ng'iro-Tal bis auf 10 km. Die Plateauoberfläche hat auf 25 km Länge (Luftlinie in NW-SE-Richtung) nur eine Neigung von 1,6‰. Das Gefälle des parallel dazu verlaufenden Barsalinga-Sesia-Tales beträgt dagegen fast 9‰, und der Ewaso Ng'iro hat sein Tal hier im Vergleich mit der Phonolithbasis des äußersten Ausliegers um etwa 340 m eingetieft. Die Abdachung zwischen Il Ponyeki-Ebene und Ewaso Ng'iro-Tal ist deswegen wiederum dem endtertiären Rumpfflächen-Stockwerk zuzurechnen (SHACKLETON 1946, S. 46), das jedoch in Fortbildung begriffen ist und deswegen als persistent bezeichnet werden muß (SPÖNEMANN 1984, S. 92; s. u.).

Im östlichen Vorland des Untersuchungsgebietes, östlich des Ndoto-Len-kiyio-Berglandes, bieten die Reste pliozäner Basaltdecken (WILLIAMS 1970, Fig. 2; BAKER et al. 1971, Fig. 1) eine Referenzfläche. Während das Milgis-Tal mit seiner sandigen Überschwemmungsebene bis an den Fuß des Ampara-Plateaus und der westlich benachbarten, kleineren Plateaureste reicht, liegt das im Untersuchungsraum dem Ewaso Ng'iro nächste Vorkommen 35 km nördlich Archer's Post. Wenige km westlich Archer's Post liegt ein kleiner Rest einer Basaltdecke fraglichen, möglicherweise pleistozänen Alters einer Ebene auf, die als endtertiär eingestuft wird (JENNINGS 1967, Karte u. Fig. 2). In der Tat läßt sich diese Ebene entlang des Ewaso Ng'iro kontinuierlich bis an den Fuß des Barsalinga-Plateaus verfolgen. Sie wird von inselbergartigen Erhebungen – teilweise mit Scheitelflächen – überragt, die sich auf Grund ihrer relativen Höhe mit der Vulkanitbasis des Barsalinga-Plateaus verbinden lassen, also offenbar aus der submiozänen Rumpffläche hervorgegangen sind (vgl. SPÖNE-MANN 1984, S. 93).

Das Milgis-Tal konnte leider nicht in die eigenen Geländeuntersuchungen einbezogen werden, aber aus der unmittelbaren Nachbarschaft, dem Berg- und Hügelland von Ngurunit (15 bis 20 km entfernt) und der Moroje-Ebene am Ilaut-Plateau (25 bis 30 km entfernt) liegen die detaillierten Befunde von MÄCKEL (1986) vor, die im folgenden mit herangezogen werden. Am Rande des Ilaut-Plateaus wird das Basisrelief der Basaltdecke wieder freigelegt und erweist sich als Abtragungsebene im anstehenden Gneis, als Rumpffläche mit Inselbergen (o. c. S. 147, 177, 180, Fig. 36–38, Photo 34). Sie geht im Vorland der Basaltdecken in isolierte Rumpfflächenreste über (o. c. S. 141), unter denen der Elgess besondere Beachtung verdient, weil er im Süden an das Milgis-Tal grenzt (top. Karte 1:50 000). Bezogen auf die Vulkanitbasis des Ilaut-Plateaus läßt sich eine postvulkanische Tieferlegung der Rumpffläche in der Größenordnung von einigen Dekametern erschließen. Flach- bis mittelgründige Verwitterungsdecken von wenigen dm Mächtigkeit mit Steinpflastern und Felsausbissen sind Anzeichen aktiver Flächenabspülung (o. c. S. 147–149, Fig. 23, 24, Photo 20). Es handelt sich also beim Elgess um eine pliozän-quartäre Abtragungsebene.

Das zwischen Ilaut-Plateau und Milgis-Tal liegende Berg- und Hügelland von Ngurunit gehört zum Randbereich des Ndoto-Berglandes, der sich durch tief eingreifende, breite Buchten und Bergfußebenen auszeichnet. Mehrere solcher Buchten gehen direkt vom Milgis-Tal aus. Wie die Auswertung der top. Karte 1:50 000 ergibt, reicht auch von der Bergfußebene von Ngurunit eine 3 bis 4 km breite Bucht bis zum Milgis-Tal, von dem das Talsystem des Ngurunit nur durch eine flache Wasserscheide unmittelbar südlich der gleichnamigen Siedlung getrennt ist. Die Bergfußebene von Ngurunit kann deshalb als typisch für diesen Randbereich des Ndoto-Berglandes in der Umgebung des Milgis-Tales gelten: Während die sog. Fußfluren eine Decke aus z.T. recht jungen Sedimenten tragen, die im Wechsel von Aufschüttung und Abtragung entstanden ist (o. c. S. 121–123 u. Fig. 12), muß aus der Existenz von Felsschwellen im Bett des Ngurunit-Flusses sowie aus seiner engen Bindung an die Struktur des Untergrundes (o. c. S. 119–120 u. Photo 10) einerseits auf eine geringe Mächtigkeit der Sedimentauflage, andererseits auf aktuelle Tiefenerosion geschlossen werden. Das gestreckte Längsprofil des Ngurunit in das Ndoto-Bergland hinein (o. c. S. 120) deutet jedoch auf ein fortgeschrittenes Stadium der Talentwicklung hin.

Für das Milgis-Tal gelangt man zur gleichen Schlußfolgerung: Wie man einem mittels Karten- und Satellitenbildauswertung gewonnenen Querprofil entnehmen kann, war der Ndoto-Lenkiyio-Durchbruch des Milgis-Tales mit einer 80 bis 90 m mächtigen Basaltdecke verfüllt, die bis auf Reste wieder ausgeräumt worden ist. Dabei sind erneut Talrandebenen entstanden. Auf ihnen findet man kleine Inselberge, deren Höhe streng mit der Oberfläche der Deckenreste und mit ausgeprägten terrassenartigen Verflachungen korrespondiert (Abb. 4, Profil F). Offensichtlich war die Basaltdecke solange als lokale Erosionsbasis wirksam, daß auf sie eingestellte Pedimente entstehen konnten, deren anschließende Zertalung die Inselberge hervorgebracht und die Verflachung in Resten hinterlassen hat. Die Talrandebenen und ihre buchtartigen Ausweitungen in das Bergland hinein repräsentieren die anschließende Formung: Nach der Taleintiefung ist es in fortgeschrittenem Stadium der Talentwicklung zur Talausweitung gekommen. Ob diese Formung bis in die Gegenwart anhält, müßte eine Untersuchung der Talrandebenen ergeben.

Die Verfüllung des Ndoto-Lenkiyio-Durchbruches mit den pliozänen Basalten muß eine Stauwirkung und eine rückschreitende Akkumulation mit einer Verminderung des Gefälles zur Folge gehabt haben. Die oben beschriebene Talterrasse bei Barsaloi ebenso wie Reste alter Talböden in 10 bis 20 m Höhe über der Ngurunit-Ebene (MÄCKEL 1986, S. 126) könnten auf die Auswirkung dieser Gefällsänderung zurückgehen.

Rund 200 m über dem Niveau der Talrandebenen findet man zahlreiche, z. T. ausgedehnte Hangverflachungen und Scheitelflächen (vgl. Abb. 4, Profil F), die sich aufwärts des Milgis-Tales verfolgen und westlich des Ndoto-Lenkiyio-Berglandes mit den Resten der submiozänen Rumpffläche verknüpfen lassen (vgl. PULFREY 1960, Fig. 3; SAGGERSON & BAKER 1965, Pl. II). Abwärts des Milgis-Tales sind sehr wahrscheinlich Scheitelflächen und Hangverflachungen zwischen 900 und 1000 m ü. M. westlich des Ampara-Plateaus dem submiozänen Niveau zuzuordnen, das auch auf Inselbergen östlich davon zu vermuten ist (RANDEL 1970, S. 6 u. Fig. 1). Hier besteht also allem Anschein nach die gleiche Konstellation submiozäner Rumpfflächenreste und pliozänquartärer Rumpfflächen, wie oben für das östliche Vorland des Ewaso Ng'iro-Beckens beschrieben. Östlich des Ndoto-Lenkiyio-Berglandes ist also die Morphogenese seit dem Miozän recht gleichartig verlaufen, nicht jedoch westlich von ihm, in den Becken von Milgis und Ewaso Ng'iro.

Schlußbetrachtung: Formungstendenzen und ihre Bedingungen

Die Tieferlegung der submiozänen Rumpffläche hat sowohl im Bereich des heutigen Ewaso Ng'iro-Beckens als auch des heutigen Milgis-Beckens mit einer kräftigen Zertalung begonnen, wie aus der ehemaligen Talfüllung unter dem Barsalinga-Plateau (SHACKLETON 1946, S. 33: bis zu 20 m mächtige, vorwiegend sandig-kiesige Sedimente) und aus der subvulkanischen Geröllschicht in der Gegend von Baragoi (BAKER 1963, S. 39: bis zu 6 m mächtige Sedimente wahrscheinlich torrentieller Entstehung) geschlossen werden muß. Aus dem zertalten Relief ist eine neue Abtragungsebene hervorgegangen, die als endtertiäre Rumpffläche heute den größten Teil des Ewaso Ng'iro-Beckens und Randbereiche des Milgis-Beckens einnimmt. Die fast unveränderten Restareale der submiozänen Rumpffläche zwingen zu dem Schluß, daß erstens die Zertalung nicht allumfassend war, und daß zweitens ohne Zertalung die Abtragung extrem gering geblieben ist. Was schon für den Großraum nachgewiesen wurde (SPÖNEMANN 1979 u. 1984), wird hier bestätigt. Bestimmend für die Formungstendenz dieser morphogenetischen Phase war also zunächst die Zertalung, die schließlich in eine Planierung überging.

Das Resultat dieser Planierung ist gleichfalls zertalt worden, aber wiederum nur partiell. Das Ergebnis dieser morphogenetischen Phase beherrscht den größten Teil des Untersuchungsraumes in seinen unterschiedlichen Ausprägungen des Reliefs als Baragoi-, Barsaloi- und Suari-Typ. Die Analyse ihrer Formen und aktuellen Prozesse hat zu ganz unterschiedlichen Ergebnissen geführt: Auf der Rumpffläche des Baragoi-Typs im Ewaso Ng'iro-Becken kommen nebeneinander Akkumulation und Erosion, wenn auch vorherrschend als Seitenerosion, und relativ schwache Flächenabspülung vor; der Barsaloi-Typ als Rumpffläche mit ausgeprägten Tälern zeichnet sich durch Erosion und starke Flächenabspülung aus, während Akkumulation nur in ganz begrenztem Umfang auftritt. Gleiches gilt für den Suari-Typ, wobei aber teils Tiefenerosion, teils Seitenerosion ganz eindeutig dominieren. Würde man aus diesen Befunden Formungstendenzen ableiten, käme man für das Ewaso Ng'iro-Becken auf eine im ganzen planierende Morphodynamik, für die Randbereiche des Milgis-Beckens auf eine zunehmende Zertalung und für das Milgis-Hügelland teils auf zunehmende, teils auf nachlassende Taleintiefung. Ausgehend von der Vorherrschaft der Akkumulation im östlichen Vorland der Ndoto-Berge hat Mäckel (1983, S. 192 u. 194; 1986, Kap. 2, 3 u. Fig. 2) auch die Ebenen des Milgis- und Ewaso Ng'iro-Beckens fälschlich als „zumeist Aufschüttungsebenen" gekennzeichnet. Das Untersuchungsgebiet ist damit ein Paradebeispiel für die begrenzten Möglichkeiten der klimatischen Geomorphologie, Formungstendenzen zu ermitteln.

Die ungewöhnliche günstige Konstellation von datierbaren morphogenetischen Referenzflächen und unterschiedlichen Relieftypen auf engem Raum hat eine recht genaue chronologische Differenzierung des Untersuchungsraumes ermöglicht. Dabei hat sich gezeigt, daß die aktuelle Morphodynamik zu Oberflächen ganz unterschiedlichen Alters (in der Größenordnung von Millionen Jahren) gehört. Darin stecken zwei methodische Grundprobleme, die bekannt sind, aber nicht immer ausreichend berücksichtigt werden und deshalb zu Fehlschlüssen wie dem obigen führen können: 1. Unterschiedlich alte Oberflächen können sich in unterschiedlichen Entwicklungsstadien befinden und die aktuelle Morphodynamik deshalb unterschiedlich beeinflussen. 2. Oberflächen hohen Alters haben Klimaschwankungen unterlegen, ohne daß diese erkennbare Auswirkungen auf das Relief gehabt haben, womit auch die Verknüpfung der aktuellen Morphodynamik mit dem gegenwärtigen Klima fragwürdig wird. Formungstendenzen lassen sich deshalb aus der aktuellen Morphodynamik und aus fossilen Klimazeugen nur sehr bedingt ableiten. Am Beispiel der unterschiedlichen Zertalung von Milgis- und Ewaso Ng'iro-Becken soll das abschließend erläutert werden.

Obgleich vom Milgis keine langfristigen Messungen vorliegen, ist seine im Vergleich zum Ewaso Ng'iro gegenwärtig erheblich geringere Wasserführung evident. Dreimonatige Messungen im Jahre 1981 ergaben Kurzzeitwerte von 2 bis 20 m^3/s (Ongweny 1983, Tab. 9). Vom Ewaso Ng'iro bei Archer's Post liegen monatliche Mittelwerte der Jahre 1949–65 vor, die zwischen 6,6 und 63,0 m^3/s schwanken (UNESCO 1971). Aus dem Jahr 1961 ist jedoch ein Extremabfluß von 1900 m^3/s bekannt (Grundy 1963) – ein Wert, der dem mittleren Abfluß des Rheins bei Köln entspricht! Es muß also gefragt werden, warum seine Eintiefung relativ gering und die von ihm ausgehende Zertalung so viel schwächer ist als die im Milgis-Becken.

Die große Wasserführung des Ewaso Ng'iro wird durch die Zuflüsse vom Mt. Kenya und – in geringem Umfang – von der Aberdare Range verursacht, während die Zuflüsse des Milgis von den wesentlich schwächer beregneten

Karissia- und Lenkiyio-Bergen (vgl. JÄTZOLD 1977) gespeist werden. Mt. Kenya und Aberdare Range sind vulkanische Bergländer plio-pleistozäner Entstehung (BAKER et al. 1970, Tab. XI; EVERNDEN & CURTIS 1965, S. 362). Da die Reste der endtertiären Rumpffläche bei Archer's Post einen terminus post quem, die dort bis an das Flußbett reichenden quartären Basalte (JENNINGS 1967, Karte) einen terminus ante quem bieten, muß die Zertalung der endtertiären Rumpffläche mit der durch die Bildung der Vulkanberge und ihre Niederschläge erhöhten Wasserführung einhergegangen sein. Es liegt nahe, die erhöhte Wasserführung des Ewaso Ng'iro als Ursache der Zertalung anzunehmen. Mit deren relativ geringem Alter steht im Einklang, daß sich im östlichen Abschnitt zwar die Talflanken schon abzuflachen begonnen haben, daß aber ausgeprägte Talrandebenen noch nicht entstanden sind.

Die Eintiefung des Milgis in die endtertiäre Rumpffläche ist älter, wie aus der Lage der pliozänen Basalte im Milgis-Durchbruchstal geschlossen werden muß. Daraus erklärt sich zwanglos das größere Ausmaß der Zertalung im Milgis-Becken. Es bleibt die Frage nach der Ursache der Erosionsverstärkung hier. Regionalunterschiede des Klimas können kaum herangezogen werden. Sie können schon für die unterschiedliche Tieferlegung der submiozänen Rumpffläche keine Bedeutung gehabt haben, und auch für die infrage kommende Zeitspanne der Zertalung der endtertiären Rumpffläche sind sie weder erkennbar noch wären sie plausibel. Einzige erkennbare Ursache eines stärkeren Erosionsimpulses im Milgis-Becken ist eine nach Norden zunehmende tektonische Deformation der östlichen Flanke der Ostafrikanischen Schwelle in diesem Raum, die sich aus der Höhenlage der submiozänen Flächenreste ableiten läßt (PULFREY 1960, Fig. 3; SAGGERSON & BAKER 1965, Plate II), und die mit der pliozänen Einsenkung des Chelbi-Habaswein-Troges in der nordöstlichen Nachbarschaft des Untersuchungsgebietes im Zusammenhang steht (SAGGERSON & BAKER 1965, S. 61 u. 64).

Die mit der Zertalung der endtertiären Rumpffläche einsetzende Formungstendenz ist im Ewaso Ng'iro-Becken erst andeutungsweise zu erkennen und besteht dort in der schon angesprochenen Abflachung der Talflanken. Sehr viel klarer zeichnet sich bei insgesamt stärkerer Taleintiefung die von ihr ausgehende Formung im Milgis-Becken ab: Dem Vorfluter als Schrittmacher der Tiefenerosion folgen die Seitentäler nach. Je nach der vom Gestein abhängigen Taldichte kommt es zur Verschneidung der Talhänge und Erniedrigung der Riedel oder nur zu verstärkter Hangverlegung. Ergebnis ist in beiden Fällen die Talausweitung, in einem Fall schneller, im anderen langsamer. Relativ schnell kommt es bei dichter Zerschneidung der Talflanken zur Ausbildung von Talseitenpedimenten. Sie bilden den Anfang eines neuen Flächenstockwerks, das auf das neue Gleichgewichtsprofil des Vorfluters eingestellt ist. Eine Serie von Talquerprofilen vom Südrand des Milgis-Beckens (Abb. 5) kann als Ausdruck dieser Formungstendenz gewertet werden. Sie steht zwar im Einklang mit der aktuellen Morphodynamik, kann aber aus ihr alleine nicht erschlossen werden.

Der klimatisch-geomorphologische Ansatz ist offensichtlich nicht geeignet, die Oberflächenformen des Samburulandes in ihrer räumlichen und zeitlichen

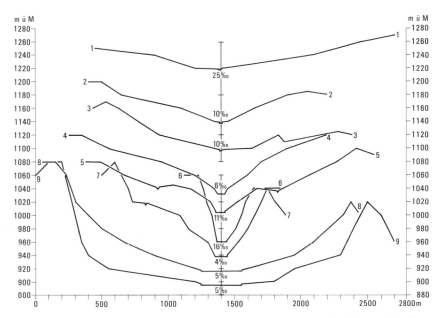

Abb. 5: Profile durch das Seyia-Tal (7–9), Ngeng-Tal (4–6) und ein Seitental (1–3) vom Südrand des Milgis-Beckens; Lage der Profile s. Abb. 2 (Quelle: Top. Karte 1 : 50 000 79/3).

Differenzierung zu erklären. Taleintiefung als Prozeß der Zerstörung und Talausweitung als Prozeß der Neubildung von Rumpfflächen können unter einem breiten Spektrum klimatischer Bedingungen stattfinden (vgl. SPÖNE-MANN 1984, 1987). Das Klima des Untersuchungsraumes ist seit langem wechselfeucht und vorherrschend semiarid. Die damit gegebene Morphodynamik kann sowohl Zertalung als auch Planierung bewirken. Die Intensität der beiden Formungstendenzen und damit der Formungsstil und das resultierende Relief werden entscheidend von den tektonischen Bedingungen gesteuert.

Zusammenfassung

Auf der östlichen Abdachung der Ostafrikanischen Schwelle nördlich des Mt. Kenya sind die beiden unmittelbar benachbarten Becken des Ewaso Ng'iro und des Milgis von wesentlich unterschiedlichem Habitus: Im einen dominieren Ebenen, im anderen Härtlingsrücken. Diesem Unterschied entsprechen Flachtäler einerseits und Kerbtäler andererseits. Den Geländeindizien zufolge dominiert im Ewaso Ng'iro-Becken eine planierende, im Milgis-Becken eine taleintiefende Morphodynamik. Reste miozäner und pliozäner Lavadecken ermöglichen eine Differenzierung der Morphogenese innerhalb der Becken. Es lassen sich zwei Rumpfflächenstockwerke nachweisen, von denen Teile persistieren. Die unterschiedliche Entwicklung der beiden Becken muß danach im wesentlichen postmiozän stattgefunden haben. Sie läßt sich ebensowenig wie die Unterschiede der Morphodynamik durch Petro- oder Klimavarianzen erklären. Dagegen gibt es Indizien für eine tektonisch gesteuerte Entwicklung, die durch die Abfolge von Taleintiefung und Talausweitung gekennzeichnet ist und in den beiden Becken einen zeitlich unterschiedlichen Verlauf genommen hat.

Summary

(Tendencies of landform development in semi-arid Kenya: Morphodynamics and morphogenesis in Samburu country)

The eastern slope of the rifted Kenya Dome north of Mt. Kenya is a semi-arid region, which provides good conditions for morphogenetic studies from residuals of volcanic sheets. Previous investigators have found out submiocene and endtertiary planation surfaces. Parts of them have survived climatic fluctuations. They are realized as persistent planation surfaces. Their features and their morphogenetic development have been studied in the Middle Ewaso Ng'iro Basin and the adjacent Milgis Basin of the Samburu District.

In the Middle Ewaso Ng'iro Basin plains with shallow trough-shaped valleys are predominant. Some of their headwaters are dambo-like, with broad alluvial grounds. The divides are flat interfluves. Soils and weathering layers are rather shallow, partly containing stone-lines, pisolithic laterites and calcretes. There is strong evidence of sheet erosion and deposition, revealing an equilibrium stage of morphogenetic development. Towards the Ewaso Ng'iro River, the gradients of the valleys become steeper and the surface becomes more dissected. The Middle Ewaso Ng'iro River, in its western part of the basin, has cut a distinct, V-shaped valley into unweathered gneissic rock. Downstream its cross-profile changes into a gently sloping trough. Essentially, the Middle Ewaso Ng'iro Basin is a slightly undulating planation surface which has mainly developed in endtertiary times, and which in its western part is now subject to beginning dissection.

The Milgis Basin, in its western marginal belt, resembles the Middle Ewaso Ng'iro Basin, to which it is morphogenetically connected with its southwestern part, the northwestern part being however a remnant of the submiocene surface. The marginal plains are changing downstream to more dissected ones, and these are turning into a landscape of ridges and valleys in the central part of the basin. There the headwaters are mostly V-shaped, continuing into river channels with widening flats. Evidently vertical and lateral erosion is still in progress. Along broader rivers pediment-like footslopes are developing, resulting in a new level of planation. In principle, the relief of the Milgis Basin represents a transitional stage in the process of dissection and renewal of planation surfaces under semi-arid conditions.

Comparing the two basins, the evident differences of morphogenetic development as well as of present processes cannot be explained sufficiently in terms of climatic geomorphology, as present and past climatic conditions in both basins are largely uniform. The pattern of partly dissected and partly persistent planation surfaces of different age leads to the deduction of non-climatic factors of morphogenetic development. Indeed there is evidence of slight tectonic movements, which most likely are responsible for the morphologic differences between the two basins. The conclusion is, that under semi-arid conditions valley deepening as well as surface planation is possible, the tendency of forming primarily depending on the tectonic situation.

Literatur

ANDREWS, P. & A. H. VAN COUVERING (1975): Palaeoenvironments in the East African Miocene. In: F. SZALAY (ed.): Approaches to Primate Paleobiology. Contrib. Primat. 5, S. 62–103.

BADER, F.J.W. (1976): Vegetationsgeographie Ostafrika. Afrika-Kartenwerk Blatt E 7. Berlin, Stuttgart.

BAKER, B. H. (1963): Geology of the Baragoi area. Geol. Survey of Kenya, Rep. No. 53. o.O.

BAKER, B. H., L.A.J. WILLIAMS, J. A. MILLER & F. J. FITCH (1971): Sequence and geochronology of the Kenya Rift volcanics. Tectonophysics 11, S. 191–215. Amsterdam.

BAKE, G. (1983): An analysis of climatological data from the Marsabit District of Northern Kenya. IPAL Techn. Report No. B-3, Nairobi.

BODECHTEL, J. & H.-G. GIERLOFF-EMDEN (1974): Weltraumbilder. München.

BONNEFILLE, R., (1976): Implications of pollen assemblages from the Koobi Fora Formation – East Rudolf, Kenya. Nature 264, No. 5585, S. 403–407.

BUTZER, K. W. (1976): The Mursi, Nkalabong, and Kibish Formation, Lower Omo Basin, Ethiopia. In: Y. COPPENS et al. (eds.): Earliest Man and Environments in the Lake Rudolf Basin. S. 12–23. Chicago and London.

CERLING, T. E., R. L. HAY & J. R. O'NEILL (1977): Isotopic evidence for dramatic climatic changes in East Africa during the Pleistocene. Nature 267, No. 5607, S. 137–138.

CHAPMAN, G. R. & M. BROOK (1978): Chronostratigraphy of the Baringo Basin, Kenya. In: W. W. BISHOP (ed.): Geological Background to Fossil Man. S. 207–223. Edinburgh.

COPPENS, Y. (1978): Evolution of the hominids and their environment during the Plio-Pleistocene in the lower Omo Valley, Ethiopia. In: W. W. BISHOP (ed.): Geological Background to Fossil Man. S. 499–506. Edinburgh.

COPPENS, Y., F. C. HOWELL, G. LL. ISAAC & R.E.F. LEAKEY (eds) (1976): Earliest Man and Environments in the Lake Rudolf Basin. Chicago and London.

EVERNDEN, J. F. & G. H. CURTIS (1965): Potassium-argon dating of Late Cenozoic rocks in East Africa and Italy. Current Anthropology 6, S. 343–385.

GÖTTING, R. (1984): Bestimmung der Tragfähigkeit und Erfassung von Landschaftsschäden in den Trockengebieten Nordkenias, untersucht mit den Methoden der Fernerkundung. DFVLR, Oberpfaffenhofen.

GRUNDY, F. (1963): Rainfall and river discharge in Kenya during the floods of 1961–1962. A Report. Government of Kenya, Nairobi.

JÄTZOLD, R. (1977): Klimageographie Ostafrika. Afrika-Kartenwerk Blatt E 5. Berlin, Stuttgart.

JÄTZOLD, R. (1981): Klimageographie Ostafrika. Afrika-Kartenwerk, Beiheft E 5. Berlin, Stuttgart.

JÄTZOLD, R. & H. SCHMIDT (1983): Farm Management Handbook of Kenya. Vol. II/B. Trier.

JENNINGS, D. J. (1967): Geology of the Archer's Post area. Geol. Survey of Kenya, Rep. No. 77. o.O.

MÄCKEL, R. (1983): Die Entwicklung der Fußfluren und Talebenen in den Bergländern Nordkenias. Zeitschr. f. Geomorphol. N.F. Suppl.-Bd. 48, S. 179–195.

– (1986): Oberflächenformung in den Trockengebieten Nordkenias. In: Relief Boden Paläoklima 4, S. 85–225. Berlin, Stuttgart.

MÄCKEL, R. & D. WALTHER (1982): Geoökologische Studien zur Erfassung von Landschaftsschäden in den Trockengebieten Nordkenias. Freiburger Geogr. Hefte 18, S. 133–150.

ONGWENY, G. S. (1983): A preliminary account of erosion, sediment transport and surface water resources of parts of Marsabit District. IPAL Techn. Report No. B-2, S. 7–177. Nairobi.

PICKFORD, M.H.L. (1978a): Geology, palaeoenvironments and vertebrate faunas of the mid-Miocene Ngorora Formation, Kenya. In: W. W. BISHOP (ed.): Geological Background to Fossil Man. S. 237–262. Edinburgh.

– (1978b): Stratigraphy and mammalian palaeontology of the late-Miocene Lukeino Formation, Kenya. In: W. W. BISHOP (ed.): Geological Background to Fossil Man. S. 263–278. Edinburgh.

PULFREY, W. (1960): Shape of the sub-Miocene erosion bevel in Kenya. Geol. Survey of Kenya, Bull. No. 3. Nairobi.

RANDEL, R. (1970): Geology of the Laisamis area. Geol. Survey of Kenya, Rep. No. 84. o.O.

SAGGERSON, E. P. & B. H. BAKER (1965): Post-Jurassic erosion-surfaces in eastern Kenya and their deformation in relation to rift structure. Quart. J. Geol. Soc. London 121, S. 51–72.

SCOTT, R. M., R. WEBSTER & C. J. LAWRANCE (1971): A land system atlas of western Kenya. Christchurch.

SHACKLETON, R. M. (1946): Geology of the Country between Nanyuki and Maralal. Geol. Survey of Kenya, Rep. No. 11. o.O.

SHORT, N. M., P. D. LOWMAN, jr., ST. C. FREDEN & W. A. FINCH, jr. (1976): Mission to earth: Landsat views the world. Washington, D. C.

SOMBROEK, W. G. (1982): Exploratory Soil Map and Agroclimatic Zone Map of Kenya 1980 Scale 1:1000000. Exploratory Soil Survey Rep. No. E1. Nairobi.

SPÖNEMANN, J. (1974): Studien zur Morphogenese und rezenten Morphodynamik im mittleren Ostafrika. Göttinger Geogr. Abh. 62. Göttingen.

– (1979): Die Anordnung intakter und zertalter Rumpfflächen auf der Ostafrikanischen Schwelle: Flächenbildung in Abhängigkeit von der Tektonik. In: Gefügemuster der Erdoberfläche. Festschrift zum 42. Dt. Geographentag. S. 89–123. Göttingen.

– (1984): Geomorphologie Ostafrika. Afrika-Kartenwerk, Beiheft E 2. Berlin, Stuttgart.

– (1987): Rumpfflächenstudien in Queensland, Australien. Berliner geogr. Studien 24, S. 1–13. Berlin.

TAYLOR, C. M. & E. F. LAWES (1971): Rainfall Intensity-Duration-Frequency Data for Stations in East Africa. East Afr. Met. Departm. Techn. Mem. No. 17, Nairobi.

UNESCO (1971): Discharge of Selected Rivers of the World. Vol. II. Paris.

VÖLGER, G. & W. MEIER (Hrsg.) (1987): Fliegende Kamera 1987. Offenbach.

WILLIAMS, L. A. J. (1970): The volcanics of the Gregory rift valley, East Africa. Bull. volcanol. 34, S. 439–465.

Formenschatz, Morphodynamik und Genese der Jebel Marra-Fuß- und Gipfelregion

Von KLAUS GIESSNER, Eichstätt

1. Vorbemerkungen

Der Gebirgskomplex des Jebel Marra, am Südrand der Sahara im Grenzbereich der beiden sudanesischen Provinzen Norddarfur und Süddarfur gelegen, ist weder in der geologisch-petrographischen noch in der geomorphologischen Literatur ausreichend bearbeitet. Im Unterschied zu den drei gut untersuchten saharischen Hochgebirgen Hoggar, Tibesti und Air sind daher unsere Kenntnisse vom Jebel Marra noch sehr lückenhaft. Vor allem die morphologisch-vulkanologische Genese der Gipfelregion und die Datierung der reliefprägenden Entwicklungsphasen sind noch mit sehr vielen Hypothesen und Fragezeichen belastet. Auch die klimamorphologische und morphodynamische Stellung und regionale Differenzierung der Jebel Marra-Fußregion werfen noch mehr Fragen auf als auf der Basis des bisher vorliegenden Beobachtungs- und Kartierungsmaterials abgesichert beantwortet werden können.

Unsere bisherigen Kenntnisse vom Formenschatz und zur Morphodynamik und Morphogenese der Jebel Marra-Fuß- und Gipfelregion basieren im wesentlichen auf den Feldarbeiten von HORST MENSCHING und seiner Arbeitsgruppe, die im Rahmen der Kommission „Geomorphologische Prozesse, Prozeßkombinationen und Naturkastastrophen in den Landschaftszonen und Höhenstufen der Erde" der Akademie der Wissenschaften in Göttingen in den letzten Jahren im Nordwesten der Republik Sudan durchgeführt wurden. Die nachfolgenden Ausführungen versuchen, die bisherigen Publikationen dieser Arbeitsgruppe zu diesem Thema zusammenzufassen und zu ergänzen.

2. Die geologisch-tektonische und klimatisch-morphologische Einordnung

Der Jebel Marra-Gebirgskomplex läßt sich, zusammen mit den saharischen Hochgebirgen, zwanglos in die übergeordnete Becken- und Schwellenstruktur der Sahara einordnen. Wie diese, so sitzt auch der Jebel Marra als ein vulkanisch geprägtes Gebirgsmassiv auf einem Aufwölbungsscheitel des weitgespannten kristallinen Grundgebirgssockels zwischen dem Tschad-Becken im Westen und dem mittleren Niltal im Osten. Von der geologisch-tektonischen Anlage und vom petrographisch-lithologischen Aufbau her ergeben sich daher eine Reihe von Gemeinsamkeiten mit dem Tibesti, dem Hoggar und dem Air. Diese spielen für die Rekonstruktion der Gesamtgenese eine wichtige Rolle.

Die geologisch-tektonische Anlage des Jebel Marra als vulkanischer Hochgebirgskomplex wird entscheidend durch den Verlauf sehr alter Lineamentstrukturen auf dem präkambrischen Sockel des nordafrikanischen Schildes bestimmt. Diese Schwächezonen sind von der Anlage her im Spätproterozoikum als Scherzonen zu interpretieren und größtenteils das Ergebnis der kompressiven Wirkung während der plattentektonischen Kollision des Arabisch-Nubischen Schildes mit der NE-afrikanischen Platte. Ihnen folgt auch das Graben- und Horstsystem Südägyptens und des Nordsudan. Eine erste deutliche Reaktivierung dieser sehr alt angelegten Strukturen erfolgte während der Permo-Trias unter einem extensionellen tektonischen Regime. Die Bildung unvollständiger Riftstrukturen, begleitet von kontinentalen, hoch fraktionierten, alkalinen Vulkaniten, war die Folge. Im Rahmen dieses panafrikanischen Riftsystems sitzt der Jebel Marra auf einer großen Schwächezone, die in WSW-ENE-Richtung von dem Kamerunberg über die Tschaddepression, den Meidob-Hills und der Bayuda bis zu den nördlichen Red Sea Hills verläuft (WHITEMAN, 1971, S. 99). Gekreuzt wird dieses Lineament von der NNW-SSE-verlaufenden Aswa-Linie und dem Ostafrikanischen Grabensystem. Im Gitternetz dieses Lineamentsystems wurde der präkambrische Kristallinsockel des Basements maximal aufgewölbt und durch magmatische Tiefengesteine vulkanisch überformt. Die geodynamischen Impulse für die Reliefentwicklung sind damit vorgezeichnet.

Die klimazonale Einordnung auf der Jahreszeitenkarte der Erde von TROLL & PAFFEN (1968) zeigt die Lage des Jebel Marra in der randtropischen Übergangszone V4, die durch ein semiarides bis semihumides Dornstrauchsavannenklima mit Jahresniederschlägen von 300 bis 800 mm bei 10 bis 7½ ariden Monaten im Winter geprägt wird. Damit ist auch die klimamorphologische Einordnung vorgegeben: Der Jebel Marra liegt in der morphodynamischen Übergangszone zwischen der randtropisch-semihumiden Zone der exzessiven Flächenbildung im Süden und der randtropisch-semiariden Zone der Flächenerhaltung und traditionellen Weiterbildung im Norden. Für die ausgedehnten Fuß- und Gebirgsvorlandregionen ergeben sich daraus interessante klimamorphologisch-morphodynamische Differenzierungen.

3. Die petrographisch-strukturelle und morphologisch-hydromorphodynamische Gliederung

Der Großformenschatz des Jebel Marra-Komplexes wird ganz entscheidend von der petrographisch-strukturellen und der hydromorphodynamischen Gliederung bestimmt. Gesteinsdifferenzierung einerseits und Ausbildung des Gewässernetzes andererseits bilden die wichtigsten Grundlagen der Reliefgliederung. Der direkte Vergleich zwischen der geologischen und morphographischen Übersichtsskizze in Abb. 1 sowie die Karte des Gewässernetzes und der hydromorphodynamischen Regionen in Abb. 2 belegen dies.

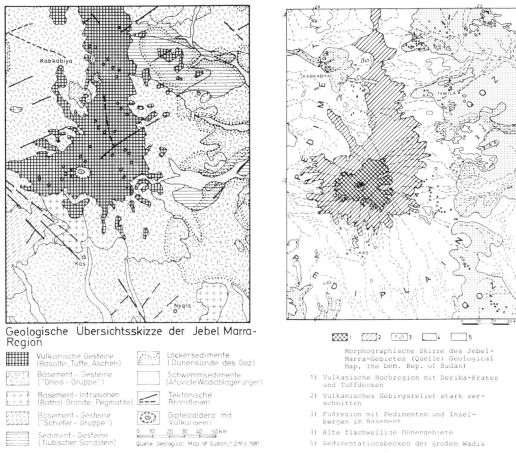

Abb. 1: Geologische und morphographische Struktur der Jebel Marra-Region im Vergleich.

Drei petrographisch-strukturelle Hauptelemente zeigen dabei eine besondere morphologische Relevanz:

1. Der flachaufgewölbte Basement-Komplex des Kristallin-Schildes. Petrographisch wird dieser Basementkomplex von präkambrischen kirstallinen Sokkelgesteinen aufgebaut, die sich in drei übergeordneten, auch morphologisch relevanten Gesteinsgruppen untergliedern lassen. Die ersten beiden Gruppen werden von leicht verwitterbaren Gneisen und Schiefern gebildet. Ihre geringe morphologische Resistenz hat dazu geführt, daß sie undifferenziert flächenhaft abgetragen und eingerumpft wurden. Sie liefern die petrographisch-lithologischen Voraussetzungen für die morphologische Ausbildung einer wenig zerschnittenen Pediplane-Vorlandfläche. Dort wo diese Gneise und Schiefer durch Deckschichten konserviert sind, ist als ein Relikt chemischer Intensivverwitterung ein Tiefenzersatz erhalten. Morphologisch interessanter zeigt sich die dritte Gruppe der Basementgesteine. Hierbei handelt es sich um

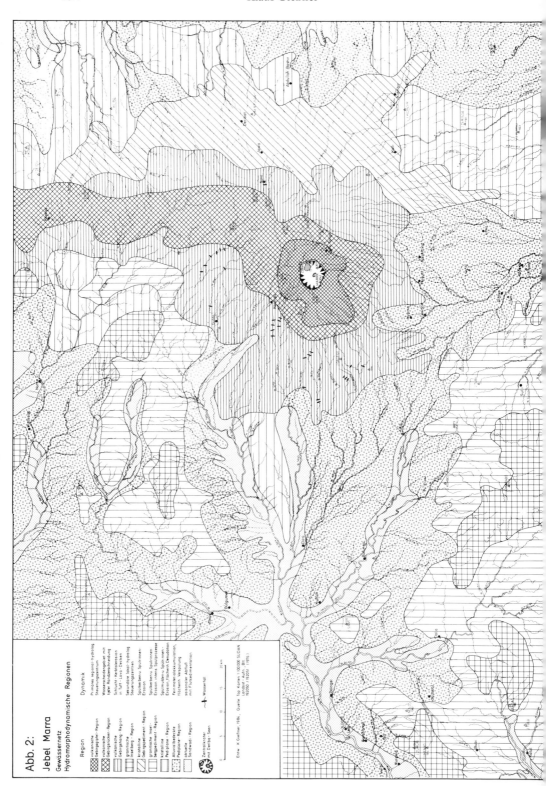

Abb. 2:
Jebel Marra
Gewässernetz
Hydromorphodynamische Regionen

grobkristalline Granite und Pegmatite, die als batholithische Intrusionen das Basement durchdrungen haben. Ihre hohe morphologische Widerständigkeit – sie wirken wie Härtlinge – prädestiniert diese Granite zur Bildung markanter Inselbergformen.

2. Die Sedimentgesteine der Nubischen Sandsteinserie. Dieser Sedimentationskomplex, der nur noch in Resten am Rande der Jebel Marra-Aufwölbung anzutreffen ist, besteht aus tonarmen Sandsteinen und verbackenen Konglomeraten und ist an der Oberfläche durch eine eisen- und manganhaltige Konkretionskruste abgedeckt. Genetisch handelt es sich dabei um korrelate Sedimente einer sehr frühen Abtragungsphase des alten Rumpfflächenschildes im Bereich des Wölbungsscheitels. Zwar ist das Sedimentationsalter noch sehr problematisch und kaum fixierbar, da es sich um einen vielschichtigen, differenzierten Sedimentationszyklus gehandelt haben muß, aber die Geologen nehmen heute an, daß die Ablagerungen bereits im Jura beginnen und wahrscheinlich im Alt- oder Mitteltertiär enden. Dort, wo der Nubische Sandstein heute noch in Relikten als Stufenreste erhalten ist, überlagert er diskordant eine flachwellige Basement-Oberfläche, die als weitgespannte Abtragungsfläche über die verschiedenen Sockelgesteine hinweggeht. Die diskordante Auflage der Nubischen Sandsteinserie sowie der Geländebefund, daß die ältesten Vulkanite im Bereich der zentralen Jebel Marra-Aufwölbung direkt auf den kristallinen Basementgesteinen liegen, während in den Randbereichen (vor allem in den Meidob-/Tagabo-Hills) diese ältesten Basalte noch von Nubischem Sandstein unterlagert sind, lassen folgende Hypothese für die Genese des Gesamtraumes zu: Die prävulkanische Landoberfläche war im Bereich der Jebel Marra-Aufwölbung eine flachwellige Rumpffläche, die bereits vor der Ablagerung der Nubischen Sandsteinserie als mesozoische, präjurassische Abtragungsfläche angelegt wurde. In der Zeit vom Jura bis zum mittleren Tertiär wird dieses Ausgangsniveau zur Akkumulationsfläche der eigenen Basement-Abtragungssedimente. Es entsteht der Sedimentationskomplex der Nubischen Sandsteinserie. Mit der weiteren Heraushebung der zentralen Jebel Marra-Achse wird der Nubische Sandstein hier wieder ausgeräumt, so daß die ältesten Basalte direkt das Basement überlagern können. Mit dieser „exhumierten, präjurassischen, prävulkanischen Basisrumpffläche" ist der erste, morphologisch und sedimentologisch greifbare Ansatzpunkt einer langen Reliefentwicklung des Jebel Marra-Komplexes gegeben.

3. Die tertiären und quartären Vulkanite. Die Masse der Vulkanite besteht aus altbasaltischen Trappdecken, aus jüngeren Basaltblockströmen sowie mächtigen Bimsstein-, Tuff- und Ascheablagerungen. Sie überformen vor allem den Gipfelbereich des Jebel Marra-Hochreliefs.

Entsprechend den gesteins- und strukturabhängigen morphologischen Reliefeinheiten, den vorherrschenden morphodynamischen Prozessen sowie der unterschiedlichen Ausbildung des Gewässernetzes wurden in Abb. 2 neun hydromorphodynamische Regionen ausgeschieden. Sie spiegeln im Überblick die großräumige Reliefgliederung im Bereich des Jebel Marra-Komplexes wider und liefern die Ausgangsbasis einer weiterführenden Formen- und Prozeßanalyse der Jebel Marra-Fuß- und Gipfelregion.

4. Die klimatisch-hydrologischen Voraussetzungen

Wie der Verlauf der mittleren Jahresisohyeten (Abb. 3) und die Niederschlags-
diagramme ausgewählter Klimastationen (Abb. 4) zeigen, existieren beträchtliche hygrische Unterschiede in den einzelnen Großregionen des Jebel Marra-
Komplexes. Im nördlichen und nordöstlichen Vorland (Station El Fasher)
fallen nur 200–300 mm Niederschläge im langjährigen Mittel, während das
südliche und südwestliche Vorland (Station Kas, Station Zalingei) mit 600–
700 mm Jahresmittelniederschlag deutlich feuchter ist. Die Gebirgshöhensta-
tionen (Station Suni) sind mit 800–900 mm gut beregnet und die Gipfelregion
dürfte im langjährigen Mittel 1000–1200 mm erhalten. Der Isohyetenverlauf in
Abb. 3 unterstreicht sehr deutlich den planetarischen Nord-Südwandel (bzw.
den NE-SW-Wandel) sowie den hypsometrischen Wandel der Niederschlags-
höhen. Der feuchteren Luvseite im SW steht die trockenere Leeseite im NE
gegenüber und die Jebel Marra-Hochregion überlagert als feuchte Höheninsel
die jeweiligen Vorlandregionen. Der hygrische Höhenwandel bedingt auch
eine ausgeprägte klimatisch-orographische Höhenstufung der potentiellen natürlichen Vegetation. Nach MIEHE (1984, S. 95) läßt sich dieser phytoökologi-
sche Höhenaufbau am Jebel Marra in eine collinplanare Vegetationsstufe
zwischen 700 und 1200 m üb. NN und 400–700 mm Jahresniederschlag, in eine
submontane Stufe in 1100 (1400) bis 1800 (2100) m Höhe und 600–1000 mm
Niederschlag, in die untere Montanstufe zwischen 1800 und 2400 m Höhe bei
800–1000 mm Niederschlag und in die obere Montanstufe zwischen 2300 und
3000 m Höhe und ca. 1000 mm Jahresniederschläge gliedern.

In enger Anlehnung an diese regionale Niederschlagsverteilung und an die
Höhenrelationen sind auch die wichtigsten Leitlinien des Gewässernetzes
angelegt. Die großen wasserreichen Abflußsysteme sind vorwiegend nach
Westen (feuchte Luvseite) orientiert. Dies gilt vor allem für das hydrologische Hauptsystem, dem Wadi Azum/Wadi Aribo-Abflußsystem, das die gesamte Westabdachung entwässert und sich endorhëisch auf das weit entfernte
Tschadsee-Becken einstellt. Entsprechend der Marra-Aufwölbung ist das gesamte Gewässernetz radial-zentripedal angelegt. Seine hydromorphodynamische Steuerungsfunktion greift über den eigentlichen Gebirgskörper hinaus
und beeinflußt ganz entscheidend die Morphodynamik und Morphogenese
der Gebirgsvorlandregion.

Auf Grund der hier nur sehr verkürzt aufgezeigten tektonisch-strukturellen,
petrographischen und hydromorphodynamischen Grundlagen und der unterschiedlichen klimatisch-hydrologischen Voraussetzungen hat sich im Bereich
des Jebel Marra-Komplexes ein differenzierter Formenschatz entwickelt. Er
kann in folgende vier übergeordnete geomorphologische Stufen gegliedert
werden:

1. Das basale Pediplane-Flächen-Relief der Jebel Marra-Fuß- und Vorlandregion, ausgebildet in kristallinen Basement-Gesteinen; unter 900 m üb. NN.
2. Das submontane und montane Hangzerschneidungsrelief der Jebel Marra-
   Gebirgsabdachung, ausgebildet in verschiedenen Vulkanitdecken und
   durchsetzt von parasitären Vulkankegeln; 900–2000 m üb. NN.

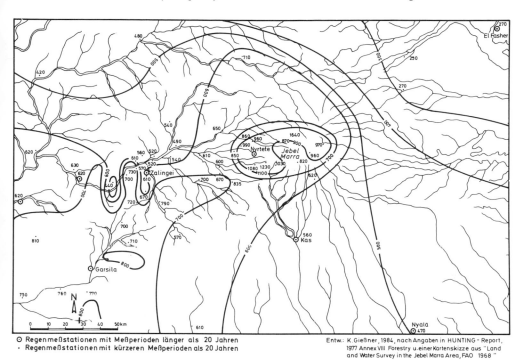

O Regenmeßstationen mit Meßperioden länger als 20 Jahren
· Regenmeßstationen mit kürzeren Meßperioden als 20 Jahren

Entw.: K.Gießner, 1984, nach Angaben in HUNTING - Report,
1977 Annex VIII Forestry u. einer Kartenskizze aus "Land
and Water Survey in the Jebel Marra Area, FAO 1968 "

Abb. 3: Die mittleren Jahresniederschläge in der Jebel Marra-Region.

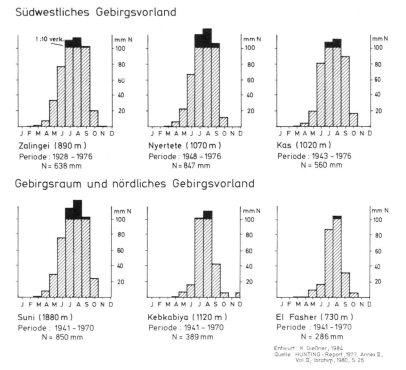

Abb. 4: Die Niederschlagsspende in der Jebel-Marra-Region im planetarischen und hypsometrischen Wandel.

3. Das vulkanische, unzerschnittene Hochplateau-Relief, ausgebildet in basaltischen Trappdecken mit mächtigen Tuffauflagen; 2000–2600 m üb. NN.
4. Das vulkanische Gipfelrelief mit Zentralkegel, Gipfelcaldera und Kraterseen; 2600–3000 m üb. NN.

Nachfolgend sollen ein paar Geländebeobachtungen zum Formenschatz, zur Morphodynamik und Morphogenese der Stufen 1 und 4 dargestellt werden.

5. Formenschatz und Morphodynamik des basalen Pediplane-Flächenreliefs

Obgleich das basale Pediplane-Flächenrelief der Fuß- und Vorlandregion als weitgespannte Gebirgssockelfläche des Jebel Marra angelegt wurde, wird der aktuelle Formungsmechanismus auf dieser Fläche heute nur noch indirekt vom Gebirge aus über die großen Abflußsysteme gesteuert. Auf der Fläche selbst hat sich in Anlehnung an die morphologische Gliederung und die petrographische Differenzierung ein kleinräumig modifiziertes, autochthones Gewässernetz entwickelt, dessen morphodynamische Wirksamkeit sich zu einem sehr aktiven Flächenspülsystem summiert.

5.1. Gliederung der Fuß- und Vorlandregion

Wie der Kartenausschnitt der Pediplane-Region von Nyama exemplarisch zeigt (Abb. 5), gliedert sich der Formenschatz der Jebel Marra-Fuß- und Vorlandregion in vier morphologisch-morphodynamische Einheiten. Als wichtigste Formengruppe müssen zunächst die aufgelösten Inselberge und höhere Sockelflächenreste genannt werden. Sie besitzen für die aktuelle Morphodynamik die eigentlichen Steuerungsfunktionen. Auf ihren ausgeprägten Pedimentfußbereichen erfolgt über ein ganz flach eingeschnittenes Spülrinnensystem ein ständiges Auswaschen und Ausspülen des Inselbergverwitterungsmaterials. Dieses Spülrinnensystem organisiert sich mit zunehmender Entfernung vom Inselberg zu einem weitverzweigten Abflußsystem, wobei sich die einzelnen Abflußrinnen rasch verbreitern, ohne sich dabei stärker einzutiefen. Bei jedem Regen werden diese flachen Spülmulden und Spülrinnen morphodynamisch aktiv; es entstehen als zweite morphologische Einheit die freigespülten Pediplane-Flächen. Detailbeobachtungen nach Starkregen im Sommer 1982 haben gezeigt, daß auch noch bei höheren Niederschlagsintensitäten (40–50 mm/h) der Abspülvorgang auf dem dünnmächtigen Schutt- und Kiesschleier sehr selektiv erfolgt. Nur die Feinmaterialkomponenten werden dabei völlig ausgespült, das Schotterspektrum ab 4–5 mm Durchmesser wird nur noch engräumig verlagert.

In dieses flächenhaft-denudativ wirksame Spülmulden- und Spülrinnensystem sind auch die kleinen Vorfluter integriert, die sich flach in das Pediplane-Relief eingeschnitten haben. Sie transportieren fast nur noch Feinsedimente.

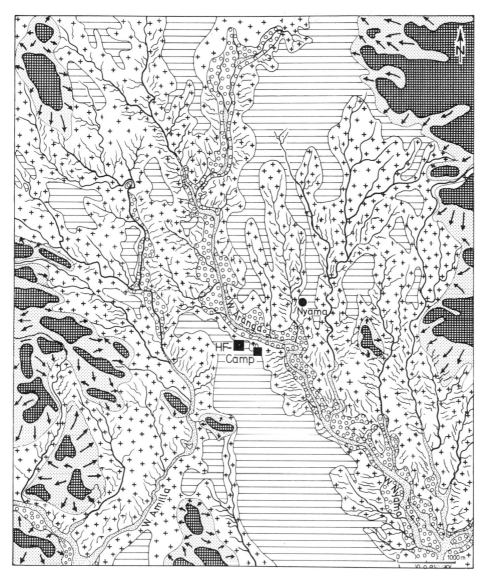

Geomorpologisch – morphodynamische Skizze der Pediplane-Region von Nyama im Sockelrelief der südlichen Jebel Marra – Vorlandfläche

 Aufgelöste Inselberge u. höhere Sockelflächenreste mit eigenen Spülpedimenten

 Unzerschnittene Pediplane-Flächen mit
alluvialer Spülsedimentdecke

Talfüllungen u. quartäre Akkumulationsterrassen mit Flutsedimenten auf dem
untersten Terrassen-Niveau

 Freigespülte Pediplane-Flächen mit
flachen Spülmulden ü. Spülrinnen

 Zerschnittene Pediplane-Flächen mit
Spülrinnen- u. Spülkerbenerosion

Aktuelles Sandwadibett mit alluvialem
Feinmaterialtransport

Entwurf : K. Gießner, 1984, nach Geländekartierungen 1982
u. Luftbildauswertung M 16 (26, 27, 28)

Abb. 5: Die Vorlandregion des Jebel Marra bei Nyama.

Ihre hydrologische Ernährung nach Niederschlägen erfolgt nicht nur über den Oberflächenabfluß von den höheren Inselbergen oder Sockelflächenresten, sondern zum überwiegenden Teil von der Pediplane-Fläche selbst. Im Übergangsbereich von der Fläche zu den Vorflutern geht sehr häufig die Spülmulden- und Spülrinnenerosion in eine Spülkerbenerosion über. Es beginnt die Zerschneidung der Pediplane-Fläche.

Als dritte morphologisch-morphodynamische Einheit müssen die unzerschnittenen Pediplane-Flächen mit alluvialer Spülsedimentdecke genannt werden. Sie sind als flache Depressionen im Vorland-Flächenrelief angelegt und übernehmen heute im aktuellen Flächenspülsystem die Funktion von kleinen, lokalen Erosionsbasen. Auf Grund der tonreichen alluvialen Spülsedimentdecke, die die unzerschnittenen Pedimentflächen überlagern, kommt es nach jedem Niederschlagsereignis zu Überstauungen. Im Sommer 1982 konnten tagelang nach stärkeren Niederschlägen flache Seenbildung und breite, schichtflutartige Abflußbänder auf diesen Pediplane-Flächen beobachtet werden.

Die vierte und letzte morphologisch-morphodynamische Einheit bilden die kastenförmig eingeschnittenen Täler der größeren Vorfluter. Sie sind terrassiert und besitzen darüber hinaus z. T. sehr mächtige Verfüllungen aus unterschiedlichen Vulkaniten und fluvialen Fein- und Grobsedimenten in Wechsellagerung. Der typische Talaufbau dieser größeren Vorfluter wurde am Beispiel des Wadi Nyama näher untersucht und dargestellt (GIESSNER 1984, S. 68–73).

5.2. Das Inselbergrelief von Kutum

Als Beispiel für die übergeordnete morphodynamische Steuerungsfunktion der Inselberge für die aktuellen Flächenspülprozesse auf der Jebel Marra-Vorlandregion kann das Inselbergrelief von Kutum angeführt werden. Morphologisch wurde dieser Bereich von MENSCHING untersucht und die Ergebnisse in mehreren Arbeiten publiziert (MENSCHING 1978b, S. 1–19; 1984b, S. 102–112). Sedimentologische und mineralogische Analysen der Verwitterungsprodukte dieses Inselbergkomplexes liegen von POETSCH (1984, S. 113–128) vor, so daß jetzt auch einige klimatische und klimamorphologische Aussagen gewagt werden können.

Das Inselbergrelief von Kutum ist aus einzelnen Blockinselbergen unterschiedlicher Dimensionen aufgebaut und seine Gesamtgenese kann als ein Beispiel für die morphogenetische Sequenz eines Kristallinreliefs im marginaltropischen Bereich der Sahelzone gedeutet werden (MENSCHING 1984b, S. 110). Mit 325 mm Jahresniederschlag und einer mittleren Jahresamplitude der Temperatur von 10,6° C herrschen heute randtropisch-semiaride Klimabedingungen.

Die unterschiedliche lokale Anordnung der einzelnen Inselberge zu hohen, blockübersäten großen Formen, zu Inselbergreihen, zu kleinen Blockanhäufungen, zu isolierten Einzelformen und zu ganz flachen Kuppen und Schildinselbergen läßt sich nur aus einem langen morphodynamischen Entwicklungs- und Alterungsprozeß heraus erklären (MENSCHING 1984b, S. 109). Dabei spielen die geologisch-tektonische Anlage, die petrographische Differenzierung und die Ausbildung des lokalen Gewässernetzes eine formbestimmende Rolle.

Wie die Übersichtsskizze (Abb. 6, verändert nach MENSCHING 1984b, S. 105) zeigt, sind die einzelnen Inselberge und Inselbergketten vor allem im Spülbereich flacher Wasserscheiden (= Pedimentscheitel) aus dem Basement herauspräpariert. Angelegt sind diese Wasserscheiden auf einer sekundären Wölbungsachse des Jebel Marra. Als lokale Erosionsbasis fungiert das Wadi Kutum, auf das sich die einzelnen Spülpedimente mit ihren flachen Abflußrinnen einstellen. Das transportierte Spülmaterial besteht aus Schwemmsanden und Granitgrus und wird von den verwitterten Blockinselbergen geliefert. Diese bestehen aus batholithischen Granitintrusionen („jüngere Granite"), die von einem relativ dichten Kluftsystem durchsetzt sind. Daneben treten im Basement noch Gneise auf, die auf Grund ihrer geringeren Verwitterungs- und Abtragungsstabilität zu flachen Schildinselbergen abgetragen oder ganz eingeebnet sind. Die Granite der Blockinselberge sind grobkristallin urd ihre Verwitterungsstabilität ist durch die tektonische Beanspruchung bereits stark herabgesetzt. Die Klüftung zeichnet die Verwitterungsrichtung entlang der Diaklassysteme vor, Kluftvergrusung erweitert diese Schwächezonen im Gestein und führt, zusammen mit sphäroidaler Desquamation, Tafonierung und oberflächlicher Abgrusung entsprechend den Maschenweiten des Kluftnetzes zu den unterschiedlichen Verwitterungsformen. Insgesamt bleibt die Granitverwitterung oberflächlich wirksam, ein kryptogener Tiefenzersatz, aus dem die „Wollsäcke" durch Freispülung des Verwitterungsgruses als feuchtzeitliche Blockrelikte einer intensiveren Tiefenverwitterung übrigblieben, konnte nirgends beobachtet werden. Für die Genese des Inselbergreliefs von Kutum ist daher ein zweiphasiges Entwicklungsmodell mit vorausgehender Tiefenverwitterung unter wesentlich feuchteren Klimabedingungen und anschließender Ausspülung unter semiariden Abtragungsbedingungen nicht haltbar. Die Blockinselberge sind daher nicht „kryptogen", sondern „phanerogen" entstanden.

Diese klimamorphologische Zuordnung zu einem mehr randtropisch-semiariden als semihumiden Verwiterungs- und Abtragungssystem wird auch durch die Ergebnisse der licht- und rasterelektronenmikroskopischen Laboruntersuchung des Verwitterungsmaterials durch POETSCH (1984, S. 113–127) untermauert. Ohne hier auf die Analyseergebnisse im einzelnen eingehen zu können, muß doch als Endergebnis folgendes festgehalten werden: Die Verwitterungsprodukte aus dem Inselbergkomplex von Kutum zeigen zwar einen erhöhten Verwitterungsgrad, der auch auf die Wirksamkeit chemisch-hydrolytischer Prozesse schließen läßt (Glimmer und Feldspäte sind deutlich korrodiert, Feldspäte im Vergleich zum unverwitterten Ausgangsgestein stark zerkleinert und im Verwitterungsspektrum fast halbiert, pedogene Anlagerung von Opalen und Alterung der freien Kieselsäure, Biotitverwitterung reicht bis zur beginnenden Tonmineralneubildung), aber das gesamte Verwitterungsspektrum und die pedochemischen Prozesse liegen noch weit von denen

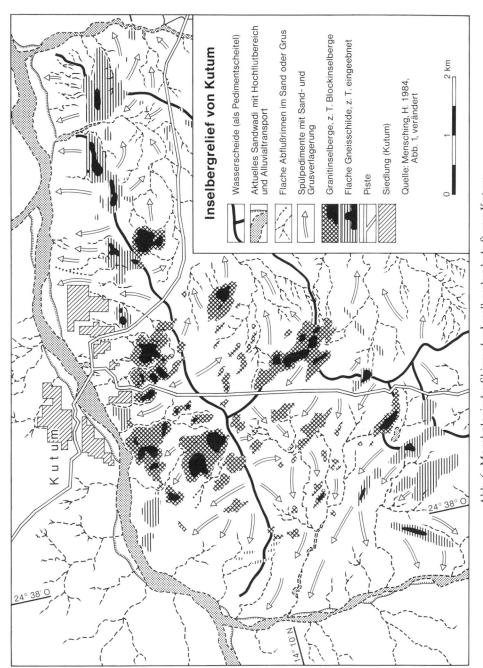

Inselbergrelief von Kutum

Wasserscheide (als Pedimentscheitel)

Aktuelles Sandwadi mit Hochflutbereich und Alluvialtransport

Flache Abflußrinnen im Sand oder Grus

Spülpedimente mit Sand- und Grusverlagerung

Granitinselberge, z. T. Blockinselberge

Flache Gneisschilde, z. T. eingeebnet

Piste

Siedlung (Kutum)

Quelle: Mensching, H. 1984, Abb. 1, verändert

0   1   2 km

Abb. 6: Morphologische Skizze der Inselberglandschaft von Kutum.

entfernt, die wir aus den semihumiden und humiden Tropen kennen. So bleibt die Tonmineralneubildung insgesamt gering, der Tongehalt beträgt nur max. 9,6%. Da sich die Verwitterungsphänomene darüber hinaus weitgehend mit denen in postsedimentären rezenten Wadisandbildungen decken, ist die Entstehung der Granitverwitterungsbildung am Inselbergrelief von Kutum unter überwiegend ariden bis semiariden Klimabedingungen einzuordnen.

6. Das vulkanische Gipfelrelief der Jebel Marra-Hochregion

Das vulkanische Gipfelrelief der Jebel Marra-Hochregion wird von einer Gipfelcaldera („Deriba"-Krater) beherrscht, deren Dimensionen (5 bis 6 km Durchmesser, max. 1000 m eingetieft) Zeugnis einer intensiven Explosionsphase geben. Umrahmt wird diese Riesencaldera von einem hohen steilen Trachytwall, der max. auf 3042 m Höhe über NN aufragt. Der obere Caldera-Rand wird durch eine mehrere Meter mächtige Tuff- und Bimssteinlage überdeckt. Die Außenhänge dieser Caldera-Umrahmung sind stark zerschnitten und leiten zu einem Tuff-Hochplateau über, das z. T. erosiv völlig aufgelöst ist. Der steile Trachyt-Innenrand ist mehrfach gestuft und geht mit einer klaren morphologischen Grenze in die ebenfalls stark zerschnittenen Caldera-Hänge aus Tuff-, Vulkanaschen- und Bimssteinablagerungen über. Diese sind z. T. gut geschichtet und bilden mehrere, übereinanderliegende Hangterrassen-Niveaus. Unter den aktuellen Klima- und Abtragungsbedingungen sind sie zungenförmig zerschnitten und von dem hängenden Trachytsteilhang in Form von Hangglacis überprägt. WILLIAMS, ADAMSON et al. (1980, S. 325) haben diese Hangterrassen als Reliktformen ehemals höher gelegener Caldera-Seeböden gedeutet und daraus weitreichende Rückschlüsse für die klimamorphologische Gesamtentwicklung gezogen. Verknüpft mit diesen Hangtuff-Terrassen ist ein fast 100 m mächtiger Asche-Damm, der im NE der Caldera den einzigen Durchbruch durch den Kraterrand verfüllt und den Ausfluß ehemals höher gelegener Caldera-Seen blockiert. Der Caldera-Boden wird heute von zwei Seen eingenommen, von denen aber nur der kleinere als echter Explosionskratersee anzusprechen ist. Er liegt in der steilen, trichterförmigen Einbruchscaldera eines jüngeren Explosionskraters und ist 108,8 m tief (WILLIAMS, ADAMSON et al. 1980, S. 323). Bei relativ hohem Natrongehalt ist der Gesamtsalzgehalt dieses kleineren Kratersees gering; er kann daher als „Süßwasser-Kratersee" bezeichnet werden.

Der zweite, größere Kratersee ist nur max. 11,6 m tief, zeigt im saisonalen Wechsel von Regen- und Trockenzeit deutliche Seespiegelschwankungen (max. 0,5 m) und hat bei einem pH-Wert von 9,6 einen relativ hohen Salzgehalt ($NaCl$, Na_2CO_3, $MgSO_4$). Er wird daher als „Salzwasser-Kratersee" bezeichnet.

Im Uferrandbereich des großen Salzwasser-Kratersees können unterschiedlich hohe fluviale und limnische Sediment- und Terrassenrelikte kartiert werden. Daraus haben WILLIAMS, ADAMSON et al. (1980, S. 324–328) verschiedene

Seeuferlinien rekonstruiert und diese mit klimatisch bedingten Seespiegel-schwankungen im jüngeren Quartär korreliert. Eine Neuaufnahme der Seeter-rassenrelikte und der morphodynamischen Prozesse im Randbereich der Kra-terseen (MENSCHING & GIESSNER 1984, S. 32–49) belegten zwar die limnische Genese der drei untersten Terrassenniveaus (die oberen, darüberliegenden Niveaus werden als Hangglacis-Terrassen gedeutet), doch sprechen die ge-samtmorphologischen und dynamischen Verhältnisse im Kraterbereich gegen eine rein klimatische Interpretation der Seebodenrelikte. Danach scheint es mir schwer vorstellbar, daß allein durch erhöhte Niederschläge in den Feucht-phasen des jüngeren Quartärs der Seespiegel mehrfach so hoch ansteigen konnte, daß eine klare Korrelation mit den kartierten Seesediment- und Ter-rassenrelikten möglich wird. Sicher muß man auch vulkanotektonische Verla-gerungen des Kraterbodens sowie fluvial-sedimentäre Auffüllungen der Seen mitberücksichtigen.

Einen Überblick über den morphologischen Aufbau der Gipfelcaldera und deren inneren Gliederung vermittelt die nach Geländekartierungen und Luft-bildauswertung entworfene morphologische Skizze in Abb. 7:

7. Die morphologischen Entwicklungsphasen im Überblick

Auf Grund der hier verkürzt skizzierten Geländebefunde und in Anlehnung an WHITEMAN (1971, S. 97–99) und an MENSCHING (1978a, S. 335–340) sowie an MENSCHING & GIESSNER (1984, S. 43–44) läßt sich die morphogenetische Entwicklung des Jebel Marra in folgende 8 Entwicklungsphasen gliedern:

1. Phase: Eine prävulkanische Abtragungsfläche schafft als „exhumierte alte Rumpffläche" eine Basisabtragungsfläche im Basementgestein. Diese dient in der weiteren Entwicklung als vulkanische Auflagerungsfläche.
2. Phase: Eine erste mittel- bis jungtertiäre (?) Eruptivphase liefert den geody-namischen Impuls für die Jebel-Marra-Zentralaufwölbung. Sie ist als län-gere vulkanische Aktivphase durch die Förderung besonders dünnflüssiger Olivin- und Trachytbasaltlaven gekennzeichnet. Es herrscht Flächenabtra-gung vor.
3. Phase: Eine längere vulkanische Ruhephase mit intensiven Verwitterungs- und Abtragungsprozessen überformt das altbasaltische Relief. Die älteren Basaltlavadecken werden zu Blockverwitterungsdecken umgewandelt. Ein Tälerrelief entsteht.
4. Phase: Eine zweite jungtertiäre Eruptivphase fördert kurzfristig basaltische Laven, die in das vorhandene Talnetz einfließen (gerichtete Talbasalt-Ströme).
5. Phase: Eine ausgeprägte Explosionsphase mit gasreichen Explosionen und Eruptionen liefert die mächtigen Tuff-, Asche- und Bimssteindecken. Durch diese explosive Vulkantätigkeit wird der Gipfelkrater angelegt und nachfol-gend die Gipfelcaldera durch Einbrüche gebildet. Vorläufer der heutigen Kraterseen sind anzunehmen.

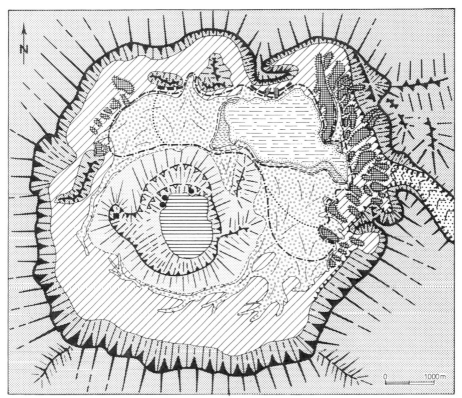

Morphologische Übersichtsskizze der Jebel Marra-Gipfelregion

Deriba-Krater mit Caldera und Kraterseen

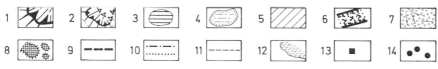

Entwurf: K. Gießner, 1984
Quellen: Geländekartierung 1982 u. 1983, Luftbildauswertung M14(34,35), M18(16); Williams, M.A.J.;
Adamson, D.A. et al. (1980).

1. Caldera-Kraterumrahmung mit Trachyt-Steilrändern und älteren Tuff-, Asche- und Bimssteinablagerungen auf den zerschnittenen Außenhängen
2. Explosionskrater mit jüngeren Tuff-Ascheablagerungen
3. Tiefer Explosionskrater-See mit Süßwasser
4. Flacher Caldera-Kratersee mit Salzwasser
5. Stark zerschnittene Caldera-Hänge aus Tuffen, Vulkanaschen und Bimssteinen
6. Vulkanaschen-Damm mit canyonartigem Einschnitt
7. Alluviale Schwemmfächer mit aktuellen Zerschneidungsrinnen und Schwemmsedimenten
8. Hangterrassen-Relikte am Caldera-Innenrand (z. T. frühere Caldera-Böden), mit Tuff-Aschenauflage, als Hangglacis überformt
9. Höhere Seeufer-Linie, 25–30 m – Seespiegelniveau, mit fossilen Kliff- und Terrassenrelikten belegt
10. Höhere Seeufer-Linie, 5–6 m bzw. 8–10 m Seespiegelniveau, mit Terrassenrelikten und Seeablagerungen belegt
11. Höhere Seeufer-Linie, 1,50–2,50 m Seespiegelniveau, mit Terrassenrelikten und Seeablagerungen belegt
12. Aktuelle und subrezente Seeablagerungen im Bereich saisonaler und interannueller Seespiegelschwankungen
13. Postvulkanische Fumarolen-Exhalationen
14. Postvulkanische „Heiße Vulkanquellen"

Abb. 7: Morphologische Skizze der Jebel Marra-Kraterregion.

6. Phase: Eine Intrusivphase schafft das Staukuppen- und Stoßkuppen-Relief im Osten und Norden. Das Alter dieser phonolithischen und basaltischen Intrusionen ist nicht bekannt. Verknüpfung mit den anderen Vulkanphasen sind noch unklar.

7. Phase: Eine zweite gasreiche Explosion läßt den Explosiontrichter des kleinen Zentralkegels in der Caldera entstehen. In der Einbruchscaldera bildet sich nachfolgend der tiefe Kratersee. Jüngere Aschen- und Tuff-Förderungen begleiten diese explosive Phase. Sie begann im jüngeren Pleistozän und endete im mittleren Holozän.

8. Phase: Die heutige postvulkanische Erschöpfungs- und Ruhephase ist durch Exhalationen, Fumarolen und Thermalquellen gekennzeichnet.

Dieses vorläufige Entwicklungsmodell beinhaltet nur eine sehr vage morphostratigraphische Abfolge möglicher Formungsphasen. Es bleibt insgesamt hypothetisch und beinhaltet noch sehr viele offene Fragen. Für eine weiterführende Präzisierung fehlen bislang nahezu alle notwendigen regional-tektonischen, petrographisch-stratigraphischen und morphologischen Geländeuntersuchungen mit fundierten Datierungen. Sie müssen das Hauptziel zukünftiger Forschungsarbeiten im Jebel Marra sein.

Zusammenfassung

Die folgende geomorphologische und morphodynamische Untersuchung der Jebel Marra-Region konzentriert sich auf das Gebirgsvorland und auf die vulkanische Jebel Marra-Hochregion. Die Fußregion ist durch vier übergeordnete geomorphologische Einheiten gekennzeichnet: 1. das Blockinselrelief mit Spülpedimenten, ausgebildet in Granitintrusionen des Basement; 2. flachwellige, freigespülte und zerschnittene Pediplane-Flächen; 3. unzerschnittene Pediplane-Flächen mit alluvialer Sedimentdecke und 4. die eingeschnittenen Kastentäler der Vorfluter. Aus Detailkartierungen und Geländebeobachtungen der Pediplane-Region von Nyala und der Inselberglandschaft bei Kutum werden die geomorphologischen und petrographisch differenzierten Grundlagen des morphodynamischen Systems und die heute vorherrschenden Formungsprozesse der Pediment-, Pediplane- und Inselberggenese dargestellt.

Die Jebel Marra-Gipfelregion wird von einem Stratovulkan mit knapp über 3000 m Höhe, einer Gipfelcaldera und zwei Kraterseen beherrscht. Der vulkanische Formenschatz und die Morphogenese dieser Gipfelregion werden kurz skizziert. Dabei werden auch die Fragen früherer und höher gelegener Caldera-Böden sowie die früheren Kraterseen mit Seeablagerungen, Seestrandlinien und Seeterrassen diskutiert. Abschließend wird die Morphogenese des Jebel Marra in 8 morphogenetischen Entwicklungsphasen zusammengestellt.

Summary

(Relief, morphodynamics and morphogenesis of the Jebel Marra piedmont and top region)
The following geomorphological and morphodynamic study of the Jebel Marra is concentrated on its foreland area and on its highest volcanic mountain region. The Jebel Marra foreland is characterized by four morphological units: 1. the block Inselberg formation with pediments at the granite intrusions of the Basement Complex; 2. the undulating freewashed and

dissected pediplanes; 3. the undissected pediplanes with alluvial deposits; and 4. the deep dissected valleys of the „Vorfluter". From detailed mapping and field observations of the pediplane area of Nyala and of the Inselberg landscape near Kutum the geomorphological and petrographically differentiated fundamentals of the morphodynamic system and the processes presently dominating the morphogenesis of pediments, pediplanes and Inselbergs are outlined.

The highest part of the Jebel Marra massif is dominated by a stratovolcano rising slightly over 3000 m with a summit caldera and two crater lakes. The volcanic forms and the morphogenesis of this summit region are outlined. At the same part the questions of residuals of former higher caldera floors and former lakes with lacustrine deposits, shorelines and terraces are discussed. Finally the morphogenesis of the relief of Jebel Marra by eight morphogenetic phases is skeletonized.

Literatur

FRANCIS, P.W., THORPE, R.S. et a. (1973): Setting and significance of tertiary-recent volcanism in the Darfur Province of Western Sudan. - In: Nature Phys. Sci., 243, S. 30–32.

GIESSNER, K. (1984): Hydromorphodynamische Beobachtungen zum Gewässer- und Talnetz der Jebel-Marra-Region. - In: H.G. MENSCHING (Hrsg.): Beiträge zur Morphodynamik im Relief des Jebel-Marra-Massivs und in seinem Vorland (Darfur/Republik Sudan). Akademie der Wissenschaften in Göttingen. S. 50–74, Hamburg.

HAARMANN, V. (1986): Naturpotential und Grenzen der Landnutzung im Südsahel des südöstlichen Jebel-Marra-Vorlandes (Darfur/Republik Sudan). Akademie der Wissenschaften in Göttingen. Hamburg.

HAMMERTON, D. (1966): Hot springs and fumaroles at Jebel Marra. - In: Nature 209, S. 1290.

HAMMERTON, D. (1968): Recent discoveries in the caldera of Jebel Marra. - In: Sudan Notes and Records 49, S. 136–148.

HOBBS, H.F.C. (1918): Notes on Jebel Marra, Darfur. - In: Geogr. J. 52, S. 357–363.

HUNTING TECHNICAL SERVICES LTD (1977): Agricultural Development in the Jebel Marra. Annex I: Land Resources; Annex II, Vol. I: Hydrogeology, Vol. II: Hydrology and Engineering, London.

HUNTING TECHNICAL SERVICES LTD (1978): Agricultural Development in the Jebel Marra Area. Final Report. London.

IBRAHIM, F. N. (1980): Desertification in Nord-Darfur. Untersuchungen zur Gefährdung des Naturpotentials durch nicht angepaßte Landnutzungsmethoden in der Sahelzone der Republik Sudan. (Hamburger Geographische Studien 35). Hamburg.

MENSCHING, H. (1970): Flächenbildung in der Sudan- und Sahel-Zone (Obervolta und Niger). Beobachtungen zum arid-morphodynamischen System und zur Morphogenese in den Randtropen Westafrikas. - In: Z. Geomorph., Suppl.-Bd. 10, S. 1–29.

MENSCHING, H. (1978a): Zur Geomorphologie des Jebel Marra (Darfur/Sudan). - In: Beiträge zur Quartär- und Landschaftsforschung. Festschrift f. J. Fink, S. 333–344, Wien.

MENSCHING, H. (1978b): Inselberge, Pedimente und Rumpfflächen im Sudan (Republik). Ein Beitrag zur morphologischen Sequenz. - In: Z. Geomorph., Suppl. 30, S. 1–19.

MENSCHING, H. (1982): Der Jebel Marra und seine Höhenstufen. Zur Geographie eines vulkanischen (Hoch-)Gebirges in den Randtropen Afrikas (Sudan). - In: Beiträge zur Hochgebirgsforschung und zur Allgemeinen Geographie. Festschrift für H. Uhlig, Bd. 2. Hrsg. von E. MEYNEN u. E. PLEWE, S. 29–50. (Erdkundliches Wissen 59). (Geographische Zeitschrift-Beihefte). Wiesbaden.

MENSCHING, H. (1983): Die Wirksamkeit des „arid-morphodynamischen Systems" am mediterranen Nordrand und am randtropischen Südrand (Sahel) der Sahara. Ein Beitrag zur zonalen Klima-Geomorphologie. - In: Geoökodynamik 4, S. 173–189.

MENSCHING, H. (1984a): Das Relief der Jebel-Marra-Achse und des Vorlandes. Eine Einführung in das morphodynamische Prozeßgefüge. - In: H.G. MENSCHING (Hrsg.): Beiträge zur Morphodynamik im Relief des Jebel-Marra-Massivs und in seinem Vorland (Darfur/Republik Sudan). Akademie der Wissenschaften in Göttingen. S. 17–31, Hamburg.

MENSCHING, H. (1984b): Die Inselberglandschaft von Kutum in Norddarfur. – In: H.G. MENSCHING (Hrsg.): Beiträge zur Morphodynamik im Relief des Jebel-Marra-Massivs und in seinem Vorland (Darfur/Republik Sudan). Akademie der Wissenschaften in Göttingen. S. 102–112, Hamburg.

MENSCHING, H. und GIESSNER, K. (1984): Das Gipfelrelief der Jebel-Marra-Hochregion. Aufbau – Dynamik – Genese. – In: Relief des Jebel-Marra-Massivs und in seinem Vorland (Darfur/Republik Sudan). Akademie der Wissenschaften in Göttingen. S. 32–49, Hamburg.

MIEHE, S. (1984): Vegetationsökologische Grundlagen für eine Beurteilung morphodynamischer Prozesse in den Höhenstufen des Jebel Marra. – In: H. G. MENSCHING (Hrsg.): Beiträge zur Morphodynamik im Relief des Jebel-Marra-Massivs und in seinem Vorland (Darfur/Republik Sudan). Akademie der Wissenschaften in Göttingen. S. 75–101, Hamburg.

POETSCH, TH. (1984): Ergebnisse mikroskopischer Untersuchungen von Verwitterungsbildungen der Inselberglandschaft von Kutum (Norddarfur). – In: H.G. MENSCHING (Hrsg.): Beiträge zur Morphodynamik im Relief des Jebel-Marra-Massivs und in seinem Vorland (Darfur/Republik Sudan). Akademie der Wissenschaften in Göttingen. S. 113–128, Hamburg.

WICKENS, G. E. (1976): The Flora of Jebel Marra (Sudan Republic) and its geographical affinities. Kew Bull. Additional Series V, London.

WILLIAMS, M. A.J., ADAMSON, D.A. et al. (1980): Jebel Marra volcano: a link between the Nile Valley, the Sahara and Central Africa. – In: The Sahara and the Nile. Ed. by M.A.J. WILLIAMS and H. FAURE, S. 305–337, Rotterdam.

WHITEMAN, A.J. (1971): The Geology of the Sudan Republic. Oxford.

Aktuelle und vorzeitliche Morphodynamik in der westlichen Kleinen Karru (Südafrika)

Von JÜRGEN HAGEDORN, Göttingen

1. Lage und natürliche Ausstattung des Untersuchungsgebietes

Die Kleine Karru liegt als ein sich über ca. 180 km E-W-erstreckender und nur etwa 50 km breiter Beckenbereich innerhalb des Kapfaltengürtels am Südrand des afrikanischen Kontinents. Sie wird in N und S eingefaßt von den bis über 2000 m ansteigenden Hauptkämmen des südlichen Kapgebirges, den Gr. und Kl. Swartbergen bzw. dem Langeberg und den Outeniekwabergen. Das Beckeninnere liegt in etwa 400 m Höhe.

Die genannten Gebirgszüge stellen die Hauptantiklinalen der spätpaläozoischen Kapfaltung dar und werden von dem verbreitet quarzitischen Table Mountain Sandstein (TMS) (Ordoviz bis Silur) gebildet, während das Becken vornehmlich von den devonischen Bokkeveldschichten, einer Wechselfolge aus Tonschiefern und Sandsteinen stark variierender Mächtigkeit, eingenommen wird. Gelegentlich folgt noch der Wittebergsandstein, und bei Oudtshoorn finden wird auch den Granit an der Basis des TMS und in Gräben sind oberjurasische bis unterkretazische Konglomerate (Enon) erhalten.

Der zonalen Lage und ihrer Gebirgsumrahmung verdankt die Kleine Karru ein semiarides Klima mit einem Jahresniederschlag von 200 bis 300 mm und 7 bis 12 ariden Monaten im Sinne WALTERS, wobei die Niederschlagsmaxima im W deutlich im Winter, im E eher im Frühjahr und Herbst liegen. Bei durchschnittlich 30-40 Niederschlagstagen im Jahr betragen die registrierten 24-Stunden-Maxima für die Stationen Oudtshoorn (1926-1950) und Montagu (1884-1950) 50 bis knapp 100 mm (S. A. Weather Bureau 1954). Doch berichtet MOLTER (1966, S. 58) von einem Ereignis in der östlichen Kleinen Karru, bei dem am 2. 10. 57 innerhalb 2½ Stunden 145 mm Niederschlag fielen. Er konnte dabei Abspülung durch Schichtfluten und die Erweiterung und Neubildung von Erosionsrinnen unmittelbar beobachten. MOLTER nennt nach HAFEMANN (1943) auch einen Tagesniederschlag von 355 mm am 31. 3. 31 bei Wagenboomskraal am Südrand der Kleinen Karru. Die Variabilität des Niederschlags – als mittlere Abweichung vom Jahresmittel – ergibt sich nach SCHULTZE (1965) mit ca. 25%. Von morphologischer Bedeutung ist, daß die meistens heftigen Niederschläge rasch zu einem Oberflächenabfluß an Hängen und in Gerinnen führen, was auch durch die Karru-Vegetation erleichtert wird.

Dabei handelt es sich um eine sehr weitständige und schüttere Kleinstrauch-Vegetation mit einzelnen Sukkulenten. Eine Bodenbedeckung zwischen und

unter den Sträuchern fehlt weitgehend, sicher auch ein Effekt der Überweidung, die die Entstehung einer Halbwüste gefördert hat (vgl. ACOCKS 1953).

Die Entwässerung wird durch einige Längstäler beherrscht, die sich nur im
Gouritzrivier zum Durchbruch durch die südliche Umrahmung vereinigen,
aber über Durchbruchstäler in den nördlichen Gebirgen – den Groot und Klein
Swartbergen – auch Zufluß von außerhalb der Kleinen Karru erhalten. Nur
in diesen größeren Tälern herrscht ein perennierender Abfluß mit starken
Schwankungen, die übrigen Gerinne zeigen periodischen bis episodischen
Abfluß.

Die folgenden Ausführungen basieren vor allem auf Untersuchungen im
Westteil der Kleinen Karru im Gebiet zwischen Riversdale und Ladismith. Sie
lassen sich jedoch nach Vergleichsstudien grundsätzlich für die gesamte Kleine
Karru verallgemeinern.

2. Die Gliederung des Reliefs

Innerhalb des zuvor skizzierten Rahmens ist das Relief wie folgt zu charakterisieren (vgl. Abb. 1 und 2): von den Steilabfällen der die Kleine Karru umrahmenden Gebirgszüge im TMS greifen zungenförmige Flächenreste in das
Becken hinein. Sie sind am Gebirgsrand ca. 5°, in ihren unteren Teilen um 2°
geneigt und ziemlich generell mit einem Silcrete bis zu 12 m Mächtigkeit
überzogen, in den kantengerundete bis gerundete Schotter bis zu Blockgröße

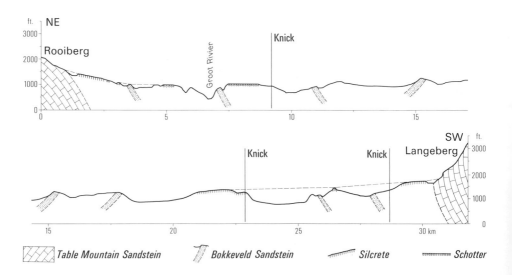

Abb. 2: Querprofil durch die Kleine Karru zwischen Rooiberg und Langeberg
(Lage siehe Abb. 1).

Abb. 3: Pedimentreste mit Silcrete-Decke am N-Fuß des Langebergs nördl. Riversdale (3. 10. 1981).

Abb. 4: Abbruch eines fanglomeratischen Silcretes gegen eine tiefere Fläche im Vorland der Outeniekwaberge südöstlich Oudtshoorn (30. 9. 1983).

eingebacken sind (vgl. Abb. 3 und 4). Im Becken selbst finden sich Tafelberge mit einer Silcrete-Kappe über steilgestellten Bokkeveldschichten, 100–150 m über die Umgebung aufragend und in der Höhenlage gut mit den Flächenresten am Gebirgsfuß korrespondierend. Diese Flächenreste werden mit TWI-DALE & VAN ZYL (1981) und im Unterschied zu LENZ (1957), der sie als Terrassen anspricht, als Reste von Pedimenten angesehen, die sich aus der Beckenumrahmung, wo sie z. T. noch den TMS kappen, in das Becken hineinziehen.

Erste Datierungsversuche mit Hilfe der Elektronenspin-Resonanz-Analyse (ESR) durch Herrn Dr. RADTKE (Düsseldorf) ergaben für zwei Silcrete-Proben Alter von 7,3 bzw. 9,4 Mill. Jahren[1]. Sie weisen also auf das Obermiozän, was in guter Übereinstimmung mit Geländebefunden an Silcretes auf der Küstenabdachung ca. 30 km südlich steht. Dort enden die silcretisierten Flächenreste oberhalb der mit Sedimenten des Pliozäns und Quartärs (MALAN 1987) bedeckten Küstenplattform.

Weitere Altflächenreste sind besonders ausgedehnt in der Umgebung des Grootriviers als Hauptfluß der westlichen Karru entwickelt. Sie liegen mindestens knapp 200 m über dem Talboden und weisen eine Schotterbedeckung von im allgemeinen unter 1 m Mächtigkeit auf. Diese Schotterflächen könnten den Vorfluterbereich und das Vorfluterniveau kennzeichnen, auf die die Silcrete-bedeckten Pedimente eingestellt waren. Es kann aber auch nicht ausgeschlossen werden, daß es sich hier bereits um ein ca. 20–30 m tiefergelegtes Niveau handelt. Dies ist für das Folgende jedoch unerheblich.

Das Relief unterhalb dieser alten Pedimentreste wird durch das Nebeneinander von mehr oder weniger breiten Becken und von Homoklinalkämmen gekennzeichnet (vgl. Abb. 5). Der Begriff Homoklinalkamm soll dabei Schichtkämme im üblichen Sinne, also mit Bindung des Kammes an ein resistenteres Gestein, auch bei inverser Lagerung, umfassen, soll aber auch Kämme einschließen, die schichtkammartig in Anpassung der Form an die Schichtlagerung ausgebildet sind, ohne daß Resistenzunterschiede erkennbar sind.

Diese Becken sind entlang der größeren Gerinne orientiert und meist in deren Richtung langgestreckt, z. T. in Richtung der Gebirgsabdachung, häufiger etwa senkrecht dazu im Streichen der Schichten. Die Beckenböden sind mit etwa 1–2° zur Tiefenlinie hin abgedacht, in der ein sohlenartiges Gerinnebett meistens kaum in den Beckenboden eingetieft ist. Die Becken werden seitlich häufig durch Homoklinalkämme begrenzt, aber diese Kämme können auch im Beckeninnern auftreten, und zwar zu den Rändern hin an Zahl zunehmend. An den Rändern sind Sohlen- und Kerbtäler auf den Beckenboden eingestellt. Sie greifen in die Beckenumrahmung und darüber hinaus in ein nächst höheres Beckenniveau ein oder verbinden ein Becken mit einem

----

[1] Eine ausführliche Veröffentlichung über die Mineralogie und die Datierung der Silcretes gemeinsam mit U. RADTKE und W. SMYKATZ-KLOSS ist in Vorbereitung.

Abb. 5: Homoklinalkämme in Bokkeveld-Tonschiefern, die an der Grenze zwischen zwei unterschiedlich hoch gelegenen Flächen aus einem Beckenboden südlich Vanwyksdorp aufragen (23. 3. 1980).

anderen tiefer oder gleich hoch gelegen. Dabei präparieren sie neue Homoklinalkämme aus der höheren Fläche heraus (Abb. 6).

Es ist damit bereits angedeutet, daß mehrere Beckenniveaus vorliegen. Es ergibt sich zunächst ein anscheinend beziehungsloses Nebeneinander verschieden hoch gelegener Beckenböden, die durch verschiedene Gerinne entwässert werden, aber auch eine Stufung innerhalb desselben Beckens mit einem Hintereinander verschieden hoher Beckenteile entlang des Vorfluters, besonders in den Abdachungstälern, in denen dann quer zum Gerinne verlaufende resistentere Schichten einen 20–30 m hohen Riegel bilden können. Von solchen entlang der Gerinne hintereinander oder nebeneinander folgenden Beckenniveaus lassen sich sicher drei unterscheiden, eine weitergehende Festlegung der Anzahl unterschiedlicher Niveaus erscheint nicht möglich.

Die Becken sind über ihre Gerinne mit dem Grootrivier als dem Hauptvorfluter verbunden, in dessen Tal mindestens zwei Terrassen in 20–35 m und 40–65 m über dem Talgrund liegen. Sie tragen eine Grobschotterbedeckung von bis zu 3 m über einem Felssockel. Hinzu kommt eine bis zu 10 m hohe Auenterrasse, die vornehmlich aus Schluff und Feinsand aufgebaut wird. Die Auenterrasse wird mindestens lokal noch heute von Hochwässern überflutet und ist sicher als holozän anzusprechen. Die Schotterterrassen müssen nach Lage und Habitus dem Pleistozän zugeordnet werden. In höherer Position – bis 200 m über dem Talboden und oberhalb des eigentlichen Taleinschnitts –

Abb. 6: Silcrete-bedeckte Pedimentreste, aus denen nach Taleinschneidung resistente Schichten als Homoklinalkämme herauspräpariert werden. Nördliches Langeberg-Vorland bei Riversdale (4. 10. 1983).

befinden sich weitere ausgedehnte Schottervorkommen, die sich aber untereinander nicht zu Flußterrassen verbinden lassen und die – auch in ihrer Lagebeziehung zu den Silcretes – als tertiär, wahrscheinlich pliozän angesehen werden können. Das mittlere Beckenniveau läßt sich verschiedentlich an die 20–35 m – Terrasse anschließen, das untere über ein Sohlenkerbtal mit dem heutigen Talboden verknüpft.

3. Die aktuelle Morphodynamik

Das unterhalb der alten Pedimentreste gelegene, also postmiozäne Relief läßt keine prinzipiellen Brüche in seiner Entwicklung erkennen, so daß es als Ergebnis der heute noch herrschenden Morphodynamik anzusehen ist, die im weiteren untersucht werden soll. Dabei sei Morphodynamik verstanden als das Zusammenwirken der morphologischen Prozesse im Relief einschließlich der räumlichen Differenzierung.

Wesentlich für die aktuelle Morphodynamik in der Kleinen Karru sind nach den Geländebefunden die Prozesse der Verwitterung und ihre materialbedingten Variationen sowie die Abspülung. An der Verwitterung sind die mechanische Verwitterung und die Hydratationsverwitterung beteiligt. Ihr

Zusammenwirken führt bei den Tonschiefern zum Zerfall zu einem fein- bis mittelkörnigen Substrat. Je nach Art der Schiefer dominiert im Verwitterungsmaterial die Mittelkiesfraktion mit einem splitartigen, d. h. plattig-kantigen Habitus der Einzelkörner oder die Feinsand- bis Schluff-Fraktion. Die Bokkeveld-Sandsteine werden langsamer, unter Zwischenschaltung der Blockfraktion in ihre Bestandteile zerlegt. Die Quarzite und quarzitischen Sandsteine des TMS in der Karru-Umrahmung erscheinen dagegen von der Verwitterung kaum betroffen. Frisches Verwitterungsmaterial wurde hier nicht angetroffen. An den allgemein verbreiteten exponierten Steilhängen ohne Verwitterungsdecke fehlen frische Gesteinsausbisse. Das fein- bis mittelkörnige Verwitterungsmaterial wird auch bei geringster Hangneigung durch die Abspülung leicht verfrachtet, so daß das anstehende Gestein immer wieder neu der Verwitterung exponiert wird. Die Sandsteinblöcke werden nur an den steilen Hängen – vor allem gravitativ – bewegt und sammeln sich besonders im Hangfußbereich von Kämmen an.

Die Abspülung wirkt in Abhängigkeit vom starken Oberflächenabfluß bei fehlender Vegetationsbedeckung des Bodens flächenhaft (Abb. 7). Die Spülrinnen sind kaum eingetieft, engständig angelegt und zeigen die Tendenz zu häufigen Verlagerungen. Bei der Konvergenz mehrerer Spülrinnen und/oder höherem Gefälle kommt es auch streckenweise zu gullyartigen Einschnitten innerhalb der flachen Rinnen. Auf den Flächen wie in den flachen Gerinnebetten ist nach dem Abfluß verbreitet das Anstehende exponiert (Abb. 8). Daneben existiert aber auch – vor allem am Fuß der Gebirgsumrahmung – eine mehrere Dezimeter mächtige Bedeckung mit älterem Kolluvium, das ebenfalls der Abspülung unterliegt und häufig nur noch inselartig unter Vegetationshorsten erhalten ist.

Die Transportkraft auf den Flächen ist jedoch nur beschränkt, wie eine aus dem Zerfall von Quarzadern in den Schiefern hervorgehende Quarzkiesstreu zeigt, die als Zeugnis selektiver Abspülung verbreitet auftritt. Die beim Abfluß an steileren Hängen gegebene höhere Energie ermöglicht offenbar eine relativ rasche Hangrückverlegung durch die Abspülung, woran gelegentlich auch noch eine seitliche Unterscheidung der Hänge durch Spülrinnen beteiligt ist, soweit nicht Sandsteinschutt, der von der Abspülung kaum transportiert wird, dies verhindert. Die Hangrückverlegung durch Abspülung wird also durch Gesteine höherer Verwitterungsresistenz und den von ihnen gelieferten Schutt je nach Mächtigkeit der resistenten Schichten mehr oder weniger verzögert. Als besonders resistent erweisen sich dabei die Silcretes auf den alten Pedimentresten.

Die Entwicklung des hier typischen Becken-und-Kamm-Reliefs setzt ein mit einer vom Vorfluter her induzierten Taleinschneidung, die zumeist in enger Anlehnung an die Gesteinsstruktur erfolgt. Daran schließt sich die seitliche Ausweitung der Täler durch Hang- und Talpedimente an, während sich gleichzeitig die Einschneidung talaufwärts fortsetzt. Beckenartig ausgeweitete Tälchen werden durch Homoklinalkämme voneinander getrennt, die meist an den resistenten Sandstein gebunden sind, aber auch in Tonschiefern ohne höhere Resistenz liegen können. Diese Homoklinalkämme werden im

Abb. 7: Zeugnisse flächenhafter Abspülung (vorn) und Rinnenbildung auf jüngerer Fläche
südlich Vanwyksdorp (4. 10. 1983).

Abb. 8: Abspülung des Kolluviums über den anstehenden Tonschiefern (vorn) in einer Rinne
südlich Vanwyksdorp (9. 10. 1981).

Zuge der Hangpedimentation z. T. sehr rasch, z. T. langsam aufgezehrt und in die entstehenden Beckenböden einbezogen. So erfolgt gleichzeitig und nebeneinander Taleinschneidung, Flächenbildung und Kammbildung, wobei das Fortschreiten des jeweiligen Vorganges von der Gesteinsresistenz, der Lage zum Vorfluter und der Größe des Einzugsgebietes gefördert oder verzögert wird.

4. Die vorzeitliche Morphodynamik und ihre paläoklimatologische Bewertung

Bezeichnen wir die Abfolge vor der Taleinschneidung bis zur Flächenbildung als eine morphogenetische Sequenz im Sinne von MENSCHING (1978), so sind im engeren Untersuchungsgebiet wie überhaupt in der Kleinen Karru mehrere solcher Sequenzen aufeinander gefolgt, und zwar ausgehend vom Hauptvorfluter – hier dem Grootrivier – nach dessen vorhergehender tieferer Einschneidung. Die Zahl der Flußterrassen wie der verschiedenen Beckenniveaus führt zur Ableitung von wenigstens drei solcher Sequenzen nach dem Silcrete-Stadium des Miozäns. Aktuell ist erkennbar, daß mit dem Einsetzen einer neuen Sequenz im Unterlauf eines Gerinnes die früheren Sequenzen im oberen Teil des Einzugsgebietes nicht unterbrochen werden, sondern daß das hier erreichte Entwicklungsstadium weiterläuft. Daher können in Abhängigkeit von den steuernden Gerinnen, der Lage in ihren Einzugsgebieten und im Verhältnis zu mehr oder weniger resistenten Schichten im Gelände nebeneinander gleiche Stadien verschiedener Sequenzen, verschiedene Stadien gleicher oder verschiedener Sequenzen und natürlich auch gleiche Stadien gleicher Sequenzen auftreten; also auch: Flächenbildung mit der Abtragung von Homoklinalkämmen neben Talbildung mit Herauspräparierung von Homoklinalkämmen, oder – bedingt durch die Lage zum Hauptvorfluter – Weiterbildung verschieden alt angelegter Flächen im gleichen Niveau und gleich alt angelegter Flächen in verschiedenen Niveaus. Es sind metachrone Flächen im Sinne von THOMAS & BRUNSDEN (1977, S. 30) und AHNERT (1982, S. 65).

Im Verhältnis von Flächen zu Homoklinalkämmen wird wie schon im Mikrorelief der typische Dualismus der semiariden Morphogenese deutlich: werden einerseits feinste Gesteinsstrukturen sehr scharf nachgezeichnet, so findet man andererseits viele Zeugnisse einer über solche strukturellen Unterschiede hinweggreifende Planierung, Wirkungen, die letztlich auf die Prozesse der Verwitterung und der flächenhaften Abspülung zurückgehen.

Das gleichzeitige Nebeneinander von Taleinschneidung und Flächenbildung wurde wiederholt auch von MENSCHING (1973 u. a.) als Kennzeichen des arid-morphodynamischen Systems der Fußflächenbildung abgeleitet. STINGL (1979) konnte eine entsprechende Reliefentwicklung für das westliche Argentinien nachweisen und kommt zu einer mit der vorstehenden Darstellung übereinstimmenden Auffassung insbesondere hinsichtlich des Durchgangsstadiums von Schichtkämmen. Für die westliche Kleine Karru sehen auch TWIDALE & VAN ZYL (1981) das Nebeneinander von Flußeinschneidung und Planierung gegeben. Nach ihrer Auffassung ist aber die Einschneidung mit anschließender Seitenerosion auf die großen Längstäler beschränkt, während abseits davon die verzweigten Abflüsse planierend wirken. Eine Einschneidung im Bereich der Flächen soll durch die schützende Schuttbedeckung verhindert werden, abgesehen von außergewöhnlichen Starkregen und entsprechenden Abflüssen. Allerdings kann für die jüngeren Flächen von einer Schuttbedeckung keine Rede sein. Die entsprechenden Angaben von TWIDALE & VAN ZYL können sich daher nur auf die Erhaltung der alten mit Fanglomeraten und Silcretes bedeckten Pedimentreste beziehen. Schuttdecken können hier aber keine Bedeutung für den auch nach TWIDALE & VAN ZYL heute anhaltenden Prozeß der Pedimentierung haben.

Diese Morphodynamik, die in den Grundzügen wohl während des gesamten Quartärs, vielleicht schon seit dem Pliozän angedauert hat, ist letztlich auf eine Flächenbildung ausgerichtet, konnte aber durch das Einsetzen neuer Sequenzen infolge neuer Einschneidung des Vorfluters ein entsprechendes „Endstadium" nicht erreichen. Sie hat jedoch an dem quarzitischen TMS eine deutliche gesteinsbedingte Grenze erreicht. Die in den Bokkeveldschichten vorhandenen Flächen werden in sich tiefer gelegt, greifen aber nicht in das Gebirge hinein, wie man es von echten Pedimenten fordern müßte. BRUNOTTE (1986) hat für solche Fußflächen aufgrund entsprechender Beobachtungen im argentinischen Andenvorland den Begriff „Parapedimente" vorgeschlagen. Da es sich in jedem Fall um eine Fußflächenbildung oder -weiterbildung handelt, die an geringer resistente Gesteine gebunden ist, wäre auch der Terminus „Glacis" im Sinne von MENSCHING (1973) angemessen; aber mit „Parapediment" wird ein anderer, für unsere Fragestellung wichtiger Aspekt hervorgehoben.

Den jungen Parapedimenten stehen in der Kleinen Karru die miozänen echten Pedimente gegenüber, die den TMS kappend in das Gebirge eingreifen. Dieser Unterschied kann entweder durch eine nicht durch neue Einschneidung unterbrochene längere Andauer der gleichen Prozesse wie heute bedingt sein oder aber durch eine höhere Intensität der gleichen oder anderer Prozesse. Als Indiz für eine andere oder intensivere Morphodynamik im Miozän kann man die TMS-Schotter werten, die im Silcrete verbacken in einiger Entfernung vor dem Gebirge liegen, auf den unteren Flächen aber fehlen. Sie kommen zwar in den Schotterterrassen des Grootriviers vor, sind hier aber als Zeugnisse einer Fernwirkung der pleistozän-kaltzeitlichen Verwitterung in den höheren Gebirgslagen des Einzugsgebietes und des Flußtransportes anzusehen. Die Frage, welche klimatischen Unterschiede eine entsprechend veränderte Morphodynamik bedingen könnten, kann vorläufig nur spekulativ beantwortet werden. Eine Verstärkung der mechanischen Verwitterung durch erhöhte Frostwirkung in den Gebirgen scheidet nach dem Alter der Pedimente aus. Es wäre an ein Klima zu denken, das die erforderliche intensivere Gesteinsaufbereitung auch unter Mitwirkung einer gegenüber den heutigen Verhältnissen verstärkten chemischen Verwitterung ermöglichte und zugleich akzentuiertere und kräftigere Abflüsse hervorrief[2]. Da auch paläonto-logische Befunde zu dieser Frage noch sehr dürftig sind, muß sie bis zum Auffinden weiterer Indizien offen bleiben.

Danksagung

Der Deutschen Forschungsgemeinschaft und der Akademie der Wissenschaften in Göttingen danke ich für Reisekostenbeihilfen für mehrere Forschungs-aufenthalte in Südafrika, Herrn Prof. Dr. W. SMYKATZ-KLOSS (Mineralogisches Institut der Universität Karlsruhe) für seine mineralogische Unter-stützung im Gelände und durch Laboruntersuchungen, Herrn Dr. U. RADTKE (Geographisches Institut der Universität Düsseldorf) für mehrere ESR-Datie-rungen und Frau U. OSTMANN (Geographisches Institut der Universität Göt-tingen) für morphographische Luftbildauswertungen. Darüber hinaus gilt mein besonderer Dank den südafrikanischen Kollegen, die mich mit Rat und Tat unterstützt haben, insbesondere den Herren Prof. Dr. W. S. BARNARD, Stellen-bosch, und Prof. Dr. E. VAN ZINDEREN-BAKKER, Bloemfontein.

Zusammenfassung

Die aktuelle Morphodynamik im Becken der Kleinen Karru ist gekennzeichnet durch fluviale Erosion und eine weitgehend flächenhaft wirkende Abspülung in Tonschiefern und Sandstei-nen. Auf eine initiale Taleinschneidung mit der Anlage von Homoklinalkämmen folgt die flächenbildende Weitung der Täler durch Hangrückverlegung unter Ausbildung von Hang- und Talpedimenten und schließlich der Zusammenschluß der Teilflächen zu einer Art Pediplain. Einschneidung und Flächenbildung sind verschiedene Stadien einer morphogene-tischen Sequenz, die in enger Nachbarschaft auftreten. In der Kleinen Karru sind im Quartär drei solche Sequenzen aufeinander gefolgt, die jeweils durch vom Vorfluter ausgehende Erosionsimpulse ausgelöst wurden. Da diese Sequenzen untereinander keine grundlegenden Unterschiede der Morphodynamik erkennen lassen, müssen die morphogenetischen Pro-zesse während des gesamten Zeitraums bis heute grundsätzlich die gleichen gewesen sein.
    Die die Kleine Karru umrahmenden quarzitischen Gebirgszüge sind von dieser flächenbil-denden Formung nicht betroffen worden. Wie gut erhaltene Pedimentreste zeigen, die aus den Tonschiefern in die Quarzite hineinziehen und von miozänen Silcretes bedeckt werden, unterlagen aber im Tertiär auch die Quarzite einer flächenhaften Abtragung. Das weist darauf hin, daß im Tertiär eine stärkere Aufbereitung der Quarzite erfolgte, wahrscheinlich durch intensivere chemische Verwitterung während feuchterer Phasen eines semiariden Klimas mit den Bedingungen für eine Pedimentierung.

---

[2] Es sei hier nur angedeutet, in der Ausführung aber einer späteren Veröffentlichung vorbehalten, daß Silcrete-Studien gemeinsam mit W. SMYKATZ-KLOSS (Karlsruhe) ganz ähnliche Bedingungen für die Silcrete-Bildung nahelegen.

180 Jürgen Hagedorn

Summary

(Present-day and past morphodynamics in the Little Karoo (South Africa))
The present-day morphogenetic processes in the basin of the Little Karoo are characterized by fluvial erosion and sheet wash on the outcropping shales and sandstones. The initial valley incision and the formation of homoclinal ridges is succeeded by the widening of the valleys and the formation of small pediments, the valley pediments joining to a kind of pediplain. Incision and planation are stages of a morphogenetic sequence. Different developmental stages of such sequences are existing in near juxtaposition. In the Little Karoo three of such sequences can be proved for the Quaternary. They have been initiated by revival of river erosion. Because the landforms do not reveal any sign of morphodynamic differences, these morphogenetic sequences must have proceeded the whole time until today.

The quartzitic strata of the mountains surrounding the Little Karoo have not been affected by Quaternary planation processes. But there are well preserved relics of pediments cutting shales as well as quartzites. They are capped by silcretes of Miocene age. From this must be assumed, that in the Tertiary intense chemical weathering was active during rather humid phases of a predominantly semi-arid climate with the conditions of pedimentation.

Literatur

ACOCKS, J.P.H. (1953): Veld Types of South Africa. Botanical Survey Memoir No 28, Pretoria.
AHNERT, F. (1982): Untersuchungen über das Morphoklima und die Morphologie des Inselberggebietes von Machakos, Kenia. – Catena Supplement 2, 1–72, Braunschweig.
BRUNOTTE, E. (1986): Zur Landschaftsgenese des Piedmont an Beispielen von Bolsonen der Mendociner Kordilleren (Argentinien). – Göttinger Geograph. Abh. 82.
HAFEMANN, D. (1943): Niederschlag, Regenfeldbau und künstliche Bewässerung in der Südafrikanischen Union. – Diss. Würzburg.
LENZ, C.J. (1957): The River Evolution and the Remnants of the Tertiary Surfaces in the Western Little Karoo. Annals of the University of Stellenbosch, Vol 33, Section A, Nos 1–11, S. 199–233.
MALAN, J.A. (1987): Paleosetting of the Bredasdorp Group. – Southern African Society for Quaternary Research, VIII. Biennial Conference Bloemfontein, Abstracts, S. 42.
MENSCHING, H. (1973): Pediment und Glacis – ihre Morphogenese und Einordnung in das System der klimatischen Geomorphologie aufgrund von Beobachtungen im Trockengebiet Nordamerikas (USA und Nordmexiko). – Z. Geomorph. N.F., Suppl. Bd. 17, S. 133–155, Berlin Stuttgart.
– (1978): Inselberge, Pedimente und Rumpfflächen im Sudan (Republik). Ein Beitrag zur morphogenetischen Sequenz in den ariden Subtropen und Tropen Afrikas. Z. Geomorph. N.F., Supp. Bd. 30, S. 1–19, Berlin Stuttgart.
MOLTER, T. (1966): Wasserhaushalt und Bewässerungsfeldbau im Kapland. – Beiträge zur Länderkunde Afrikas 3, Wiesbaden.
SCHULTZE, B.R. (1965): Climate of South Africa. Part 8: General Survey. – Weather Bureau Publication WB 28, Pretoria.
South African Weather Bureau (1954): Climate of South Africa. Part 2: Rainfall Statistics.
STINGL, H. (1979): Strukturformen und Fußflächen im westl. Argentinien. Erlanger Geogr. Arbeiten, Sonderband 10, Erlangen.
THORNES, J.B. & D. BRUNSDEN (1977): Geomorphology and Time. – London.
TWIDALE, C.R. & J.A. VAN ZYL (1981): Some Comments on the Poorts and Pediments of the Western Little Karoo. The South African Geographer, Vol. 9, No 1, S. 11–24.

Das aktuelle Formungsspektrum im semiariden Südindien und seine geoökologisch/anthropogenen Grundlagen

Von OTMAR SEUFFERT, Darmstadt

1. Die hygrisch/geoökologische Differenzierung des semiariden Südindien

Weit mehr als die Hälfte der Flächen Gesamtindiens gehört heute klimatisch/hygrisch zur Kategorie der semiariden Gebiete, wobei jedoch die Dauer der Aridität (die Zahl der ariden Monate) ebenso variiert wie der Grad der Trockenheit in der ariden bzw. der der Feuchte in der humiden Jahreszeit. So finden wir klimahygrisch alle Abstufungen zwischen einem und fünf humiden (resp. sechs und elf ariden) Monaten und die Spannweite der Niederschlagsmenge reicht von unter 200 mm (in Gebieten mit 1–2 humiden Monaten) bis zu Extremwerten von über 5000 mm (in Räumen mit 4–5 humiden Monaten).

Diese Abstufungen sind im wesentlichen von zwei Faktoren abhängig: einmal von der großklimatisch bedingten Abschwächung des Monsuns als Regenbringer von Süd nach Nord und zum zweiten von der spezifischen Gliederung des Großreliefs in Südindien (– Südindien umfaßt definitionsgemäß alle Regionen Indiens, die Teil der Dekkanscholle sind, also in praxi alle, die südlich der großen Stromtiefländer von Indus, Ganges und Brahmaputra liegen –).

Die Interferenz von Monsundauer und -intensität einerseits und den im wesentlichen nord-südlich verlaufenden morphotektonischen Großstrukturen (Gebirge, Randstufen) bedingt letztlich die auffällige NW-SE-Erstreckung semiarider Gebiete in Südindien (s. Abb. 1).

Die trockensten semiariden Räume liegen dabei im Nordwesten, in der sog. Wüste Tharr, die jedoch – von ganz wenigen Teilräumen im äußersten Westen abgesehen – eine Wüstensteppe bis Wüstensavanne mit 1–2 humiden Monaten darstellt, also eine eindeutig semiaride Region (s. Abb. 1). Nach Südosten nimmt die Zahl der humiden Monate allmählich zu und die Hochländer im Süden des Dekkan (z. B. die sog. Bangalore- und Mysore-Fläche J. BÜDELS, 1965) gehören schon zu den semihumiden Regionen des südlichen Indien. Anschließend an diese folgen jedoch im äußersten Südosten Indiens noch einmal sehr ausgeprägt semiaride Bereiche, die im unmittelbaren Lee der hier bis auf über 2500 m aufsteigenden westlichen Randgebirge (Nilgiris, Anaimalai-Gebirge) mit nur noch 2–3 humiden Monaten bei rd. 200–300 mm Nieder-

schlag eine ausgesprochen lange Ariditätsdauer bei wenig Gesamtnieder-
schlag aufweisen und damit nahezu ein Spiegelbild zum Nordwesten darstellen, wenn auch hier auf kleinerem Raum.

Genetisch und hygrisch/geoökologisch ist dies semiaride Südindien praktisch dreigeteilt: Dies ist einmal der Nordwesten, in dem primär das Makro-
klima (der Monsun) für die Aridität und deren Ausmaß verantwortlich zeichnet
(s. Abb. 1). Hier ist die Dauer der humiden Jahreszeit am geringsten (1–3
humide Monate), die absolute Niederschlagsmenge am niedrigsten (100/
250–500 mm). Die Vegetation ist offen (Wüstensteppe, Dornstrauchsavanne,
sehr lückiger Graswuchs mit maximal 10–30% Bedeckungsgrad), das Substrat
besteht aus quartären Sedimenten sowie aus anstehendem präkambrischen
Sandstein (Vindhyan-Sandstein), Vulkaniten (insbesondere Ryolithe) oder
mesozoischen Kalken. Die unterschiedlich mächtigen grauen, grau-braunen
und rötlichen, sandreichen Böden bzw. Bodenregolithe sind häufig von Ca-
Anreicherungshorizonten (Kankar) durchsetzt.

Kleinräumigere Pendants zu dieser Zone finden wir im Süden und am
südlichen Ende der semiariden Zone Südindiens im unmittelbaren Lee der
West Ghats bzw. der hohen Südgebirge (s. Abb. 1). Auch in diesen Gebieten
finden wir bei nur 2–3 humiden Monaten und 250–500 mm Niederschlag eine
sehr lückige Dornstrauchvegetation und stark sandige schwarze (auf dem
Dekkan) bzw. rote Böden (im Lee der Nilgiris), die hier allerdings entweder auf
tertiären Trappbasalten (Dekkan) bzw. auf altkristallinen Gneisen etc. entwikkelt sind.

Ansonsten bildet die Mitte Südindiens (im Lee der West Ghats) ein
Übergangsgebiet mit 4–5 humiden Monaten und 500–750 mm Niederschlag,
in dem weit vorherrschend dunkle, tonreiche Schwarzerden (Regure bzw.
Vertisole) entwickelt sind (untergeordnet auch Roterden bzw. Alfisole mit
höherem Sandanteil). Als natürliche Vegetation finden wir darauf Dornwald bzw. Dornsavanne (mit verschiedenen Akazienarten in Busch- und
Baumform als Dominanten). Die Böden sind meist relativ mächtig (1–2 m
und mehr) und im allgemeinen tonreicher auf Trapp und sandreicher auf
Kristallin.

Zwischen diesen beiden semiariden Zonen, die zur feuchteren Seite hin
jeweils mit der 750 mm Isohyete begrenzt werden können (s. Abb. 1), liegt
schließlich eine dritte, deutlich regenreichere semiaride Zone Südindiens.
Zwar herrschen auch hier, wie auf dem Dekkan, 4–5 humide Monate, doch die
Absolutmenge des Niederschlags ist deutlich höher. Dies liegt daran, daß diese
Zone nicht primär Leeseiten des Monsuns umfaßt, wie den Dekkan, sondern
vor allem Luvseiten, nämlich die Westflanke der West Ghats im weiteren
Umkreis von Bombay, etwa von 18° N (im Tiefland vor der Stufe sogar von
etwa 16° N an) bis zum Tapti-Fluß, die nördlich anschließenden Stufenfronten
und Vorländer bis zum Südrand der Aravallis, die westlichen Vorhügel und
Ränder der sog. Eastern Plateaus und der nördlichen Ost Ghats, die unmittelbare Fußregion des westlichen Himalaya und schließlich zahlreiche Becken
und Schwellen im nördlichen Südindien (Mahārāshthra) unter Einschluß
der östlichen Ganges-Ebene im Bereich von Bihar (s. Abb. 1). Schon in den

INDIEN   HUMIDE MONATE (Dauer/Niederschlagsmenge)

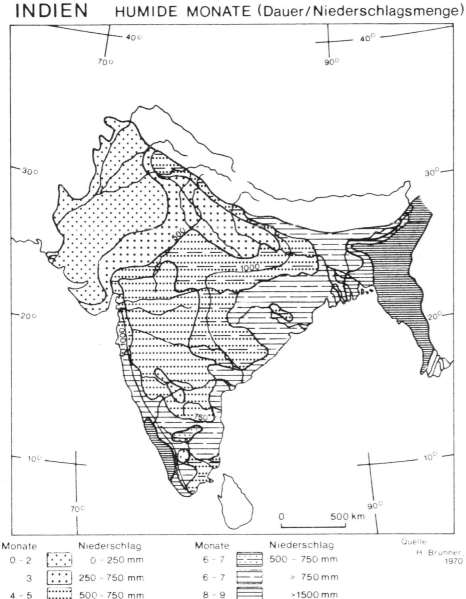

Monate		Niederschlag	Monate		Niederschlag
0 - 2		0 - 250 mm	6 - 7		500 - 750 mm
3		250 - 750 mm	6 - 7		> 750 mm
4 - 5		500 - 750 mm	8 - 9		>1500 mm
4 - 5		> 750 mm	> 9		>2000 mm

Quelle
H. Brunner,
1970

Abb. 1: Aridität/Humidität.

Becken und Tiefländern des Inneren liegen die Niederschläge hier überall zwischen 750 mm und 1000 mm, ebenso am Fuß des westlichen Himalaya. Nach Osten steigen sie bis auf 1500 mm an und die Spitzenwerte dieser Zone liegen am Westabfall der West Ghats, wo 1500 mm allenthalben überschritten werden und Maximalwerte von über 5000 mm am Stufentrauf gemessen werden können; wohlgemerkt: in jedem Fall unter makroklimatisch semiariden Bedingungen.

In diesen „feucht"-semiariden Regionen finden wir als natürliche Vegetation Wälder, die zwar bei 750–1000 mm Niederschlag noch recht licht und laubwerfend sind, aber auch hier durch den Unterwuchs schon einen recht hohen Deckungsgrad erreichen. Über regengrüne Trockenwälder und regengrüne Feuchtwälder reicht die Palette der Vegetation schließlich bis hin zu immergrünen Wäldern, die die regenreichsten semiariden Stufenabschnitte der West Ghats überziehen.

Auch die Böden sind in dieser Zone deutlich andere als im trockneren Dekkan. Es dominieren rote, teils tonreiche, teils sandige Böden von meist großer Entwicklungstiefe (mehrere Meter), die teilweise stark laterisiert sind und mehrere bis viele Meter (bis über 20 m) mächtige Eisenhartkrusten tragen.

Insgesamt umfaßt der Begriff „semiarid" also eine sehr weitgespannte Palette von Landschaften, die sich trotz klimahygrisch einheitlicher Kennzeichnung schon geoökologisch sehr deutlich voneinander unterscheiden, insbesondere in Vegetation und Böden, aber vor allem auch im Wasserhaushalt (Verhältnis Oberflächenabfluß/Infiltration) und dessen Jahresgang.

Bei so markanten hygrischen, vegetationsgeographischen, geologisch/pedologischen und auch tektonisch/strukturellen Unterschieden (– diese kommen noch hinzu –) sollte man eigentlich davon ausgehen können, daß auch in der aktuellen Morphodynamik entsprechend auffällige regionale Unterschiede bestehen. Dies ist die Frage, die im Folgenden beantwortet werden soll.

2. Das Relief im semiariden Südindien (Überblick)

Trotz der dargelegten vielfältigen hygrisch/geoökologisch/geologisch/strukturellen Differenzierung des semiariden Südindien zeigt das Relief auf den ersten Blick eine Reihe von Gemeinsamkeiten: diese bestehen zunächst in der Existenz weitgespannter Verebnungsflächen, die in allen Teilgebieten verbreitet sind und überall flächenmäßig weitaus dominieren. Unterschiedlich ist lediglich die Zahl der jeweils vorhandenen, stockwerkartig ineinander bzw. hintereinandergeschachtelten Niveaus und ihre vertikale Höhendifferenzierung.

Die wenigsten Flächen finden wir dabei eindeutig in den trockensten semiariden Gebieten im Nordwesten bzw. Westen der Tharr, wo weithin nur eine einzige solche Fläche existiert und nur örtlich, insbesondere im Bereich isolierter Bergrücken bzw. oberhalb von Schichtstufen im Kalk mehr oder weniger ausgedehnte Reste eines höheren Verebnungsniveaus vorhanden sind. Zum relativ humideren Osten hin (in den Gebieten mit rd. 3 humiden

Monaten) erhöht sich die Zahl solcher Niveaus auf 2–3, d. h. auf ebensoviele, wie am anderen südlichen Ende Südindiens bei etwa gleicher Aridität/Humidität entwickelt sind. Hier wie dort sind diese Flächen zudem nur wenige Zehner von Höhenmetern voneinander getrennt. Je mehr humide Monate und/oder je mehr Niederschlag heute, desto größer wird auch die Zahl der Flächengenerationen im Reliefstockwerk. Dies gilt für das übrige semiaride Südindien und ganz besonders für die Gebirge und Randstufenbereiche, denn hier erhöht sich die Zahl eindeutig entwickelter Flächenstufen auf wenigstens 4–6. Und im Extrem, im Trapp-Gebiet der West Ghats südlich von Bombay finden wir sogar 8–10 deutlich voneinander getrennte Niveaus bei einem Höhenunterschied von rd. 1000–1200 Metern (vgl. auch DIKSHIT 1970, 1983; SEUFFERT 1978, 1986; WIRTHMANN 1973, 1976).

2.1. Die aktuelle Geomorphodynamik in Südindien: der Geländebefund

Noch weniger differenziert als der Formenschatz erscheint zumindest auf den ersten Blick das aktuelle morphodynamische Geschehen, sichtbar an den Talformen und Talbetten wie auch auf den Oberflächen der Hänge im semiariden Südindien.

Zunächst fällt auf, daß alle Sammeladern und erst recht alle Flüsse, die ganzjährig Wasser führen, ein deutlich eingesenktes, meist kastenförmiges, in den relativ feuchteren Teilen auch flach kerbförmiges Tal haben. Daß die Talböden dort, wo auch in der Trockenzeit grundwasserbürtiger Abfluß herrscht, auch weiterhin bearbeitet, d. h. tiefergeschaltet und/oder erweitert werden, muß vor allem für die feuchteren semiariden Gebiete an Gebirgs- und Stufenrändern, aber auch im Flachland angenommen werden. Doch auch in trockneren Abschnitten (hinsichtlich Humiditätsdauer und Niederschlagsmenge) zeigen alle größeren Sammeladern, die auf dem Dekkan von der Randstufe im Westen nach Osten bzw. Südosten fließen, wie etwa der Godavari, Nira, Krishna, Penner und kleinere, deutliche Anzeichen aktueller Talbildung. Denn in all diesen Fällen ist der heutige Talboden im Mittel um 5–10 m in die Niveaus der Umgebung – dies sind entweder junge Terrassen oder Verebnungsflächen – eingesenkt. Im Extrem können es sogar mehrere Zehner von Metern bis an die 100 Meter sein, wie am Mittellauf des Krishna, am Unterlauf des Godavari oder auch an kleineren, wie dem Ken-River, dort, wo dieser südliche Nebenfluß des Ganges in die Tiefenregion dieses Stromes eintritt.

Aber nicht nur die perennierenden Fließgewässer des semiariden Südindien, auch die sehr viel häufigeren Gerinne, die nur periodisch abkommen, sind in der Regel mit ihrem Niedrigwasserbett mehrere (ca. 5–6) m in ihr Umland eingesenkt und verbleiben darin auch bei Normalhochwässern. Lediglich bei Katastrophenereignissen treten sie über ihre Ufer und überschwemmen ihr Umfeld, wie dies gerade im Sommerhalbjahr 1986 im östlichen und nordöstlichen Indien vielfach geschah, natürlich auch bei perennen größeren Flüssen, wie etwa dem Godavari.

Diese aktuelle Taleintiefung ist allerdings in ihrem Ausmaß umso geringer und die Talböden sind zugleich umso breiter, je arider das klimatische Umfeld, je geringer also die Zahl der humiden Monate und/oder je geringer die absolute Niederschlagsmenge im Gesamtrahmen semiarider Klimate.

Immerhin scheint aufgrund dieser formalen Kriterien festzustehen, daß Talbildung ein wesentlicher Prozeß aktueller Morphodynamik ist, und zwar eine Talbildung, deren Tiefgang zur humiden Seite und deren Lateralkomponente zur ariden Seite der semiariden Klimapalette hin zunimmt.

Somit bleibt am Ende die Frage, was passiert eigentlich auf den Hängen und Flächen des semiariden Südindien, abseits der Sammeladern und Tiefenlinien des Reliefs, herrscht dort Abtragsruhe oder entwickeln sich die Hänge weiter und wenn ja, wie?

Dies zu beurteilen ist allerdings nicht ganz einfach in einem Land mit so intensiver landwirtschaftlicher Nutzung, bei allein über 50% Anteil der reinen Ackerfläche am Gesamtareal des Landes, wozu noch die Weideflächen, die Verkehrs-, Siedlungs- und Industrieareale und andere kommen. Da bleibt nicht viel Raum für erhaltene Natur und damit für die Einschätzung dessen, was unter relativ natürlichen Bedingungen auf Hängen geschieht resp. bis zum „anthropogenen Umbruch" geschah. Immerhin, kleinräumig gibt es relativ ungestörte, naturnahe Oberflächen in allen klimaökologischen Bereichen, und in bestimmten Reliefpositionen (Gebirge, Stufen) sowie in spezifischen Teilräumen (Eastern Plateaus, Ost Ghats) existieren solche sogar in zusammenhängenden größeren Arealen.

In solchen „Naturreservaten" zeigen sich nun eindeutige Hinweise auf aktuelle flächenhafte Hangrückverlegungen durch eine Vielzahl paralleler, aktiver Runsen bzw. durch sonstige Indikatoren flächenhafter aktiver Prozesse (weiträumiges Kappen von Böden etc.).

Beispiele für solche aktuelle Flächengenese finden wir im Lee der West Ghats südlich von Poona oder auch im Lee der Hochgebirge im äußersten Südindien (Nilgiris etc.), also sowohl auf Trapp wie im Altkristallin, aber hier wie dort in relativ trockenen semiariden Räumen, nämlich bei ca. 2-4 humiden Monaten und ca. 300-600 mm Niederschlag.

Auf Flächen extrem geringer Vegetationsdichte – die in diesem Fall allerdings stets anthropogen bedingt ist – zieht sich diese aktive heutige Flächenbildung allerdings weit in die feuchtesten semiariden Gebiete und auch in die semihumid/humiden Bereiche Südindiens hinein. Dies zeigen z. B. Hänge auf der Mysore-Hochfläche, auf denen die flächenhafte Abtragung mächtiger Latosole bis auf die Bleichzone (Fleckenzone) dies klar erkennen läßt.

In den trockensten semiariden Räumen, nämlich in der Tharr bei 1-3 humiden Monaten und unter 500 mm Niederschlag, weisen neben deutlichen Abtragungsformen auch flächenhaft verbreitete junge Sedimente auf Unterhängen und in Tiefenzonen auf stärkere Anteile flächenhafter Abtragung hin.

Das Fazit, das der aktuelle Formenschatz des semiariden Südindien ausweist, muß aufgrund dieser pedologisch/morphologisch/sedimentologischen Befunde heißen: vorherrschende Talbildung in den Sammeladern jeder Größe, und zwar umso stärker und umso linearer, je länger die humide Jahreszeit, und umso breiträumiger (Bandtalbildung) und umso schwächer, je länger die aride. Aktuelle Flächenbildung tritt demgegenüber zurück und nimmt zudem anteilsmäßig vom arideren zum humideren Bereich ab. An den feuchtesten semiariden Standorten ist sie überdies nur auf anthropogen veränderten (Vegetationszerstörung bzw. -degradation) Oberflächen anzutreffen.

2.2. Die aktuelle Geomorphodynamik in Südindien: Aussagemöglichkeiten im Kontext von Geländebefund, Theorie und Experimentalbefunden

Die Geländebefunde im semiariden Südindien decken sich mit theoretischen Überlegungen und Ableitungen auf den ersten Blick nur teilweise, denn danach (s. SEUFFERT 1976, 1981, 1983, 1986) müßte in trockenen semiariden Gebieten weit vorherrschend Flächenbildung ablaufen, in den feuchteren semiariden Bereichen hingegen ein Nebeneinander von Tal- und Flächenbildung.

Was in praxi stört, ist also vornehmlich die Talbildung in den trockneren Abschnitten des semiariden Südindien, aber auch die ausgeprägt tief eingesenkten Lineartäler mancher Flüsse in den feuchten semiariden Räumen sind nicht voll theoriegerecht. Und dasselbe gilt auch, wenn wir die tatsächlichen Gegebenheiten im Gelände mit experimenteller Praxis an anderer Stelle korrelieren; denn jahrelange Messungen aktueller Formungsprozesse im semiariden Umfeld, die wir seit 1980 in Südsardinien in einem Einzugsgebiet und auf zahlreichen Meßparzellen unter subtropisch-semiariden und -semihumiden Bedingungen betreiben, haben die o. a. theoretische Annahme von einer eindeutigen Dominanz flächenhafter Erosion in trockenen semiariden Räumen und von einem Nebeneinander flächenhafter Abtragung und linienhafter Eintiefung in humideren solchen Gebieten erhärtet. Als entscheidende Steuerfaktoren erwiesen sich dabei zum ersten der Anteil an hochzeit- und raumvariaten Intensivniederschlägen, zum zweiten die räumliche Dichte der Vegetationsdecke und deren zeitliche Veränderung und zum dritten die Mächtigkeit und Textur der transportablen, unverfestigten Boden- und/oder Gesteinspartikel (vgl. dazu u. a. DIECKMANN et alii 1981, 1985; SEUFFERT 1983, 1986; SEUFFERT et alii 1984).

Dabei steht die Bedeutung hochzeit- und -raumvarianter Intensivniederschläge in der Steuerhierarchie eindeutig voran, wobei ein hoher Anteil davon Flächenerosion/Flächenbildung, ein geringer hingegen Linienerosion/Talbildung begünstigt. Daß dies im Falle des semiariden Südindien ganz eindeutig eine hohe Begünstigung flächenhafter Abtragung bedeuten würde, kann keinem Zweifel unterliegen.

Ähnlich eindeutig dürfte es mit der Funktion der Vegetation in Indien aussehen. Hier haben wir (im flachen und mittelsteilen Relief in Südsardinien bei 5– ca. 25° Hangneigung) festgestellt, daß Flächenerosion – unter ansonsten gleichen Bedingungen – bei geringeren Deckungsgraden (räumlich wie zeitlich) dominierte (unter subtropischen Bedingungen im Bereich von Null bis ca. 35/40% Deckungsgrad), daß bei mittleren Vegetationsdichten von ca. 35/

40% bis rd. 60/70% ein Nebeneinander von Flächen- und Linienerosion ablief
und erst bei noch höheren Pflanzendichten (über 60/70%) Linienerosion
vorherrschte bzw. ausschließlich wirkte (vgl. Abb. 2, 3 und 6).

Auch dieser Befund müßte, auf das semiaride Südindien übertragen (wobei
allenfalls geringfügige Unterschiede aufgrund der andersartigen floristischen
Zusammensetzung der Pflanzendecken in den Subtropen und Tropen auftreten können, die jedoch Verschiebungen der entscheidenden Grenzwertdich-

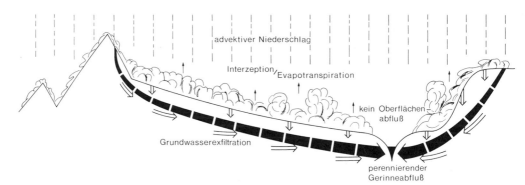

Abb. 2: Strukturskizze zur Morphodynamik im Bereich der humid/semihumiden Außertropen (ohne Polargebiete/Hochgebirge).
Die Korrelation von raum/zeitlich gering differenzierten, vorherrschend advektiven Niederschlägen geringer Intensität mit räumlich wie zeitlich hoher Vegetationsdichte führt zu relativ
hoher Interception/Transpiration und Infiltration bei fehlendem Primärabfluß an der Erdoberfläche und extrem seltenem, aber morphologisch unwirksamem Sättigungsoberflächen-
abfluß. Die Gerinne/Flüsse werden deshalb fast ausschließlich von Grundwasser (Exfiltra-
tion) und Interflow gespeist. Die Folge ist Belastungsregression in Fließrichtung der Gerinne,
die resultierende Geomorphodynamik Linienerosion.

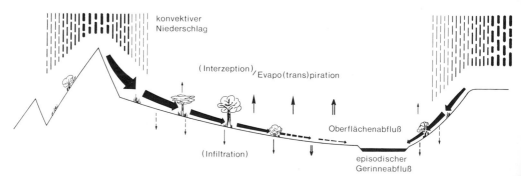

Abb. 3: Strukturskizze zur Morphodynamik im Bereich der arid/semiariden Außertropen
und Tropen (ohne Polarg./Hochgeb.).
Die Verknüpfung stark vorherrschender, hochraum- und zeitvariater Intensivniederschläge
konvektiver Genese mit räumlich wie zeitlich sehr geringer bis fehlender Vegetationsdecke
(ca. 0–30% Deckungsgrad) führt zu relativ hohem Primärabfluß bei gleichzeitig hoher Evaporation und geringer bis fehlender Grundwasserspeisung. Dies führt im Gefolge der dadurch ausgelösten Belastungsprogression in Fließrichtung zu Anostomose der Abflußadern
und damit zu eindeutig vorherrschender Flächenerosion/Akkumulation.

ten von maximal 10/20% nicht übersteigen), eine eindeutige Bevorzugung flächenhafter Abtragung mit abnehmender Phase von den relativ arideren zu den relativ humideren Teilräumen erwarten lassen und eine allmähliche Zunahme von Anteilen der Tiefenerosion von praktisch Null auf schließlich nahezu gleichwertige Leistung in den feuchtesten semiariden Abschnitten.

Im Prinzip trifft diese Differenzierung in der Praxis ja auch zu, nur ist eben die Eintiefung im humideren Bereich zu ausgeprägt und greift zu weit in den arideren hinein aus.

In der Hierarchie der Faktoren steht die Vegetation eindeutig nach der Niederschlagsstruktur, aber genau so eindeutig vor dem Substrat an zweiter Stelle, denn sie allein kann Flächenerosion nicht gewährleisten, wie der Niederschlag, sie kann diese aber verhindern, selbst wenn die Niederschlagsstruktur diesen Prozeß gestatten sollte. An dritter Stelle folgt dann die Bedeutung des Substrats. Dieses kann zwar für sich allein und aktuell weder Linien- noch Flächenerosion gewährleisten oder verhindern, aber es kann aufgrund seiner Eigenart das eine oder andere wesentlich begünstigen bzw. bremsen.

Wichtig sind dabei insbesondere Menge, Mächtigkeit, Kornspektrum, Kornformen und Kornresistenzen des frei verfügbaren (nicht verfestigten) und transportablen (d. h. durch das jeweilige Fließwasser mobilisierbaren) Verwitterungs- Boden- und/oder Gesteinsmaterials. Je mehr solches Material vorhanden, je heterogener dessen Kornspektrum, je größer der Anteil gröberer und/oder eckiger Partikel darin, desto günstiger ist dies für die Flächenerosion und umgekehrt. Dies ist das Fazit unserer Untersuchungen in Südsardinien und dies läßt sich fraglos ohne weiteres auf Südindien übertragen. Demzufolge müßte dort in praxi die Flächenerosion in den arideren und die Linienerosion in den humideren semiariden Räumen bevorzugt ablaufen, da eine entsprechende Differenzierung der Böden (s. o.) nicht nur vorhanden, sondern sogar sehr auffällig ist. Auch dies trifft im Kern tatsächlich zu, wenn auch naturgemäß wieder mit der Abweichung in Form der überproportionierten Tiefenerosion in allen Teilräumen dieser Zone.

2.3. Formungskategorien und Leitfaktoren: das Morphodreieck

Ich habe versucht, den Einfluß und die Interdependenz der drei aufgeführten Leitfaktoren auf die Morphodynamik in einem *Morphodreieck* zur Darstellung zu bringen. Daraus wird ersichtlich, bei welchen Anteilen an hochzeit- und -raumvariaten Intensivregen (P), an raum/zeitlicher Vegetationsdichte (V) sowie an spezifischen Eigenschaften (Kornmenge, Korngröße, Homogenität und Mächtigkeit) der jeweils vorhandenen unverfestigten und transportablen Boden- und/oder Gesteinspartikel (S) welcher morphodynamische Prozeß bzw. welches Prozeßbündel dominiert (s. Abb. 4).

Damit ist es möglich, aus dem spezifischen Zusammenspiel dieser drei Leitfaktoren der Morphodynamik die wichtigsten Formungskategorien und deren räumliches Zusammenspiel und Nebeneinander zu umreißen und ihr globales Verteilungsmuster zu erkennen.

MORPHODREIECK

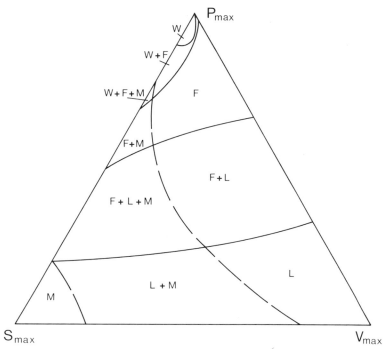

Abb. 4: Morphodreieck.

Prozesse/Prozeßkombinationen

W   = Eindeutige Vorherrschaft der Winderosion im Jahres- und/oder Mehrjahres-
            gang

W+F   = Neben- und/oder Nacheinander von Winderosion und Flächenerosion im
            Jahres-und/oder Mehrjahresgang

W+F+M = Neben- und/oder Nacheinander von Winderosion, Flächenerosion und/oder
            Massentransporten im Jahres- und/oder Mehrjahresgang

F   = Eindeutige Vorherrschaft der Flächenerosion im Jahres- und/oder Mehrjah-
            resgang

F+M   = Neben- und/oder Nacheinander von Flächenerosion und Massentransporten
            im Jahres- und/oder Mehrjahresgang

F+L   = Neben- und/oder Nacheinander von Flächen- und Linienerosion im Jahres-
            und/oder Mehrjahresgang

F+L+M   = Neben- und/oder Nacheinander von Flächenerosion, Linienerosion und Mas-
            sentransporten im Jahres- und/oder Mehrjahresgang

L   = Eindeutige Vorherrschaft der Linienerosion im Jahres- und/oder Mehrjahres-
            gang

L+M   = Neben- und/oder Nacheinander von Linienerosion und Massentransporten im
            Jahres- und/oder Mehrjahresgang

M   = Eindeutige Vorherrschaft von Massentransporten im Jahres- und/oder Mehr-
            jahresgang

Hauptsteuerfaktoren

P   = *Faktor PLUVIODYNAMIK bzw. NIEDERSCHLAGSSTRUKTUR*
        Räumliche und zeitliche Variabilität des Niederschlags im jeweiligen Einzugs-
        gebiet* im Mikro- und Mesomaßstab (d. h. im Meter/Kilometer- bzw. im
        Minuten-/ Stunden-Bereich)

P_{max} = maximaler Anteil hochzeit- und -raumvariater Starkregen (100 %) am Gesamt-
        niederschlag im Jahres- und/oder Mehrjahresgang

V   = *Faktor VEGETATIONSDICHTE bzw. (indirekt) Faktor KLIMA*
        Räumlicher und zeitlicher Deckungsgrad der Vegetation im jeweiligen Ein-
        zugsbereich* im Mikro- und Mesomaßstab (d. h. im Zentimeter/Kilometer-
        bereich bzw. im Jahresablauf, wobei Zeiträume von Monaten bis hinab zu
        Tagen oder gar Stunden wesentlich sind)

V_{max} = maximaler (100 %iger) Deckungsgrad der Vegetation im jeweiligen Einzugsge-
        biet* und zwar im Raum (d. h. in der Kombination aus vertikaler und horizonta-
        ler Dichte) ebenso wie in der Zeit (d. h. maximale Persistenz dieses Deckungs-
        grades im Jahresgang bzw. in Mehrjahreszyklen, insbesondere bezogen auf die
        Regenzeit(en) bzw. Regenphasen

S   = *Faktor SUBSTRAT (Gestein und/oder Boden)*
        Die in der Horizontalen (im räumlichen Nebeneinander des jeweiligen Ein-
        zugsgebiets*) und in der Vertikalen (in der Tiefenabfolge der Verwitterungs-
        bzw. Gesteinsprofile) frei verfügbare (unverfestigte) Menge an transportablen
        Feststoffpartikeln aus Gestein und/oder Boden und deren vertikal/horizontale
        Homogenität/Heterogenität hinsichtlich Korngrößen, Kornformen und Korn-
        resistenzen im Mikro- und Mesomaßstab (d. h. im Bereich von wenigen Milli-
        metern bis in die Kilometer- bzw. Vielkilometerdimension)

S_{max} = maximale (100 %ige) Verfügbarkeit an transportablen Lockergesteinspartikeln
        und/oder Verwitterungsprodukten bei gleichzeitig maximaler Inhomogenität
        dieses Materials im Hinblick auf Korngrößen, Kornformen und Kornresisten-
        zen (= morphologische Härte) in der Horizontalen wie in der Vertikalen (d. h.
        im Längs- und Querprofil von Einzugsgebieten* wie in der Tiefenabfolge der
        Verwitterungs- bzw. Gesteinsprofile im Lockerbereich

* Einzugsbereiche in diesem Sinne sind nicht nur Flußeinzugsgebiete oder der Gesamtraum
  ganzer Flußnetze, sondern auch Einzelhänge unterschiedlicher Fläche bis herab zu solchen von nur wenigen Quadratmetern.

Am Beispiel der Flächenerosion (F) erläutert, heißt dies: das Maximum dieses Prozesses liegt in jenen Räumen, in denen die hochzeit- und
-raumvariaten Niederschläge ein Maximum erreichen, in denen gleichzeitig
die Vegetation zum Minimumfaktor wird, und in denen das Substrat sich durch
ein möglichst heterogenes Kornspektrum mit hohem Anteil an groben und/
oder eckigen Partikeln in seinem transportfähigen Anteil auszeichnet.

Umgekehrt ist es mit der Linienerosion (L). Sie dominiert am stärksten
in Räumen, die sich durch möglichst geringen Anteil an hochzeit- und
-raumvariaten Niederschlägen, durch hohe räumliche und zeitliche Vegetationsdichte und durch ein möglichst homogenes, kleinkörniges Substrat aus-
zeichnen.

Gleiches gilt auch für alle anderen Prozesse bzw. Prozeßkombinationen, wie
vorherrschende Winderosion (W), dominierende Massentransporte (M) oder
für die Komplexprozesse, in denen mehrere Einzelabläufe (F, L, M. W) mit
jeweils für das Formungsendprodukt bedeutsamen Anteilen miteinander verknüpft sind (W+F; W+F+M; F+M; F+L; L+M – siehe Legende). Auch die

Lage dieser Zonalsegmente im Morphodreieck ist also kongruent zum jeweiligen quantitativen Zusammenspiel der drei Leitfaktoren, womit sich auch für sie eine globale räumliche Einordnungsmöglichkeit eröffnet.

Die im *Morphodreieck* skizzierte globalräumliche Differenzierung aktueller Morphodynamik setzt die nachfolgenden Randbedingungen zwingend voraus:

a) einen weitgehend natürlichen Zustand des geoökologischen Gesamtgefüges vor Ort (insbesondere bezogen auf die Vegetation und den Wasserhaushalt)

b) die Existenz eines Klimaxzustandes

c) das Fehlen von Fernwirkungen aus horizontal/vertikal benachbarten, klimaökologisch andersartig strukturierten Räumen

Darüberhinaus handelt es sich beim leitfaktorenbezogenen räumlichen Verteilungsmuster der aktuellen morphodynamischen Prozesse und Prozeßkombinationen im Morphodreieck in jedem Fall um Jahresmittelwerte; denn es ist klar, daß jahreszeitlich/saisonale und/oder episodisch/unregelmäßig auftretende Wandlungen einzelner oder mehrerer der Leitfaktoren (z.B. deutlicher Jahresgang von Niederschlagstypen/Niederschlagsmengen und/oder von Vegetationsdichte/Vegetationstyp und/oder starke vertikale Variationen der Boden- bzw. Gesteinsausprägung) auch die Leitfaktorenintegration verändern und sich damit jahreszeitlich/saisonal und/oder episodisch/unregelmäßig auch auf das Verteilungsmuster der Morphodynamik auswirken müssen.

2.4. Leitfaktoren und Formungskategorien im Jahresablauf: das Morphotempogramm

Wenigstens die besonders wichtigen und weitreichenden Auswirkungen jahreszeitlich/saisonaler Variationen im Faktorengefüge der Morphodynamik habe ich versucht, am Beispiel der Tropen – speziell der monsunalen – zu erfassen und grafisch darzustellen (s. Morphotempogramm – Abb. 5).

Betroffen vom jahreszeitlich/saisonalen Wechsel sind naturgemäß vor allem zwei der drei Hauptfaktoren, nämlich Niederschlagstyp/Niederschlagsmenge und Vegetationsdichte/Vegetationsart. Ihr Jahresgang am gleichen Ort läßt sich für die monsunalen Tropen, insbesondere für das Beispiel Indien, folgendermaßen charakterisieren und zugleich im Hinblick auf die Konsequenzen für die morphodynamische Saisonalität einordnen:

a) In den ersten Monaten des Jahres und damit in der zweiten Hälfte bzw. in der Endphase der Trockenzeit herrscht eine relativ geringe und weiterhin abnehmende Vegetationsdichte bei gleichzeitig zwar relativ geringen, aber hochintensiven Niederschlägen. Demzufolge herrscht im humiden Bereich bei perennierendem Abfluß Linienerosion, im arid/semiariden geringe Flächenerosion bzw. Winderosion und deren Kombinationen.

b) Mit dem Beginn der Regenzeit wandelt sich dann das Bild; denn jetzt haben wir bei der zunächst noch geringsten Vegetationsdichte im Jahresgang gleichzeitig die intensivsten und auch mengenmäßig ergiebigsten Niederschläge. Die Folge ist ein weites Ausgreifen der Zone mit flächenhafter

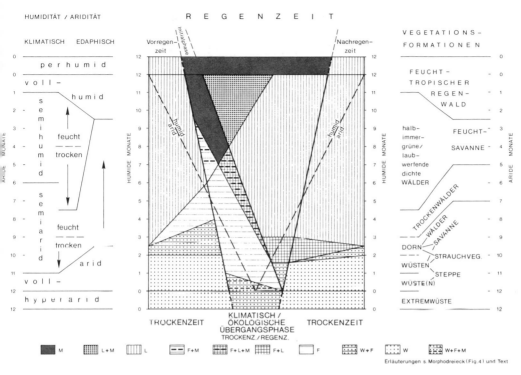

Abb. 5: Die raum/zeitliche Morphostruktur der Tropen: Morphotempogramm.

Erosion in den humiden Klimasektor, in dem nun für eine Übergangszeit von im Mittel 4–8 Wochen die Flächenerosion noch spürbare Wirkung zeigt. Gleichzeitig greift in dieser transitiven Phase (und auch aus den gleichen Gründen) das Verbreitungsgebiet vorherrschender bzw. wirksamer Massenbewegungen (M; F+M; F+L+M; W+F+M) weit in den ariden Sektor hinein, in Einzelfällen bis in die volle Wüste.

Wir finden deshalb in dieser ökologisch-morphodynamischen Übergangsphase von Trockenzeit und Regenzeit ein Nebeneinander von Massenbewegungen, Linienerosion, Flächenerosion und Windprozessen inclusive aller Kombinationsmöglichkeiten dieser Prozesse. Diese Übergangsphase ist kürzer im humiden und länger im ariden Sektor. Am ariden Ende der Klimaskala besitzt im Prinzip die gesamte „Regenzeit" solchen Übergangscharakter.

c) Mit dem weiteren Fortgang der Regenzeit ändert sich dann jedoch das Formungsgefüge wieder erheblich; denn die Vegetation verdichtet sich schnell und zwar umso schneller, je humider das Gebiet und/oder je mehr Niederschlag dort fällt. Dies hat zur Folge, daß nach der Initialphase der Regenzeit, die im vollhumiden nur wenige Wochen, im vollariden jedoch praktisch die ganze Regen(erwartungs)zeit hindurch anhält (s.o.), wieder völlig andere Bedingungen der Formung eintreten. Denn jetzt fällt zwar immer noch recht viel Regen und dieser mit relativ hoher Intensität und Variabilität in Raum und Zeit, aber bei einer relativ dichten Vegetation bzw. (am Ende der Regenzeit) bei der relativ dichtesten Pflanzendecke im Jahresgang überhaupt. Damit aber zieht sich jetzt die Flächenbildung sehr schnell auf die aridesten Abschnitte mit auch dann noch lückiger Vegetationsdecke zurück, während die Tiefenerosion weit zur ariden Seite hin ausgreift.

d) Im letzten ökomorphologischen Jahresabschnitt schließlich, der auf die Regenzeit folgenden Trockenphase, greift zunächst die Linienerosion im wechselfeuchten (semiariden) Übergangsgebiet sogar noch etwas weiter zum ariden hin aus, weil am Ende der Regenzeit zwar die Starkniederschläge stark nachlassen, die periodisch fließenden Flüsse dieser Region aber noch längere Zeit (einige Wochen, evt. 1–2 Monate) relativ viel Wasser führen und deshalb die Linienerosion noch vorantreiben, während die Flächenerosion stark zurückgeht und erst dann wieder an Raum gewinnt, wenn mit dem Fortgang der Trockenzeit die Vegetationsdichte deutlich zurückgeht und die periodischen Flüsse austrocknen. Erst dann gewinnt die Flächenerosion wieder an Raum und in gleicher Weise der Formungsraum, in dem sich Flächenerosion und Winderosion verzahnen. Diese Entwicklung setzt sich fort, bis mit dem erneuten Beginn der Regenzeit wiederum völlig veränderte Bedingungen eintreten (s. o.).

Ähnliche, z. T. allerdings noch differenziertere Jahresabläufe (etwa bei zwei Regenzeiten im Jahresgang) gelten selbstverständlich auch für alle anderen tropischen Bereiche und im Prinzip auch für alle außertropischen Gebiete mit einem merklichen Jahresgang von Niederschlagstyp/-menge und Vegetationsdichte/-art überhaupt.

2.5. Sekundäre Steuerfaktoren aktueller Morphodynamik

Selbstverständlich gibt es neben den eingehend diskutierten Leitfaktoren noch andere Einfluß- und Steuerfaktoren der Morphodynamik, die im *Morphodreieck* nicht aufgeführt sind und auch im *Morphotempogramm* nur teilweise Berücksichtigung finden konnten.

Zu diesen Faktoren gehören einmal jene, die auf der Erdoberfläche nicht immer und/oder überall prozeßdifferenzierend wirksam sind, wie dies bei Niederschlag, Vegetation und Substrat ausnahmslos der Fall ist, und zum zweiten solche, die in ihrer Bedeutung für die Formungsdifferenzierung von geringerer Bedeutung sind, vor allem natürlich, was dabei das aktuelle Geschehen anlangt.

Hierzu zählen z. B. die tektonisch/strukturellen und petrographischen Gegebenheiten bzw. Abfolgen, das Ausgangsrelief und darin die Erosionsbasen und deren raum/zeitliche Variationen durch externe wie auch durch systemimmanente Einflüsse und Entwicklungen. Hierher gehören aber auch Klimaänderungen in der jüngsten Vergangenheit sowie erst recht der Mensch mit seinen direkten und indirekten Einflußnahmen auf das morphodynamische Geschehen bzw. auf die dafür verantwortlichen Haupt- und Nebenfaktoren.

Diese sehr voneinander verschiedenen Einflußkategorien Struktur/Ausgangsrelief/Petrographie, Klimawandel und Mensch sind auch in Südindien sehr wohl von Bedeutung. Die erstgenannten wirken dabei vor allem kleinräumig/lokal und sind für viele Detaildifferenzierungen vor Ort verantwortlich. Großräumig wirken hingegen vor allem Klimawandlungen und der Mensch. Sie können auch am Beispiel Indien all das hinreichend erklären, was durch die Hauptfaktoren (s. o.) nicht vollkommen abgedeckt wird.

2.5.1. Der Einfluß von Klimawandlungen auf die aktuelle Morphodynamik in Südindien

Die aktuell überproportionierte Tiefenerosion im semiariden Südindien ist der auffälligste Zug des heutigen morphodynamischen Geschehens, der noch einer Erklärung bedarf.

Die Großräumigkeit dieses Phänomens setzt dabei eine ebensolche, großräumig wirksame Ursache voraus. Diese finden wir nach meiner Auffassung in Form einer jüngstvergangenen Klimaänderung in Verbindung mit dem Faktor Ausgangsrelief/Erosionsbasen.

Um dies zu verstehen, muß man vorausschicken, daß die jüngste merkliche Änderung der Klimaelemente, die durch vielfältige paläohistorische, pedologisch/pedogenetische, morphologische u. a. Befunde (vgl. BRUNNER 1970, VAN COMPO, DUPLESSY & ROSSIGNOL-STICK 1982; RAJAGURI & KALE 1985; SEUFFERT 1973, 1978) gesichert ist, nach heutigem Wissen in Indien überall in Richtung Humidität verlief, d.h. durch eine Zunahme der Humidität im Jahresgang gekennzeichnet war, mit den entsprechenden Folgen für das geoökologische Gesamtgefüge (Wasserhaushalt, Vegetation, Böden etc.). Dies gilt für den Gesamtraum und unabhängig vom Ausgangsklima, also für die heute humiden Areale ebenso wie für die ariden. Wir haben demzufolge im heutigen Südindien in allen Bereichen ein etwas humideres Gesamtklima als vor rd. 2500 Jahren, dem nach heutigem Wissen festgelegten Zeitpunkt dieses jüngstvergangenen Klimawandels.

Da nun jedes Prozeßgefüge Ausdruck der ganz spezifischen geoökologischen Randbedingungen zur Zeit des Ablaufs dieses Prozesses ist und das aus diesem Prozeßgefüge resultierende Relief diesem Wirkkomplex im Klimaxstadium in jeder Einzelheit, d.h. im Raum- und Lagegefüge seiner Oberflächen und im Verlauf seiner Längs- und Querprofile voll angepaßt ist, muß ein neues, gegenüber vorher verändertes Zusammenspiel im geoökologischen Faktorenkomplex mindestens einen prozessualen, i.d. Regel aber auch einen formalen Hiatus (d.h. ein verändertes Relief) zur Folge haben. Dies gilt mindestens dann, wenn Art und Umfang der Klimaänderung die Spannweite exzessiver klimainterner Variationen des vorangegangenen Klimas deutlich überschreiten.

Ein solcher formaler Hiatus einer voraufgegangenen Klimaänderung ist u. E. die beschriebene Überproportionierung der Tiefenerosion (in den feuchteren semiariden Bereichen) bzw. deren Ausgreifen in die trockensten semiarid/ariden Gebiete in Südindien.

Daß diese Annahme auch mit Theorie und Experiment im Einklang steht, mag man daran ersehen, daß nach Maßgabe beider jede Verlagerung von Faktorengefügen in Richtung Humidität mit einer Zunahme der Anteile der Linienerosion gekoppelt sein muß, während jede Verlagerung eines Klimas in Richtung Aridität mit einer Steigerung der Flächenerosion und/oder Akkumulation verbunden ist (vgl. hierzu Abb. 4 u. 5).

Die dabei wirksamen Faktoren und deren Zusammenwirken habe ich an anderer Stelle sowohl grundsätzlich (SEUFFERT 1976, 1981, 1983) wie auch anhand konkreter südindischer Beispielfälle (SEUFFERT 1986) erläutert.

2.5.2. Die Veränderung des aktuellen Prozeßgefüges in Südindien durch anthropogene Einflüsse

Ganz ähnlich den Auswirkungen von Klimawandlungen läuft auch der gestaltende Einfluß anthropogener Maßnahmen auf das Aktualgeschehen der Morphogenese im Regelfall über eine Veränderung der formungswirksamen Aridität/Humidität. Diese wird zwar vom Menschen normalerweise nicht unmittelbar verändert, wohl aber indirekt, und zwar vor allem über eine Variation von räumlicher und/oder zeitlicher Dichte der Vegetation.

Es ist seit langem bekannt, daß die Zerstörung oder Veränderung der natürlichen Vegetation durch den Menschen erhebliche Bedeutung für die Intensität der Formung hat, die dadurch im Normalfall wesentlich verstärkt wird. Doch letztlich wird dadurch nicht nur die Quantität der Morphodynamik (der Stoffumsatz, insbesondere im Feststoffbereich) verändert, und zwar verstärkt, sondern auch und vor allem die Qualität, d. h. die räumliche Verteilung und das Verhältnis von Feststoff- und Lösungsabfuhr verändert. Dies geschieht deshalb, weil jede Vegetationsveränderung durch den Menschen für das morphodynamische Geschehen ähnliche Konsequenzen hat, wie eine entsprechende natürliche Vegetationsumstellung. Eine Vegetationszerstörung bzw. -degradierung entspricht deshalb als morphodynamischer Impuls etwa einer Aridisierung des Klimas, ebenso wie umgekehrt eine Verdichtung der Vegetation, die räumlich und zeitlich begrenzt ebenso vorkommen kann – etwa als Folge von Intensivbewässerung in ariden Gebieten – einer natürlichen Humidisierung des Klimas nahekommt (vgl. hierzu die Abb. 6 und 7).

Da nun anthropogen bedingte Vegetationszerstörungen i. d. Regel sehr weitgehend (häufig von 100% auf 0% – etwa bei völliger Entwaldung) und zudem in sehr kurzen Zeitabschnitten erfolgen, haben sie u. U. sehr weitgehende und schnell eintretende Auswirkungen für das morphodynamische Geschehen, und zwar sehr viel weitergehende, als viele Klimaänderungen, denn ein Klimawandel mit entsprechenden Folgen für die Vegetation müßte schon vom vollhumiden zum vollariden verlaufen, um ähnliche Konsequenzen zu zeitigen, und dies ist in der Natur ein relativ seltener Fall.

Dementsprechend bedeutsam sind auch die Konsequenzen des anthropogenen Einflusses auf das Prozeßgefüge der Morphodynamik; denn diese gehen weit über eine Steigerung von Abtrag und Stoffumsatz in der festen Phase hinaus. Vielmehr bedeutet in praxi jede Ausdünnung bzw. Zerstörung von

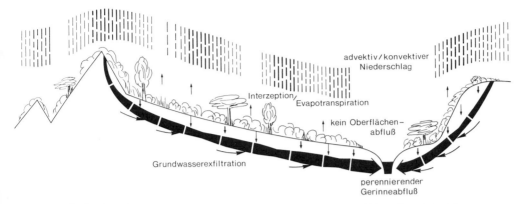

Abb. 6: Strukturskizze zur Morphodynamik im Bereich der humid/semihumiden Tropen (Naturzustand).

Das Zusammentreffen von ausgeprägt raum- und zeitvariaten Intensivniederschlägen advektiv/konvektiver Genese (Niederschlagswellen, z.B. Monsunwellen) führt bei vorhandener, räumlich und zeitlich dicht entwickelter Vegetation (d.h. also in vom Menschen nicht wesentlich veränderten Bereichen der Tropen) zu hoher Interception/Evapotranspiration und Versickerung bei fehlendem Primarabfluß auf der Erdoberfläche und seltenen, aber morphologisch nicht ins Gewicht fallenden Sättigungsoberflächenabflüssen. Die Folge ist wegen der weitaus vorherrschenden Speisung der Gerinneabflüsse durch Grundwasser und Interflow eine Belastungsregression in Fließrichtung, die Resultante im Prozeßgefüge der Morphodynamik ist eindeutig vorherrschende Linienerosion.

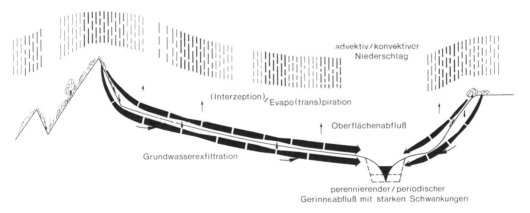

Abb. 7: Strukturskizze zur Morphodynamik im Bereich der humid/semihumiden Tropen (anthropogen veränderter Zustand).

Das durch Vegetationszerstörung anthropogener Ursache bedingte Zusammentreffen von deutlich raum- und zeitvarianten Starkregen advektiv/konvektiver Genese (Niederschlagswellen) mit „nackten" bzw. kaum noch vegetationsbedeckten Oberflächen führt zu einem Nebeneinander von hohem bis sehr hohem Oberflächenabfluß bei gleichzeitig ausgeprägter Infiltration und Zufuhr von Grundwasser und Interflow in die Sammeladern. Dies führt zu räumlich und zeitlich alternierender Belastungsregression und -progression und damit zu einem raum/zeitlichen Wechsel von Linienerosion und Flächenerosion. Die Anteile der beiden Prozeßtypen im raum/zeitlichen Neben- bzw. Nacheinander richten sich nach den jeweiligen örtlichen Gegebenheiten, insbesondere auch des Substrats (Infiltrationskapazität!).

Vegetationsdecken eine Verlagerung des Formungstyps in Richtung Flächenerosion, und zwar in allen Formungsprovinzen, d. h. in Gebieten, in denen
zuvor Linienerosion dominierte, ebenso, wie in Gebieten, in denen die Flächenerosion vorherrschte. Im ersten Fall bedeutet dies nach dem Eingriff des
Menschen ein Nebeneinander von Linien- und Flächenerosion, u. U. mit sehr
starken Anteilen der letztgenannten. Im zweiten kommt es entweder zu
flächenhafter Akkumulation, vor allem in den Tiefenregionen des Reliefs. In
anderen Bereichen kann jedoch auch Gully-Erosion oder flache Eintiefung an
die Stelle vorausgegangener flächenhafter Schichterosion treten, weil eine
durch neu initiierte, verstärkte flächenhafte Abtragung in Angriff genommene
„Neufläche" häufig geringeres Längsgefälle besitzt, als die vordem gebildete,
sodaß sie zumindest in ihren proximalen Teilen in diese eingesenkt werden
muß. Der Prozeß der Flächenerosion startet in diesen Fällen deshalb zwangsläufig mit einer Eintiefungsphase, die erst allmählich in eine Ausweitung und
damit Flächenschaffung übergeht.

All dies läßt sich im semiariden Südindien nachvollziehen und auch darüberhinaus. So ist m. E. die Ausweitung der Flächenbildung auf semihumide
Gebiete, über die ich kurz berichtet habe (s. o.) ausschließlich Folge anthropogener Eingriffe und nicht Folge des naturgegebenen Prozeßgefüges unter
Einschluß jüngstvergangener Klimawandlungen und gleiches gilt für das gehäufte Auftreten von quasiflächenhafter Gully-Erosion im semihumiden Südindien mit starker Vegetationszerstörung.

Dieser Einfluß anthropogener Maßnahmen läßt sich auch in den aridesten
Gebieten Südindiens nachvollziehen, einmal an den dort sehr weitverbreiteten und z. T. sehr jungen Akkumulationsdecken, vor allem aber an den ubiqui-
tären Dünen dieser Region und deren jungen Veränderungen.

Diese Dünen der Tharr und ihrer Randgebiete im Osten (Aravalli-Rand)
waren – höchstwahrscheinlich im Gefolge der zitierten jüngstvergangenen
Klimaänderung vor rd. 2500 Jahren – in subrezenter Zeit zu einem großen Teil
festgelegt und mit einem mehr oder weniger lockeren Vegetationsnetz überzogen worden, das natürlich nicht lückenlos war, aber doch die Mobilität des
Sandes wesentlich verringerte. Heute jedoch sind diese Dünen überall wieder
voll mobil, am stärksten in ihren Toplagen (bei den Längsdünen) bzw. mit
zunehmend geringer Größe. Und dieser Prozeß der Remobilisierung der
Dünen ist heute in einem nach meinem Dafürhalten exponentiellen Fort-
schritt begriffen. Dies schließe ich aus drei Aufenthalten in diesem Raum
von 1971 bis 1986; denn zu Beginn (1971/1973) war die Mobilisierung des Sandes nur in geringem Maße sichtbar, im Jahr 1980 war sie sehr deutlich (vor
allem an der Vegetationsreduzierung und der aktiven Formen im Top) und
1986 hatte sie schon immenses Ausmaß erreicht. Diese hohe Intensität – noch
dazu in der Regenzeit – wurde zudem deutlich an der extrem gesteigerten Zahl
und Mächtigkeit von Sandfahnen und Kleindünen, die heute die Straßen
überfahren. Daß dies nicht nur für die Landwirtschaft (die andererseits naturgemäß auch mit der Hauptverursacher ist), sondern auch für den Verkehr und
für die Wirtschaft allgemein erhebliche Konsequenzen hat, das zeigt einmal
die große Zahl von Arbeitern, die erforderlich ist, um die Straßen wieder

vom Sand zu befreien, und zum anderen der immense Aufwand an Arbeit und Material, der betrieben werden muß, um durch lebende Hecken und Baumreihen beiderseits der Straßen diesen Vorgang wenigstens örtlich zu bremsen.

Natürlich stellt sich die Frage, warum im Ergebnis der aridisierende Einfluß des Menschen nicht einfach die humidisierenden Auswirkungen des paläo-historischen Klimawandels kompensiert oder gar überkompensiert hat, d. h. warum die Täler (noch) übertieft sind (in den feuchteren semiariden Räumen) bzw. überhaupt noch vorhanden sind (in den trockneren).

Nun, das liegt zum einen natürlich daran, daß die natürlich ausgelöste Talbildung rd. 2,5 Jahrtausende wirkte, die anthropogen initiierte Flächenbildung/Akkumulation hingegen in wirklich nennenswertem Umfang wohl erst einige Jahrhunderte. Trotzdem, bei Berücksichtigung des viel höheren Intensitätsschubs im Gefolge der anthropogenen Einflüsse, müßten beide Auswirkungen sich quantitativ schon etwa die Waage halten.

Der Hauptgrund dafür, daß sie sich dennoch nicht gegenseitig neutralisieren, liegt jedoch darin, daß die klimatisch/klimagenetisch ausgelöste Talbildung (Begünstigung der Tiefenerosion) oben im Relief startet und sich von da nach unten ausdehnt, während die Steigerung der Flächenerosion/Akkumulation durch den Menschen unten im Relief beginnt (auch weil hier die Hauptentwaldung vonstatten ging und nicht in den Hügelländern und Gebirgen) und sich dann erst allmählich nach oben hin, d. h. hang- bzw. flußaufwärts fortsetzt.

3. Indizienbeweis aktueller Morphodynamik und unmittelbare Beobachtung

Wenn es um die Erfassung aktueller morphodynamischer Prozesse geht, dann sind geomorphologisch/geologisch/bodenkundliche Indizien im Verein mit theoretischen Grundüberlegungen und den Ergebnissen übertragbarer Messungen aus vergleichbaren Räumen sicher sehr nützlich und hilfreich und können fraglos dazu dienen, dies morphodynamische Geschehen im Prinzip und auch im Einzelfall zu rekonstruieren und so seinen Ablauf wahrscheinlich zu machen. Ein schlüssiger Beweis für die Richtigkeit solcher Einschätzungen im naturwissenschaftlichen Sinne aber ist dies nicht.

Dieser nämlich kann nur durch wirklich objektive, unmittelbare Erfassung des Prozeßgeschehens selbst, also letztlich eigentlich nur durch jahrelange (besser: jahrzehnte- bis jahrhundertelange wegen der sog. Jahrhundertereignisse) ganz konkrete und genaue Messungen dieser Vorgänge erbracht werden. Solche aber gibt es für das heutige Südindien nicht und wird es sicher in absehbarer Zeit auch nicht geben.

An die Stelle der Messung kann jedoch im Einzelfall die unmittelbare Beobachtung von Formungsprozessen treten, die mir im Sommer 1986 möglich war, und zwar sowohl in den feuchtesten, wie auch in den trockensten Abschnitten des semiariden Südindien. Dies deshalb, weil ich das Glück hatte, im August 1986 sowohl in den trockensten Abschnitten der Tharr wie auch in den feuchtesten Teilen des semiariden West Ghat-Randes bzw. Vorfeldes unmittelbar Zeuge aktueller Fließwasserprozesse zu sein, und zwar hier wie dort von Geschehnissen, die die Bezeichnung Extremereignis verdienen. Diese Prozesse konnten zudem nicht nur beobachtend erfaßt, sondern – soweit dies überhaupt möglich ist – auch fotografisch dokumentiert werden (s. Abb. 8–15).

Die intensivsten und auch mengenmäßig ergiebigsten Niederschläge und deren Konsequenzen für Abfluß und Abtrag konnten dabei an mehreren Stellen im Luv des Südwestmonsuns an der Stufe der West Ghats zwischen Bombay (4–5 humide Monate im Bereich von Vorland/Stufe) und Goa (5–6 humide Monate am Stufenfuß) beobachtet werden.

Die Intensität dieser Niederschläge war an einem der regenreichsten Tage des Jahres 1986 in diesen Räumen (maximal ca. 300 mm/24 h) für den Beobachter äußerst eindrucksvoll. Es war in der Tat zeitweilig so, als seien alle Schleusen geöffnet (s. Abb. 8): das Wasser schoß aus allen Tiefenlinien des Stufenanstiegs, es stürzte über Felsstufen und troff von der dichten Vegetation fadenweise herab und ergoß sich mit solcher Heftigkeit auch auf die Straße, daß diese in kürzester Frist überflutet wurde.

Trotz dieser Heftigkeit und Ergiebigkeit führte das abfließende Wasser jedoch nirgends Schwebstoffe mit sich, es war selbst an den Stellen stärkster Fließgeschwindigkeit und größter Abflußmenge klar und durchsichtig und

Abb. 8: Katastrophenregen mit bis zu 300 mm/24 h Ergiebigkeit brachten im August 1986 extrem starke Abflüsse im Luv der West Ghats (Aufnahme nahe dem Stufentrauf östlich Vengurla – ca. 100 km nördlich Goa). Trotzdem blieb die Rate der Hangabtragung nahe Null, wie die fehlende Trübung des Fließwassers schon erkennen läßt.

zeigte auch bei Probenahme keinerlei makroskopisch sichtbaren Stoffgehalt. Lediglich an Stellen, an denen durch anthropogene Maßnahmen (z.B. junge Straßenanschnitte) der Untergrund frisch freigelegt worden war, wurde Material in Suspension transportiert. Dort war das Wasser dann i.d. Regel tiefrot. Selbst die Sammeladern im Vorland der Ghatstufe zeigten auf relativ große Strecken hin noch Schwebstoffarmut durch ihre geringe Färbung an, ehe durch zunehmend intensive Landwirtschaft und dadurch bedingte Oberflächenentblößung der Schwebstoffgehalt stark anwuchs. Dies machte sich dann auch in einer entsprechend intensiven tiefroten Farbe bemerkbar.

Diese Beobachtungen beweisen, daß in feucht-semiariden Gebieten selbst bei Katastrophenregen wegen der hohen Vegetationsdichte in Raum und Zeit die Hangabtragung keinerlei Rolle spielt und demzufolge auch die Flächenbildung ruht. Abtragung erfolgt hier ausschließlich durch Lösung bzw. Lösungstransport sowie – am Grund der Sammeladern und an deren Ufern – durch Tiefenerosion bzw. Talbildung.

Und diese Beobachtung gilt sicher nicht nur für die West Ghats, wo sie überall in gleicher Weise beobachtet werden konnte, sondern vom Prinzip her für alle nicht agrarisch intensiv genutzten, d.h. der natürlichen Sukzession überlassenen Oberflächen der feuchteren semiariden Gebiete, denn nach 4–6 Wochen Monsunherrschaft waren alle diese Oberflächen von einem derart dichten, giftgrünen Teppich aus Gras und Krautpflanzen überwuchert – selbst völlig feinmaterialfreie Schotterhalden am Wegrand – daß selbst intensivste Regenfälle keine Chance mehr hatten, oberflächlich Material mechanisch aufzunehmen und aus dem Gebiet hinauszubefördern. Dies wird allein durch die dichte Vegetation zuverlässig verhindert. Damit wird zugleich sehr eindrucksvoll bestätigt, daß die von uns diskutierte starke Verringerung flächenhafter Abtragung nach anfänglich (unmittelbar nach Monsunbeginn) extremer Steigerung für trocknere semiaride Räume (mit jahreszeitlich stark wechselnder Vegetationsdichte) nicht nur graue Theorie darstellt, sondern nachvollziehbare Realität. Und dies gilt für weite Teile des semiariden Südindien, wie vor Ort festgestellt werden konnte, bis etwa in den Grenzsaum, in dem Dornwald und Dornbusch ineinander übergehen, d.h. bis in ein Gebiet, in dem bei 3–5 humiden Monaten der Gesamtjahresniederschlag 750 mm nicht übersteigt (s. dazu Abb. 1).

Dies bedeutet natürlich auch, daß flächenhafte Abtragung in diesen Räumen vor allen Dingen in der kurzen Übergangszeit abläuft, in der der Monsun schon begonnen (und zwar mit besonderer Heftigkeit und Ergiebigkeit), die Vegetation aber noch nicht entwickelt ist bzw. noch nicht die entsprechende Dichte erreicht hat. Je nach Niederschlagsmenge variiert dies im semiariden Südindien in einem weiten klimahygrischen Feld, nämlich in etwa zwischen semihumiden Abschnitten mit 6–8 humiden Monaten bis herab zu semiariden Arealen mit rd. 3 humiden Monaten. Je nach Lage dieser Räume im Vegetations- und Klimaumfeld (unter Einschluß edaphischer Faktoren) dauert diese Phase hochintensiver Flächenbildung ca. 4–8 Wochen im Jahr (s. Abb. 5).

Zum Trockenen hin folgt auf diese „Luvzone des Südwestmonsuns" mit ihren extrem hohen Niederschlagssummen das eigentliche Kerngebiet des semiariden Südindien mit 4–5 humiden Monaten und Niederschlagssummen zwischen etwa 500 und 1500 mm pro Jahr (s. auch Abb. 1). Entsprechend den natürlichen Vegetationsgegebenheiten (Trockenwald/Trockensavanne bis Dornwald/Dornsavanne) finden wir hier einen relativ deutlichen jahreszeitlichen Wechsel der Vegetationsdichte sowie eine relativ lange Übergangszeit vom Vegetationsdichteminimum zu Beginn des Monsuns bis zum Vegetationsmaximum an dessen Ende. Dies bedingt in der Morphodynamik zum einen ein Neben- und/oder Nacheinander von Tal- und Flächenbildung in dieser Zeit und es führt zum zweiten dazu, daß diese Prozesse insgesamt aktiver sind als anderswo im semiariden Südindien (geringere absolute Vegetationsdichte korreliert mit rel. hohen und ergiebigen Niederschlägen in der Initialphase des Monsuns, die hier zudem länger ist, als im feuchtesten Bereich des semiariden Südindien). Aus diesen Gründen finden wir gerade in dieser Zone die stärksten Abtragungsvorgänge im semiariden Südindien überhaupt, noch gefördert durch die vergleichsweise hohe Erosivität der Böden dieses Raumes (Vertisole, sandige Roterden, Gelberden). Auch dies wurde im Sommer 1986 in Südindien manifest und konnte beim größten bisher jemals gemessenen Hochwasser des Godavari und anderer Flüsse im Osten bzw. Nordosten Südindiens beobachtet werden. Gerade das Godavari-Hochwasser im August 1986 zerstörte nicht nur Zehntausende von Hütten der Einheimischen und forderte Hunderte von Todesopfern durch die Fluten, sondern beförderte auch ungeheure Mengen von Erosionsmaterial der Hänge in die Deltas bzw. in den Golf von Bengalen.

Im trockensten semiarid/ariden Teil Südindiens mit 0–3 humiden Monaten und ca. 100–500 mm Niederschlag umfaßt die „Initialphase" des Monsuns, also die Übergangsphase mit noch nicht geschlossener Vegetationsdecke, praktisch die gesamte Regenzeit, die ja hier eigentlich nur eine Zeit mit höherer Regenerwartung ist. Denn hier ist das Niederschlagsangebot insgesamt so gering an Menge und die Zeitabstände zwischen den einzelnen Regenfällen sind so groß, daß der gesamte Monsun hier auf Verhältnisse trifft, die Hangabtragung/Flächenerosion fördert, weil die Vegetationsdichte zu keiner Zeit ausreicht, dies zuverlässig zu verhindern.

Wegen dieser ständigen Vegetationsarmut wirken sich natürlich hier die zwar seltenen, aber dann meist hochintensiven und raum/zeitlich in höchstem Maße variaten Niederschläge besonders kräftig und insbesondere praktisch ausschließlich flächenhaft aus.

Auch dies konnte vor Ort an einem konkreten Fall studiert werden, und zwar im Grenzsaum semiarid/arid nahe der Stadt Jaisalmer im Westen der Tharr.

Hier fiel am Mittag des 7. 8. 86 in einem Gebiet, in dem es nach Auskunft der Einheimischen 5 Jahre lang nicht mehr richtig geregnet hatte, in relativ kurzer Zeit, d. h. in ca. 40–60 Minuten, ein Niederschlag, der nach bisherigen Recherchen (Auskunft eines einheimischen Bediensteten in einer kleinen Wetterstation am Rande dieses Niederschlagsfeldes bei Jaisalmer, die vom CAZRI = „Central Arid Zone Research Institute" eingerichtet und betrieben wird) 40 mm Regen brachte.

Von tiefdunklen Wolken angezeigt (Abb. 9), brach dieser Regen mit großen Tropfen sehr plötzlich herein. Innerhalb weniger Minuten bis etwa 10 Minuten nach Regenbeginn vollzog sich in diesem sehr flachen Teil der Tharr (Hangneigungen meist unter 3–5°) praktisch auf jeder Bodenwelle der Abfluß (Abb. 10), und zwar in einer Form, die zunächst deutlich divergierende Einzeladern aufwies (vagierender Abfluß), die aber sehr schnell die gesamte Oberfläche erfaßte und zudem fast überall auch zu den Tiefenlinien hin rein flächenhaft blieb (Abb. 11). Deutlich eingesenkte Sammeladern waren selten zu beobachten. Sie zeigten vorwiegend laterale Erosionswirksamkeit.

Überall waren die Reliefscheitel die Initialräume des Abflußbeginns, der sich von dort sehr schnell nach abwärts fortsetzte. Innerhalb von 20–30 Minuten war praktisch das gesamte Gesichtsfeld eine einzige Wasserfläche mit Fließdicken von wenigen mm bis cm, ausnahmsweise und lokal wurden auch dm erreicht (s. hierzu Abb. 10–12).

Die frappante Abflußdivergenz zu Beginn war besonders gut sichtbar, weil zu diesem Zeitpunkt bei noch geringen Fließgeschwindigkeiten nur geringer Feststofftransport vonstatten ging, ebenso wie am Ende beim Ausklingen des Abflusses (s. Abb. 13). Mit zunehmender Fließgeschwindigkeit nahm das Wasser aufgrund des Sedimenttransports deutlich graugelbe bis rötliche Farben an, je nach der Boden- bzw. Sedimentfarbe des Substrats.

In jedem Fall wurde hier ein außerordentlich eindrucksvoller morphologischer Prozeßfilm vorgeführt, der eindeutig zeigte, daß und wie in einem solchen arid/semiariden Raum flächenhafter Abfluß und flächenhafter Stofftransport vonstatten geht, und zwar bei Vegetationsdichten bis etwa 30 % (s. Abb. 14).

Bei einer Nachprüfung der morphologischen Auswirkungen am folgenden Tag konnte festgestellt werden, daß allenthalben flächenhafter Stofftransport erfolgt war, am auffälligsten natürlich am Rand etwas steiler geneigter kleiner Hügel und Platten (s. Abb. 15). Dabei war auch ersichtlich, welche Korngrößen des Materials noch transportiert worden waren und welche nicht mehr bzw. allenfalls noch durch Unterspülungsnachrutschen. An einigen Stellen konnten sogar zum Ausmaß der flächenhaften Abtragung Hinweise gefunden werden, die schließen ließen, daß der Abtrag sich im Bereich von mm bis maximal 1–2 cm bewegt hatte. Dies war beispielsweise an einem Doppelkabel sichtbar, das quer über einen flachen Hang verlief und nach dem Abtragsereignis auf einem Minidamm verblieb, während zu beiden Seiten eine Tieferlegung der Hangoberfläche erfolgt war.

Selbst die Verknüpfung von Wind- und Wassererosion war örtlich rekonstruierbar, so etwa an einem kleinen Barchan, der während des Ereignisses nicht nur umspült worden war, sondern aller Wahrscheinlichkeit nach auch Oberflächenabfluß auf seinen Hängen aufwies. Dies schließe ich daraus, daß nach dem Abflußereignis jegliche Spur einer Unterschneidung der Sandhänge dieses Barchans fehlten, die aber hätten existieren müssen, wenn die Flanken des Barchans vom abfließenden Wasser unterschnitten worden wären. Eine solche Unterschneidung aber konnte nur durch aktiven Abfluß auf den Hängen des Barchans selbst unterbunden worden sein, und zwar durch einen Abfluß,

Abb. 9: Kurz vor Beginn des Starkregens am 7. 8. 86 im Westen der Wüste Tharr. Noch ist die sandüberwehte „Trunk Road" zwischen Jodhpur und Jaisalmer nahe der Ortschaft Phalodi nicht vom Regen erreicht, der im Hintergrund schon eingesetzt hat. Deutlich ist die räumliche Konzentration des Hauptniederschlagsfeldes in etwa in Bildmitte sichtlich.

Abb. 10: Abflußbeginn kurz nach Einsetzen des Niederschlags am 7. 8. 86. Deutlich ist zu sehen, daß der Abfluß auf den höhergelegenen flachen Kuppen beginnt und von dort flächenhaft, wenn auch mit fingerförmigen Spitzen nach abwärts läuft.

Abb. 11: Nach 15–20 Minuten ist das gesamte Blickfeld nahezu eine einzige Wasserfläche.

Abb. 12: Zu Beginn des Abflußvorgangs – bei noch relativ geringer Fließgeschwindigkeit –
war der Suspensionsgehalt des abfließenden Wassers noch recht gering, wie die Durchsichtig-
keit des hier nur wenige mm/cm dicken Wasserfilms erkennen läßt. Erst mit Zunahme des
Abflusses erfolgte Materialaufnahme und Abtransport (s. Abb. 14 u. 15).

Abb. 13: Die Anostomose der vagierenden Einzeladern des Abflusses ist hier deutlich zu erkennen. Die ständige Verlagerung der Einzelfasern des Abflusses führt letztlich zu flächenhafter Bearbeitung des Untergrundes.

Abb. 14: Flächenhafter Abfluß und flächenhafter Materialtransport fand beim Niederschlags-Abflußereignis in der Tharr am 7. 8. 86 auch noch auf Oberflächen statt, die eine schüttere Vegetationsdecke (bis ca. 30% Deckungsgrad) aufwiesen (im Hintergrund eine hoch aufragende Längsdüne).

Abb. 15: Deutlich sind am Rand dieses flachen Hügels mit flacher Kuppe die Spuren des Abtrags vom Vortag (7. 8. 86 – s. o.) zu sehen. Sie zogen sich rings um diesen Hügel einige Meter ins Vorfeld. Auch die Segregation der Korngrößen (Ausspülung auf dem Hügeltop – Transport des Feinmaterials am Hang) ist gut ersichtlich.

der von dort zentrifugal nach außen strömte und auf den Sandhängen wie auch vor ihrem Rand flächenhaft vonstatten ging.

Als Fazit aus diesen Beobachtungen kann man feststellen, daß wenig Niederschlag, der mit hoher Intensität auf vegetationsfreien oder -armen Boden trifft, dort u. U. eine viel höhere effektive flächenhafte Abtragsleistung vollbringen kann, als viel Niederschlag, selbst wenn dieser mit hoher Intensität fällt, aber eben auf eine von relativ dichter Pflanzendecke überzogene Oberfläche. So haben wir in einem Gebiet mit z. B. 150 mm Niederschlag, von denen 80% auf ungeschützter Oberfläche direkt abfließen, 120 mm flächenwirksamen Niederschlagsabfluß, hingegen in einem Raum mit 1500 mm Niederschlag, von denen jedoch nur 5% direkt zum Abfluß auf dem Hang kommen, nur noch 75 mm flächenwirksamen Niederschlagsabfluß mit entsprechend geringerem quantitativen Ausmaß.

Es kommt also bei der Frage nach der Leistungsfähigkeit flächenhafter und/oder linienhafter Abtragung und nach dem Verhältnis beider nicht primär auf die großklimatische Situation und/oder auf die mittlere Vegetationsdichte an, sondern viel mehr auf die detaillierte räumliche und zeitliche Verteilung von Vegetation und Niederschlag, und insbesondere auf die sehr präzise raum/zeitliche Korrelation beider. Dabei sind für das eine wie für das andere gleich mehrere Maßstäbe bzw. Dimensionen wichtig. Dies sind bei der Vegetation die Größenordnungen von cm bis 10er von Metern für die vertikale und die von cm bis viele Kilometer für die horizontale Dichtevariation; und ähnliches gilt vom Niederschalg, denn auch hier liegen die räumlich/vertikalen Variationen im Bereich von Metern bis Dekametern/Kilometern und die horizontalen in Dimensionen von etwa gleicher Größenordnung.

In beiden Fällen kommen die zeitlichen Variationen noch hinzu. Sie spielen sich bei der Vegetation unter natürlichen Bedingungen in Zeiträumen von Wochen und Monaten und im Extrem auch in Tagen ab. Beim Niederschlag sind es gar Dimensionen, die sich im Normalfall (für den Einzelniederschlag) nach Minuten bis Stunden und bezogen auf den Jahresgang nach Wochen bis Monaten bemessen. Alle diese Größenordnungen sind wichtig und für den Verlauf der aktuellen Geomorphodynamik bedeutsam. Besonderes Gewicht haben dabei die Details der Covariation und der Korrelation beider. Erst sie machen die aktuelle Morphodynamik im Kleinen wie im Großen erklärbar.

Zusammenfassung

Südindien umfaßt hygrisch/geoökologisch den gesamten Spielraum von der Vollwüste bis zum Regenwald, wobei die semiarid/ariden Gebiete dominieren. In Abhängigkeit von der Breitenlage und der großmorphologisch/strukturellen Gliederung des Subkontinents liegen die feuchtesten semiariden Bereiche im Südwesten und Nordosten, die trockeneren ziehen hingegen als breiter Streifen quer dazu von Nordwesten nach Südosten, wobei die feuchtesten wie die trockensten jeweils in der Peripherie ihrer Gürtel liegen.

Das aktuelle morphodynamische Geschehen im semiarid/ariden Teil Südindiens ist entgegen der herrschenden Auffassung von dominanter Flächenbildung vorrangig durch Tiefenerosion und Talausweitung und erst in zweiter Linie durch Flächenerosion gekennzeichnet. Diese Tiefenerosion ist am wenigsten ausgeprägt in der ariden Peripherie Südindiens und am stärksten im semiarid/semihumiden Übergangssaum zum feuchten Teil, wobei allerdings ihre Intensität in den besonders feuchten Randbereichen semiarider Zonen (West-Ghats u. a.) wiederum deutlich zurückgeht.

Flächenerosion findet demgegenüber vor allem im ariden Südindien statt, bevorzugt bei weniger als 3 humiden Monaten und unter 500 mm Niederschlag. Sie interferiert hierbei mit aktiver Windformung (Dünen etc.). Bei 2–4 humiden Monaten und ca. 300 bis 600 mm Niederschlag tritt aktive Flächenerosion (Hangrückverlegung) noch wiederholt auf (Beispiel: Leeseite der West-Ghats), ebenso im Übergangssaum semiarid/semihumid. Doch spielt hier jeweils der Mensch als auslösender Faktor eine entscheidende Rolle (Vegetationsvernichtung).

Diese räumliche Verteilung aktueller Morphodynamik ist Folge einer spezifischen Interferenz mehrerer Faktorengruppen: erstens des aktuellen hygrisch/geoökologischen Steuergefüges der Morphodynamik und dessen räumlicher und jahreszeitlicher Variationsbreite, zweitens der Eingriffe des Menschen in dies Gefüge und drittens des bis heute im Relief sichtbaren und im aktuellen Geschehen wirksamen Nachhalls eines subrezenten Klimawandels, der vor ca. 2500 Jahren stattfand und ganz Südindien humidere Bedingungen bescherte.

Das hygrisch/geoökologische Steuergefüge bedingt dabei die grundsätzliche räumliche Differenzierung in Flächen- und Talbildung. Die Grenze beider ist dort zu suchen, wo bei einer Vegetationsdichte von rund einem Drittel der Oberfläche aride und semiaride Klimate ineinander fließen (ca. 3 humide Monate und 500 mm Regen als grob orientierende Grenzmarken). Maßgeblich für die Flächenerosion im arideren Teil ist dabei die Koinzidenz von weit vorherrschenden hochraum- und zeitvariaten Intensivniederschlägen mit geringer bis fehlender Vegetationsdecke bei gleichzeitig relativ hohem Anteil und entsprechender Verfügbarkeit von Feinmaterial mit hoher Heterogenität des Kornspektrums und vorherrschend eckig/kantengerundeten Kornformen. Der Übergang zur Tiefenerosion im semiariden Bereich ist vorwiegend durch die dort zunehmende Vegetationsdichte bedingt, die den zur Flächenbildung unabdingbaren flächenhaften bzw. divergenten Oberflächenabfluß verhindert. Dies erklärt auch, warum im Falle anthropogener Vegetationszerstörung hier Flächenerosion an die Stelle der naturbedingten Talbildung tritt.

Dies belegt zugleich, daß der Niederschlagscharakteristik die entscheidende aktive Steuerfunktion bei der Morphodynamik im Fließwasserbereich zukommt, während Vegetationsgegebenheiten und Substrat bzw. Ausgangsrelief eher Gestattungseigenschaften aufweisen. Dies wird anhand eines *Morphodreiecks* für das gesamte Geschehen der Fließwassermorphodynamik und für dessen Interferenz mit Windaktivität und Massenbewegungen dargelegt.

Neben weiteren Faktoren (Struktur, Tektonik, Ausgangsrelief etc.) die überwiegend nur lokalen und qualitativ wie quantitativ unterschiedlichen Einflußgrad auf die Geomorphodynamik erlangen, greift vor allem der Mensch beträchtlich in dies Geschehen ein. Sein Einfluß ist zwar quantitativ von Ort zu Ort variabel, doch führt er qualitativ meist in die gleiche Richtung, nämlich zur Begünstigung der Flächenerosion. Sie ist Folge der Vegetationszerstörung, die bei der gegebenen Niederschlagscharakteristik dieser Räume einen Umschwung vom linienhaften zum flächenhaften Abfluß zwangsläufig nach sich zieht und damit Flächenerosion auslöst bzw. verstärkt.

Dem steht andererseits die aktuelle Eintiefung vieler Gerinne bzw. eine noch wirksame Weiterführung der Tiefenerosion darin gegenüber. Sie ist Folge der subrezenten Humidisierung des Klimas, die einen Anpassungsprozeß der Längsgefälle der Gerinne auslöste. Dieser klimagenetische Eintiefungsimpuls der Vergangenheit ist teils bis heute wirksam (in größeren Gerinnen bzw. im semiariden Südindien), teils ist er morphodynamisch schon abgearbeitet (in kleineren Gerinnen bzw. im arideren Südindien). Doch auch im letzteren Fall sind die dadurch geschaffenen Talgefäße noch vorhanden und werden heute ausgeweitet.

Diese klimagenetisch induzierte Variation der Morphodynamik und des Reliefs wird ergänzt durch jahreszeitliche Veränderungen des Formungsgeschehens. Diese finden sich überall, haben jedoch von Region zu Region in Abhängigkeit vom jeweiligen Jahresgang der hygrisch/geoökologischen Raumausstattung sehr verschiedene Ausprägung. Anders als beim subrezenten Klimawandel sind dies jedoch phasenhaft auftretende Witterungs- und Formungsoszillationen, die wieder zurückschwingen und deshalb nur ausnahmsweise formwirksam werden (z. B. Dünenbildung im Flächenrelief beim Alternieren von Wind- und Wasserformung). Im Normalfall sind sie demgegenüber eingebunden in das jeweilige spezifische Regionalgeschehen, in dem der jeweils in der jahreszeitlichen Integration des Prozeßablaufs dominante Prozeß den formalen Gesamtoutput bestimmt (eben entweder die Tal- oder die Flächenbildung).

Diese jahreszeitlichen Oszillationen der Morphodynamik werden für die gesamte Bandbreite der Klimate Südindiens (die humiden Bereiche eingeschlossen) anhand eines *Morphotempogramms* erläutert.

Fotografisch dokumentierte Beobachtungen zu Extremsituationen in der hygrisch/geoökologischen Ausstattung des Raumes und deren Bedeutung für das morphodynamische Geschehen erläutern und bestätigen die Aussagen zur Morphodynamik sowohl für das aride wie auch für das feuchtsemiaride Südindien.

Summary

(The actual morphogenetic spectrum in semiarid South India and the underlying ecological/man made principles)

South India covers the whole series of hydrological/ecological landscapes existing between full desert and rainforest. Arid and semiarid areas thereby prevail roughly. Depending on the position and on the macromorphological and structural differentiation of the subcontinent, the more humid areas of semiarid South India thereby are situated near the southwestern and northeastern margin of the country, while the more arid parts and arid South India form a broad belt in between. The driest parts are situated at the extreme ends of this belt in the northwest (Tharr-desert) and southeast (leeside of South Indian Hills).

Within the arid and semiarid parts of the country peneplanation was and is mostly thought to be the dominant actual process. But according to my investigations valley incision and valley broadening prevail destinctly all over South India, while peneplanation is only secondary and is regionally limited. Valley incision itself is least within the arid peripheric regions and is strongest within the semiarid/semihumid transition zone to humid South India. Only the wettest semiarid regions of South India along the Western Ghats show again a reduction of the force of actual incision.

Areal (diffusive) erosion is most dominant in arid South India, especially in areas with less than three humid months and less than 500 mm of rain. It is interfering with wind activity in this zone (formation of dunes).

The adjoining regions with two to four humid months and about 300 to 600 mm of rainfall show still some local parts with prevailing areal erosion (for example the east facing slopes of the Western Ghats) and the same can be observed within the transition zone of semiarid and semihumid climates. But in both these hydrologic/ecologic belts human influence has caused or forced these processes virtually.

This areal pattern and differentiation of actual morphodynamics is due to the specific integration of the following parameters and impulses: first of all to the actual hydrologic/ecologic outfit of the areas including the areal and seasonal range of variations, secondly to the influence of man and thirdly to a certain type of climatogenetic stress and strain, induced into the system by a climatic change about 2500 years ago, which led to slightly more humid conditions all over South India since then.

The principal differentiation into valley formation and peneplanation therein is based mainly on the hydrologic/ecologic differentiation of South India. Regions with less than about one third of surface cover of the vegetation show prevailing areal erosion, those with more are marked by incision. The transition zone lies around three humid months and 500 mm of rain. The major element of control thereby is the coincidence of a very high proportion of highly intensive and highly varying (in time and space) rains with a sparce or missing vegetation, both combined with abundant material (soil, sediments) suited for transport by running water, but showing a high range of grain sizes and a high proportion of angular/ subangular grains respectively particles. Linear incision occurs in the somewhat wetter arid/semiarid regions as a consequence of the somewhat denser vegetation. This prevents inclined surfaces from areal respectively diverging surface runoff, which is otherwise indispensable for areal erosion and peneplanation. This gives an explanation too for the fact, that destruction of the natural vegetation by man shifts geomorphodynamics to more areal effectivity. At the same time it shows, that rainfall structure is the most important active parameter, which guides the principal bipartition of the processes of fluvial geomorphodynamics into linear and areal erosion. Vegetation and soil/slope-conditions on the other hand have a more passive influence, because they can only prevent areal erosion, but cannot produce it. This is discussed together with wind activity, with mass movements and all the combinations of them with the help of a morphotriangle.

Besides other secondary parameters (structure, tectonics, starting relief a.s.o.), which are of importance only locally and which have qualitatively as well as quantitatively very different effects, also man plays a major role for geomorphodynamics. His influence, which is quantitatively differing from one point to another, has qualitatively almost uniform consequences, which consist of a strengthening of areal erosion and/or of a shift from linear to areal erosion. This is due to the destruction of vegetation by man, which is by far the most important human influence on slope processes and which provokes or intensifies areal respectively diverging surface runoff under all structural types of rainfall, occuring under tropical arid and semiarid climates.

On the other side there are the incised valleybottoms and is the actual incision of rivers, stated all over South India. Both are the consequences of the dynamic response of the longitudinal profiles of these rivers to the slightly more humid conditions created 2500 years or so ago. This climatogenetic impulse of the past partly is effective till today (in the semiarid zone), partly it is already worked up (in the arid zone), but even there the valleys released from this process are still existing and are in a transitional stage of widening today, which is not yet completed to the final stage of the formation of a new peneplane as the final morphologic result of this subrecent climatic change.

This type of climatogenetically induced variation of geomorphodynamics and consequently of the forms of the relief is supplemented on the other side by seasonal variations of the processes. These happen everywhere in South India, but vary from one area to the other according to the changing seasonal hydrologic/geoecologic outfit of the respective locality. These seasonal variations are only shorttime phenomena connected mainly with the seasonal variations of the rainfall/vegetation ratio. All these morphodynamic seasons in an area make part of the total integrated process system of this area. And it is this integrated process type, which creates the formal result of an area over longer periods. Individual forms, created by any of these short time phases of geomorphodynamics during the year, are only temporary features, existing some weeks or months, except in those cases, where different morphologic agents alternate during the seasons. These may be water and wind or water and massmovements. In thises cases f.i. dunes may exist beside fluvial forms and landslide-forms besides wind shaped and/or water shaped ones.

The details of these temporal changes of geomorphodynamics and the results are discussed with the help of a morphotempogram, covering the whole of Indian climates, the humid zone included, which should be valid for other tropical regions too.

Observations of runoff and slope processes made under extreme conditions of rainfall in the desert as well as in the wettest semiarid regions of India, exemplify the conclusions drawn. These observations are documentes with some fotos taken during these catastrophic events of rainfall-runoff-erosion complexes in the South Indian Tropics.

Literatur

BREMER, H. (1986): Geomorphologie in den Tropen – Beobachtungen, Prozesse, Modelle. Geoökodynamik 7, 63–88.

BRUNNER, H. (1969): Verwitterungstypen auf den Granitgneisen (Peninsular Gneis) des östlichen Mysore-Plateaus (Südindien). Peterm. Geogr. Mitt. 4, 242–248.

BRUNNER, H. (1970): Pleistozäne Klimaschwankungen im Bereich des östlichen Mysore Plateaus (Südindien). Geologie 19, 1, 72–82.

BRUNNER, H. (1970): Der Indische Subkontinent – eine physisch-geographische, regionalsystematische Betrachtung. Geogr. Berichte 55, 81–117.

BÜDEL, J. (1965): Die Relieftypen der Flächenspülzone Südindiens am Ostabfall Dekans gegen Madras. Coll. Geogr. 8, 100 S.

BÜDEL, J. (1986): Aus dem Nachlaß bearbeitet und herausgegeben von D. BUSCHE: Tropische Relieftypen Süd-Indiens. Studien zur Tropischen Reliefbildung 4, 1–84.

VAN COMPO, E., DUPLESSY, J. C. & M. ROSSIGNOL-STICK (1982): Climatic conditions deduced from 150 kyr oxygen isotope pollen records from the Arabian Sea. Nature 296, 56–59.

DEMANGEOT, I. (1975): Recherches géomorphologiques en Inde du Sud. Z. Geomorph. N. F. Suppl. 19, 229–272.

DIECKMANN, H., GOEMAN, U., HARRES, H. P. & O. SEUFFERT (1981): Raum-zeitliche Niederschlagsstrukturen und ihr Einfluß auf das Abtragsgeschehen am Beispiel kleiner Einzugsgebiete. Geoökodynamik 2, 219–244.

DIECKMANN, H., HARRES, H. P., MOTZER, H. & O. SEUFFERT (1985): Die Vegetation als Steuerfaktor der Erosion. Geoökodynamik 6, 121–148.

DIKSHIT, K. R. (1970): Polycyclic Landscape and the surfaces of erosion in the Deccan Trap Country with special reference to Upland Maharashthra. The Nat. Geogr. Journ. India, 16, 236–252.

DIKSHIT, H. R. (1983): Drainage Basin of Konkan. Forms and characteristics. In: Contributions to Indian Geography II: Geomorphology. Editor: K. R. DIKSHIT, S. 150–180.

GAUSSEN, H., LEGRIS, P. & M. VIART (1963): Carte internationale du typis végétale/International Map of the Vegetation. Alle Blätter Maßstab 1 : 1 000 000 + Erläuterungshefte.

KREBS, N. (1939): Vorderindien und Ceylon. 382 S., Stuttgart.

MEHER-HOMJI, V. M. (1963): Les Bioclimats du sub-continent Indien et leur types analogues dans le monde. In: Institut Français de Pondichérry: Travaux de la Section Scientifique et Technique, VII, 1–2, 385 S.

MENSCHING, H. (1970): Flächenbildung in der Sudan- und Sahelzone (Obervolta und Niger) – Beobachtungen zum arid-morphodynamischen System und zur Morphogenese in den Randtropen Westafrikas. Z. Geomorph. N. F. Suppl. *10*, 1–29.

MENSCHING, H. (1983): Die Wirksamkeit des „Arid-Morphodynamischen Systems" am mediterranen Nordrand und am randtropischen Südrand (Sahel) der Sahara. Ein Beitrag zur zonalen Klima-Geomorphologie. Geoökodynamik *4*, 173–190.

POSER, H. (1974): Stufen- und Treppenspülung – eine Variante der Flächenspülung. Beobachtungen aus Madagaskar. In: H. POSER (Hrsg.) Geomorphologische Prozesse und Prozeßkombinationen in der Gegenwart unter verschiedenen Klimabedingungen. Abh. Akad. Wiss. Göttingen, Math.-Phys. Kl., III.F.,29,147–160.

RAJAGURI, S. N. & V. S. KALE (1985): Changes in the fluvial regime of Western Maharashthra upland rivers during Late Quaternary. Journ. Geol. Soc. of India *261*, 16–27.

SEUFFERT, O. (1973): Die Laterite am Westsaum Indiens als Klimazeugen. Z. Geomorph. N. F. Suppl. *17*, 242–259.

SEUFFERT, O. (1976): Formungsstile im Relief der Erde. Programmierung, Prozesse und Produkte der Morphodynamik im Abtragungsbereich. Braunschw. Geogr. Studien, Sonderh. 1, 171 S.

SEUFFERT, O. (1978): Leitlinien der Morphogenese und Morphodynamik im Westsaum Indiens. Z. Geomorph. N. F. Suppl. *30*, 143–161.

SEUFFERT, O. (1981): Zur Theorie der Fließwassererosion. Geoökodynamik *2*, 141–164.

SEUFFERT, O. (1983): Mediterrane Geomorphodynamik und Landwirtschaft. Grundzüge und Nutzanwendungen geoökodynamischer Untersuchungen. Geoökodynamik *4*, 287–341.

SEUFFERT, O. (1985): Naturkatastrophen – Umweltkatastrophen – Hungerkatastrophen. Die Ökonomie des Menschen und mögliche ökologische Folgen. Geoökodynamik *6*, 149–228.

SEUFFERT, O. (1986): Geoökodynamik – Geomorphodynamik. Aktuelle und vorzeitliche Formungsprozesse in Südindien und ihre Steuerung durch raum/zeitliche Variationen der geoökologischen Raumgliederung. Geoökodynamik *7*, 161–214.

SEUFFERT, O., DIECKMANN, H., GOEMAN, U., HARRES, H. P. u. P. STÜVE (1984): Hydrostruktur, Morphometrie und Morphodynamik. Z. Geomorph. N. F. Suppl. *50*, 31–45.

WIRTHMANN, A. (1973): Reliefentwicklung auf Basalt unter tropischen Klimaten. Z. Geomorph. N. F. Suppl. *28*, 42–61.

WIRTHMANN, A. (1976): Die West Ghats im Bereich der Dekkan-Basalte. Z. Geomorph. N. F. *24*, 128–137.

WIRTHMANN, A. (1981): Täler, Hänge und Flächen in den Tropen. Geoökodynamik *2*, 165–204.

WIRTHMANN, A. (1985): Offene Fragen der Tropengeomorphologie. Z. Geomorph. N. F. Suppl. *56*, 1–12.

Aktuelle und vorzeitliche Morphodynamik im Massif de Termit (Niger)

Von HORST HAGEDORN, Würzburg

Einleitung

Im Rahmen der Forschungen zur Relief- und Klimageschichte der zentralen Sahara von Mitgliedern des Geographischen Instituts der Universität Würzburg waren die Schichtstufen am Rande des Djado-Beckens im Norden der Republik Niger Gegenstand mehrerer Untersuchungen (GRUNERT 1983). Die Arbeiten wurden inzwischen auf die Stufenreste im Grand Erg de Bilma ausgedehnt. Während 1984 die Schichtstufen bei Fachi, Zoo Baba, Dibella und Agadem untersucht wurden, war im Frühjahr 1986 die Schichtstufenlandschaft von Termit das Ziel einer Forschungsreise. Die Forschungen werden von der Deutschen Forschungsgemeinschaft unterstützt, der wir dafür unseren Dank sagen. Im folgenden werden erste Ergebnisse von der zuletzt genannten Reise vorgelegt.

Die Lage des Untersuchungsgebietes

Das ‚Massif de Termit' liegt im Süden des Grand Erg de Bilma im Nordostteil der Republik Niger (Abb. 1). Es erstreckt sich auf fast 180 km Länge beiderseits des 16. Breitenkreises im Bereich von 11° bis 11° 30′ östlicher Länge. Das Massiv ist streckenweise mehr als 50 km breit und erreicht im mittleren Teil seine höchste Erhebung mit 701 m über dem Meeresspiegel. Die nach Westen gerichtete Steilstufe überragt bis über 300 m die umgebenden Sandtennen und Dünencordons, die Bestandteil der aktiven Dünen des Grand Erg de Bilma sind.

Während die Südhälfte des Massivs aus einem vielfach eingebuchteten Plateau besteht, das schwach nach Osten und Süden geneigt ist, ist die Nordhälfte stärker aufgelöst und verliert sich in einzelnen Hügeln und Hügelgruppen, die eine schwach übersandete Rumpffläche überragen. Sie vergesellschaften sich im äußersten Norden mit vulkanischen Erhebungen, von denen Vulkanreste von Sountellane und Gosso Lolom Bo besonders markant die umgebenden Dünen überragen (Abb. 2). Die etwas reichhaltigere Vegetation deutet an, daß das Massif de Termit dem Randbereich der vollariden Zone angehört. Während gegenwärtig noch die Folgen der Dürreperiode das nor-

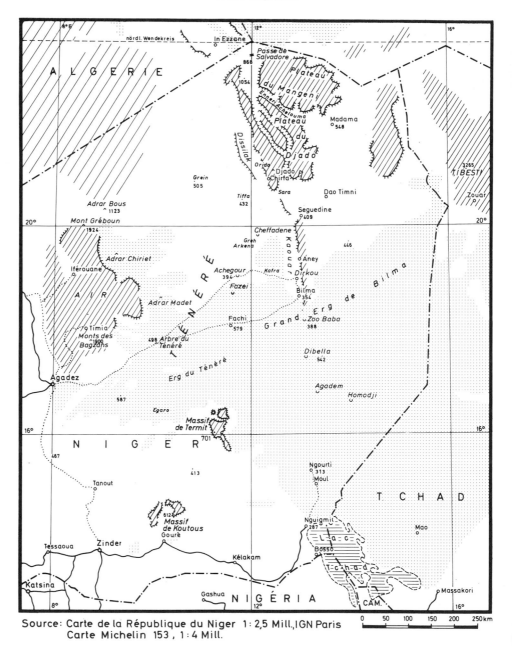

Source: Carte de la République du Niger 1:2,5 Mill.,IGN Paris
        Carte Michelin 153, 1:4 Mill.

Abb. 1: Topographische Übersichtskarte mit Lage des Untersuchungsgebietes.

male Bild verwischen, so dürften doch die episodischen Niederschläge hier in
periodische übergehen, wenn auch die Menge stark schwankt. Bei der einheimischen Toubou-Bevölkerung, die nomadisierend das Massif de Termit nutzt,

ist die Region als besonders reich an Sandstürmen bekannt. Dieses können wir durch die eigenen Erlebnisse bei den Geländeuntersuchungen voll bestätigen.

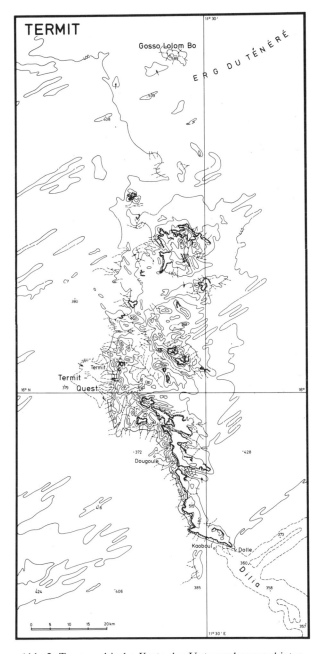

Abb. 2: Topographische Karte des Untersuchungsgebietes.

Geologie und Tektonik

Die Schichtstufenlandschaft wird von zwei Formationen aufgebaut, die von FAURE (1966) als „Formation de Termit" im Liegenden und „Formation de Dolle" im Hangenden benannt worden sind.

Die Formation de Termit besteht aus einer ca. 300 m mächtigen Folge von feinkörnigen Sandsteinen mit eingeschalteten Linsen gröberer Körnung, Siltsteinen und kaolinitischen Tonsteinen. Gelegentlich treten stark eisenhaltige Bänder und Schichten mit hohem Muskovitanteil auf. Die Sandsteine weisen Schräg- und Kreuzschichtung auf und sind fein texturiert. Die Obergrenze dieser Formation ist durch eine Erosionsdiskordanz gegeben, die in einer unterschiedlich mächtigen Verwitterungszone liegt. Die Verwitterung zeigt sich in Form einer Kaolinisierung, Alunitisierung und der Korrosion der Quarze, verbunden mit einer Bleichung der Horizonte nahe der alten Erosionsfläche.

Aufgrund der Fossilfunde wird die Formation de Termit von FAURE (1966) in das obere Senon gestellt, wobei die obersten Partien womöglich noch in das Paleozän reichen. Die Verwitterungszone dürfte dann in das Eozän gehören; sie ist auf jeden Fall älter als die Formation de Dolle, die FAURE in das „Continental terminal" stellt.

Die Formation de Dolle besteht aus stark eisenhaltigen, grobkörnigen Sandsteinen und Konglomeraten mit Schichten von tonhaltigen Sandsteinen und sandigen Tonsteinen. Kennzeichnend ist das Auftreten von mächtigen Oolith- und Pisolithbänken. Die Mächtigkeit schwankt zwischen 0 und 90 m, wobei der größte Teil der Sedimente schon wieder abgetragen sein dürfte, wie Erosionsspuren zeigen.

Unter den Schichtstufenresten im Grand Erg de Bilma weist das Termitmassiv die intensivste tektonische Beanspruchung auf. Nach Beendigung der Akkumulation im Paleozän setzten tektonische Bewegungen und eine schwache Faltung ein, wodurch eine kräftige Erosion in Gang gesetzt wurde, an deren Ende sich eine schwachwellige Rumpffläche als beherrschendes Reliefelement ausgebildet hatte. Sie trug eine tiefgründige Verwitterungsdecke, in welcher der Muskovit in großem Umfang verwittert war mit einer Anreicherung von Kaolinit und Alunit.

In Verbindung mit einer späteren großräumigen Absenkung wurde die Verwitterungszone mit Sedimenten des „Continental terminal" zugeschüttet. Diese Sedimentation – es ist die Formation de Dolle – dürfte im wesentlichen in das Oligozän bis Miozän zu stellen sein. Ein Aufleben der Tektonik setzte dann gegen Ende des Tertiärs ein, wie die teilweise Einbeziehung der Oolithschichten in die Bewegungen zeigt. Diese jüngste tektonische Phase hat das heutige Relief entscheidend mitgeprägt. Wichtigste tektonische Elemente sind ein Abtauchen nach Süden zur Tschaddepression und eine Zerstückelung im nördlichen Teil, die von FAURE in Zusammenhang mit der Grabenstruktur von Tefidet im südlichen Air-Gebirge gebracht wird. Mit dieser tektonischen Phase beginnt auch der besonders im Norden der Region auftretende Vulkanismus, der noch bis in das jüngste Quartär aktiv war.

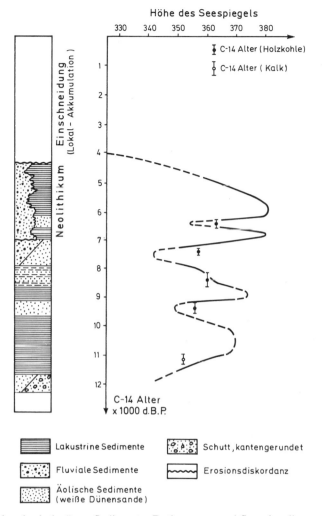

Abb. 3: Abfolge der holozänen Sedimente, Datierungen und Seespiegelkurve (n. SERVANT (1983) verändert).

Bei der Heraushebung und Schrägstellung des Massivs wurden alte tektonische Linien, die schon im Eozän gebildet worden waren, wieder reaktiviert und in das tektonische Muster mit einbezogen.

Die pleistozäne Entwicklung

Mit der neuen tektonischen Phase gegen Ende des Tertiärs beginnt auch eine verstärkte Erosion. Wie aus der Lage von Sedimenten des „Continental termi-nal" zu ersehen ist, wurden Eintiefungsbeträge von 300 m erreicht, wobei die

Täler relativ breit angelegt wurden (Abb. 4). Diese Eintiefung erfolgte jedoch nicht kontinuierlich, sondern scheint in mehreren Etappen abgelaufen zu sein. Es ist zur Zeit noch nicht möglich, die einzelnen Erosionszyklen im Rahmen der großen Eintiefung zeitlich zu fassen; es fehlt vor allen Dingen die genaue Zuordnung der verschiedenen Befunde in den einzelnen großen Ausraumzonen in ein Gesamtkonzept. Wenig bekannt ist auch über die Ursachen dieser Schwankungen; man kann sie weder Klimaänderungen noch tektonischen Phasen eindeutig zuordnen.

In den von dieser ältesten Erosionsphase geschaffenen Formen haben sich die quartären morphologischen Prozesse abgespielt; sie sind sowohl in den Wadis, als auch im Vor- und Hinterland der Stufe zu beobachten.

In den Wadis liegen mehrere Terrassenflächen, die zumeist mit noch relativ wenig zugerundetem Schutt bedeckt sind. Sie werden beherrscht von einer weitverbreiteten und flächenmäßig dominierenden Terrasse, die im mittleren Teil der Wadis ca. 20 m über dem heutigen Flußbett liegt und eine große Zahl flacher Mulden trägt, die mit gelbem lehmigen Material ausgekleidet sind (Abb. 5). Mehrfach finden sich Schlucklöcher in diesen Mulden, die zu einem Hohlraumsystem in den unterlagernden Sandsteinen gehören, das an den steilen Wänden zum rezenten Flußbett hin an vielen Stellen aufgedeckt ist.

Über dieser Terrasse kleben einzelne schuttbedeckte Terrassenreste an den Hängen in 35–40 m Höhe über dem heutigen Talboden. Die rezenten Täler,

Abb. 4: Talwasserscheide in einem konsequenten jungtertiären Tal. Die pleistozäne Tiefenerosion vom westlichen Vorland (links) aus endet mit einer 20 km hohen Wand, die von Dünensanden verhüllt ist. Die morphologische Wirkung des NE-Passat (rechts) ist deutlich zu erkennen. (Aufn. Hagedorn 1986)

Abb. 5: Oberfläche der „Hauptterrasse" mit flachen Senken, die mit lehmig-sandigem Material gefüllt sind. Es sind die oberflächlich sichtbaren Spuren des Silikatkarstes. (Aufn. Hagedorn 1986)

deren Hänge deutliche Spuren der gegenwärtigen Abtragung aufweisen, sind als Kastentäler vielfach verschachtelt und mit eingeschalteten Schluchtpartien versehen in das Hauptterrassenniveau eingeschnitten. Im Talgrund sind verschiedene Schotterkörper und auch höher gelegene Reste des Anstehenden zu sehen, die sich generalisierend in eine Art Niederterrasse zusammenfassen lassen (Abb. 6).

Der Stufenstirn im Westen vorgelagert sind eine Serie abflußloser Depressionen, von denen die größte bei Termit-Ouest liegt. Sie gleichen in Form und Ausbildung denen, die an allen Stufen in der südöstlichen Zentralsahara angetroffen werden. Im Bereich der Kawar-Stufe sind solche Depressionen heute noch mit Wasser gefüllt und spielen dort für die Oasenkulturen eine große Rolle (BAUMHAUER 1985).

Wie auch in den anderen Depressionen beobachtet man an den Rändern lakustrine Sedimente, in denen sich die jüngere Sedimentationsgeschichte widerspiegelt (Abb. 7). Von diesen Sedimenten wurden von uns aus verschiedenen Vorlandsenken Proben genommen, um eventuell aus dem Charakter der Ablagerungen auf die Sedimentationsbedingungen und das klimatische Umfeld schließen zu können. Die Bearbeitung der Proben ist noch nicht abgeschlossen, so daß zur Zeit keine aussagekräftigen Ergebnisse vorgelegt werden können. Beobachtungen bei der Probennahme lassen aber den ersten Schluß zu, daß die Masse der Sedimente in mehreren Phasen im Holozän abgelagert worden sein muß. Sie entsprechen in etwa den Befunden, die

Abb. 6: „Blindende" eines obsequenten Tales. Die Terrassenfolge ist in ein breites älteres Tal eingearbeitet. (Aufn. Hagedorn 1986)

Abb. 7: Holozäne lakustrine Sedimente in der Vorlanddepression von Termit-Ouest. (Aufn. Hagedorn 1986)

SERVANT (1983) aus der Untersuchung der lakustrinen Formationen von Termit-Ouest vorgestellt hat. Die von ihm publizierten Datierungen belegen eindeutig das holozäne Alter dieser Sedimente. Hingewiesen werden muß jedoch auf einzelne Funde, die in ihrer Lage, bezogen auf die oben geschilderten Terrassen, ein höheres Alter haben müssen. Aber darüber können erst nach der ausstehenden Laborbearbeitung der Proben genauere Angaben erwartet werden.

Die holozänen Sedimente in den Depressionen des Stufenvorlandes

Auffällig sind in den Randbereichen der Depressionen im westlichen Vorland der Schichtstufe von Termit Reste überwiegend feinkörniger Sedimente von grauer bis gelbroter Farbe. Sie sind als helle Flächen auf den Luftbildern gut auszumachen und können in ihrer Verbreitung problemlos kartiert werden. Die Ablagerungen sind vornehmlich durch äolische Abtragung in einzelne Resthügel aufgelöst und ermöglichen dadurch ein recht gutes Studium ihrer Materialzusammensetzung. Gelegentlich ist auch eine fluviale Zerschneidung zu erkennen, besonders dort, wo die Sedimente in unmittelbarem Kontakt mit dem Stufenhang stehen. An verschiedenen Stellen geht die Oberfläche der Sedimente in flache Gesimse an den Hängen über, auf denen gut gerundete Gerölle liegen, die aus der topographischen Lage zu den Tälern nicht durch fluvialen Transport erklärt werden können. Es handelt sich dabei wohl um Strandgerölle, die auf alten Strandterrassen liegen, die aus dem anstehenden Sandstein während holozäner Seephasen herauspräpariert worden sind.

Eine erste Geländeanalyse der Sedimente in den Depressionen ließ neben vielen lokalen Besonderheiten als übergeordnetes Element eine Mehrphasigkeit der Sedimentation erkennen. Die Basissedimente sind überwiegend weiße äolische Sande, die sehr große Mächtigkeitsunterschiede aufweisen. Auf diese Sande folgt eine Serie lehmiger und sandiger Ablagerungen, in die Diatomite als massige Bänke von grauer bis weißer Farbe eingeschaltet sind.

Auf dieser Serie liegt an einigen Stellen direkt ein Sandpaket, das überwiegend äolischer Natur ist. Die Abfolge ist auf den ersten Blick nicht einheitlich in Körnung und Struktur, was auf einen Wechsel im Sedimentationsablauf hindeutet; eine genaue Aussage ist aber erst nach der Analyse der mitgebrachten Proben möglich. Zu bemerken ist noch, daß die Sande auch in Erosionsräumen und -senken, die in die lehmige Serie mit den Diatomiten eingetieft sind, liegen; die Mächtigkeiten reichen von 0,5–2 m. Auf die äolischen Sande folgt wiederum eine Folge lehmig-sandiger Sedimente mit eingeschalteten grauen bis weißen Diatomitlagen. Auf der Oberfläche der Sedimente findet sich gelegentlich eine Schuttstreu aus teils eckigem, teils kiesigem Material (s. Abb. 3).

Die hier gegebene Beschreibung der Sedimente in den Depressionen ermöglicht eine erste grobe Gliederung, die jedoch durch die Analyse der aufgenommenen Profile verfeinert werden muß. Die Gliederung entspricht in den Grundzügen der von SERVANT (1983) für die Sedimente im Termit-Ouest aufgestellten. Wichtig ist noch der Hinweis, daß nicht in allen Depressionen die hier generalisierend vorgestellten Sedimentfolgen vollständig vorgefunden wurden.

Sandig-lehmige Ablagerungen mit Diatomiten sind auch in den Unterläufen der Wadis zu beobachten, die in die Vorlanddepressionen münden. Sie lagern sich dabei den Talhängen an und erreichen teilweise das Niveau der oben beschriebenen Hauptterrasse, d. h. also eine Höhe von ca. 20 m über der heutigen Talsohle. Allerdings sind die Sedimentfolgen nicht so eindeutig zu gliedern wie am Rande der Senken; sie enthalten größere Mengen fluvialer Sande und kleiner Kiesbänke, die eine enge Verzahnung zwischen fluvialer und lakustriner Sedimentation bezeugen. Die Unterläufe der Wadis waren demnach zeitweise Seebuchten, in denen die oben beschriebenen Sedimente abgelagert wurden (Abb. 8). Nach bzw. während des Austrocknungsvorganges der Seen wurden sie größtenteils wieder erodiert, was an den Erosionsresten deutlich zu erkennen ist. Allerdings muß man bei der Interpretation der Sedimentreste als Erosionsrückstände vorsichtig sein, denn die lakustrine Akkumulation fand bevorzugt an den Rändern statt und führte nicht zu einer völligen Auffüllung der Senken; Aussagen über die Quantität der Sedimente sind daher fast ausgeschlossen.

Eine zeitliche Einordnung der beschriebenen Sedimente konnte von SERVANT (1983) mit Hilfe von 14 C Datierungen für das Gebiet von Termit-Ouest vorgenommen werden. Danach hat die erste Auffüllung der Vorlanddepres-

Abb. 8: Lakustrine Sedimente mit einem Diatomitpaket (Hammer) mit auflagerndem fluvialen Grobschutt im Unterlauf eines Wadis bei Termit-Ouest. (Aufn. Hagedorn 1986)

sion schon vor 11 000 B. P. begonnen, denn die Basis der Kreidestufe in 355 m Höhe war zu dieser Zeit schon überflutet. Eine Periode niedrigen Wasserstandes hat etwa um 8400 B. P. begonnen, bei der die Seeablagerungen mit äolischen Sanden bedeckt wurden. Ein erneuter Anstieg des Sees beginnt etwa um 7000 B. P., wobei nachgewiesen werden konnte, daß dieser See bis auf 380 m anstieg und damit die Vorlanddepressionen des Massif de Termit alle mit Wasser angefüllt sein mußten und ein Abfluß durch das breite Tal - Dilia genannt - erfolgte, das das Termit mit dem Tschad verbindet.

Wie die erste Seephase, die mindestens eine große Schwankung mit niedrigem Seestand um 9400 B. P. aufweist, war auch die letzte, neolithische Seephase durch mehrere Oszillationen in der Höhe des Seespiegels gekennzeichnet. Spätestens um 4000 B. P. waren die Seen wohl alle ausgetrocknet und der Erosion besonders durch den Wind ausgesetzt, während in den Wadis die Zerschneidung der jüngsten, im Unterlauf lakustrinen Ablagerungen sich verstärkte (s. Abb. 3).

Die fluviale Morphodynamik

Wie oben erläutert, begann eine große Erosionsphase am Ende des Tertiärs. Über ihren Charakter läßt sich wenig aussagen. Die hinterlassenen Formen sind tief eingeschnittene breite Täler. Die Hänge tragen eine grobe eisenverbackene Schuttdecke, und auch die anstehenden Sandsteinpartien sind mit einer Eisenkruste bedeckt. Die größten Täler haben einen konsequenten Verlauf, während sich aus der Subsequenzzone des Vorlandes mit den abflußlosen Senken obsequente Täler in die Stufe eingeschnitten haben. Diese haben auch große intramontane Becken mit den Vorlandsenken in oftmals engen schluchtartigen Tälern verbunden. Wo die obsequente Zerschneidung mit den konsequenten Breittälern zusammengekommen ist, finden wir hochgelegene Talwasserscheiden. Besonders häufig sind bei den obsequenten Tälern die „Blindenden", wie WALTHER (1924) die steilen kesselartigen Talschlüsse genannt hat, die er für ein Charakteristikum der ariden Talformen hält. Da im Bereich der Talwasserscheiden solche Blindenden ebenfalls anzutreffen sind, kann man versucht sein, darin eine verstärkte Erosion von der Subsequenzzone vor der Stufenstirn aus zu sehen. Dieses wiederum wäre nur durch eine kräftigere tektonische Bewegung zu erklären und damit sowohl ihre Existenz als auch ihre dominierende Bedeutung für das fluviale Geschehen nachgewiesen. Wie aber schon WALTHER (1924) ausgeführt hat, sind die Blindenden in ariden Gebieten in jedem Wadisystem mehrfach anzutreffen und können daher nicht ohne unabhängige Indizien für den Nachweis von tektonischen Einflüssen auf die fluviale Morphodynamik herangezogen werden (vgl. Abb. 4 u. 6).

Eine wichtige Rolle für das fluviale Geschehen im Termit spielen die abflußlosen Depressionen am Fuße der Stufe im westlichen Vorland. Dabei ist über ihre Entstehung und die dabei dominierenden Prozesse nichts bekannt.

Sicherlich ist die Deflation ein beteiligter Prozeß; es erscheint jedoch kaum möglich, damit die Gesamtform zu erklären. Ein hypothetischer Gedanke für die Subsequenzzone im Termit ist die Annahme eines breiten subsequenten Tales im Zusammenhang mit der Rumpffläche und der Rumpfstufe, die wahrscheinlich am Ende des Tertiärs im Bereich der heutigen Schichtstufe ausgebildet war. Als Fortsetzung dieses subsequenten Tales könnte das Dilia angesehen werden, dessen Anlage ebenfalls nicht einfach zu erklären ist. Diese Hypothese findet eine gewisse Stütze in Radaraufnahmen von der nördlich anschließenden Ténéré-Rumpffläche; auf diesen Aufnahmen ist unter dem dünnen Schuttschleier ein ausgeprägtes Flußsystem zu erkennen, das in einer präquartären Feuchtphase angelegt worden sein muß.

Die holozäne Flußgeschichte im Termit wurde wesentlich durch die abflußlosen Senken im Vorland mitgestaltet.

Dieser Einfluß wurde besonders stark nach der Ausbildung der oben beschriebenen Hauptterrasse. Diese endet noch mit einer streckenweise erhaltenen Stufe an den abflußlosen Senken, von denen aus sich kleine Kerben und Rinnen in die Terrasse zurückgeschnitten haben. Die folgenden Erosions- und Akkumulationsphasen werden dann von den Depressionen als Erosionsbasis gesteuert. Der Vorgang wurde schon oben kurz geschildert. Mit einer Zunahme der Niederschläge bildeten sich in den Senken Seen, die einen Rückstau in den Wadis bewirkten, der sich in einer Akkumulation ausdrückt. Mit steigendem Wasserstand wurden die Wadiunterläufe mit in den See einbezogen, was durch lakustrine Sedimente an den Talhängen dokumentiert wird. Mit dem Austrocknen der Seen setzte dann eine Einschneidungsphase in den Wadis ein, die am Wadiausgang zur Vorlandsenke in eine fluviale Akkumulation überging, die sich in Form eines flachen Schwemmkegels unterschiedlich weit auf den ehemaligen Seeboden ausbreitete. Die äolische Deflation und Korrasion der relativ weichen Seesedimente machte Platz für die Sedimente aus den Wadis, die man häufig zwischen den lakustrinen Sedimentresten findet. Hinzu treten dann mit fortschreitender Trockenheit von außen kommende Dünensande, die als weitere Akkumulation in den Senken zu finden sind.

Dieses morphodynamische Prozeßgefüge hat sich im Holozän mindestens zweimal mit unterschiedlicher Stärke und Charakteristik abgespielt und seine Spuren im heutigen Reliefbild hinterlassen.

Man kann also eine lokale Steuerung der fluvialen Morphodynamik feststellen, die bei einer Zunahme der Niederschläge sich in besonderer Weise reliefbildend auswirkte. Hinzu kam aber noch eine überregionale Steuerung in dem Augenblick, in dem die Vorlandseen überliefen und sich durch den Überlauf des Dilias nach Süden in die Tschaddepression ergossen. Damit war das Geschehen im und um das Massif de Termit einbezogen in den Ablauf der Spiegelstände des Tschads, der im wesentlichen von Zuflüssen aus dem Süden und Westen gespeist wird. Bei der Interpretation von Zeugen für feuchtere Zeiten müssen diese Umstände unbedingt beachtet werden, um Fehlschlüsse zu vermeiden. Erstaunlich ist der kurzzeitige enorme Anstieg der Seen im Termit. Man ist geneigt, dafür eine enorme Zunahme der Niederschläge heranzuziehen. Man muß aber zwei Tatbestände berücksichtigen. Wie schon dargelegt, ist der Sandstein von unzähligen Löchern und Höhlen durchzogen, die von BUSCHE & ERBE (1987) als „Silikatkarst" bezeichnet werden. Es ist in der Tat eine verblüffende Ähnlichkeit mit Karsterscheinungen in anderen Gebieten zu beobachten, obgleich die Sandsteine völlig kalkfrei sind. Dieses Phänomen bedeutet aber, daß Niederschläge relativ rasch zu den tiefsten Partien auch im Grundwasserbereich ablaufen können und hier dann zu einer schnellen Auffüllung von Senken führen. Man muß dazu auch mit einem schnellen oberirdischen Abfluß rechnen, da wegen der weitverbreiteten Eisenkrusten bei einer kurzfristigen Zunahme der Niederschläge keine größere Bodenbildung und Vegetationsausbreitung auf den Hängen und Flächen, die den Abfluß hemmen würden, zu erwarten ist. Trotz dieser Einschränkungen gehen die Niederschlagsverhältnisse in den Feuchtphasen des Holozäns sicherlich in Bereiche, wie sie heute fünf Breitengrade weiter südlich anzutreffen sind.

Die äolische Morphodynamik

Bei den aktuellen Formungsprozessen spielen wie in früheren Epochen äolische Abtragung und Akkumulation eine gewichtige Rolle. Wie schon ausgeführt, ist die äolische Deflation und Korrasion besonders wirksam im Bereich der limnischen Sedimente. Hier sind kleine Yardangfelder weit verbreitet und Windmulden übertiefen stellenweise den Boden der Depressionen. Umgelagert werden dabei die in den Sedimenten angetroffenen weißen Dünensande, die sich als kleine Dünengruppen deutlich von den Großdünen gelber bis oranger Farbe abheben. Mehr großräumiger Natur sind Sandlinsen und Sandschleppen, die an der Stufenstirn auftreten bzw. von dieser ausgehen. In solchen Bereichen erreicht der vom NE-Passat aus dem östlich anschließenden Erg de Bilma aufgewehte Sand den Rand der stark aufgelösten Landterrasse und wird in die Prozesse an der Stufe einbezogen. Mit Hangschutt übersäte Sandschleppen am Stufenfluß, wie sie im Südteil des Termits weitverbreitet sind, bezeugen ähnliche Vorgänge aus früheren Formungszyklen. Im Nordteil der Stufe sind in den intramontanen Becken sowie im Vorland größere aktive Dünenansammlungen zu finden, die wegen der größeren Durchlässigkeit der Stufe die aktuellen Dünenbewegungen im Erg widerspiegeln.

   Ein interessantes und noch nicht einzuordnendes Phänomen ist ein gut ausgebildetes Windrelief auf der Stufenfläche, das völlig von Eisenkrusten überzogen ist und keinerlei Spuren des aktuellen Windschliffs aufweist (Abb. 9). Die vorgefundenen Formen mit Yardangs und Windgassen im Sandstein entsprechen dem Bild eines Windreliefs, wie es in heutiger Formung aus dem Borkou-Bergland beschrieben worden ist (HAGEDORN 1968; MAINGUET 1968). Da genügend Sand und ein viele Monate beständig wehender NE-Passat vorhanden ist, sollte eigentlich ein solches Windrelief in rezenter Formung begriffen sein. Welche Gründe für die Inaktivität auf der Stufenfläche maßgebend sind, konnte noch nicht geklärt werden. Denkbar ist, daß der Überzug mit

Abb. 9: Yardangformen im Sandstein auf der Stufenfläche bei Dougoule. Die Formen sind mit einer schwarzen Eisenkruste überzogen und werden nicht weiter korradiert. Heutige äolische Aktivität bezeugen die Sandreste zwischen den Gesteinsbrocken. (Aufn. Hagedorn 1986)

der Eisenkruste eine so starke Panzerung der Oberflächen hervorgerufen hat, daß der aktuelle Korrasionsprozeß nicht ausreicht, die Kruste zu zerstören. Hinzukommen muß wohl auch eine Unterdrückung der Rißbildung in der Kruste und dadurch hervorgerufene Verwitterung unter der Kruste mit Möglichkeiten für den Angriff des Windes. Dazu paßt jedoch nicht die Beobachtung aus anderen Gebieten der Stufenfläche, wo aktuell Tafonierung, Desquamation usw. angetroffen wird. Es laufen da also genau die Prozesse ab, die sonst für den Ansatz der äolischen Korrasion während eines Wechsels von feuchterem zu trockenerem Klima verantwortlich gemacht werden.

Schlußfolgerungen

Die vorgestellten ersten Ergebnisse der Forschungsreise in das Massif de Termit müssen durch Laboruntersuchungen noch untermauert und ergänzt werden, was schon mehrfach gesagt wurde. Trotzdem lassen sich erste Schlüsse aus den Beobachtungen ziehen. Es konnte gezeigt werden, daß kurzzeitige Änderungen der Niederschlagsverhältnisse regional erhebliche Formenänderungen hervorrufen können. Diese Formenbildung ist dominant klimatisch gesteuert, da selbst bei fortgesetzten tektonischen Bewegungen die kurzen Zeiträume nicht ausgereicht haben dürften, um die morphodynamischen

Prozesse dadurch maßgeblich zu steuern. Für eine klimatisch bedingte Varianz der morphodynamischen Prozesse spricht auch das großräumige Vorkommen der geschilderten Formenbildung, wie im Vergleich mit den eingangs genannten anderen von uns untersuchten Stufen und Stufenvorländern hervorgeht.

Beim Umkehrschluß von den Formen und damit verbundenen Prozessen auf Qualität und Quantität der Klimavarianz muß man jedoch sehr vorsichtig sein, wie die vorgelegten Befunde zeigen. Gesteinsbedingte regionale Besonderheiten wie der „Silikatkarst", die überall verbreiteten Eisenkrusten usw. zusammen mit einer überall sichtbaren Paläoreliefinfluenz zwingen zu einer sehr vorsichtigen Schätzung der Schwankungsbreite der klimatischen Parameter. Auch das vorgefundene fossilierte Windrelief in einer Region, in der nach allen Kriterien die äolische Morphodynamik gegenwärtig dominiert, zeigt an, welche Probleme beim Schluß auf das Klima aus Formen und Prozessen auftreten können. Eine weitere Schlußfolgerung ist der nachdrückliche Hinweis auf eine stärkere regionale Betrachtungsweise der Sahara und der Wüsten allgemein. Sie werden zu unrecht als gleichförmig und gleichartig ohne große regionale Unterschiede hingestellt. Das angeführte Beispiel Massif de Termit lehrt eher das Gegenteil.

Zusammenfassung

Die Schichtstufenlandschaft des Massivs vom Termit am SE Rand der Zentralsahara wird in ihren Grundzügen vorgestellt und der Kenntnisstand über die pleistozäne Entwicklung erläutert.

Aus Terrassensedimenten und lakustrinen Vorlandsedimenten wird auf die vorzeitliche Morphodynamik geschlossen und deren Variationsbreite diskutiert.

Aktuelle äolische Morphodynamik ist nachweisbar; es wurden jedoch auch große Gebiete mit inaktiven äolischen Korrasionsformen auf der Stufenfläche beobachtet. Es handelt sich um ein typisches Windrelief mit Yardangs und Windgassen, die völlig mit schwarzbraunen Eisenkrusten überzogen sind. Die zeitliche Stellung des inaktiven Windreliefs und die dazu gehörenden Klimabedingungen sind noch ungeklärt.

Summary

An outline of the morphology of the Massif de Termit, a scarpland at the southeastern margin of the central Sahara, is presented, together with a review of the state of knowledge of its Pleistocene development.

Fluvial terraces and foreland lake sediments are described with respect to late Quaternary morphodynamics and to their palaeoclimatic significance.

Although active aeolian corrasion is observed in places, large areas of the summit plateau display corrasion landforms that are completely inactive. Typical aeolian relief of yardangs and wind corridors cut into sandstones and ironstones is thickly coated with black-brown desert varnish. The age of the ancient aeolian landforms and the climatic conditions responsible for their formation are still undetermined.

Literatur

BAUMHAUER, R. (1985): Zur jungquartären Seentwicklung im Bereich der Stufe von Bilma (NE-Niger). Würzburger Geogr. Arb., H. 65, Würzburg.

BUSCHE, D. & W. ERBE (1987): Silicate karst landforms of the Southern Sahara (north-eastern Niger and southern Libya). Z. Geomorph., Suppl. Bd. 64 (im Druck).

FAURE, H. (1966): Reconnaissance Géologique des formations sédimentaires post-paléozoiques du Niger Oriental. Rép. du Niger, Direction des Mines et de la Géologie, Pb. No. 1, Ed. B.R.G.M., Paris.

GRUNERT, J. (1983): Geomorphologie der Schichtstufen am Westrand des Murzuk-Beckens (Zentrale Sahara). Relief – Boden – Paläoklima, H. 2, Stuttgart.

HAGEDORN, H. (1968): Über äolische Abtragung und Formung in der Südost-Sahara. Erdkunde 22, 4:257–269.

MAINGUET, M. (1968): Le Borkou, aspects d'un modelé éolien. Ann. de Géogr. 77, 421: 296–322.

SERVANT, M. (1983): Séquences continentales et variations climatiques: Evolution du Bassin du Tchad au Cenozoique supérieur. Travaux et Documents de l'O.R.S.T.O.M., no. 159, Paris.

WALTHER, J. (1924): Das Gesetz der Wüstenbildung. 4. Aufl., Leipzig.

Das Morphoklima und seine Bedeutung für die Hangentwicklung in Trockengebieten

Von FRANK AHNERT, Aachen

Klimamorphologie und Morphoklimatologie

Seit Jahrzehnten werden viele detaillierte und in ihren Ergebnissen nützliche Arbeiten über klimageomorphologische Formen und Prozesse veröffentlicht, in denen die eigentliche klimatische Information recht wenig differenziert ist. Oft liest man nur Pauschalangaben, wie z.B. Jahresmittel oder Monatsmittel der Temperatur und des Niederschlags; Diagramme, welche die Verbreitung und Wirksamkeit geomorphologischer Prozesse als Funktion solcher Mittelwerte darstellen (wie z.B. die von PELTIER 1950), wurden häufig kritiklos übernommen (vgl. OLLIER 1984, S. 128–131, BRUNSDEN 1979, S. 78), obwohl solche Werte kaum geomorphologische Relevanz besitzen, weil sich hinter ihnen eine Fülle von wesentlichen individuellen Verschiedenheiten verbirgt.

Andererseits werden in neuerer Zeit unmittelbare Prozeßbeobachtungen auf instrumentierten Meßfeldern mit der gleichzeitigen Messung meteorologischer Daten verknüpft. Dieses Verfahren liefert ein gutes Verständnis des Zusammenhangs zwischen meteorologischer Ursache und geomorphologischer Wirkung; es erarbeitet auf empirischem Wege das physikalische Prozeßverständnis und die Prozeßgleichungen, die in der theoretischen Rekonstruktion geomorphologischer Systeme – d.h. in theoretischen geomorphologischen Modellen – benötigt werden.

Aber darüber hinaus hat es zwei enge Grenzen seiner Nutzbarkeit. Erstens sind die auf dem Meßfeld gewonnenen geomorphologischen und meteorologischen Daten nicht unbedingt repräsentativ für die größere Oberflächenform, auf der sich das Meßfeld befindet, und zweitens ist die Zeitdauer der eigens durchgeführten meteorologischen Messungen meist nicht lang genug, um auch klimatisch ausreichend repräsentativ zu sein.

Zwischen den wenig besagenden Pauschalwerten einerseits und den genauen, aber räumlich und zeitlich beschränkten Eigenmessungen andererseits klafft eine Lücke, die geschlossen werden muß, wenn eine spezifisch auf das Klima bezogene Geomorphologie entwickelt werden soll.

Dazu ist es nötig, die Klimamorphologie zu ergänzen durch eine spezielle, möglichst standardisierte Morphoklimatologie, die sich nicht an der allgemeinen Klimatologie mit ihren meist von der Vegetation hergeleiteten Kennwerten und Zonenabgrenzungen orientiert, sondern die sich aus amtlichen meteorologischen Daten von möglichst unmittelbarer geomorphologischer Bedeutung aufbaut (vgl. AHNERT 1982).

Grundlage für die Entwicklung einer Morphoklimatologie ist die Erkenntnis, daß die meisten geomorphologischen Prozesse nicht zeitlich kontinuierlich verlaufen, sondern aus diskontinuierlichen Prozeßereignissen bestehen. Diese wiederum lassen sich nicht mit klimatischen Mittelwerten verknüpfen, sondern werden von klimatischen Ereignissen (z. B. Starkregen, Frostwechseln oder Stürmen) ausgelöst. Ereignisse verschiedener Größe treten in verschiedener Häufigkeit auf. Es gilt also,

a) die Häufigkeitsverteilung von Ereignissen verschiedener Größe bzw. verschiedener Intensität zu erfassen, und

b) möglichst festzustellen, welche Ereignisgröße durch ihre kumulative Wirkung maßgeblich für die Formengestaltung ist.

Ein Beispiel für die dabei auftretenden Schwierigkeiten bietet der Vergleich der täglichen Niederschläge von drei Stationen mit annähernd gleichem Jahresniederschlag – Aachen, Chateauneuf-les-Bains im französischen Zentralmassiv und Machakos im Hochland von Kenia. Schon in den einfachen Säulendiagrammen der täglichen Niederschläge (Abb. 1) fällt auf, daß außer den Unterschieden der jahreszeitlichen Verteilung auch die Größen der Tageswerte (und damit vermutlich die Intensitäten) des Niederschlags sich von Station zu Station in charakteristischer Weise unterscheiden. Jedoch lassen sich die geomorphologisch wesentlichen Aspekte der Daten in dieser Rohform nur durch eine umständliche und relativ lange verbale Beschreibung kennzeichnen.

Die Größenfrequenzanalyse als morphoklimatologische Arbeitsmethode

Den Ansatz für eine präzisere quantitative Charakterisierung bietet die bisher vorwiegend auf Hochwässer und extreme Starkregen angewandte Methode der Größenfrequenzanalyse (englisch: magnitude-frequency analysis, vgl. CHOW 1964, Kap. 8 und ZELLER et al. 1983). Mit diesem einfachen, nicht nur auf hydrologische Phänomene anwendbaren statistischen Verfahren werden die täglichen Niederschlagsmengen einer Station als Funktion ihrer jeweiligen „Wiederkehrzeit" (englisch: recurrence interval) RI dargestellt, d. h. der Zeit, die nach dem Eintreten eines Niederschlags bestimmter Größe im Mittel verstreicht, ehe ein Niederschlagsereignis derselben Größe (oder ein noch größeres Ereignis) eintritt. Der benutzte Datensatz muß auf jeden Fall mehrere Jahre umfassen – je länger der Meßzeitraum, um so zuverlässiger ist die resultierende Aussage. Die Wiederkehrzeit ist definiert durch die Gleichung

$$RI = \frac{n+1}{r} \tag{1}$$

wo n die Gesamtzahl der Zeiteinheiten (z. B. Tage oder Jahre, einschließlich der Zeiteinheiten ohne Niederschlag) des Datensatzes und r der Rang des betrachteten Ereignisses ist (das größte Ereignis des Datensatzes hat den Rang 1). Verbal ausgedrückt bedeutet Gleichung (1), daß das größte Niederschlagsereignis einer Beobachtungsreihe von n Jahren im Mittel erst in

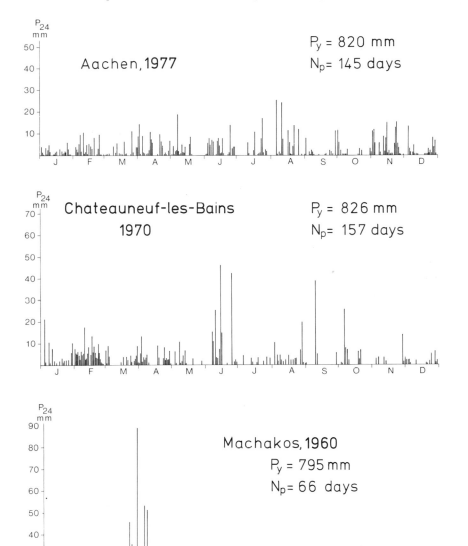

Abb. 1: Tägliche Niederschläge von drei Stationen mit einander vergleichbaren Jahres-summen: Aachen, Chateauneuf-les-Bains (im französischen Zentralmassiv) und Machakos (Kenia). P_Y = Jahresniederschlag, N_p = Zahl der Regentage. (AHNERT 1987a).

n+1 Jahren wieder zu erwarten ist, das zweitgrößte Ereignis (das ja in n Jahren zweimal erreicht oder übertroffen wurde), in (n+1)/2 Jahren usw. Die Beziehung zwischen der Höhe des Niederschlags und der Wiederkehrzeit RI läßt sich durch die einfache Regressionsgleichung

$$P_{(mm)} = Y + A \log_{10} RI \tag{2}$$

gut beschreiben, wobei P der Niederschlag pro Meßzeiteinheit ist.

Für die Bestimmung dieser Regressionsgleichung sind wegen der Eigentümlichkeiten der Datenverteilung am unteren und am oberen Ende der Rangfolge gewisse Vorkehrungen angebracht. Es ist zu empfehlen, die Niederschlagswerte unterhalb eines vorher festgelegten Schwellenwertes (z.B. 5 mm/Tag oder 10 mm/Tag) wegzulassen, weil

a) diese geringen Werte für die meisten geomorphologischen Belange ohne Bedeutung sind und

b) die Verteilung der Daten in der Nähe von P=0 mm meist nicht mehr der Linearität von Gleichung (2) entspricht, sondern sich statt dessen abflacht.

Auch der Maximalwert des Datensatzes weicht häufig von dieser Linearität ab, weil das Auftreten eines solchen Extrems in einer zeitlich begrenzten Datenreihe um so zufälliger ist, je kürzer der betrachtete Zeitabschnitt. Es kann z.B. eine zehn Jahre lange Meßreihe durch Zufall ein Niederschlagsmaximum mit der tatsächlichen Wiederkehrzeit RI=80 Jahre enthalten, dessen RI aber in diesem Verfahren gemäß Gleichung (1) wegen der Kürze des Meßzeitraums nur als RI=11 Jahre berechnet wird und daher in positiver Richtung vom übrigen Datensatz abweicht. Umgekehrt kann es geschehen, daß in einer 10 Jahre langen Datenreihe das normal zu erwartende maximale Niederschlagsereignis nicht vorkommt (aber dafür vielleicht mehrmals innerhalb eines anderen Jahrzehnts); in diesem Fall ist das tatsächliche Maximum der Meßreihe niedriger als erwartet. Die Diagramme der Abb. 2 enthalten Beispiele für derartige Abweichungen.

Das Maß der Abweichung kann man am einfachsten mit Hilfe einer diagrammatischen Aufzeichnung der Daten in der Form P=f(log RI) erkennen; ist es beträchtlich, so sollte man das Maximum ebenso wie die Minimalwerte bei der Berechnung der Regressionsgleichung (2) weglassen, da sonst der Ausreißer die Darstellung der Datenverteilung durch die Regressionslinie erheblich stören würde. Aus geomorphologischer Sicht ist dieses Vorgehen vertretbar, weil hier die Größenfrequenzanalyse das Ziel hat, die regelhafte Häufigkeitsverteilung der geomorphologisch signifikanten Niederschläge insgesamt zu charakterisieren, nicht die mehr oder weniger zufällig auftretenden Extremereignisse.

In diesem Ziel unterscheidet sich die morphoklimatische bzw. geomorphologische Größenfrequenzanalyse von rein hydrologischen Anwendungen, die vorwiegend der Schätzung der Wahrscheinlichkeit, also der Wiederkehrzeit, von extremen Hochwässern dienen. Jene verwenden statt der hier benutzten gesamten Datenverteilung nur (und gerade) die Extremereignisse, z.B. die jeweiligen jährlichen Maxima des Abflusses oder des Niederschlags, und statt des hier benutzten halblogarithmischen Regressionsverfahrens die für Extremereignisse mit sehr hohen Wiederkehrzeiten entwickelte „Gumbel"-

Funktion (GUMBEL 1958, vgl. auch CHOW 1964, s. Kap. 8). Vergleichende Berechnungen haben gezeigt, daß für Wiederkehrzeiten bis zu 100 Jahren kein wesentlicher Unterschied zwischen den Ergebnissen dieser beiden Berechnungsmethoden besteht (AHNERT 1986,1987a). Möglicherweise ist die Gumbel-Methode genauer für Ereignisse mit noch längeren Wiederkehrzeiten; dies ist jedoch für aktualmorphologische Prozesse wenig relevant, weil

a) für Zeiten über 100 Jahre die statistisch zufällige Häufigkeitsverteilung der Ereignisse zunehmend von den säkularen Trends progressiver Klimaänderungen überlagert sein kann, welche die langzeitliche Anwendung des Verfahrens prinzipiell fragwürdig machen,

b) überhaupt nur wenige meteorologische Datenreihen lang genug sind, um Extrapolationen über mehrere Jahrhunderte zuzulassen und

c) das geomorphologische Interesse sich vorwiegend auf Ereignisse subextremer Größenordnung richtet.

Der Größenfrequenz-Index MFI

Gegenüber der Gumbel-Methode hat das halblogarithmische Regressionsverfahren die weiteren Vorteile: einfachere mathematische Behandlung, eine klar erkennbare Beziehung zwischen der graphischen Datendarstellung und der resultierenden, die Daten beschreibende Gleichung (Gumbel-Diagramme werden dagegen gewöhnlich auf speziell aufgeteiltem „Gumbel-Papier" aufgetragen und ohne Berechnungs-Gleichung dargestellt) und schließlich die unmittelbare prozeßbezogene Bedeutung der Konstanten Y und des Koeffizienten A der Gleichung (2). Sie kennzeichnen direkt die Häufigkeitsverteilung des Datensatzes und bilden daher zusammen den Größenfrequenz-Index (magnitude-frequency index), genannt MFI, mit der Schreibweise

$$\text{MFI} = (Y;A). \tag{3}$$

Wird wie allgemein üblich die Wiederkehrzeit RI in Gleichung (2) in Jahren ausgedrückt, so ist Y zugleich die Größe des Niederschlagsereignisses mit der Wiederkehrzeit RI = 1 Jahr (da log RI = 0,0, P = Y mm). Für RI = 10 Jahre ist log RI = 1,0 und daher P = (Y+A) mm, und für RI = 100 Jahre, also log RI = 2,0, ist P = (Y+2A) mm. Selbst die mündliche Nennung der beiden Zahlenwerte des MFI – etwa in einem Vortrag – erlaubt also dem Zuhörer, diese Werte des einjährigen, zehnjährigen und hundertjährigen Niederschlagsereignisses direkt bzw. durch einfaches Kopfrechnen sofort zu ermitteln. Außerdem kann man aus dem MFI ebenfalls sofort die Regressionsgleichung des jeweiligen Datensatzes, also auch die Regressionsgerade und so die graphische und numerische Verteilung der zugrundeliegenden Daten rekonstruieren.

Größenfrequenzdiagramme und Größenfrequenzkarten

Die Diagramme der Abb. 2 zeigen die Vorteile der Größenfrequenzanalyse anhand von Niederschlagsdaten der Stationen Aachen, Chateauneuf-les-Bains und Machakos. Die unterschiedlichen Niederschlags-Häufigkeitsverteilungen kommen deutlich zum Ausdruck. Im Gegensatz zu diesen Stationen mit ähnlichen Jahressummen, aber verschiedenen Niederschlagsregimes, gibt Abb. 3 die Größenfrequenzdiagramme dreier kalifornischer Stationen – an der Pazifikküste, im Längstal und in der Mojave-Wüste – mit ähnlichem Niederschlagsregimes, doch verschiedenen Jahressummen wieder.

Die Komponenten Y und A der Größenfrequenz-Indices eines zusammenhängenden Gebietes lassen sich auch kartographisch mit Isoplethen darstellen, deren Verlauf aus den Werten der Wetterstationen interpoliert wird. Auf diese Weise entsteht eine flächendeckende Repräsentation der Häufigkeiten von Niederschlagsereignissen verschiedener Größe. Abb. 4 zeigt als Beispiel

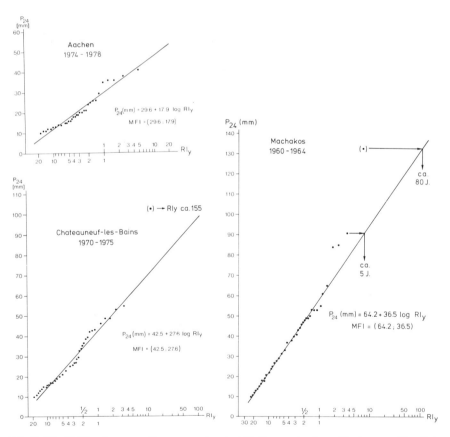

Abb. 2: Die Größenfrequenzdiagramme der drei Stationen Aachen, Chateauneuf-les-Bains und Machakos für tägliche Niederschläge (P_{24}) größer als 10 mm. MFI = Größenfrequenz-Index. (Ahnert 1987a).

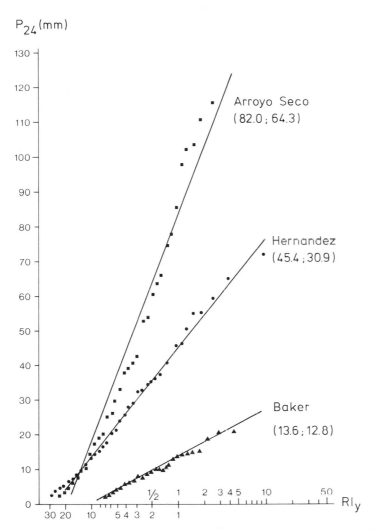

Abb. 3: Größenfrequenz-Diagramme der drei kalifornischen Stationen Arroyo Seco (im Küstengebirge), Hernandez (im Längstal) und Baker (in der Mojave-Wüste). Die Zahlen in Klammern unter den Stationsnamen sind der jeweilige Größenfrequenz-Index.

den Landstreifen zwischen 35° und 37° nördlicher Breite in Kalifornien. Man kann entweder die Isoplethen für Y und A mit verschiedenen Signaturen auf einer Karte kombinieren oder wie hier auf zwei Karten getrennt einzeichnen. Durch Interpolation zwischen benachbarten Isoplethen wird so für jede Stelle auf der Karte der lokale Wert von Y und von A und damit die lokale Häufigkeitsverteilung der Niederschläge schätzbar. Eine solche kartographische Darstellung eignet sich besonders als Grundlage für Schätzungen der Erosivität des Niederschlags im Rahmen von Bodenerosionsuntersuchungen.

Bei der Größenfrequenzanalyse aller täglichen Niederschlagsdaten einer Station in einem einzigen Datensatz, d. h. in einer einzigen Rangfolge gemäß

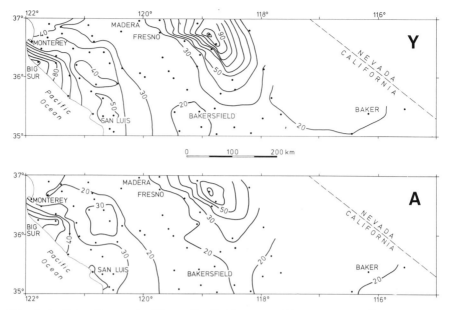

Abb. 4: Isolinien-Karten der Werte für die Konstante Y und den Koeffizienten A des Größenfrequenz-Index für das südlich-zentrale Kalifornien zwischen 35° und 37° nördlicher Breite. (AHNERT 1987a).

Gleichung (1) und in einem einzigen Größenfrequenzdiagramm, bleiben jahreszeitliche Schwankungen natürlich unberücksichtigt. Um sie zu erfassen, müßte man für jeden Monat des Jahres eine besondere Größenfrequenzanalyse durchführen; mit einem Mikrocomputer, in dem sowieso sämtliche Daten einer Station gespeichert werden können, ist dies kein großes Problem. Außerdem besteht die Möglichkeit, den Jahresgang der Niederschläge mit einer gänzlich anderen Methode darzustellen, z. B. mit dem allerdings sehr groben Fournier-Index (FOURNIER 1960), der zwar meist als Intensitätskomponente für die Abtragung durch fließendes Wasser verwendet wird (s. z. B. STODDART 1969), aber für diesen Zweck weniger geeignet ist als für die Kennzeichnung der hygrischen Jahreszeitlichkeit.

Die wahrscheinliche Größe der kumulativ wirksamsten Niederschlagsereignisse

Da die kleinsten Niederschläge allgemein zu schwach sind, um morphologische Prozesse auszulösen, sehr hohe Niederschläge aber andererseits nur sehr selten vorkommen, erscheint die Annahme berechtigt (vgl. WOLMAN & MILLER 1960), daß kumulativ vor allem diejenigen Niederschläge wirksam sind, für welche das Produkt aus Größe und Häufigkeit ein Maximum ist. In Abb. 5 ist dieses Produkt als Funktion der Wiederkehrzeit für die Tagesnieder-

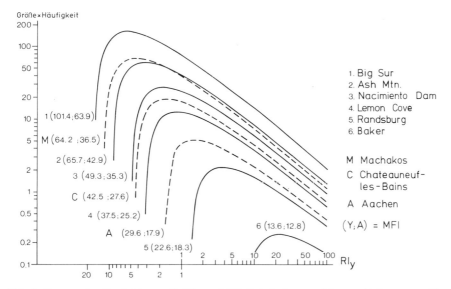

Abb. 5: Kurven des Produkts aus Größe und Häufigkeit des geschätzten Abflusses pro Tag (P_{24}–25 mm, P_{24} > 25 mm) als Funktion der Wiederkehrzeit RI, für repräsentative kalifornische Stationen und für Aachen, Chateauneuf-les-Bains und Machakos. (AHNERT 1987a).

schläge von etwa 35 kalifornischen Stationen und zugleich auch für Aachen, Chatcauneuf und Machakos dargestellt. Das Diagramm zeigt deutlich, daß das Produkt seinen Maximalwert jeweils für Ereignisse einer mittleren Wiederkehrzeit erreicht, und daß diese Wiederkehrzeit des Maximums – also der vermutlich wirksamsten Ereignisgröße – mit zunehmender Trockenzeit des Klimas wächst.

Auch der Tagesniederschlag ist nur ein ungefähres Maß für die morphologisch wichtige Intensität des Regens. Für die meisten Stationen sind Tagesniederschläge das Genaueste, was an Daten verfügbar ist. Aber gerade in Trockengebieten liegt die typische Länge der Niederschlagsereignisse eher bei wenigen Stunden oder gar Bruchteilen von Stunden. Für Stationen mit Regenschreibern wie z. B. Nairobi (Abb. 6), kann man die Größenfrequenz von Kurzzeitniederschlägen ebenfalls mit Gleichungen und Diagrammen beschreiben. Dabei zeigt sich, daß die Intensität von Kurzzeitniederschlägen sehr rasch mit zunehmender Niederschlagsdauer abnimmt – vor allem für Regenfälle von 15 Minuten bis 1 Stunde Dauer (vgl. Abb. 7).

Charakteristische Niederschlagsdauer und charakteristische Hangform

Die charakteristische Niederschlagsdauer hat eine wesentliche Konsequenz für die Spüldenudation auf einem Hang. Wenn der Regen länger andauert als die Zeit, die der Oberflächenabfluß vom Hangscheitel bis zum Hangfuß benö-

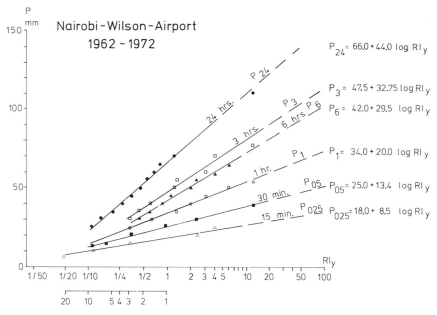

Abb. 6: Größenfrequenzdiagramme von Starkregen mit viertelstündiger ($P_{0,25}$) bis sechsstündiger (P_6) Dauer sowie für Tagessummen (P_{24}) des Niederschlags, Station Wilson Airport, Nairobi, Kenia. Die Regressionsgerade für P_6 liegt unter derjenigen für P_3, weil Regen von 6 Stunden Dauer in Nairobi sehr viel seltener ist als Regen von 3 Stunden Dauer und für gleiche Regenmengen eine längere Wiederkehrzeit hat. (AHNERT 1982).

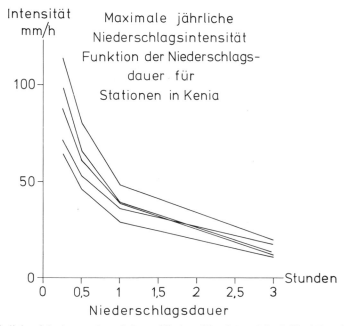

Abb. 7: Jährliches Maximum der mittleren Niederschlagsintensität als Funktion der Niederschlagsdauer, für Stationen in Kenia.

tigt, so nimmt der Abfluß unter sonst einheitlichen Umweltbedingungen in der Regel hangabwärts kontinuierlich zu. Ist die Niederschlagsdauer jedoch kürzer als diese Zeit, so nimmt der Abfluß nur bis zum Ende des Niederschlags zu, also innerhalb der Strecke, die er vom Hangscheitel hangabwärts während dieser Zeit zurückgelegt hat. Auf den abwärts davon liegenden Hangteilen erfolgt keine weitere Zunahme. Da der Abfluß nach dem Ende des Regens gewöhnlich rasch versickert, erhält ein Gerinne am Hangfuß sein Wasser nicht aus dem gesamten geometrischen Einzugsgebiet, sondern nur aus den bachnahen unteren Hangteilen. Dieses Phänomen wird in der englisch-sprachigen Literatur als „partial area contribution to runoff" bezeichnet (vgl. YAIR et al. 1978). Mit Hilfe der Manning-Gleichung (vgl. HERRMANN 1977, S. 99) kann man die Fließgeschwindigkeit und damit die Abflußdistanz (d. h. die Strecke, die der Abfluß während des Niederschlagsereignisses zurücklegt) schätzen (Abb. 8).

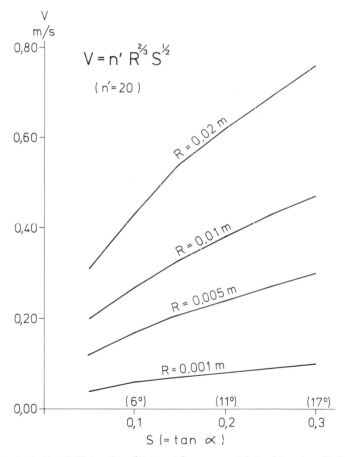

Abb. 8: Geschwindigkeit V des Oberflächenabflusses gemäß der Manning-Gleichung, d. h. als Funktion der Wassertiefe R und des Gefälles S, bei konstantem Bodenglätte-Koeffizienten n'=20.

Unter sonst gleichen Umweltbedingungen wird die Transportarbeit der Spüldenudation wesentlich bestimmt von der Hangneigung und vom Abfluß. Wenn der Abfluß ausgelastet ist, kann er auf einem geraden Hang vom Scheitel abwärts nur innerhalb der Abflußdistanz zusätzliche Fracht aufnehmen. In diesem Bereich entwickelt sich die für normale Spüldenudation charakteristische konkave Profilform. Sie resultiert aus der Tendenz des Spüldenudationssystems, einen konstanten Wert des Produkts Abfluß × Gefälle anzustreben – d. h. je größer der Abfluß, um so geringer wird das Gefälle.

Unterhalb davon könnte der Abfluß bei gleichbleibender Hangneigung keine weitere Fracht aufnehmen; weitere Nettoabtragung in diesem unteren Hangteil ist daher nur dadurch möglich, daß sich dort ein konvexes Hangprofil herausbildet. An Hängen ohne fluviale Tieferlegung des Hangfußes kann dies geschehen, weil die konkave Abflachung des oberen Hangteils dort den Transport allmählich vermindert. An der Grenze zum unteren Hangteil entsteht ein Knickpunkt, der wegen der Gefällsversteilung auch ohne eine Zunahme des Abflusses weitere Abtragung ermöglicht und sich durch denudative Zurundung zum konvexen Unterhang umformt. Wenn sich ein Bach am Hangfuß einschneidet, dann liefert er ebenfalls Abtragungsimpulse an den Hangteil unterhalb der Abflußdistanz (und auch darüber) durch den Mechanismus der rückschreitenden Denudation (AHNERT 1954).

Simulation der Spülhangformen im theoretischen Modell

Mit Hilfe des Modellprogramms SLOP3D (AHNERT 1976, 1977) lassen sich die resultierenden Hangformen für verschiedene Längen der charakteristischen Niederschlagsdauer darstellen (Abb. 9). Entscheidend ist dabei die Relation zwischen der Abflußdistanz während des Niederschlagsereignisses und der Länge des Hangs. Ist der Hang kürzer als die Abflußdistanz, so nimmt der Abfluß über die gesamte Länge des Profils zu, und die charakteristische Hangform ist insgesamt konkav. Ist der Hang länger als die Abflußdistanz, so ist sein Profil nur in dem Bereich konkav, in dem der Abfluß zunimmt, und konvex im hangabwärts anschließenden Bereich konstanten (oder jedenfalls nicht zunehmenden) Abflusses.

Je kürzer also der charakteristische Niederschlag eines Gebietes (genauer gesagt, je kürzer die Abflußdauer und damit die Abflußdistanz), um so kleiner ist der Anteil der oberen Konkavität am Gesamtprofil, und um so größer ist der Anteil des konvexen Unterhangs. Ebenfalls folgt: je länger der Hang (in einem Gebiet mit vorherrschenden Kurzzeitniederschlägen), um so größer ist die Chance, daß sein unterer Abschnitt konvex ist. Freilich kann diese Konvexität so gering sein, daß sie im Gelände kaum auffällt.

Für Längsprofile ephemerer, also durch Kurzzeitniederschläge gespeister Wasserläufe hat SCHUMM (1961) diese Konvexität nachgewiesen. Im Colorado Plateau fand SCHMIDT (1987) konvexe Unterhänge auf Montmorillonit-reichen Mergeln am Fuß einer Schichtstufe. Ursache der Konvexität war ebenfalls die

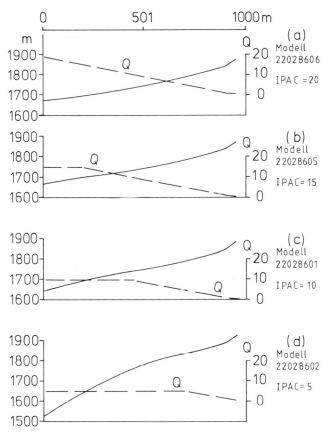

Abb. 9: Charakteristische (Gleichgewichts-)Hangprofilform (durchzogene Linie) für verschiedene charakteristische Niederschlagsdauer und daher verschiedene Abflußdistanzen
bei gleicher Hanglänge. Q = Abfluß (gestrichelte Linie). Abflußdistanz:
(a) IPAC = 20 (= ganze Hanglänge)
(b) IPAC = 15 (= dreiviertel Hanglänge)
(c) IPAC = 10 (= halbe Hanglänge)
(d) IPAC = 5 (= ein Viertel Hanglänge)
(AHNERT 1987b).

hangabwärtige Verminderung des oberflächlichen Abflusses – hier freilich
nicht bedingt durch besonders kurze Niederschläge, sondern durch die Weg-
führung eines Teils des Abflusses in Pipes (Röhren) unter der Oberfläche; das
Prinzip – Konvexität wegen fehlender Zunahme des Oberflächenabflusses – ist
jedoch dasselbe.

Abb. 10 zeigt nun, welche Änderungen zu erwarten sind, wenn sich die
Dauer des charakteristischen Niederschlags ändert. Die Größe IPAC ist das
Maß für die Niederschlagsdauer bzw. für die Länge der Abflußdistanz; die
Modellhänge von Abb. 10 haben eine Länge von 10 Modell-Längeneinheiten.
IPAC = 10 bedeutet, daß der Abfluß längs des gesamten Hangs zunimmt; bei
IPAC = 2 nimmt er nur im oberen Fünftel des Hangs zu. Das Modell simuliert

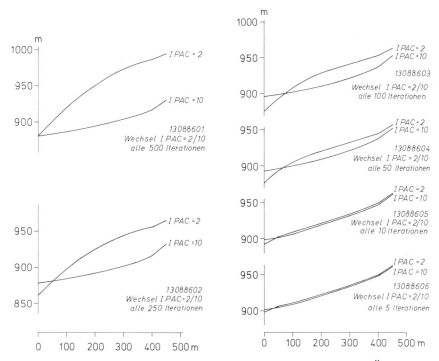

Abb. 10: Veränderung der Profilform von Spüldenudationshängen durch Änderung der charakteristischen Niederschlagsdauer (d. h. auch der Abflußdistanz) in Zeitintervallen von verschiedenen Längen. IPAC = 10 bedeutet hier eine Abflußdistanz gleich der gesamten Hanglänge, IPAC = 2 gleich einem Fünftel der Hanglänge.

hier den Effekt einer einfachen hygrischen Klimaschwankung. Die Länge der Zeit, für die ein bestimmtes Niederschlagsregime andauert, ist dabei wesentlich für seinen Einfluß auf die Hangform. Um dies zu prüfen, wurde die Länge der Zeit zwischen den „Klimawechseln" im Modell systematisch variiert. Wenn diese Zeit kürzer ist als die nötige Anpassungszeit („relaxation time") der Profilentwicklung an das jeweils neue Regime, dann kann sich die eigentliche für dieses Regime charakteristische Hangform nicht entwickeln. Bei relativ kurzzeitigen Wechseln wird die Gesamtform wesentlich von demjenigen der beiden Regimes bestimmt, welches das jeweils morphologisch stärkere ist, d. h. vom Regime des längeren Niederschlags und der deshalb weiter hangab reichenden Zunahme des Abflusses.

Man muß hier festhalten, daß dies nur ein sehr einfach gehaltenes Modell-Experiment ist, mit einfachen Grundannahmen – z. B. gleichem Niederschlag pro Zeiteinheit – und ohne Berücksichtigung eventueller Änderungen der Vegetation. Das Modellprogramm ist durchaus geeignet, diese und andere zusätzliche Variablen einzubeziehen; doch hätte das nur Sinn bei der Modellierung eines bestimmten Geländebefunds und nicht wie hier bei der Erörterung eines Prinzips.

(NB.: Abb. 1, 2, 4 u. 5 sind mit Genehmigung des Verlags John Wiley & Sons, Ltd., Abb. 6 u. 9 mit Genehmigung des Catena-Verlags wiedergegeben.)

Zusammenfassung

Für die Beschreibung morphoklimatischer Bedingungen bietet die halblogarithmische Größenfrequenzanalyse meteorologischer Ereignisse deutliche Vorteile gegenüber der traditionellen, auf Mittelwerten beruhenden Klimadarstellung. In semi-ariden Regionen hat die charakteristische Dauer von geomorphologisch wirksamen abflußerzeugenden Niederschlagsereignissen einen bedeutenden Einfluß auf die Profilformen von Spüldenudationshängen. Wenn die Niederschlagsereignisse normalerweise länger dauern als die Zeit, die der Abfluß braucht, um vom Hangscheitel zum Hangfuß zu fließen, wird die Profilform in der Regel ganz konkav; sind die Niederschläge normalerweise kürzer, dann wird der Unterhang in der Regel konvex. Ein Wechsel von „Langzeitregenklimaten" und „Kurzzeitregenklimaten" verursacht ein entsprechendes Alternieren der Hangformen – vorausgesetzt, daß jede dieser Klimaperioden lange genug andauert, um die Entwicklung der dazugehörigen charakteristischen Hangform zu ermöglichen. Diese Beziehungen werden mit theoretischen Modellexperimenten dargelegt.

Summary

(The morphoclimate and its effect upon slope development in dry regions)

For the descriptions of morphoclimatic conditions, the semilogarithmic magnitude-frequency analysis of meteorological events offers distinct advantages over the traditional mean-value description of climate. In semi-arid regions the characteristic duration of geomorphologically effective runoff-producing rainfall events has an important effect upon the profile shapes of wash denudation slopes. If the rainfall event usually lasts longer than the time needed by the runoff to flow from the crest to the foot of the slope, the profile shape tends to be all-concave; if the rainfall event usually is shorter than that time, the lower portion of the profile tends to be convex. The alternation of „long rain" and „short rain" climates causes slope forms to alternate accordingly, provided that each period of uniform climate lasts long enough to permit development of its characteristic form. These relationships are shown by means of theoretical model experiments.

Literatur

AHNERT, F. (1954): Zur Frage der rückschreitenden Denudation und des dynamischen Gleichgewichts bei morphologischen Vorgängen. Erdkunde VIII, S. 61–64.

AHNERT, F. (1976): Brief description of a comprehensive threedimensional process-response model of landform development. Z. Geom. Suppl. 25, S. 29–49.

AHNERT, F. (1977): Some comments on the quantitative formulation of geomorphological processes in a theoretical model. Earth Surface Processes, 2, S. 191–201.

AHNERT, F. (1982): Untersuchungen über das Morphoklima und die Morphologie des Inselberggebietes von Machakos, Kenia. Catena Suppl. 2, S. 1–72.

AHNERT, F. (1986): The magnitude-frequency index – an approach to the identification of hygric morphoclimates. Z. Geom. N.F., Suppl. Bd. 60, S. 16.

AHNERT, F. (1987a): An approach to the identification of morphoclimates. In: Internat. Geomorphology (ed. V. Gardiner), II, S. 159–188. London.

AHNERT, F. (1987b): Process-response models of denudation at different spatial scales. Catena Suppl. Bd. 10, S. 31–50.

BRUNSDEN, D. (1979): Weathering. In: EMBLETON, C. E. and THORNES, J. (eds.), Process in Geomorphology, S. 73–129. London.

FOURNIER, F. (1960): Climat et erosion: la relation entre l'erosion du sol par l'eau et les precipitations atmospheriques. 201 S., Paris.

GUMBEL, E. J. (1958): Statistics of extremes. 371 S., New York.

HERRMANN, R. (1977): Einführung in die Hydrologie. 151 S., Stuttgart.

OLLIER, C. D. (1984): Weathering. 2. Aufl., 270 S., London.

PELTIER, L. C. (1950): The geographical cycle in periglacial regions as it is related to climatic geomorphology. Annals Ass. Am. Geogr. 40, S. 214–236.

SCHMIDT, K.-H. (1987): Factors influencing structural landform dynamics on the Colorado Plateau – about the necessity of calibrating theoretical models of empirical data. Catena Suppl. Bd. 10, S. 51–66.

SCHUMM, S. A. (1961): Effect of sediment characteristics on erosion and sedimentation in small stream channels. U.S.G.S. Professional Paper 352C, 31–70.

STODDARD, D. R. (1969): World erosion and sedimentation. In: CHORLEY, R. J. (ed.) Water, earth and man. S. 43–64. Cambridge.

WOLMAN, M. G. & J. P. MILLER (1960): Magnitude and frequency of forces in geomorphic processes. Journal of Geology 68, 54–74.

YAIR, A., SHARON, D. & H. LAVEE (1978): An instrumented watershed for the study of partial area contribution of runoff in the arid zone. Z. Geom. N. F. Suppl. 29, S. 71–82.

ZELLER, J., GEIGER, H. & G. RÖTHLISBERGER (1983): Starkniederschläge des schweizerischen Alpen- und Alpenrandgebietes, Bd. 6. Eidgenöss. Anstalt für das forstliche Versuchswesen. Ch 8903 Bimmensdorf.

Morphodynamik und Morphogenese in den semiariden Randtropen Afrikas (Sahel – Sudanzone)

Von HORST G. MENSCHING, Göttingen

Vorwort

Mit diesem kurzen Beitrag werden einige Leitgedanken der Reliefformung unter semiarid-randtropischen Klimabedingungen zusammengefaßt, die bei der Theorie der Entstehung von Rumpfflächen, Pedimenten und Pediplains, also dem weitverbreiteten Flächenrelief, zukünftig mehr Beachtung finden sollten. Diese Leitgedanken sind zwar keinesfalls neu, werden aber oft vernachlässigt, wenn es um die Theoriebildung zur morphogenetischen Flächenerklärung in den sogenannten Entstehungszonen von Rumpfflächen als klimageomorphologische Zonen geht. Schließlich sind bisher die wechselfeuchten Randtropen als deren Hauptbildungszonen, und zwar unter den heute dort herrschenden Klimabedingungen, angesehen worden.

Hier allerdings soll sich der Begriff semiaride Randtropen auf jene Klimazone beschränken, die sich generell zwischen der vollariden Wüstenzone und den semihumiden Feuchtsavannen ausbreitet, im wesentlichen also die Dornbusch- und Trockensavannen umfaßt. Wenn auch eine Festlegung einer solchen Zone durch mittlere Jahresniederschlagsmengen wenig sinnvoll für eine „morphodynamische Prozeßzone" der Flächenbildung ist, so mögen doch die Sommerregen mit langjährigen Mitteln zwischen 100 mm und 1000 mm dafür typisch sein, ohne daß diese Isohyeten wirkliche morphodynamische Grenzen darstellen können! Schon diese Niederschlagsspanne weist diese Zone als Übergangsbereich aller durch pedologische und hydrologische Vorgänge gesteuerten Prozesse und Prozeßkombinationen aus.

Die hier zusammengefaßten Leitgedanken zur Morphologie dieser Zone beruhen auf eigenen Geländebeobachtungen im gesamten Sahel-Sudanbereich zwischen den Jahren 1969 und 1987. Sie wurden erstmalig in ähnlicher Weise in H. MENSCHING, 1974 und 1978, angesprochen.

In dieser Zusammenfassung soll eine Konzentration auf die fluvial gesteuerten Prozesse erfolgen, die auf die großflächige Morphogenese Einfluß nehmen. Dabei sollen Verwitterungsprozesse nur in ihrer Relation zu den Abtragungsprozessen mit herangezogen werden, denn Verwitterung und Abtragung bilden ein entscheidendes Prozeßgefüge.

1. Die morpho-strukturellen Großeinheiten

Um ein morphodynamisches Prozeßgefüge erkennen und richtig bewerten zu können, ist seine Relation zu den gegebenen Struktureinheiten wichtig. Für die betrachtete Klimazone der semiariden Randtropen des Sahel/Sudan spielen die Einheiten des kristallinen und paläosedimentären Basements, der weitgehend abgetragenen Decken des Nubischen Sandsteins im Osten, der Sedimentgesteinsschichten des Continental Intercalaire und Terminal im Westen der Zone, sowie der vom Atlantik bis zum Nil sich ausdehnenden Altdünengürtel (vgl. dazu den Beitrag von B. GLÄSER in diesem Band) die Hauptrollen. Hier soll eine Konzentration auf das Basement erfolgen.

Das Großrelief stellt ein Rumpfflächenrelief mit Inselbergen dar, das regional noch von Sedimentgesteinsresten der erwähnten Deckschichten tafelartig mit klaren Schichtstufen überlagert ist. Entscheidend für die Reliefgenese sind jedoch auch die tektonisch-strukturellen Schwellen und Becken, die ein unterschiedliches Formenbild zeigen. Die genannte Rumpfflächen-Inselberglandschaft findet sich überwiegend auf den weiten Schwellen und nicht in den Becken. Schließlich umrahmen noch weite Pediplains mit radial angelegtem Gewässernetz mit schwach nach außen gerichtetem Gefälle die oft vulkanischen Hebungszentren. Alle diese genannten Struktureinheiten steuern das Prozeßgefüge weitgehend mit, ohne daß damit natürlich die klimagesteuerte Morphodynamik völlig verändert würde, wohl aber differenziert wird.

2. Differenzierung des Verwitterungsgefüges

Generell herrscht vom ariden zum humiden Grenzbereich dieser randtropischen Zone mit ihrem typischen Temperaturgang eine Zunahme der chemischen Zersetzung und eine Verminderung der mechanischen Prozesse der Verwitterung vor, ohne daß der eine Vorgang gegenüber dem anderen völlig vernachlässigbar wäre. In weiten Teilen dieser semiariden Zone wirken daher sowohl chemische als auch physikalische Verwitterung neben- bzw. miteinander.

Da das ITC-Niederschlagssystem jedoch von Jahr zu Jahr einer hohen Variabilität in der Niederschlagsmenge, aber auch in der regionalen Verteilung unterliegt, schwanken auch die Art und Intensität der genannten Verwitterungsprozesse. Prozessual wechseln hier mechanische Gefügelockerungen mit chemischem Zersatz überall dort, wo Niederschlagswasser eindringen kann, miteinander ab bzw. verstärken sich gegenseitig.

Diesen Vorgängen entsprechend fehlen chemisch verwitterte Bodenhorizonte – bis auf wenige fossile Vorkommen – im Sahel fast vollständig, während sie in der südlicheren und feuchteren Sudanzone an Verbreitung und Mächtigkeit zunehmen. Schon hieraus wird deutlich, daß diese randtropische Zone mit der traditionellen Bezeichnung „tropisch-wechselfeucht" morphodynamisch nicht als Einheit aufzufassen ist.

3. Fluviale morphodynamische Prozesse

Diese Prozesse sind in Abhängigkeit von den zumeist kurzen, aber heftigen Starkregengüssen zu sehen, die sich zumeist in wenigen Tagen summieren und zu Abflußereignissen von einigen Tagen führen. Einem raschen Ansteigen von Wadifluten folgt ein langsameres Abnehmen der Wassermengen, wobei auch die Sedimentfracht schnell verringert wird. Dabei kommt es in der aufsteigenden Flutphase zu starker Lateralerosion mit hoher Sedimentfracht, so daß dann die gesamte Sedimentsohle des Abflußbettes durch zahllose kleinere Schwemmfächer bewegt wird. Gröbere Schotterbetten sind außerhalb der Gebirge selten.

Beim flächenhaften Oberflächenabfluß entsteht ein relativ enges flaches Gerinnenetz, in dem das vorverwitterte Material transportiert und in den zahlreichen kleinen Wannen und Becken wieder akkumuliert wird. Dadurch entsteht ein ständiger flächenhafter Ausgleich kleinster Reliefunterschiede, doch insgesamt eine allmähliche Tieferlegung der Oberfläche und zwar in Richtung auf die vorhandenen Abtragungsbasen, wie größere Wadis und Senken.

Es entstehen so weitgespannte, leicht geneigte Abtragungsflächen, die man am besten mit Pediplains bezeichnet, weil die fluviale Gesamtabtragung von Reliefhöhen ausgeht, die oft Geländerücken, auch Inselberge oder auch Geländestufen von Restbergen oder Schichtstufen der Deckschichten des Basements darstellen.

Bei dieser vor allem im arideren Teil der Sahel-Sudanzone erfolgenden Flächenabtragung hält die Abtragungsgeschwindigkeit in etwa mit der Verwitterungsgeschwindigkeit Schritt. Eine vorherige „tropische Tiefenverwitterung" – vorauseilend – findet bei dieser arid-morphodynamischen randtropischen (!) Flächenbildung und ihrer Weiterbildung nicht statt. Im humideren Teil dieser Zone treten dann Verwitterungsdecken von Mächtigkeiten von wenigen dm bis 1–2 m auf, die allerdings nicht durchgehend das Relief überziehen, wie oft für die feuchten Tropen beschrieben. Der Mechanismus der „doppelten Einebnung" (BÜDEL) kann jedenfalls in dieser Zone nicht für die Flächenbildung verantwortlich sein. Ferner ist für die gesamte semiaride Randtropenzone neben dem beschriebenen Vorgang flächenhafter Abtragung die morphodynamische Funktion der Talbildung eines weitmaschigen Netzes nachzuweisen. Wie schon von MENSCHING ET AL. 1970 beschrieben, haben diese Talformen im arideren Teil dieser Zone mehr wadi-ähnliche Kastenform und im humideren Teil überwiegend flachere Muldenform; H. LOUIS nannte sie bekanntlich Flachmuldentäler.

Es bleibt festzuhalten:

In der semiariden Randtropenzone besteht das übergeordnete morphodynamische Prozeßgefüge einerseits aus Flächenbildung bzw. Weiterbildung der Flächenteile und andererseits aus einem System von klimageomorphologisch gesteuerten typischen Talsystemen. Beide Formen sind morphodynamisch aktiv und gehören zum selben System. Dies wurde bekanntlich energisch bestritten. Hierdurch wird auch die Frage aufgeworfen, ob nicht die vorzeitlichen Zeitepochen für Teile dieses Systems verantwortlich sind. Dazu sei folgendes bemerkt:

4. Die morphogenetischen Reliefsequenzen

Es ist unbestritten, daß die Großformen der semiariden Randtropen Nordafrikas nicht genetisch allein dem heute dort herrschenden Klima zugesprochen werden können. Vielmehr entspricht z. B. der Bildungszeitraum der Rumpfflächen und Pediplains weitgehend der Zeit, die zwischen der Abtragung der Deckschichten bis heute vergangen ist. Diese kann regional bzw. lokal sehr unterschiedlich sein und hängt auch mit den tektonisch-strukturellen letzten Bewegungen zusammen, die auf Schwellen und Rücken eher begann als auf den Ebenen oder flachen Senkungsgebieten. Im allgemeinen kommt hierfür das ganze Tertiär in Frage. Damit wird klar, daß diese Großformen auch nicht *einer* Vorzeitepoche zugeordnet werden können, wie es gern geschieht (z. B. „miozäne Rumpfflächen" o. ä.).

Der Bildungszeitraum solcher Flächenteile von Rumpfflächen oder Pediplains ist daher am besten einer längeren Morphosequenz zuzuordnen mit verschieden aktiven Abtragungsphasen, die jedoch im wesentlichen eine ähnliche morphodynamische Tendenz der Großformung aufwiesen, vgl. hierzu H. MENSCHING, 1980 (Airgebirge und Vorland).

Im Laufe ihres Bildungszeitraumes gab es ganz sicher Klimaschwankungen im nördlichen Grenzbereich der ITC Z (Sahelzone), die auch Phasen höherer Niederschläge mit wirksamerer chemischer Verwitterung und damit auch rascherer flächenhafter Abtragung, sei es gleichzeitig oder in den folgenden wieder arideren Epochen bei stärker aufgelockerter Vegetationsdecke. Im gesamten Bildungszeitraum kam es jedenfalls nicht zu einem Abtragungsstillstand, allenfalls zu einer Abtragungsverminderung.

Diese morphodynamischen Zeitphasen können in der Sahel-Sudanzone heute noch in der Weise nachvollzogen werden, daß vergleichende Beobachtungen im N-S Querschnitt vom saharischen Sahel bis zum semihumiden Sudan angestellt werden. Mit zunehmender Vegetationsdecke (ohne anthropogene Zerstörung) wird zwar die chemische Verwitterung durch größere Bodenfeuchtigkeit wirksamer, doch tritt die Abtragungseffektivität zurück gegenüber arideren, vegetationsärmeren Regionen. Die zahlreichen Geländebeobachtungen aus dieser Zone haben gezeigt, daß die stärkste flächenhafte Abtragung im mittleren Bereich dieser Zone vorhanden ist, d. h. in einem Bereich zwischen 300 und 600 mm langjährigem Niederschlag und mit lückenhafter Vegetationsdecke (infolge der mittleren Zahl von 6–8 ariden Monaten im Jahr).

Da sich diese „Aktivzone" der Abtragung im Laufe des Bildungszeitraumes der Großflächen mehrfach um viele hundert Kilometer verschoben hat, ist im Laufe dieser Morphosequenz fast die gesamte semiaride Randzone der Tropen davon erfaßt worden. Hieraus muß geschlossen werden, daß besonders auch der klimageomorphologische Wechsel von feuchteren zu arideren Zeiten erhebliche Wirksamkeit auf das morphodynamische Prozeßgefüge gehabt hat und für den heutigen morphologischen Zustand des Flächenreliefs mit entscheidend ist.

Wenn man diesem Gedanken der morphogenetischen Prozeßentwicklung im Rahmen der Flächenbildung folgt, ergibt sich daraus, daß ein solches Flächenrelief der Randtropen, wie es heute existiert, nicht als fossil (vorzeitlich) oder rezent (bis aktuell) bezeichnet werden kann, vielmehr ist es Ausdruck einer längeren Morphosequenz mit sich wandelnden morphodynamischen Prozessen.

Diese Interpretation der Flächengenese ist imstande, so manche Widersprüche in den verschiedenen Theorien zur Rumpfflächenbildung, -weiterbildung und -erhaltung aufzulösen und die gemachten Geländebeobachtungen zwanglos in diese Morphosequenztheorie einzupassen.

Diese vorgetragenen Erklärungen und Gedanken – hier als erweitertes Diskussionsresümee dieses Akademie-Symposiums – verfolgen den Zweck, die immer noch widersprüchlichen Rumpfflächendiskussionen auf eine neue (alte) Basiserkenntnis zurückzuführen.

Zusammenfassung

Geländebeobachtungen in der Sahel-Sudanzone lassen erkennen, daß die Verwitterungs- und Abtragungsprozesse innerhalb dieser klimatisch-geomorphologischen Zone sich im Übergang vom arid-morphodynamischen zum semihumiden Prozeßgefüge stark verändern. So findet die Bildung von Flächen im arideren Teil durch unmittelbare Abtragung physikalisch und chemisch gebildeten Verwitterungsmaterials statt, während im humideren Teil bei überwiegender chemischer Verwitterung eine dichtere Pflanzendecke die Abtragung hindert. Zwischen 300 und 600 mm Niederschlag erreicht die flächenhafte Abtragung im semiariden Klima der Randtropen ihre höchsten Werte.

Die Reliefgenese unterlag paläoklimatischen Schwankungen, die sich über die gesamte Zone derart auswirkten, daß Rumpfflächen und Pediplains überall gebildet werden konnten. Sie sind daher nur in der morphogenetischen Sequenz erklärbar und nicht nur einem Klimatyp zuzuordnen. Sie sind polygenetischer Entstehung.

Summary

(Morphodynamics and Morphogenesis in the Semiarid Marginal Tropics in Africa)
(Sahel-Sudan Zone)

Field observations in the Sahel-Sudan Zone show that the processes of weathering and land degradation differ decisively between the arid/semiarid and the subhumid parts of the climatic geomorphological zone mentioned above. In contrast to the more arid parts, where plains are formed by immediate degradation of physical-chemical weathering products, degradation in the more humid parts, that are characterized by dominant chemical weathering, is delayed by a more dense vegetation cover. In the semiarid marginal tropics with a mean annual precipitation of 300–600 mm processes of denudation are most intense.

The morphogenesis of the relief was influenced by palaeoclimatic changes affecting the whole Sahel-Sudan Zone in such a way that peneplains and pediplanes were formed all over the zone. Therefore these plains have to be explained in the context of the respective morphogenetic sequence and should not be appointed to one climatic pattern only. They are of polygenetic origin.

Literatur

BÜDEL, J. (1957): Die „Doppelten Einebnungsflächen" in den feuchten Tropen. Zeitschr. Geomorph. NF 1, S. 201–228.

BÜDEL, J. (1977): Klima-Geomorphologie. Gebr. Borntraeger, Berlin · Stuttgart, insbesondere Kap. 2.3 „Die randtropische Zone exessiver Flächenbildung", S. 92–143.

BUSCHE, D. (1973): Die Entstehung von Pedimenten und ihre Überformung, untersucht an Beispielen aus dem Tibesti-Gebirge, Rép. du Tchad. Berliner Geogr. Abh., 18, S. 1–130.

HAGEDORN, H. (1967): Beobachtungen an Inselbergen im westlichen Tibesti-Vorland. Berliner Geogr. Abhan., 5, S. 17–22.

HAGEDORN, J. & H. POSER (1974): Räumliche Ordnung der rezenten geomorphologischen Prozesse und Prozeßkombinationen auf der Erde. Akad. d. Wiss. Göttingen, N.F. 29, S. 426–439.

HÖVERMANN, J. (1985): Das System der klimatischen Geomorphologie auf landschaftskundlicher Grundlage. Zeitschr. Geomorph. Suppl. Bd. 56, S. 143–153.

MENSCHING, H. (1970): Klima-geomorphologische Beobachtungen zur Blockbildung in den ariden Subtropen und Tropen Afrikas. Tübinger Geogr. Studien, H. 34 (Sonderband 3), S. 133–140.

MENSCHING, H. (1970): Flächenbildung in der Sudan- und Sahel-Zone (Obervolta und Niger). Beobachtungen zum arid-morphodynamischen System und zur Morphogenese in den Randtropen Westafrikas. Zeitschr. Geomorph. NF Bd. 10, S. 1–29.

MENSCHING, H. (1974): Aktuelle Morphodynamik im afrikanischen Sahel. Akad. d. Wiss. Göttingen, Math.-Phys. Kl., III, Folge 29, S. 22–38.

MENSCHING, H. (1978): Inselberge, Pedimente und Rumpfflächen im Sudan (Rep.). Ein Beitrag zur morphologischen Sequenz in den ariden Subtropen und Tropen Afrikas. Zeitschr. Geomorph. NF, Suppl. Bd. 30, S. 1–19.

MENSCHING, H. (1980): Morphogenetische Sequenzen der Reliefentwicklung im Air-Gebirge und in seinem Vorland (Aride Randtropen der Rep. Niger). Tübinger Geogr. Studien, H. 80, S. 79–93.

MENSCHING, H. (1983): Die Wirksamkeit des arid-morphodynamischen Systems am mediterranen Nordrand und am randtropischen Südrand (Sahel) der Sahara. Geoökodynamik 4, S. 173–190.

ROHDENBURG, H. (1969): Hangpedimentation und Klimawechsel als wichtigste Faktoren der Flächen- und Stufenbildung in den wechselfeuchten Tropen an Beispielen aus Westafrika . . . Göttinger Bodenkundl. Ber. 10, S. 57–152.

III.
Anthropogene Beeinflussung der Morphodynamik

Vegetationsveränderung und Morphodynamik im Ngare Ndare-Gebiet, Kenia

Von RÜDIGER MÄCKEL, Freiburg i. Brg. und
WOLFGANG SCHULTKA, Gießen

Das Untersuchungsgebiet von Ngare Ndare liegt im Südwesten des Distrikts Isiolo in der Ostprovinz von Kenia (37° 23′ −37° 30′ E, 0° 25′ −0° 17′ N). Die Geländearbeiten wurden von beiden Autoren gemeinsam von Januar bis März 1986 durchgeführt. Dies geschah im Rahmen des DFG-Forschungsvorhabens „Vegetationsveränderungen, Belastbarkeit und Nutzung einer semi-ariden Dornbuschsavanne" von W. SCHULTKA (Schu 516/2−1), der bereits seit 1984 in diesem Raum pflanzenkundliche Untersuchungen sowohl in der Regen- als auch in der Trockenzeit durchführt. Als Basislager für die Geländearbeiten diente die Forschungsstation Ngare Ndare von Dr. Jürgen Schwartz, die etwa 15 km westlich der Distrikthauptstadt Isiolo liegt.

1. Einführung in das Untersuchungsgebiet

Nach JÄTZOLD (1981:69) ist das Untersuchungsgebiet durch ein warmtemperiertes, überwiegend vollarides tropisches Höhenklima mit zwei sehr kurzen, meist semihumiden Jahreszeiten im April bzw. im November (t 2.1 a 4.4) gekennzeichnet.

Laut der „Ordnung der rezenten geomorphologischen Prozesse und Prozeßkombinationen auf der Erde" (HAGEDORN & POSER, 1974:430) gehört das Untersuchungsgebiet zur „Zone intensivster Flächenspülung" (Zone III) mit folgender Prozeßkombination: Fluviale Prozesse bei saisonalem Abfluß, Flächenspülung und Hangspülung als Abspülungsprozesse sowie Sturz- und Rutschungsprozesse in den Bergländern. Durch den Menschen beeinträchtigte Gebiete zeigen häufig Merkmale der trockeneren Zone IV, zum Beispiel durch Zunahme und Wirksamkeit der äolischen Prozesse.

Der größte Teil des Untersuchungsgebietes liegt zwischen 1100 und 1300 m NN und wird eingerahmt vom Mukogodo-Gebirge (2123 m) im Westen, dem Lolmotonyi (1774 m) und dem Lenkushu (1782 m) im Osten und dem Ndare-Hochland im Süden (Abb. 1). Die Gebirge bestehen aus quarzreichen Gneisen und Granitgneisen, die unter den metamorphen Gesteinen des Grundgebirges (Basement) besonders widerstandsfähig gegenüber Verwitterung und Abtragung sind (MASON 1955:4, SHACKLETON 1946:4). Dadurch konnten diese Gebirgs-, Berg- oder Hügelländer in verschiedenen „Erosionszyklen" (SHACKLETON 1946:4) herausgebildet werden.

Der Lenkushu und der Lolmotonyi stellen die südlichsten Ausläufer einer von Pforten („gaps") unterbrochenen Gebirgskette dar, die sich nach Norden in dem Ol Doinyo Lenkiyo (Matthews) und schließlich im Ndoto-Gebirge fortsetzt. Parallel dazu verlaufen die Kämme und Rücken des Mukogodo-Gebirges und die sich nördlich anschließenden Berg- und Hügelländer.

Ein auffallendes Landschaftselement im Untersuchungsgebiet bilden die ebenen bis flachgeneigten Vulkanitdecken, die im Westen von den Flüssen Engare Sirgon bzw. Engare Ondare und im Nordosten vom Barberess begrenzt werden (Abb. 1). Die Vulkanite gehören nach SHACKLETON (1946:39) zur Laikipia-Basaltserie, die zwischen dem Mount Kenya und dem mittleren Ewaso Ng'iro-Becken vorkommen. Es handelt sich um typische Plateaulaven pliozänen Alters. Sie stammen aus Spalten im nördlichen Mount Kenya- und im Mukogodo-Loldaika-Gebiet. Einige von ihnen flossen über den nördlichen Rand dieser Bergländer und weiter über die Ebenen bis hinab in das mittlere Ewaso Ng'iro-Becken. Die Basaltdecken ruhen heute auf einer um 1000 m hoch gelegenen Landoberfläche, deren westliche Fortsetzung von SHACKLETON (1946:39) als jungtertiäre (pliozäne) Rumpffläche angesehen wird. Die pliozäne Landoberfläche wird also durch die schützende Basaltdecke konserviert und nur außerhalb dieser, vor allem entlang der Flüsse, zerschnitten oder durch Flächenspülung tiefergelegt. Die Vulkanitdecken sind im Südteil des Untersuchungsgebietes (z. B. östlich des Ol Doinyo Dorobo) 80 m mächtig und dünnen am Barberess südwestlich des Lenkushu in Form von Blockfeldern aus. Die Basalte sind alkalisch und weisen Olivineinsprenglinge, zum Teil auch Augit, auf. Die Verwitterungsprodukte der Basalte wie auch die Böden haben einen hohen Karbonatgehalt.

Die Vulkanitdecken zeichnen sich durch eine geringe Taldichte mit Talabständen von 1 km bis 5 km aus. Diese Reliefform entspricht nach der Klassifikation von SPÖNEMANN (1984:48) den „schwach zertalten" Vulkanitdecken. Zwar haben sich die Täler kastenförmig einige Dekameter tief und mit scharf einsetzenden Kanten in die Ebene eingeschnitten, jedoch ist diese nur wenig durch lineare Erosion umgestaltet worden, so daß die „Dominanz der Ebenheiten" erhalten blieb. SPÖNEMANN (1984:48) nimmt an, daß die unterschiedliche Reliefgestaltung der Vulkanitdecken alters- und substratbedingt ist, wobei „die jüngeren (= pleistozänen) und nur flachgründig verwitterten Aschen erosionsanfällig sind und die Bildung steilwandiger Talformen ⟨zu⟩ begünstigen scheinen", hingegen „auf dem Verwitterungsmantel der älteren (= tertiären) Lavadecken Flachtäler entstanden, wie sie für Rumpfflächen charakteristisch sind". Diese Annahme trifft jedoch für das Untersuchungsgebiet nicht zu. Hier sind andere Faktoren für die Talbildung in den älteren Vulkanitdecken entscheidend, wie etwa die Lage des Vorfluters zu den Flüssen, die von den Vulkanitdecken kommen, oder die Zerklüftung des Gesteins, so daß auch auf pliozänen Vulkanitdecken steil- bis mittelhängige Sohlentäler oder Schluchten (Endare Sirgon) auftreten.

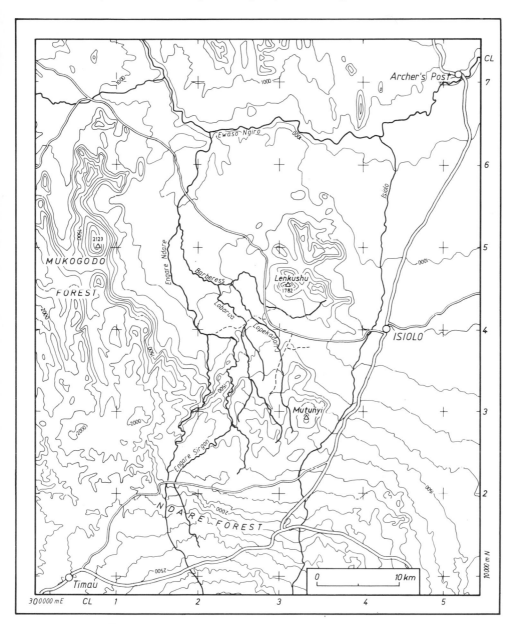

Abb. 1: Übersichtskarte des Untersuchungsgebiets westlich von Isiolo, Kenia.

Wichtigster Fluß und Vorfluter für das Untersuchungsgebiet ist der Endare Ondare, der im mittleren Ewaso Ng'iro-Becken in den Ewaso Ng'iro mündet. Seine Oberläufe entwässern die Nordflanke des Mount Kenya. Zum Untersuchungsgebiet gehören die östlichen Nebenflüsse Barberess mit den Oberläufen Loborua und Lopekadorr und der Engare Sirgon. Während Loborua und

Lopekadorr unterhalb der Ndare-Landstufe beginnen, entspringen die Quell-
flüsse des Engare Sirgon auf der Nordflanke des Mount Kenya bzw. im
Ndare-Hochland. Der Engare Ondare führt permanent Wasser bis auf die
Höhe des Ol Doinyo Dorobo, also 5 km vor Einmündung in den Engare
Ondare. Auch der Loborua führt im Oberlauf bis 10 km vor der Einmündung
des Lopekadorr reichlich Wasser, das für den marktorientierten Gartenbau
entlang der Talaue genutzt wird.

  Das Untersuchungsgebiet läßt sich nach geomorphologischen und geologischen Gesichtspunkten in verschiedene Landschaftseinheiten gliedern:

1. Bergländer mit mäßig bis steil geneigten Hängen aus metamorphen Gesteinen des Grundgebirgssockels (Basement).
2. Fußfluren der Bergländer über metamorphen Gesteinen, wie etwa am
   Mukogodo, am Ndare-Nordrand (Ol Doinyo Dorobo) und Lenkushu.
3. Aufschüttungsebenen über metamorphen Gesteinen, die sich den Fußfluren anschließen.
4. Vulkanitdecken mit geringer Taldichte.
5. Talhänge und Talebenen im Bereich der Vulkanitdecken.

Aus jeder Landschaftseinheit sind Aufnahmeflächen (AF 1 bis 65) ausgewählt
worden, auf denen die Vegetation, der Boden und die Morphodynamik erfaßt
wurden. Für die Bodenbestimmung und die Probenentnahme wurden Schürf-
gruben angelegt bzw. vorhandene Aufschlüsse genutzt. Um das wechselseitige
Wirkungsgefüge von Relief, Boden und Vegetation zu verdeutlichen, legten
die Autoren einzelne Aufnahmeflächen entlang von Geländeprofilen (Trans-
sekten) an (Abb. 2 bis 5).

  Die Bestandsdichte der Vegetation wurde bei den Gehölzen und z.T. auch
bei den größeren Halbsträuchern (wie etwa *Sericocomopsis pallida*) nach einer
modifizierten PCQ-Methode (MUELLER-DOMBOIS & ELLENBERG 1974) ermittelt. Danach ließ sich die Kronenfläche der Gehölze errechnen, die in der
vorliegenden Arbeit in Bedeckungsprozenten ausgedrückt wird. Pro Aufnahmeserie sind die benötigten Werte von 30 Meßpunkten entlang einer Linie
aus ermittelt worden. Die Bedeckungsanteile der Pflanzen der Krautschicht
(incl. kleinerer Halbsträucher wie *Indigofera*-Arten) wurden nach einer modifizierten Methode von BRAUN-BLANQUET (s.u.a. KNAPP 1971) ermittelt. Dabei
wurden pro Aufnahmeserie die Bedeckungsanteile der Pflanzen auf 30 Flächen à 1 × 1 m in Prozenten geschätzt.

  Zum besseren Vergleich und für die Ableitung von Degradationsserien sind
die Gehölze und Sträucher einiger Aufnahmeflächen in einer gesonderten
Tabelle gegenübergestellt (Tab. 1).

2. Oberflächenformung, Vegetation und Böden der Fußfluren

Bei den Fußfluren handelt es sich um schwach geneigte Aufschüttungsfor-
men, die an die Fußzone der kristallinen Bergländer gebunden sind (Abb. 1).
SHACKLETON (1946:44) sah das Lockermaterial der Fußfluren und der anschlie-

ßenden Ebenen als transportiertes Hangspülsediment an, das Mächtigkeiten bis zu 15 m erreicht. Zwei Gebiete werden für großmaßstäbige Geländeaufnahmen herangezogen: Erstens die Fußfluren südwestlich des Lenkushu (1782 m) und zweitens jene am Ol Doinyo Dorobo (1331 m).

2.1. Die Fußflur am Lenkushu

Das Hangspülmaterial der Fußfluren besteht aus Sand, der reich an Grus ist und zur Tiefe hin in einen sandigen Ton übergeht. Infolge starker Flächenspülung fehlt weitgehend ein ausgeprägter A-Horizont. Die Pflanzenstreu liegt direkt der Erdkruste auf oder ist an der Oberfläche vermischt mit lockerem Flächenspülmaterial (AF 44 bis 46). Der Bodentyp ist vorerst als Luvic Arenosol kartiert worden. Da die Grenze zwischen dem schwach tonigen Sand und dem sandigen Ton jedoch recht scharf ist, verstärkt durch Verhärtung der unteren Abfolge, kann auch angenommen werden, daß es sich um genetisch verschiedenes Material handelt: Um einen unteren, älteren Boden, von dem infolge Erosion nur noch der B_t-Horizont übriggeblieben ist, und um eine obere, jüngere Schüttung aus sandigem Material. Dafür sprechen Aufschlüsse entlang Erosionsgräben etwa 1500 m südöstlich dieser Stelle (AF 45), wo eine 20 cm mächtige Decke aus grusreichem tonigen Sand (mit Holzkohle) über einen verkrusteten, älteren Boden geschüttet wurde. An anderer Stelle, 100 m hangabwärts (AF 44), liegt gleiches Material über einem dunklen Tonboden (Vertisol), der seine Fortsetzung in den Vertisolen der Lenkushu-Talebene findet (Abs. 5.2).

Auf den gering beeinträchtigten Arealen wächst ein offenes Akaziengehölz aus vorwiegend *Acacia tortilis* mit *Indigofera*-Zwergsträuchern im Unterwuchs. Auf der anschließenden Ebene mit sandigeren Böden weicht dieser Bestand einem *Commiphora*-Gehölz mit *Indigofera spinosa* im Unterwuchs. Die Fußflur nahe der Piste von der Kipsing-Pforte nach Isiolo ist stark genutzt durch Herdentiere und den Bau temporärer Wohnstätten (Manyattas). Das führte zur Degradierung der Vegetation und zur verstärkten Abspülung des lockeren, sandigen Oberbodens zum B_t-Horizont. Dieser bildet vielerorts Erdkrusten, deren Festigkeit gelegentlich durch Eisenverkittung verstärkt wird. Wichtig für den Schutz des Bodens vor Abtragung ist eine mehr oder weniger geschlossene Zwergstrauch- und Krautschicht auch während der Trockenzeit, damit bei Starkregen zu Beginn oder außerhalb der Regenzeit nur flächenhaft und im geringen Umfang Material verspült werden kann. In Trockenwäldern oder Gehölzen ohne Unterwuchs tritt dabei ebenso lineare Erosion auf wie auf freien Flächen (MÄCKEL 1986:130).

Die durch Flächenspülung und lineare Erosion veränderten Areale tragen eine offene Dornstrauch-Sukkulenten-Vegetation (AF 46 in Tab. 1). Bei *Acacia reficiens, Euphorbia heterochroma, Boscia coriacia, Grewia tenax* und *Sansevieria* cf. *ehrenbergii* (Tab. 1) handelt es sich um Arten, die entweder in trockeneren Klimazonen ihr Verbreitungsgebiet haben (nach PRATT & GWYNNE 1978 in den ökoklimatischen Zonen V und VI) oder die in der Nachbarschaft an

Tab. 1: Vegetationsveränderung in ausgewählten Aufnahmeflächen

Landschaftseinheit	Fußflur		Vulkanitdecke (Plateau)				Talhang			Talebene			
Aufnahmefläche (AF)	46	44	23	32	38	17	29	60	12	9	8	33	26
Höhere Gehölze (in der Regel in Stamm und Krone gegliedert)													
Höhe in Meter	1,97	2,50	3,00	3,47	2,47	4,10	6,66	4,50	4,16	3,61	1,89	1,71	4,63
Exemplare auf 100 qm	2,26	7,42	2,84	0,69	0,11	0,22	0,67	0,48	0,41	1,29	1,43	2,80	0,43
Bedeckung in %	21,47	92,00	43,22	8,68	1,48	3,65	21,06	8,54	9,55	33,96	13,91	38,64	17,07
Delonix elata	–	–	–	–	–	–	8,92	4,90	–	–	–	–	0,23
Acacia tortilis	–	1,96	–	8,55	0,68	1,01	4,55	1,18	7,81	–	–	–	15,95
Commiphora spec. (N 311)	3,94	–	–	–	–	0,26	3,93	0,25	0,08	–	–	–	0,23
Commiphora africana	–	–	–	–	–	0,12	1,85	0,08	0,28	–	–	–	0,23
Sterculia stenocarpa	–	–	–	–	–	0,12	1,81	–	–	–	–	–	–
Acacia mellifera	8,99	6,16	24,66	–	0,50	0,67	–	0,63	0,74	31,87	9,10	10,56	–
Acacia refisciens	4,31	63,63	–	–	0,13	–	–	–	0,34	0,59	0,13	4,83	–
Maerua endlichii	–	–	–	–	–	0,19	–	–	0,11	–	–	–	–
Acacia senegal	–	–	–	0,13	–	0,98	–	1,46	0,11	–	–	–	0,23
Lannea triphylla	–	–	–	–	–	–	–	–	0,04	–	–	–	0,23
Balanites aegyptiaca	–	8,92	–	–	–	–	–	–	0,04	–	–	–	–
Boscia angustifolia	–	–	–	–	–	–	–	0,21	–	–	–	–	–
Acacia etbaica	–	–	–	–	0,11	0,26	–	–	–	–	–	–	–
Acacia horrida	–	–	18,57	–	0,04	–	–	–	–	–	–	23,25	–
Acacia paolii	–	–	–	–	–	–	–	–	–	1,49	4,68	–	–
Cadaba farinosa	–	–	–	–	–	–	–	–	–	–	–	–	–
Cadaba ruspolii	–	–	–	–	0,002	–	–	–	–	–	–	–	–

Niedrige Gehölze — Höhe in Meter	bis 1,50	bis 1,50	bis 1,50	bis 1,50	bis 1,50	bis 1,00	1,62	bis 1,50	bis 1,50	bis 1,50	bis 1,50	0,73	1,87
Exemplare auf 100 qm	–	–	1,78	1,39	–	4,16	2,35	10,75	2,03	1,71	0,77	3,74	1,84
Bedeckung in %	–	–	5,07	1,38	–	11,52	6,66	21,50	5,06	6,36	4,00	10,04	7,12
Grewia villosa	–	–	–	0,26	–	3,74	2,76	7,25	2,28	–	–	0,07	0,24
Grewia erithraea	–	3,13	–	–	–	–	1,39	–	–	–	–	–	–
Grewia tenax	1,73	–	–	0,05	–	4,14	1,01	2,80	1,40	0,28	0,18	0,51	0,88
Grewia bicolor	–	–	–	–	–	2,34	0,58	–	0,03	–	–	–	0,16
Bleoharispermum pubescens	–	–	–	–	–	–	0,37	–	0,04	–	–	–	–
Commiphora africana	–	–	–	0,31	–	–	0,27	–	–	–	–	–	–
Hildebrandtia obcordata	–	–	–	–	–	–	0,09	–	–	–	–	–	–
Acacia senegal	–	–	–	–	–	–	0,09	–	0,04	–	–	–	0,07
Cordia crenata	–	–	–	–	–	–	0,05	–	–	–	–	–	–
Commiphora spec. (N 311)	–	–	–	–	–	–	0,03	–	–	–	–	–	0,09
Caucanthus albidus	–	–	–	0,10	0,005	–	0,01	9,53	0,06	–	–	–	–
Maerua endlichii	–	–	–	0,38	–	–	0,01	–	0,19	0,39	–	0,10	3,01
Acacia mellifera	–	–	–	–	–	–	–	–	0,31	–	–	–	0,27
Acacia tortilis	–	–	–	–	–	–	–	–	0,27	–	–	–	0,34
Acacia refisciens	–	–	–	–	–	–	–	–	0,23	–	–	–	–
Opilia campestris	–	–	–	0,01	0,013	–	–	–	0,10	–	–	0,02	–
Cadaba farinosa	3,11	1,02	–	–	–	–	–	–	0,08	4,5	–	0,56	1,44
Boscia coriacea	–	–	0,46	–	–	0,67	–	1,24	0,02	0,05	1,57	1,42	0,15
Ormocarpum keniense	–	0,17	–	–	–	–	–	0,59	0,01	–	–	–	–
Leucas jamesii	–	–	2,54	–	–	0,60	–	–	–	–	–	–	–
Ipomoea cicatricosa	0,17	–	–	0,28	–	–	–	–	–	–	–	–	–
Cadaba ruspolii	–	–	–	–	0,002	–	–	–	–	–	0,12	–	–
Boscia angustifolia	–	–	0,82	–	0,0002	–	–	–	–	–	–	0,55	–
Cordia sinensis	1,60	1,23	–	–	–	–	–	–	–	–	–	0,53	0,28
Tennantia senii	0,61	5,86	–	–	–	–	–	–	–	–	–	–	0,19
Lycium europaeum	–	–	–	–	–	–	–	–	–	–	–	–	–
Cadaba glandulosa	–	–	0,93	–	–	–	–	–	–	0,50	0,51	3,87	–
Cadaba mirabilis	–	–	–	–	–	–	–	–	–	0,40	0,30	1,47	–
Acacia horrida	–	–	–	–	–	–	–	–	–	0,22	–	0,08	–
Maerua subcordata	–	–	0,03	–	–	–	–	–	–	0,16	0,19	0,76	–
Salvadora persica	–	–	–	–	–	–	–	–	–	–	1,47	–	–
Capparis sepiaria	–	–	–	–	–	–	–	–	–	–	–	–	–
Boscia salicifolia	–	–	0,03	–	–	–	–	–	–	–	–	0,10	–

flachgründigen, sehr trockenen Wuchsorten vorkommen. Unter degradierten, offenen Vegetationsbeständen wird das Lockermaterial schneller abgespült, so daß die Einzelpflanzen häufig auf einem Wuchssockel über der heutigen Spülfläche stehen. Das Alter der Büsche liegt nicht über 10 Jahren, so daß wahrscheinlich erst in jüngster Zeit eine Tieferlegung um einige Zentimeter infolge verstärkter Flächenspülung stattgefunden hat.

Aus den bisherigen Beobachtungen lassen sich Degradationsserien ableiten von Akazien- bzw. *Commiphora*-Gehölzen mit dichtem Zwergstrauch-Unterwuchs zu offenen Dornstrauch-Sukkulenten-Beständen ohne nennenswerte Zwergstrauch- oder Krautschicht während der Trockenzeit. Dafür nimmt der Anteil an Annuellen zu. Die Regeneration der ursprünglichen Vegetation auf verkrusteten Böden ist nur gering. Selbst während der Regenzeit sind diese weitgehend frei von Annuellen.

Die von karbonatfreiem Hangspülmaterial überdeckten karbonathaltigen bis -reichen Vertisole tragen einen dichten Bestand von *Acacia refisciens* mit einer sehr schütteren Kraut- und Zwergstrauchschicht (AF 44 in Tab. 1). Es kommen breite Spülrinnen zwischen den einzelnen Sträuchern vor, in denen hauptsächlich Sand transportiert wird.

2.2. Die Fußfluren am Ol Doinyo Dorobo

Die auffallend roten Böden (10 R 4/8 trocken, 10 R 3/4 feucht) der schwach geneigten Fußfluren bestehen aus einem sandig-tonigen Lehm mit viel Grus, der z. T. in deutlich geschichteten Lagen vorkommt. Im unteren Abschnitt der Fußflur (Abb. 2) wird die obere Abfolge aus sandig-tonigem Lehm von der unteren aus (sandigem) Ton durch eine Steinlage getrennt. Sie besteht hauptsächlich aus Steinen des Basement und weniger des Basalts und bildet gleichzeitig die Grenze zwischen dem in situ verwitterten Gesteinszersatz und dem Hangspülmaterial. Im oberen Abschnitt der Fußflur (AF 14 in Abb. 2) sind die Böden tonreicher und zur Tiefe hin zunehmend karbonathaltig. An manchen Stellen ist der obere karbonatfreie Teil des Bodens durch Eisen verbacken. Der Wechsel von Eisenanreicherung zur starken Karbonatanreicherung ist in den semi-ariden Bergländern Kenias eine häufige Erscheinung und wird als Hinweis auf einen Klimawechsel gedeutet (MÄCKEL 1986:125). Die Böden gehören nach der FAO/UNESCO-Bodengliederung zu den Chromic Luvisols (AF 13) bzw. Calcic Luvisols (AF 14).

Lineare Bodenerosion setzt auf der Fußflur überall ein, wo mittel- oder tiefgründige Böden vorkommen. Die Erosionsformen beginnen entweder mit flachen Rinnen, die sich hangabwärts zu Gräben vertiefen, oder mit einer deutlichen Stirnwand und einem Sturzloch an der Basis. Die Erosionsgräben sind bis 2 m tief und 1 bis 2 m breit und liegen bis zu 30 m auseinander. Auf dem Grabengrund ruhen freigelegte Blöcke und Steine, transportiert wird dort hauptsächlich Sand. Auf den Flächen zwischen den Gräben findet flächenhafte Abtragung statt, was zur residualen Anreicherung von Grus und Steinen an der Oberfläche führt. Die offene Grabenerosion wird im Lateralbereich von

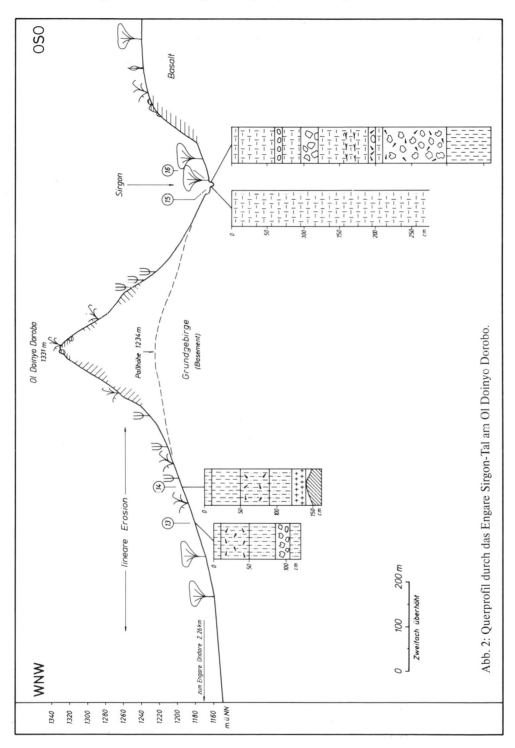

Abb. 2: Querprofil durch das Engare Sirgon-Tal am Ol Doinyo Dorobo.

einer subterranen Erosion begleitet, worauf Erosionsformen wie Röhren und Schäfte hinweisen. Neben Wasser und Wind ist als weiteres geomorphologisches Agens die Tätigkeit von Termiten an der Verlagerung von Feinmaterial beteiligt. Dadurch wird dieses aus unteren Schichten über die steinig-grusigen Bodendecken gebracht, von wo es vom Regen leicht fortgespült werden kann. Größere Termitenbauten scheinen fossil zu sein und geben Zeugnis von einer (feuchteren?) Phase mit stärkerer Termitentätigkeit.

Die Fußfluren am Ol Doinyo Dorobo sind mit einer offenen Dornbusch-Sukkulenten-Vegetation bestanden. Die häufigsten Arten unter den Gehölzen sind *Acacia tortilis* und verschiedene *Commiphora*-Arten wie *C. africana, C. boiviniana, C. bruceae, C. flava, C. gileadensis, C. riparia* und *C. semharensis.* Als häufigste Sträucher treten *Grewia tenax, Blepharispermum pubescens, Hildebrandtia obcordata* und *Euphorbia scheffleri* auf. Unter den Lianen kommen vor allem die Sukkulenten *Cissus rotundifolia* und *C. quadrangularia,* ferner *Entada leptostachya* vor. Die stellenweise sehr schüttere Krautschicht (incl. Halbsträucher) umfaßt folgende Arten: *Crossandra mucronata, Becium* cf. *capitatum, Ocimum hadiense, Portulaca foliosa, Actiniopteris semiflabellata* und *A. radiata;* ferner Sukkulenten wie *Euphorbia heterochroma, Cralluma* cf. *foetida, Euphorbia* cf. *kibwezensis, Sansevieria* cf. *ehrenbergii* und *S. intermedia, Portulaca foliosa, Kleinia* spec. und *K. kleinioides, Cissus rotundifolia* und *C. quadrangularis.* Das wichtigste Gras *Chrysopogon plumulosus* kommt vorwiegend am Hang zwischen Blöcken vor. Viele der auf den degradierten Hängen wachsenden Pflanzen stammen aus dem natürlichen Bestand der angrenzenden trockeneren Wuchsorte, z.B. der stärker geneigten, blockreichen Hänge (Abb. 2).

Daß gerade Vegetation und Böden der Fußfluren am stärksten von Mensch und Vieh beeinträchtigt werden, hat verschiedene Gründe: Erstens werden die Fußfluren vor allem nahe der Pisten und Paßhöhen (Abb. 2) häufig von Nutztieren (hauptsächlich von Rindern, Schafen und Ziegen) aufgesucht. Zweitens bestehen die mittel- bis tiefgründigen Böden der schwach geneigten Hänge aus tonreichem Substrat. Darin entstehen während der Trockenzeit Risse, die Ansatzpunkte für lineare Erosion sind.

3. Die Vulkanitdecken

Die Abtragung im Bereich der Fußfluren ist auf das Niveau der anschließenden Ebenen und Talauen eingestellt. Die ebenen Vulkanitdecken sind dagegen durch die Täler des Barberess, Loborua, Lopekadorr und Engare Sirgon kastenförmig zerschnitten. Die Talböden liegen 20 bis 60 m unter dem Niveau der Vulkanitdecken (Abs. 5). Durch diese Täler wird die heutige Landoberfläche der Vulkanitdecken von der Fußflur getrennt und somit von der Materialzufuhr abgeschnitten. Die Böden der Vulkanitdecken weisen jedoch auf ihre ehemalige Lage im Relief hin, z.B. die Vertisole auf einen Becken- oder Überschwemmungsbereich. Nur noch an der Wasserscheide zwischen dem

Engare Ondare und dem Isiolo, etwa 1260 m hoch gelegen, besteht eine Verbindung zum Rückland (Bergländer des Lenkushu im Norden bzw. des Lolmotonyi im Süden). Die unterschiedliche Vegetation ist weitgehend abhängig von der Reliefentwicklung und dem Bodentyp. Am weitesten verbreitet sind Vertisole und verwandte (zumeist degradierte) Bodentypen.

3.1. Vulkanitdecken mit Vertisolen

Die Vulkanitdecken mit Vertisolen liegen zwischen 1240 und 1320 m NN und ziehen sich von der Wasserscheide zwischen dem Engare Ondare und dem Isiolo bis auf die sehr flach geneigten Fußfluren des Lolmotonyi-Berglandes (z.B. Leborong, 1642 m) hinauf. Das Verbreitungsgebiet wird gelegentlich durch Hügel und Kuppen überragt, die steinige Böden (Lithosole) tragen. Die schwarzen tonigen Böden (AF 23) kommen über tiefgründig verwittertem Basalt vor. Sie sind in den oberen Dezimetern karbonatfrei oder sehr karbonatarm. Mit zunehmender Tiefe werden die tiefgründigen Böden sehr karbonatreich. An der Grenze zum verwitterten Basalt führt die starke Karbonatanreicherung zur Bildung von Konkretionen und Kalkkrusten. Nach der FAO/UNESCO-Bodengliederung handelt es sich um einen Pellic Vertisol, nach dem Kenianischen Konzept (SIDERIUS & VAN DER POUW 1980:13) um einen Calcaropellic Vertisol.

Die geringe Infiltrationsrate verursacht bei Niederschlag einen schnellen Oberflächenabfluß. Entlang von Trockenrissen kann sogar auf sehr flach geneigten Hängen eine lineare Erosion einsetzen. Bei vollständig mit Wasser gesättigten Böden tritt Bodenfließen ein. Durch den jahreszeitlichen Wechsel des Feuchtigkeitsgehalts im Boden kommt es zum Schrumpfen und Aufquellen des Oberbodens, was zur Bildung eines Mikroreliefs führt mit einer Abfolge von kleinen Vertiefungen und Hügeln (Gilgai-Mikrorelief). In der Trockenzeit sind die oberen Zentimeter des Bodens durch ein porös-plattiges Gefüge mit einem losen Verfestigungsgrad gekennzeichnet, so daß er beim Betreten nachsackt und Staub aufgewirbelt wird. Häufig auftretende Winde und lokale Windhosen verfrachten das lockere Feinmaterial.

In gering beeinträchtigten Gebieten kommt über den Vertisols eine dichte bis lichte Dorngehölzflur vor. Sie setzt sich vor allem aus *Acacia mellifera* und *A. paolii* zusammen (Tab. 1). In der Trockenzeit fehlt jedoch eine Zwergstrauch- und Krautschicht. Dagegen ist diese in der Regenzeit üppig ausgebildet.

Die Vulkanitdecken mit Vertisolen werden als Weidegebiete wenig genutzt, die vorkommenden Akazienarten als Bau- oder Feuerholz selten geschlagen. Daher ist die Vegetation durch Mensch und Herdentiere kaum beeinträchtigt. Die morphodynamischen Prozesse beschränken sich auf die Abtragung, die im Zusammenhang mit der Zerschneidung und Tieferlegung der alten Ebenen im Wasserscheidengebiet stehen. So sind zu den Tälern hin die Böden starker Erosion unterworfen, teils durch tiefe Erosionsgräben zerschnitten, teils flächenhaft bis zum Verwitterungsmantel abgetragen. Vielerorts stehen Grus- und Schuttdecken aus Kalkkonkretionen und Basalt sowie Kalkkrusten an.

3.2. Die unteren Vulkanitdecken

In den randlichen und tiefer gelegenen Zonen der Vulkanitdecken (1180–1200 m NN) gehen die tiefgründigen Vertisole in mittel- bis flachgründige, graubraune bis braunschwarze Böden über (vorwiegend 7.5 YR 3/2 trocken und feucht). Die tonigen Böden sind von einer Grusdecke aus Basalt und Kalk überzogen. Nach Austrocknung sind sie locker, staubig und bereits 10 cm unter Flur sehr stark verfestigt. Die lichte Vegetation besteht aus schirmkronigen Dornbäumen mit Zwergstrauchunterwuchs (AF 32 in Tab. 1). Dominant in der Baum- und Strauchschicht ist die Schirmakazie (*Acacia tortilis*) sowie *Indigofera*-Arten in der Zwergstrauchschicht. Der Wechsel im Artenspektrum liegt an der unterschiedlichen Gründigkeit der Tonböden. Während über tiefgründigen Tonböden, die bei Wechsel des Feuchtigkeitsgehaltes starkes Quellen und Schrumpfen aufweisen, nur bestimmte Straucharten vorkommen können (etwa *Acacia paolii, A. mellifera, A. horrida* [Abs. 3.1]), erreichen die Wurzeln auf mittel- und tiefgründigen Böden den karbonatreichen Verwitterungshorizont des Basalts und finden hier bessere Möglichkeiten zur Wasser- bzw. Nährstoffaufnahme.

Da das Gebiet häufig als Weideland genutzt wird und die Bäume und Sträucher für den Hausbau und als Feuerholz geschlagen werden, ist der naturnahe Bestand stark gelichtet worden. Die geomorphologischen Prozesse beschränken sich wegen der Ebenheit des Geländes auf flächenhafte Verspülung des Feinmaterials und auf die Auswehung durch den Wind. Die einsetzende Landschaftsdegradierung äußert sich in der zunehmenden Flachgründigkeit und Steinigkeit der Böden (z.B. AF 7 in Abb. 4). Die sehr lichte Vegetation besteht überwiegend aus *Acacia tortilis* und *A. mellifera* (AF 38 in Tab. 1). Trotz gleicher Topographie und ähnlicher Böden gibt es noch Unterschiede in der Pflanzenzusammensetzung, die mit der Gründigkeit der Böden zusammenhängen (vgl. AF 7, 38 und 39).

3.3. Die Randzone der Vulkanitdecken

Am Rande zu den block- und felsreichen Hängen aus Basalt kommen rotbraune Böden (2.5 YR 4/8 trocken, 2.5 YR 3/4 feucht) auf ebenen bis sehr flach geneigten Arealen vor (AF 4 und 17 in Fig. 3). Die flach- bis mittelgründigen Böden sind karbonatfrei und bestehen aus schluffigem oder tonigem Lehm. Das Feinmaterial liegt dem Festgestein oder den Basaltblöcken direkt auf; es fehlt der Verwitterungshorizont im Gegensatz zu den benachbarten graubraunen Böden derselben Ebene. Nach der FAO/UNESCO-Bodengliederung handelt es sich um einen Chromic Cambisol, lithic phase. Entkalkung, rotbraune Färbung und Horizontabfolge (A_h–B–C_n) widersprechen einer Entwicklung aus den graubraunen Plateauböden, lassen eher auf Abtragungs- und Aufschüttungsvorgänge schließen, die mit der Zerschneidung der alten Ebene zusammenhängen. Demnach fand erst eine Abtragung des Feinmaterials bis zum Festgestein statt und anschließend eine fluviale Ablagerung von Feinmaterial, worauf die schluffige Komponente des Bodens hinweist (AF 4 und 17 in Abb. 3 und Tab. 1). Gerölle wurden jedoch auf der Ebene nicht gefunden, sondern erst an tief liegenden Hangverflachungen oder Terrassenleisten (Abb. 4). Auf den Wuchsorten am Rande der Vulkanitdecken zeigt die Vegetation eine ganz andere und reichere Artenzusammensetzung als auf der anschließenden Ebene mit graubraunen Böden (Abs. 3.2).

4. Vegetation, Boden und Morphodynamik der Talhänge

Je nach Ausgangsgestein, Reliefbedingungen und Morphodynamik sind die Böden der mittel- bis stark geneigten oder steilen Hänge, die von der Kante der Vulkanitdecken zur Talsohle des Loborua oder Lopekadorr abfallen, verhältnismäßig vielfältig und können zu folgenden Gruppen zusammengefaßt werden:
1. Karbonatfreie, rotbraune Böden über Basalt
2. Karbonathaltige, graubraune Böden über Basalt
3. Karbonathaltige, graubraune Böden über metamorphem Gestein.
Die Böden gehören nach der FAO/UNESCO-Bodengliederung überwiegend zu den Calcaric Regosols oder Lithosols, z. T. zu den Chromic Cambisols oder Calcic Cambisols.

4.1 Talhänge mit karbonatfreien, rotbraunen Böden über Basalt

Die karbonatfreien, rotbraunen Böden über Basalt (Chromic Cambisols) wurden bereits in Zusammenhang mit dem gleichen Bodentyp am Rande der Vulkanitdecken angesprochen (Abs. 3.3). Sie sind flach- bis sehr flachgründig und kommen vor allem an schwach bis mittelgeneigten Abschnitten der Talhänge vor (AF 3 in Abb. 3). Der Anteil von Grobmaterial an der Oberfläche gegenüber dem Feinmaterial (tonigem Lehm) liegt zwischen 5 und 25%. Gelegentlich findet man Holzkohlestückchen im Feinmaterial. Die Vegetation ist wie am Rande der Vulkanitdecke reich an Arten (vgl. Abs. 3.3) und wegen der Steilheit und Felsblöcken an vielen Hangabschnitten gering beeinträchtigt. Die Abspülung von Feinmaterial wird deutlich durch rotbraune Sedimentdecken am Fuße des Talhanges, die andere Bodentypen der Talsohle überdecken (Abs. 5.2).

4.2 Talhänge mit karbonathaltigen Böden über Basalt

Karbonathaltige bis -reiche Böden über Basalt mit rotbrauner, brauner oder matt- bis graubrauner Farbe sind am weitesten an den Talhängen verbreitet (z. B. AF 2,12,29,60). Es handelt sich zumeist um flachgründige bis sehr flachgründige Böden aus sandig-tonigem oder schluffigem Lehm, der grusig und

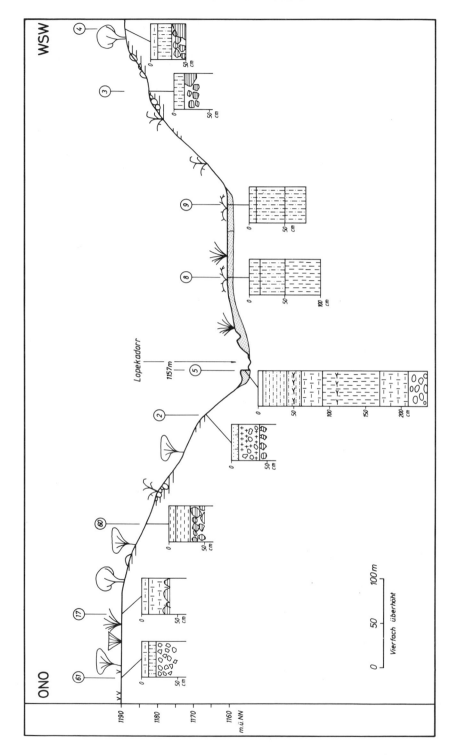

Abb. 3: Querprofil durch das Lopekadorr-Tal.

steinig ist. Das Grobmaterial besteht aus Basaltschutt und Kalkkonkretionen. An der Oberfläche der Hangböden kommt eine residuale Grusdecke aus Basalt und Kalk vor. An einigen Stellen wurde der Basalt bis auf das Grundgebirge abgetragen. In solchen Fällen (AF 1 und 64) handelt es sich ebenfalls um karbonathaltige Böden. An Hangabschnitten mit starker Abtragung wurden auch Kalkkrusten oder Fels freigespült. Auf der anderen Seite zeigen Aufschlüsse in Erosionsgräben und an Prallhängen der Flüsse Hang- oder Verwitterungsschutt mit einer Mächtigkeit von einigen Metern. So hat z.B. der Loborua, etwa 2 km südlich der Ngare Ndare-Basisstation einen stark geneigten Hang angeschnitten und so eine 6 m hohe Wand mit eckigem Hangschutt aus Basalt aufgeschlossen. Das Feinmaterial zwischen den Blöcken und Steinen besteht aus schluffig-tonigem Lehm bis schluffig-lehmigem Ton (AF 29).

An mittelgeneigten Hängen des Lopekadorr-Tales haben sich Erosionsgräben bis 2 m tief eingeschnitten. Die Grabenwand besteht aus Verwitterungsschutt des Basalts (Steinen, Grus sowie runden Verwitterungskernen). An der Oberfläche liegen Basaltgrus, Kalkkonkretionen sowie Blöcke und Steine aus Basalt. Das graubraune bis mattbraunrote Feinmaterial besteht aus sandigtonigem Lehm (AF 25).

Die Vegetation über den mächtigen Hangschuttdecken setzt sich aus artenreichen Gehölzen zusammen (AF 29 in Tab. 1). Bei gelegentlicher Nutzung und mäßiger Beeinträchtigung erhöht sich der Anteil niederer Gehölze und Zwergsträucher (AF 60 in Tab. 1 und Abb. 3). Auf sehr flachgründigen Böden kommt ein offenes Schirmakaziengehölz vor (AF 12 in Tab. 1 und Abb. 5), das vor allem an blockreichen Stellen durch *Commiphora*-Arten angereichert wird. Trotz der Hängigkeit werden diese Wuchsorte durch den Menschen und seine Herdentiere genutzt. Dies führt zu linearer Erosion im lockeren Material und zu verstärkter Ausspülung von Feinmaterial und Grus.

5. Die Talebenen

Die Talebene setzt sich in einem deutlichen Hangknick von den mittel- bis stark geneigten Talhängen ab. Die Talebenen des Loborua und des Lopekadorr liegen 25 bis 30 m unter der Oberkante der Vulkanitdecke; beim Engare Sirgon beträgt die Differenz 60 m (z.B. östlich des Ol Doinyo Dorobo, Abb. 2). Das heutige Flußbett liegt 2 bis 6 m unter der Talebene und hat stellenweise Wände von 4 m Höhe aufgeschlossen. Der Engare Ondare fließt etwa 6 bis 7 m unterhalb des Niveaus der Talebene und wird auf der Ostseite von 4 bis 5 m hohen Abrißwänden gesäumt. Die Flüsse haben sich bereits durch die Vulkanitdecke in das Grundgebirge eingeschnitten und sowohl am unteren Talhang als auch im Gerinnebett widerständiges Festgestein (Basement) in Form von Felsnasen oder Querriegeln freigelegt. Die Talhänge sind dagegen weitgehend von Blöcken und Festgestein des Basalts eingenommen. So setzt sich die heutige Last der Flüsse sowohl aus metamorphen Gesteinen als auch aus Basalt zusammen. Kristalline Gerölle auf Hangverflachungen weisen auf ältere Flußterrassen hin. Die Last der saisonal wasserführenden Flüsse besteht vornehmlich aus Sand und Grus (Kies), der vom Verwitterungsmaterial des Basalts bzw. des Grundgebirges stammt. Fluviale Schüttungen aus Steinen und Blöcken beschränken sich auf isolierte Vorkommen von höchstens 25 m Länge, die in Abständen von etwa 100 bis 200 m auftreten. Dies weist auf eine stoßweise Verlagerung des Grobmaterials hin. Andere Blockanhäufungen erklären sich auch durch residuale Anreicherungen im Flußbett oder durch Unterschneidung blockreicher Hänge (Abs. 4.2), die das Abstürzen und Abrutschen größerer Hangpartien zur Folge hat und so zur Ablagerung von Grobmaterial im Flußbett führt.

Obwohl die Talsohle oft nicht breiter als 200 m ist, zeichnet sie sich durch eine Vielfalt an Böden aus. Der Grund dafür liegt erstens in der unterschiedlichen Herkunft der Auensedimente, die entweder aus Verwitterungsmaterial bzw. aus Böden über Basalt oder dem Grundgebirge stammen, zweitens an der Art und dem Faciesbereich der Sedimentation und drittens in ihrem Alter. Außerdem werden die Böden der Täler je nach dem Grad menschlicher Einwirkung und ihrer Lage zum Talhang bzw. Gerinnebett unterschiedlich beeinträchtigt. Daraus ergibt sich ein vielfältiges Mosaik von naturnahen und degradierten Vegetationsbeständen.

Für die Veränderung der Vegetation und der Morphodynamik der Täler werden zwei Beispiele angeführt: Die Talsohle mit Vertisolen und verwandten Böden und die Talsohle mit (Calcaric) Fluvisolen.

5.1. Die Talsohle mit Vertisolen und verwandten Böden

Vertisole kommen in der Talsohle in unterschiedlicher Höhenlage und Entfernung zum Gerinnebett vor. Die höher und weiter entfernt liegenden und wohl auch älteren Bildungen zeichnen sich, wie die Vertisole der Vulkanitdecken (Abs. 3.1), in der Trockenzeit durch einen „luftig-weichen", staubigen, 10 bis 15 cm mächtigen Oberboden aus tonigem Lehm bis lehmigem Ton aus. Darunter folgt ein sehr fester lehmiger Ton bis Ton, der bisweilen reich an Grus ist (AF 8, 9, 35, 65). Im Gegensatz zu den tieferen karbonathaltigen und teilweise mit Kalkkonkretionen angereicherten Lagen ist der Oberboden arm an Karbonat. Nach der FAO/UNESCO-Bodengliederung handelt es sich um einen Chromic Vertisol. Der locker-staubige Oberboden entsteht durch Austrocknung des aufgequollenen Bodens. Unter Basaltblöcken, die verstreut den Vertisolen aufliegen (s. u.), kommen solche subaerischen Bildungen nicht vor; dort folgt direkt der feste Ton. Der länger feucht bleibende Boden weist bei Austrockung ein vertikales Rißgefüge auf.

In der offenen bis dichten Dornstrauchvegetation dominiert *Acacia mellifera* (AF 8, 9 in Tab. 1 bzw. Abb. 3). In Überschwemmungsbereichen überwiegen stellenweise die flachliegenden Bestände von *Acacia horrida* (AF 9). Die Vertisol-Gebiete werden nur gelegentlich als Durchgang zu den Weiden im Talgrund benutzt. Die Beeinträchtigung durch den Menschen und seine Herdentiere ist daher gering. Die geomorphologischen Prozesse beschränken sich auf eine flächenhafte Verspülung und Verwehung von Feinmaterial. An der Terrassenstufe hingegen setzt lineare Erosion mit randlicher subterraner Abtragung (s. u.) ein. Entlang von Trampelpfaden entstanden gelegentlich flache Spülrinnen bzw. Abflußbahnen, in denen Grus und kleine Steine transportiert werden. Wo verstärkte flächenhafte Abspülung herrscht, kommen ältere Sträucher zum Teil auf Wuchssockeln vor, die etwa 10 bis 20 m über der heutigen Spülfläche stehen.

Infolge starker Abtragung des Lockermaterials von den Hängen (Abs. 4.2) sind die dunklen Tonböden in Hangnähe häufig von Hangspülmaterial überdeckt worden. Die Schüttungen sind einige Dezimeter mächtig und bestehen aus einem grusreichen tonigen Lehm mit zwischengeschalteten Steinlagen. Oder eine Lage aus Geröllen/Hangschutt aus kirstallinem Gestein oder Basalt liegt zwischen Hangspülmaterial und dem dunklen Tonboden (AF 21 in Fig. 4). Solche Steinlagen werden wahrscheinlich durch Starkregen fächerartig auf die Talebene geschüttet.

In Talhangnähe liegen häufig Steine und Blöcke verstreut über dem dunklen Tonboden (AF 22), obgleich die angrenzenden Hänge z. T. nur schwach geneigt sind. Der Transport der Blöcke scheint eng an die Talböden gebunden zu sein, da diese bei Durchfeuchtung eine breiige Gleitbahn bilden, auf der die Blöcke verlagert werden. Eine residuale Anreicherung ist auszuschließen, da im Tonboden selbst keine Blöcke vorkommen. An schwach geneigten Hängen mit bereits sehr hohem Anteil an Steinen und Blöcken an der Oberfläche (20–25 %) ändert sich die Artenzusammensetzung trotz des mittel- bis tiefgründigen Tonbodens (AF 33 in Tab. 1). In der Strauchschicht treten randlich *Acacia horrida, A. mellifera* und *A. refisciens* auf; in der Krautschicht dominiert *Seddera hirsuta.*

Die Vertisole in unmittelbarer Nähe des Flusses sind gelegentlich an Prallhängen oder entlang lateraler Erosionsgräben in ihrer gesamten Mächtigkeit aufgeschlossen (AF 20 in Abb. 4 und AF 48). Der dunkle Tonhorizont ist 2 bis 2,5 m mächtig und wird von Wechsellagen aus fluvialen Schüttungen (Kies, Sand) und Hangspülsedimenten (grusreichem tonigen Sand) unterlagert. An manchen Stellen sind die dunklen Tonböden durch Rinnen eingetieft, die wiederum mit fluvialen Sanden gefüllt sind. Weiter entfernt vom Fluß sind die Vertisole von kolluvialen Schüttungen überdeckt (s. o.).

Die Vertisole haben sich im Bereich der Überschwemmungsaue gebildet, und zwar vor Einschneidung der Gerinnebette. Einen größeren saisonalen Überschwemmungsbereich mit Vertisolen bildet der Zusammenfluß des Engare Sirgon mit dem Engare Ondare (AF 31). An einer Grabenwand war der Tonboden 4,5 m mächtig. Etwa 25 cm unter Flur ist der Horizont durch eine 10 bis 15 cm mächtige fluviale Schüttung aus Grus und Sand unterbrochen gewesen.

Die sehr tiefgründigen Tonböden in unmittelbarer Nähe des Gerinnes (AF 20, 48) zeigen starke Erosionsschäden durch subterrane Abtragung. Da zwischen den vertikalen und horizontalen Röhren und dem Gerinnebett eine unterirdische Verbindung besteht, wird nicht nur der Abfluß des in den Boden dringenden Oberflächenwassers beschleunigt, sondern auch die Abtragung

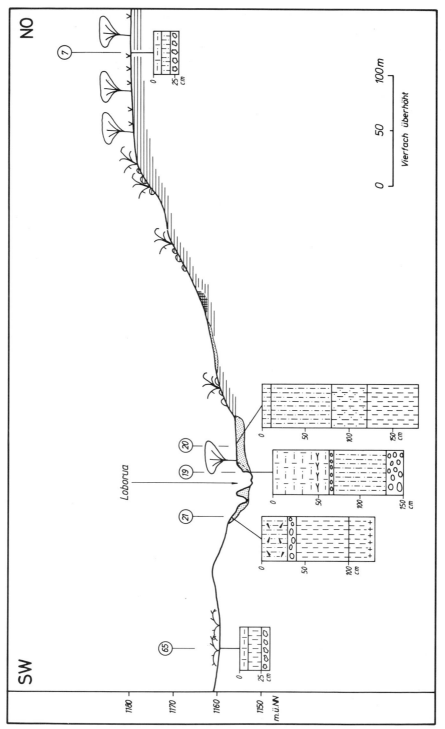

Abb. 4: Querprofil durch das Loborua-Tal nördlich der Forschungsstation Ngare Ndare.

von Bodenteilchen. Bei zunehmender Ausspülung des Feinmaterials kann sich die Bodendecke nicht mehr halten und Teile von ihr stürzen ein. Solche Einsturztrichter sind zumeist auf einer Linie hintereinander angeordnet und dokumentieren somit die subterrane Abflußbahn bis hin zum Auslaß an der Gerinnewand. Am Barberess südwestlich des Lenkushu ist solch ein Auslaß 125 cm breit und 150 cm hoch. Aus den geschlossenen Einsturztrichtern entwickeln sich schnell offene Gräben, die zur weiteren Zerschneidung der Talebene führen.

Bei den dunklen schluffigen Aueböden handelt es sich um jüngere, karbonathaltige Sedimente, die aus vulkanischem Verwitterungsmaterial stammen (AF 10 in Abb. 5 und AF 15, 16 in Abb. 2). Mit zunehmender Tiefe gehen die Auensedimente in dunklen (braunschwarzen) Ton über. An manchen Aufschlüssen (AF 16) kommen zwischen den jüngeren und den älteren Sedimenten Steinlagen vor (entweder fluviale Schüttungen oder Hangschutt). Am Engare Sirgon wurden in dem älteren, tonigen Sediment zwei Holzkohlelagen in 160 bzw. 170 cm unter Flur gefunden (Profil in Abb. 2). Die ^{14}C-Datierungen ergaben ein Alter von 240 +/− 46 bzw. 170 +/− 48 Jahren BP (KI – 2564 und KI – 2565). Die Auensedimentation geschah also erst in historischer Zeit.

Die Vegetation der Talaue besteht aus einem geschlossenen halbimmergrünen Galeriewald. Wichtigster Baum ist *Acacia xanthophloea*; ferner kommen vereinzelt *Ficus sycomorus, Newtonia hildebrandtii* und, etwas weiter vom Fluß entfernt, *Acacia tortilis* vor. An Sträuchern fällt besonders *Cadaba farinosa* ssp. *adenotrichia* auf. Das Gebiet ist gering genutzt und stärkere Erosion tritt auf Grund der dichten Vegetationsdecke nicht auf.

5.2 Rotbraune und braune Auenböden

Bei den braunen bis dunkelbraunen Aueböden handelt es sich um karbonatfreie bis stark karbonathaltige Böden aus schluffigem Lehm oder sandigtonigem Lehm. An der Oberfläche und in den oberen Dezimetern sind sie in der Regel sandiger (z.B. schluffiger oder lehmiger Sand). Die Böden haben, auch wenn sie frei von Karbonat sind, pH-Werte zwischen 7,0 und 7,5. Im Liegenden des bis zu 150 cm mächtigen fluvialen Feinmaterials folgen Schüttungen aus Kies und Geröllen des Basalts und Kristallins.

An vielen Stellen der Talaue handelt es sich bei den Auensedimenten um verschieden alte Ablagerungen, die sich durch Farbe, Korngröße und Karbonatgehalt unterscheiden. Die jüngeren Sedimente sind meistens karbonatfrei und sandiger (z.B. toniger oder schluffiger Sand), die älteren karbonathaltig und toniger (z.B. sandig-toniger Lehm bis lehmiger Ton) und häufig dunkler in der Farbe (dunkelrötlichbraun bis braunschwarz).

Die ^{14}C-Datierung von Holzkohle nahe der Grenze beider Auensedimente (AF 19 in Abb. 4) ergab ein Alter von 2840 +/− 48 Jahren BP (KI – 2566).

Das jüngere Auensediment ist von dem älteren häufig durch Geröll- und Kieslagen getrennt (AF 27). In solchen Fällen wurde der Oberboden des alten Auenbodens gekappt, bevor es mit fluvialem Grobmaterial überdeckt worden ist. Eckiges Material deutet aber auch auf zeitweise stärkere Schüttungen von den Hängen hin.

Bei den begrabenen Böden handelt es sich an manchen Orten auch um dunkle Tonböden ‹Vertisole› (Abs. 5.2). An der Aufschlußwand des Loborua (AF 5 in Abb. 3) wurden sowohl an der Basis des jüngeren schluffig-sandigen Auensediments als auch im begrabenen Tonboden Holzkohlestückchen gefunden. Für eine ^{14}C-Datierung reichte das Material aber nicht aus.

Für die Wuchsortbedingungen scheint die obere Sedimentdecke, soweit sie mindestens 50 cm mächtig ist, ausschlaggebend zu sein. Die Vegetation der Talaue besteht außerhalb des Galeriegehölzes aus einem lichten bis geschlossenen Schirmakazienwald mit einer Zwergstrauchschicht aus *Indigofera spinosa*. Die Bestände werden als Weide genutzt. Gelegentlich findet man verlassene Wohnstätten auf dem höheren Niveau der Talebene – frei von Überschwemmungen. Die Schirmakazie wird als Bau- und Feuerholz geschlagen. Bei stärkerer Beeinträchtigung des Gebiets durch eine verstärkte Beweidung erhöht sich die Menge des flächenhaft abgespülten Feinmaterials. An der Oberfläche bilden sich Erdkrusten bzw. eine Anreicherung von Grus und Steinen. Der so verarmte Wuchsort wird vermehrt von niedrigen Gehölzen, wie *Acacia refisciens, A. mellifera, Boscia coriacia* und *Grewia*-Arten eingenommen.

Bei weiterer Beeinträchtigung des Auenbereichs setzt lineare Erosion ein, die vor allem von Lateralgräben der Gerinne ausgeht. Mit der Nähe zu Erosionskanten kann das Feinmaterial der Flächen schneller aus- und fortgespült werden, so daß zwischen den Gräben nur noch steinige Böden vorkommen (vgl. Erosionsrohböden in Abs. 5.3). Sobald die obere Bodendecke mit Grobmaterial (Kies, Steinen, Blöcken) angereichert ist, ändert sich die Vegetation – selbst wenn darunter noch ein sandig-toniger Lehm folgt. Am Loborua (AF 28) ist das Feinmaterial unter der Grus- und Steindecke immerhin 200 cm mächtig, und dennoch wachsen hier bereits *Acacia refisciens* und andere anspruchslose Dornsträucher.

5.3 Ältere Talsohle mit Erosionsrohböden

Auf dem oberen Niveau der Talsohle kommen stark erodierte Böden vor, die einen hohen Anteil an Grus und Steinen aus Basalt, Grundgebirgsmaterial und Kalk haben. Die ebene bis schwach geneigte Oberfläche zeichnet sich durch eine residual angereicherte Decke aus Grobmaterial aus. Darunter folgen sowohl fluviale Ablagerungen (gerundete kristalline Steine) als auch Hangschüttungen. Sie treten entweder miteinander vermischt oder in deutlicher Wechsellagerung auf (AF 11, 36 in Abb. 5). Die Böden sind reich an Karbonat und weisen Lagen mit mehr oder weniger häufigen Kalkkonkretionen auf. Der hohe Anteil von Kalkkonkretionen an der Oberfläche spricht für einen längeren Prozeß der Abtragung, da die Kalkanreicherung subterran stattgefunden hatte, und bis zur Anreicherung an der Oberfläche (Karbonatgrus) einige Dezimeter Feinmaterial fortgespült worden sind. Eine weitere

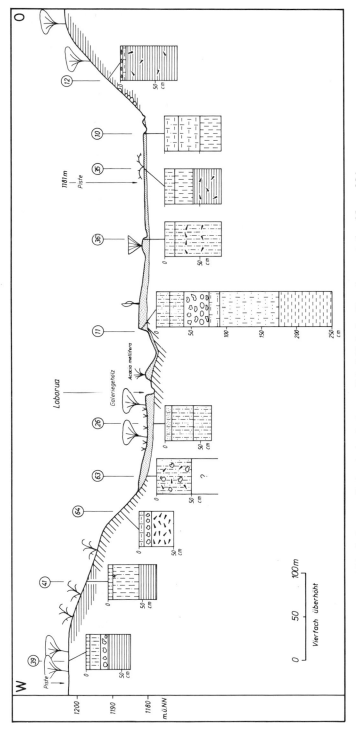

Abb. 5: Querprofil durch das Loborua-Tal südlich der Forschungsstation Ngare Ndare.

Zufuhr von Karbonatgrus ist von den Hängen möglich (s. o.); durch junge Einschneidung wurde jedoch eine Verbindung zu den Hängen unterbrochen. Die Erosionsrohböden kommen zumeist auf isolierten Terrassen vor (Abb. 4, 5).

Talabschnitte mit Erosionsböden bilden das Endstadium der Degradationsserie, die von dichten Beständen des Schirmakazienwaldes über Auenböden ihren Ausgang genommen hatte. Die Vegetation über Erosionsrohböden besteht aus einer lichten Dornstrauchflur, in der *Acacia refisciens* dominiert. Unter der lichten Vegetationsdecke werden die Böden beschleunigt durch Starkregen zerstört, auf der Ebene durch flächenhafte Verspülung des Fein- und Grusmaterials, an den Rändern (z. B. an der Terrassenstufe) durch lineare Zerschneidung. Auf der Ebene treten Flächenspülmuster aus einer Grus- und Streudecke und aus freigespülten Erdkrusten auf. Starke Windböen vor Gewitterregen verfrachten ebenfalls Feinmaterial bis hin zur Grobsandfraktion. Die Vegetation kann sich nur wenig regenerieren, da der Jungwuchs weitgehend durch Fraß vernichtet wird.

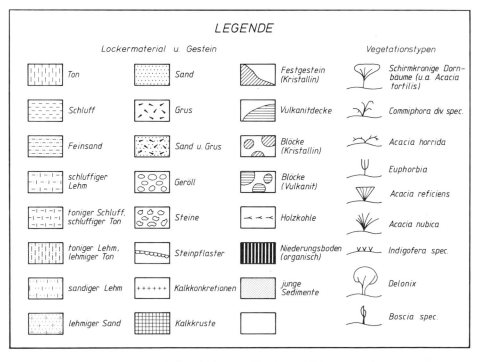

Abb. 6: Legende für die Querprofile der Abbildungen 2 bis 5.

Danksagung

Die Deutsche Forschungsgemeinschaft unterstützte die Geländearbeiten in Kenia durch Reisebeihilfen. Ohne die tatkräftige Hilfe von Dr. Jürgen Schwartz, Institut für Tierproduktion an der Landwirtschaftlichen Fakultät der Universität Nairobi, wäre eine Durchführung der Untersuchungen in den Trockengebieten Kenias kaum möglich gewesen. Ihm und seinen Mitarbeitern von der Forschungsstation Ngare Ndare gilt daher unser besonderer Dank. Die Autoren danken auch allen, die bei der Auswertung der Geländedaten beteiligt waren, u. a. Herrn Uwe Lipp für die Zeichnungen und Herrn Achim Laur für die Korrektur und Schreibarbeiten. Die 14 C-Datierungen wurden mit Unterstützung der Wissenschaftlichen Gesellschaft Freiburg im Institut für Reine und Angewandte Kernphysik der Universität Kiel durchgeführt.

Zusammenfassung

Im Untersuchungsgebiet westlich von Isiolo (Nordkenia) haben sich je nach Ausgangsmaterial und Reliefbedingungen unterschiedliche Böden entwickelt, die zu Bodengruppen der Berghänge, der Fußfluren, der Vulkanitdecken sowie der Talhänge und Talebenen zusammengefaßt wurden. Entsprechend vielfältig gestaltet sich die Vegetation sowohl auf gering beeinträchtigten Wuchsorten als auch unter Einwirkung des Menschen und seiner Herdentiere. Mit Hilfe naturnaher Vegetationsbestände lassen sich für die einzelnen Landschaftseinheiten Degradationsserien aufstellen. Als Ausgangs- und Bezugsstadium sind für die Fußfluren, für Teile der Vulkanitdecken (z. B. mit mittelgründigen, karbonathaltigen Böden) und für die Talebenen dichte bis offene Schirmakazienwälder anzusehen, auf steinigen und sandigen Wuchsorten Commiphora-Gehölze mit Zwergstrauchunterwuchs. Die zunehmende Nutzung der Vegetation durch den Menschen führt zu einer Auflichtung der Pflanzendecke, vor allem der bodenschützenden Zwergstrauch- und Krautschicht. Auf solchen Flächen wird das Feinmaterial schnell durch Regen und Wind abgetragen. Das Ergebnis sind flachgründige, steinige Böden oder Erdkrusten, die auf geneigten Hängen der linearen Zerstörung ausgesetzt sind. Mit zunehmender Morphodynamik ändern sich die Wuchsortverhältnisse und damit die Struktur und Artenzusammensetzung der Vegetation. So treten auf erodierten Böden vermehrt Pflanzen auf wie Acacia refisciens, Boscia coriacea und sukkulente Arten, die gewöhnlich ihre Hauptverbreitungsgebiete in einer trockeneren Klimazone haben oder auf sehr trockenen Standorten der Nachbarschaft vorkommen. Daneben existieren nicht genießbare Weideunkräuter wie Solanum-Arten. Das Endstadium einer Degradationsserie bilden sehr lichte Bestände mit gegen Trockenheit resistenten Arten oder vegetationsfreie Flächen mit wenigen Annuellen, die wiederum erhöhter Erosionsgefahr ausgesetzt sind, so daß eine Regeneration der ursprünglichen Vegetation kaum zu erwarten ist, da selbst in der Regenzeit diese Flächen frei von Vegetation bleiben.

Summary

Vegetation changes and morphodynamics in the Ngare Ndare area, Kenya
In the study area Ngare Ndare west of Isiolo (Northern Kenya) various soils developed due to differences in the parent rock material and relief conditions. They are grouped to soils of the hill slopes, soils of the footslopes, soils of the volcanic plateaus and soils of the valley slopes and floors. Accordingly, the vegetation differs on less impaired habitats as well as on habitats

influenced by man and his livestock. Based on existing natural vegetation stands different degradational seres can be derived for each landscape unit: Thorn tree woodlands (Acacia tortilis) with Indigofera dwarf shrub form the reference stage for the footslopes and valley floors and Commiphora bushland with dwarf shrubs for the stony and sandy habitats. The increasing use of the vegetation by man leads to an opening of the vegetation cover, especially of the protective dwarf shrub and herb/grass layer. Subsequently, the fine material can be easily removed by water and wind. The results are shallow, stony soils or earth crusts, which can easily be destroyed on inclined slopes by linear erosion. With increasing morphodynamics the environmental conditions have been drastically changed for the vegetation. Consequently, the structure and composition of species become different: On eroded surfaces new plants turn up, which usually grow under drier climate conditions or at drier habitats nearby. They include Acacia refisciens, Boscia coriacea and succulents such as Sansevieria spec. or real grazing weeds such as Solanum incanum. The final stage of degradation are represented by open stands of a few resistant perannuals only and free patches with annuals. Such places are exposed to severe erosion, and a regeneration of the original vegetation can hardly be expected.

Literatur

AGNEW, A.D.C. (1974): Upland Kenya wild flowers; 827 S./Oxford University Press.

BOGDAN, A. V. (1968): A revised list of Kenya grasses with keys for identification; 73 S./ Government Printer, Nairobi.

DALE, I. R. & P. J. GREENWAY (1961): Kenya trees and shrubs; 654 S./ Buchanans Kenya Estate Ltd., Nairobi.

JÄTZOLD, R. (1981): Klimageographie – Ostafrika (Kenya, Uganda, Tanzania). Afrika – Kartenwerk E 5; 143. S./Berlin-Stuttgart.

KNAPP, R. (^{3}1971): Einführung in die Pflanzensoziologie. 388 S./Ulmer, Stuttgart.

MÄCKEL, R. (1986): Oberflächenformung in den Trockengebieten Nordkenias. Relief – Boden – Paläoklima 4, S. 85–225.

MASON, P. (1955): Geology of the Meru-Isiolo area. Explanation of Degree Sheet 36, S.E. Quarter/Rep. Geol. Surv. Kenya 31.

MUELLER-DOMBOIS, D. & H. ELLENBERG (1974): Aims and methods of vegetation ecology. 547 S./S. J. Wiley & Sons, New York, London, Sydney, Toronto.

NAPPER, D.M. (1963–1971): Cyperaceae of East Africa, I–V. J.E.Afr.Nat.Hist.Soc. 24, 1–18, 23–26; 25, 1–27; 26, 1–17; 28, 1–24. Nairobi.

PRATT, D.J. & M.D. GWYNNE (1978): Rangeland Management and Ecology in East Africa. 310 S./London.

SHACKLETON, R.M. (1946): Geology of the country between Nanyuki and Maracal. Rep. geol. Surv. Kenya Nr. 11 (with coloured geol. map). 54 S./Nairobi.

SIDERIUS, W. & B.J.A. VAN DER POUW (1980): The application of the FAO/UNESCO Terminology of the soil map of the world legend for soil classification in Keny, Kenya Soil Survey, Miscellaneous Soil Paper M 15. 21 S. + V/Nairobi.

SOMBROEK, W.G., BRAUN, H.M.H. & B.J.A. VAN DER POUW (1982): Exploratory soil map and agro-climatic zone map of Kenya, 1980. Scale 1 : 1 000 000. Kenya Soil Survey/Nairobi.

SPÖNEMANN, J. (1984): Geomorphologie Ostafrika (Kenya, Uganda, Tanzania), Reliefformen und Reliefformenkomplexe. Afrika-Kartenwerk: Beiheft E 2. 176 S./Borntraeger, Berlin-Stuttgart.

TURRILL, W.B., MILNE-REDHEAD, E. et al. ⟨ed.⟩ (1952ff.): Flora of East Tropical Africa. London.

Die Bedeutung von Ariditätswandel und Vegetationsdegradation für die fluviale Morphodynamik in den Äußeren Tropen Boliviens

Von GERHARD GEROLD, Hannover

1. Einführung und Problemstellung

Vegetationsdegradation und Bodenerosion stellen weltweit Hauptprozesse bei der Beeinträchtigung und Zerstörung von Natur- wie Kulturlandschaften dar, wobei heute weniger die alten Siedlungsräume, sondern vor allem bisher gering besiedelte und genutzte Gebiete – insbesondere in der „Dritten Welt" – verstärkt in die menschliche Nutzung einbezogen werden. Ursachen einer Vegetationsdegradation sind vor allem Eingriffe des Menschen, die über die Vegetationsveränderung bis hin zur totalen Zerstörung verstärkte Bodenerosion auslösen.

Die direkten und indirekten negativen Folgen der Bodenerosion sind in Bolivien weit verbreitet und stellen aufgrund ihrer teilweise katastrophalen Auswirkungen (z. B. Badlandbildung in Südbolivien, Überschwemmungskatastrophe im Beni-Tiefland und bei Santa Cruz) schwere natürliche Hemmnisse für die Verbesserung der wirtschaftlichen Verhältnisse in einem der ärmsten Entwicklungsländer dar. Damit liefern Untersuchungen zum Wirkungskomplex „Vegetationsdegradation – Bodenerosion" in diesen Landschaftsräumen wesentliche Grundlagen für eine Abschätzung der Bodennutzungsmöglichkeiten und ihrer Restriktionen! Gleichzeitig stellen die direkten anthropogenen Einwirkungen von Holzschlag, Beweidung, Rodung und Brand einen Eingriff in die Stabilitätsfunktion der dichten, geschlossenen Vegetationsdecke dar, so daß über die schnell eintretenden Folgeprozesse im Partialkomplex „Vegetation – Boden" vielfach ein Zustand der Teilaktivität in Form verstärkter Bodenabspülung untersucht werden kann. Neben der praktischen Bedeutung der Untersuchungen zur Bodenerosion für die Erfassung der Bodenerosionsgefährdung, Bodennutzungsplanung (land evaluation) und Erosionsschutzmaßnahmen (s. LAL & GREENLAND 1977) in den Tropen ist der Prozeß der Bodenerosion weltweit ein wichtiger Bestandteil des landschaftlichen Stoffhaushaltes. Nach dem einfachen Wirkungsschema von BAVER (in RENARD 1977) wird deutlich, daß neben der Erosionsfähigkeit des Niederschlags die Erosionsresistenz des Bodens gegenüber splash- und wash-erosion wesentlich die Bodenabspülung beeinflussen. Wird die potentielle „Erosionsfähigkeit (erosivity)" des Niederschlags vor allem von der Regencharakteristik

(Tropfenspektrum, Intensität, Dauer, jahreszeitliche Verteilung) bestimmt und stellt daher einen regionalklimatischen, standortunabhängigen Faktorenkomplex dar, so übt die Vegetation einen direkten Einfluß am Standort auf die Aufprallenergie der Regentropfen, auf den Bodenwasserhaushalt (z. B. Interceptionswirkung) und auf biotisch-physikalische (z. B. Bioporen) wie biotisch-chemische (z. B. organisch-mineralische Komplexbildung) Eigenschaften des Bodens aus. ROHDENBURG (1983) betont daher für Untersuchungen zur aktuellen Morphodynamik die notwendige Einbeziehung der Vegetation. Stockwerkbau, Kronendichte, Bodenbedeckungsgrad und Wurzeldichte stellen dabei direkte Einflußfaktoren für die Aufprallenergie des Niederschlags und für bodenhydrologische Eigenschaften (Infiltrationskapazität) dar (s. MORGAN 1979). Die Bedeutung des aktuellen Vegetationsbestandes oder der regressiven Sukzessionsstadien für die Veränderung der Erosionsresistenz der Bodenoberfläche (einschließlich Streuauflage, „erodibility"), die physikalisch vor allem von der Oberflächenrauhigkeit (Energieverluste), Gewicht und Kohäsion der Bodenteilchen abhängig ist (s. BAVER 1965, GRAF 1971), und Erhöhung des Oberflächenabflußanteils wie des Bodenabtrags sind für die Tropen bisher wenig erforscht.

Als Ansätze einer modellhaften Erfassung des Faktorenkomplexes Vegetation sind z. B. die Arbeiten von WALSH & VOIGT (1977) über die Bedeutung der Litterauflage für die bodenhydrologischen Prozesse, von ELWELL & STOCKING (1976), HUDSON (1957) und FOURNIER (1972) über die Bedeutung der Vegetationsbedeckung für die Bodenabspülung zu nennen. Ein einfaches Schema der Abhängigkeit der Bodenerosionsraten von Vegetationstyp und Niederschlag wurde von KIRKBY (1980) entwickelt. (s. Abb. 1). Auf die Landschaftsgürtel der Tropen übertragen, würde das relative fluviale Bodenabtragsmaximum bei gleichen Relief- und Hangneigungsbedingungen im Bereich der Halbwüste und Trockensavanne liegen. In Nordafrika handelt es sich um die Sahelzone, die im Rahmen der Desertifikationsproblematik z. B. von MENSCHING und Mitarbeitern (s. MENSCHING 1984, 1979) ausführlich untersucht wurde.

Detaillierte Untersuchungen zur aktuellen Bodenerosion in den Tropen gibt es bisher im Gegensatz zu Europa, USA und UdSSR (s. Bibliographie RICHTER 1977) nur wenige, meist angelegt innerhalb einer Vegetationseinheit mit Ausrichtung auf verbesserte Bodenbearbeitung und Bodennutzung (s. GREENLAND & LAL 1977). Mit prozeßanalytischer Betrachtung (Bodenabspülung als Teil aktueller Geomorphodynamik und des Bodenwasserhaushalts) sind vor allem die Arbeiten von DE PLOEY (1978) in NE-Nigeria, von DUNNE-DIETRICH (1980) in Kenia, von LELONG u. a. (1984) in Westafrika und von HUMPHREYS (1984) in Papua-Neuguinea zu nennen. Der Mangel an geeigneten, vergleichbaren Abtragsmessungen gilt in noch größerem Umfange für Südamerika. GREENLAND & LAL schreiben daher 1977: „There is little basic research information of runoff and erosion in Latin-America"! Es verwundert daher nicht, wenn die aktuelle Wirksamkeit der Bodenabspülung zwischen humiden und semi-humid/semi-ariden Tropen kontrovers diskutiert wird (z. B. Humider tropischer Regenwald – eine Zone morphodynamischer Stabilität oder intensiver Einschneidung, s. BREMER 1981, HAGEDORN & POSER 1974, LÖFFLER 1977,

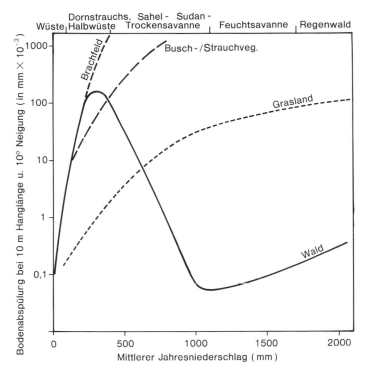

n. Kirkby 1980, Elwell u. Stocking 1976, Lauer u. Frankenberg 1981

Abb. 1: Bodenabspülung, Jahresniederschlag und Vegetation.

MÄCKEL 1975, DE PLOEY 1978, TRICART 1975, WILHELMY 1975, ZOONEVELD 1975).

Als Untersuchungsansätze bei der Beurteilung der Klimazonalität der aktuellen fluvialen Morphodynamik (vor allem Bodenabspülung) und Bodenerosionsgefährdung können unterschieden werden:

1. der hydromorphodynamische Ansatz mit integraler Einzugsgebietserfassung und Auswertung von Oberflächenabfluß und Materialtransport (s. z. B. GIESSNER 1984, FOURNIER 1960)
2. Bodenabtragsmessungen über Erosionsmeßparzellen, z. T. unter Einbezug des vertikalen und lateralen Wasser- und Stoffumsatzes und Niederschlagssimulation (s. z. B. LELONG u. a. 1984, ROTH u. a. 1985)
3. Analyse des geomorphologischen Formenschatzes und der Bodenbildung (s. z. B. LÖFFLER 1977, SEMMEL 1982; BREMER, SPÄTH 1981).

Für die eigenen Untersuchungen zur aktuellen Bodenabspülung und Bodenerosionsgefährdung in den Äußeren Tropen Boliviens wurde eine Methodik angewandt, die es vom personell-technischen Aufwand her erlaubt, unterschiedliche Klima-/Vegetationseinheiten vergleichend zu untersuchen. Der junge Kolonisationseingriff in Ostbolivien (nach 1950) ermöglicht einen Vergleich zwischen jung degradierten und benachbarten natürlichen Standorten, so daß bei möglichst gleichem Substrat, Relief und Klima steuernde Parameter der Erosionsresistenz und damit der morphodynamischen Stabilität erfaßt werden.

In Anlehnung an den klimatisch-zonalen wie hypsometrischen Ariditätswandel in Südostbolivien wurden Geländeuntersuchungen zur Bodenabspülung in landschaftsökologisch unterschiedlichen Räumen durchgeführt. Die Untersuchungsgebiete gehören zum Übergangsbereich des östlichen Andenrandes in die Tieflandsebenen des Beni und Gran Chacos sowie zur subandinen Sierrenzone SE-Boliviens. Sie erstrecken sich somit von 17° bis 22° s.Br. und erfassen damit den zonalen Übergang von den subhumiden Regen- und feuchten Bergwäldern zu den semi-ariden Dorn- und Trockenwäldern der Äußeren Tropen.

Daher können drei Fragenkreise untersucht werden:

1. Sind die mit der Vegetationsdegradation verbundenen Bodenveränderungen positiv oder negativ für das Nutzungspotential in einer Vegetationseinheit zu bewerten?
2. Welche Unterschiede existieren in der Erodierbarkeit der Böden zwischen humiden und semi-ariden Gebieten der Äußeren Tropen?
3. Gibt es einfache Bodenparameter zur Abschätzung der fluvialen Bodenerosionsgefährdung (z.B. für die Evaluierung von Landnutzungsprojekten)?

Vorgestellt werden Ergebnisse zu der zweiten Fragestellung, wobei weniger Untersuchungsergebnisse aus einzelnen Detailuntersuchungsgebieten angesprochen sind[1], sondern Fragen der Zonalität der Erosionsfähigkeit der Niederschläge, Aussagefähigkeit der einzelnen Untersuchungsansätze und Ergebnisse des Vergleichs der humiden und semi-ariden Zonen SE-Boliviens behandelt werden. Detailuntersuchungen liegen zu fast allen größeren Hauptvegetationseinheiten SE-Boliviens vor (s. Abb. 2), so daß Vegetationsdegradation und Bodenabspülung aus dem Gebiet der Chaco-Hartlaubtrockenwälder (semi-aride Klimaregion) beispielhaft angesprochen sind.

2. Klimazonalität der fluvialen Abtragsleistung und die Bedeutung des anthropogenen Eingriffs

Eine Zusammenstellung von Bodenerosionsdaten anhand der Literatur aus den Tropen zeigt, daß bei Einbezug natürlicher Vegetationseinheiten (Waldgesellschaften) nur sehr wenige Untersuchungen vorliegen und eine direkte Vergleichbarkeit der Abspülbeträge aufgrund unterschiedlicher Hangneigungen und Hanglängen der Erosionsmeßparzellen sowie unterschiedlicher Böden ohnehin nicht gegeben ist. Die Daten in Tab. 1 zeigen jedoch in ihrer

---

[1] So sind Vegetationsdegradation und Erodierbarkeit der Böden des immergrünen saisonierten Regenwaldes und der Trockenwälder in GEROLD (1983) dargestellt.

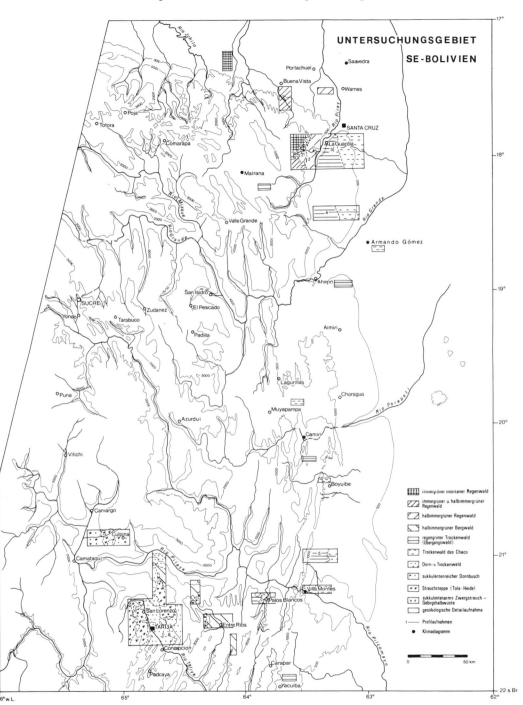

Abb. 2: Untersuchungsgebiet SE-Bolivien.

Tab. 1: Zusammenstellung von Bodenabtragsdaten in den Äußeren Tropen

Ort	Veg.-Einheit	Hangneigung (%)	N (mm)	Abfluß (% von N)			Abtrag t/ha × Jahr		
				Wald	Feldbau	Brache	Wald	Feldbau	Brachfläche (Ohne Veg.-Bed.)
Obervolta, Quagadougou	Trockensavanne	0,5	850	2,5	2–32	40–60	0,1	0,6–0,8	10–20
Senegal, Sefa	Feuchtsavanne	1,2	1300	1,0	21,2	39,5	0,2	7,3	21,3
Elfenbeinküste, Bouake	Feuchtsavanne	4,0	1200	0,3	0,1–26	15–30	0,1	1–26	18–30
Elfenbeinküste, Abidjan	Regenwald	7,0	2100	0,1	0,5–20	38	0,03	0,1–90	108–170
Kolumbien, Peru	Regenwald		2200				< 1	1–20	225
Papua Neuguinea, Chimbu	Regenwald	>20	2150	1	22–27	–	6,0	11,0	–
Elfenbeinküste, Adiopodhoumé	Regenwald	>14					0,05	90	
Elfenbeinküste, degr. Korhogo	Feuchtsavanne	3	1350	2–5	15–25	–	0,1	5,5	
Obervolta, Saria	Trockensavanne	0,7	830	4–8	20–30	–	0,12	7,3	
Zentraljava	saisonierter Regenwald	17–20	3900	–	21	48	–	6,0	81,6
Zentralguinea	saisonierter Regenwald	6	1800	2	4	9	2,7	1,4	18,9

Quellen: AINA u. a. 1979, DUGAIN u. FAUCK 1959, FELIPE-MORALES u. a. 1979, HUMPHREYS 1984, LAL 1977, LELONG u. ROOSE u. a. 1984, VAN DER LINDEN 1983, MENSAH-BONSU u. OBENG 1979, MITI u. a. 1984, OKIGBO 1977.

Tendenz, daß unter naturnahen Waldgesellschaften die Bodenabspülung minimal ist, dabei vom Regenwald zu den wechselfeuchten Tropen hin (Feucht- und Trockensavanne) anscheinend eine Zunahme des Bodenabtrags existiert. Ferner wird deutlich, daß mit dem anthropogenen Eingriff der Bodenabtrag sprunghaft ansteigt, die Werte entsprechend der Anbaukulturen und Bearbeitungssysteme sehr stark streuen (Feldbau), zum Teil jedoch überraschend geringe Bodenverluste gemessen wurden. So zeigen in Tab. 1 zum Beispiel die Gebirgshänge in Zentraljava und Papua Neuguinea geringe Abspülverluste. – Bei Brachflächen ohne Vegetationsschutz wirken sich die tropischen Starkregen natürlich in enorm hohen Bodenverlusten aus!

Betrachtet man die in der Literatur angegebenen Unterschiede in der Bodenerosion in Abhängigkeit vom Nutzungstyp, Bearbeitungssystem und Hangneigung, so wird deutlich, daß die Varianz innerhalb einer Klima-Vegetationseinheit und gleichen Substrat-/Bodenbedingungen aufgrund der genannten anthropogenen Einflußfaktoren wesentlich größer ist als klimaregionale Unterschiede bei sonst gleichen Bedingungen (Relief mit Hangneigung und Hanglänge, Substrat-Boden, anthropogene Nutzung). – So haben z.B. BERTONI u.a. 1964 auf einem Ferralsol (n. FAO) bei der Süßkartoffel das 7fache, bei Baumwolle das 27fache an Bodenabtrag gegenüber einer älteren Kaffeepflanzung festgestellt.

Oder LAL (1977) hat bei einer Cassava/Mais-Mischkultur in Nigeria mit zunehmender Hangneigung von 5% auf 15% eine Zunahme der Bodenabspülung von 50 auf 137 t/ha × Jahr gemessen.

Entsprechend abgestuft ist daher der crop-Faktor C nach der Wischmeierschen Bodenverlustgleichung von 0,001 für Wald bis 0,9 bei Mais- und Hirsekulturen (s. ROOSE 1977).

Betrachtet man dann noch den Einfluß des Bodenbearbeitungssystems, so wird die hohe Bedeutung des Faktorenkomplexes anthropogene Nutzung bei Nutzungseingriffen in das natürliche System für die Bodenerosion deutlich (s. Tab. 2).

Da die Auswirkungen unterschiedlicher Anbaupflanzen, Fruchtfolgen, Nutzungs- und Bearbeitungssysteme von der agrarwissenschaftlichen Seite her vielfach bekannt und auch übertragbar sind, besitzen die Bodenveränderungen, ausgelöst durch die menschliche Nutzung und durch Bodenabspül-

Tab. 2: Einfluß des Bearbeitungssystems auf den Bodenabtrag
(saisonierter Regenwald in Ghana, Maiskultur)

Bearbeitungssystem	Bodenabtrag (t/ha × Jahr)
Brache bearbeitet	150
no-tillage	2,0
Mulchsystem	0,4
Konturdämme	3,0
Mixed cropping	2,0

n. MENSAH-BONSU u. OBENG 1979

prozesse, in verschiedenen tropischen Klima-Vegetationsregionen langfristig eine entscheidende Bedeutung für die Veränderung, Beeinträchtigung oder Zerstörung des Nutzungspotentials!

Aufgrund des hohen Einflusses der anthropogen ausgelösten regressiven Vegetationssukzession auf die fluviatile Abtragsdynamik wird leicht verständlich, daß eine aktuelle klimazonale Bewertung der Erosionsleistung des Oberflächenabflusses nach dem hydromorphodynamischen Ansatz über die Input-Output-Analyse von Einzugsgebieten (s. z. B. GIESSNER 1977, VAN DER LINDEN 1983), wie es von FOURNIER (1960) für Afrika durchgeführt wurde (s. Fig. 1 in GIESSNER 1985), nur sehr eingeschränkt die natürlichen Intensitätsunterschiede im Abtrags- und Transportsystem widerspiegelt. Danach sind sowohl die Regen- und Feuchtwaldeinzugsgebiete des Rio Piray wie das Einzugsgebiet des Rio Colorado, das der Trockenachse Argentiniens zuzuordnen ist (s. ERIKSEN 1983, vorherrschend Monte-Strauchsteppe), als abtragsintensiv einzustufen (s. Tab. 3).

Tab. 3:
Hydro-morphodynamische Kennzeichnung (Abtragsleistung) von Flußeinzugsgebieten in Bolivien/NW-Argentinien

Fluß	F_E (km^2)	A_S (t/km^2)	B_S (kg/m^3)	$B_{S\,max}$ (kg/m^3)	Hygrischer Typ
Rio Piray (1963–78)	2919	1399	0,5–8	35	semi-humid/subhumid
Rio Grande (1971–74)	60600	2708	10–20	88	semi-humid/semi-arid
Rio Parapeti (1971–74)	14000	500	0,4–6	48	semi-arid
Rio Pilcomayo (1963–74)	96000	1025	11–20	47	semi-arid/semi-humid
Rio Colorado (1918–62)	12500	1260	–	–	semi-arid/subarid

A_S: Mittlerer jährlicher Schwebstoffabtrag
B_S: Mittlere jährliche Schwebstoffbelastung
$B_{S\,max}$: Mittlere jährliche Schwebstoffbelastung, absolutes Maximum

Quellen: Daten des Projecto Rio Piray, Agrar- und Hydrotechnik 1974, Cuenca del Rio de la Plata 1977 Vol. II, Heinsheimer 1965.

3. Erosionsfähigkeit der Niederschläge im zonalen Wandel

Entsprechend der hygrischen Differenzierung SE-Boliviens tritt im Tiefland von Santa Cruz sowohl nach SW ins Gebirge (z.B. Mairana) wie nach SE in den Chaco hinein ein rascher Abfall der Humidität auf (Anstieg der ariden Monate von 3 auf 8/9, s. Abb. 3). Mit der Verringerung der Niederschläge, Niederschlagstage und damit Bewölkung und Zunahme der absoluten und mittleren täglichen Temperaturmaxima resultiert eine erhebliche Zunahme der potentiellen Verdunstung zum nördlichen Chaco hin. Das Verdunstungsmaximum wird dabei im Jahresgang zum Zeitpunkt des Sonnenhöchststandes vor Einsetzen langandauernder Bewölkung und ergiebiger Regenfälle (Nov./Dez.) im Südsommer erreicht (Oktober). Dabei treten im Südsommer zum

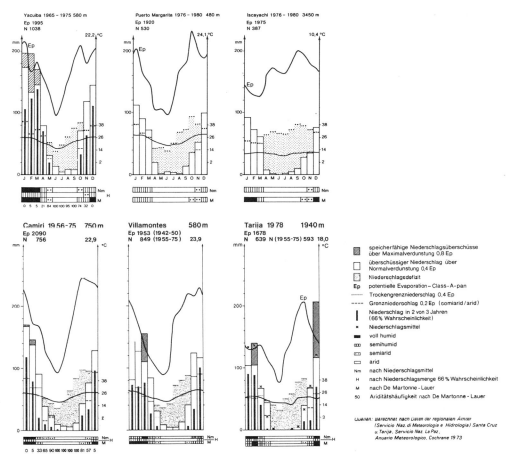

Abb. 3: Humidität/Aridität in SE-Bolivien.

Trockenwald des Chaco hin (Armando Gómez) sehr hohe potentielle Verdunstungsbeträge von über 250 mm/Monat (7–10 mm/Tg Class-A-pan Verdunstung) auf, wie sie auch für die Trockensavanne Südafrikas typisch sind (s. LAUER-FRANKENBERG 1981, S. 30)! Niederschlagsabnahme, Verkürzung der Regenzeit bei gleichbleibender Niederschlagsvariabilität (d. h. erhöhte Niederschlagsunsicherheit; s. Ariditätseinstufung nach Mindestniederschlagsmenge in 2 von 3 Jahren in Abb. 3) und Erhöhung des klimatischen Verdunstungsanspruchs führt generall zu einer starken Zunahme der ariden Monate von NW nach SE.

Von übergeordneter Bedeutung sind:

1. Im Tiefland von Santa Cruz existiert zum Chaco hin ein rascher Abfall der Humidität (von 3 auf 9 aride Monate). Auf einer Distanz von ca. 100 km treten daher markante landschaftsökologische Grenzen auf, deren Verlauf für das Nutzungspotential von entscheidender Bedeutung sind (s. GEROLD 1986).

2. Speicherfähige Niederschlagsüberschüsse während der Regenzeit als Grundlage der Auffüllung der Bodenwasserreserven oder Erhöhung des Oberflächenabflusses nehmen im Bereich der Feuchtsavanne (Santa Cruz) nach Süden hin bereits stark ab oder sind in den Staulagen (Yacuiba) oder Bereichen des Kondensationsniveaus (Entre Rios) der Andenkordillere SE-Boliviens stärker vertreten (semi-humide Übergangswälder und feuchte Bergwälder).

3. Einer ähnlichen räumlichen Differenzierung unterliegt die Humiditätssicherheit gemessen am Mindestniederschlag in 2 von 3 Jahren (Klimadiagramme) oder an der Wahrscheinlichkeit des Auftretens monatlicher Niederschlagssummen unter dem Trockengrenzniederschlag (s. Tab. 4). In den semi-ariden Zonen mit 4–6 humiden Monaten ist daher das Anbaurisiko im jährlichen Wechsel der Niederschlagsmengen sehr hoch (s. Tab. 4 Camiri und Villamontes)! Mit der Ausdehnung der Landnutzung nach 1950 ist klimatisch eine erhöhte Degradationsgefährdung im Bereich der Trockenwälder gegeben.

Tab. 4:
Wahrscheinlichkeit des Auftretens monatlicher Niederschlagssummen unter dem Trockengrenzniederschlag (0,4 Ep) und über der Maximalverdunstung (0,8 Ep) (in %)

Zeitraum Station	J	F	M	A	M	J	J	A	S	O	N	D
San Juan de Yapancani (1959–79)	0/100	0/88	18/60	6/30	30/59	12/41	47/12	35/18	52/47	12/55	6/77	0/93
Saavedra (1951–79)		0/80	8/63	28/29	41/17	33/22	29/25	75/8	79/4	58/13	29/25	16/46	0/71
Santa Cruz (1946–79)	5/35	14/38	28/14	38/43	33/23	38/38	66/19	89/9	77/9	48/18	33/42	14/52
Armando Gomez (1969–81)	38/0	45/0	54/0	78/0	85/0	92/0	100/0	100/0	100/0	92/0	70/0	46/25
Camiri (1951–79)	10/55	24/47	52/14	70/10	80/5	100/0	100/0	100/0	100/0	100/0	81/0	19/45
Villamontes (1955–75)	40/30	60/10	40/20	60/5	100/0	100/0	100/0	100/0	100/0	100/0	75/0	5/65
Yacuiba (1955–75)	5/65	0/81	23/63	40/18	91/0	100/0	100/0	100/0	100/0	63/9	31/41	9/54

Quelle: Servicio Nacional de Meteorologia e Hidrologia – La Paz, CORDECRUZ 1980.

Neben Niederschlagsmenge und saisonalem Niederschlagsgang sind für das Abtragsgeschehen vor allem die Häufigkeit der Starkregen, die Niederschlagsintensität und die Regenenergie zur Charakterisierung der Erosionsfähigkeit des Niederschlags von übergeordneter Bedeutung.

Auf der Basis von Regenschreiberaufzeichnungen (Santa Cruz, Tarija) und stündlichen Niederschlagsmessungen im Tiefland von Santa Cruz (Rio Piray-Projekt) über einige Jahre (z. B. San Isidro u. Santa Cruz 1975–79) wurde die

Niederschlagsenergie und die Erosivität der Niederschläge (R-Wert) bestimmt, wobei in Anlehnung an die Ergebnisse von WEGENER (1978) und SCHIEBER (1983) alle Niederschlagsereignisse bei EI_{30} mit in die Berechnung einbezogen wurden, was vor allem für Stationen mit ausgeprägter Trockenzeit (semi-arid) eine wesentlich bessere Erfassung der Gesamterosivität erlaubt.

Mit der Zunahme des Jahresniederschlags nach Norden bis auf 1800 mm steigt generell die Häufigkeit der Starkregen, auch die maximale Niederschlagsmenge (pro Tag oder Stunde) steigt zu den immergrünen und halbimmergrünen Regenwäldern hin auf das Doppelte, was einer Erhöhung der Niederschlagsintensität und damit der Regenenergie gleichkommt (s. Tab. 5). Mit dem Übergang von den semi-ariden Trockenwäldern zu den semi-humiden und subhumiden Feuchtsavannen und Regenwäldern nördlich von Santa Cruz ist eine Zunahme der Starkregenereignisse festzustellen[2], wobei im Tiefland von Santa Cruz ähnliche maximale Niederschlagswerte auftreten (s. Tab. 5; Yapacani, Saavedra u. Santa Cruz).

Die Analyse der Niederschlagsstruktur nach der Verteilung der Niederschlagsintensitätsklassen und ihrer Energie zeigt die Bedeutung von Nieselregen, schwachem Dauerregen gegenüber Starkregen und Gewitterregen, was

Tab. 5:
Wahrscheinlichkeit des Auftretens maximaler Niederschlagsmengen und Häufigkeit der Starkregen

Station	Mittl. Jahresnieder- schlag (mm)	aride Mona- te	Wiederkehrperiode in Jahren				Mittl. Anzahl von Tg./Jahr mit $\geq$ 30 mm/Tg.
			1	5	10		
Colonia San Juan de Yapacani (1959–79)	1840	1–2	85 45	140 65	210 –	mm/Tg. mm/h	14,0
Saavedra (1951–79)	1170	2–3	93 42	100 55	160 75	mm/Tg. mm/h	12,1
Santa Cruz (1943–79)	1170	3	80 35	95 50	135 –	mm/Tg. mm/h	10,8
Camiri (1956–75)	756	7	46 –	75 –	93 –	mm/Tg. mm/h	5,3
Tarija (1955–75)	639	7	42 –	60 –	73 –	mm/Tg. mm/h	1,3
Pinos (Becken- rand von Tarija) (1965–74)	1020	6–7	75 20	85 –	96 –	mm/Tg. mm/h	–

Quelle: Servicio Nac. de Meteorologia e Hidrologia; La Paz, Santa Cruz u. Tarija u. Rio Piray Projekt.

---

[2] Sowohl nach N-Ereignissen von > 30 mm/24 h oder der maximalen 30-min Intensität (> 0,3 mm/min).

vor allem für den vertikalen Wasserumsatz (Interceptionswirkung, Auswaschungseffekt aus dem Kronenraum) und für die Erosivität von besonderer Bedeutung ist (s. Tab. 6). Dabei zeigt es sich, daß die generelle Aussage – „In den Tropen herrschen konvektive Niederschläge mit hoher Niederschlagsintensität vor" – relativiert werden muß! Im Tiefland von Santa Cruz und im Andenrandbereich von Santa Cruz (Espejos, Samaipata) sowie im Becken von Tarija liegen 40–50% der Niederschlagsereignisse unter 5 mm Ergiebigkeit und gehören damit überwiegend zu den nicht erosiven Niederschlägen, die eine langsame Befeuchtung der Bodenoberfläche und des Kronenraumes bewirken und im Waldbestand über die Interceptionsverdunstung zu einem hohen Anteil durch den Wassertransport in die Atmosphäre gelangen. Dies entspricht Niederschlagsanalysen von HUMPHREYS (1984) in Papua Neuguinea im tropischen immergrünen Regenwald (2247 mm Jahresniederschlag, 89% der Niederschläge unter 5 mm/24 h und unter 12,5 mm/h Intensität) sowie Untersuchungen von BRINKMANN (1985) aus dem amazonischen Regenwald (2467 mm Nj, über 75% der N-Ereignisse unter 12,5 mm/h Intensität), wo nur 3–5% aller Niederschläge eine Intensität von über 40 mm/h erreichen. Eine ähnliche Größenordnung ist bei der Station San Isidro (saisonierter Regenwald Santa Cruz) vorhanden (s. Tab. 6, 5% aller N über 50 mm/h). – Über ganz andere Niederschlagsstrukturen aus Westafrika berichten LAL (1976) und KOWAL & KASSAM (1977), wo z.B. in Ibadan (Westnigeria) 50–60% der Niederschläge eine N-Intensität von 25–75 mm/h besitzen und damit erosiv wirksam werden können! Der bedeutend höhere Anteil konvektiver Niederschläge mit deutlich höherer Erosivität in Westafrika wird auch an der durchschnittlichen Regenenergie deutlich, die im Savannenbereich Nordnigerias (11° 11′ N/7° 38′ E Samaru) bei 1100 mm Jahresniederschlag für alle Niederschlagsereignisse über 4 mm Ergiebigkeit (80% aller N-Ereignisse) 33 J/m^2

Tab. 6:
Häufigkeitsverteilung der N-Intensitäten nach N-Klassen (Ergiebigkeit)

	N-Klasse (mm/24 h)	N-Ereignisse	Anteile der Niederschläge mit N-Intensitäten (mm/h) von (in %)					
			0–12,5	12,5–25	25–50	50–75	75–100	>100
San Isidro (1976–1978)	< 5	122	98,3	1,7	0	0	0	
	5–10	51	86,2	4,3	0	9,5	0	0
	10–25	58	63,8	15,5	8,7	6,8	5,2	0
	25–50	35	22,8	40,0	20,0	8,6	5,7	2,9
	50–100	13	38,5	23,1	7,7	7,7	7,7	15,3
	> 100	5	20,0	0	40,0	20,0	20,0	0
Tarija (1980, 1981)	< 5	113	90,3	7,1	2,6	0	0	0
	5–10	56	50,0	10,7	19,6	19,7	0	0
	10–25	24	25,0	20,8	16,7	20,8	8,3	8,4
	25–50	4	0	25,0	0	25,0	0	50,0
	50–100	0	–	–	–	–	–	–
	> 100	0	–	–	–	–	–	–

× mm beträgt, mit einem durchschnittlichen Tropfendurchmesser von 3,3 mm (vorherrschender Tropfendurchmesser in Mitteleuropa 2,8 mm) (s. KOWAL & KASSAM 1977).

Dagegen liegt die mittlere kinetische Energie der Niederschläge im Tiefland von Santa Cruz bei 18–21 J/m^2 × mm, was auf den hohen Anteil von Regenfällen geringer Ergiebigkeit zurückzuführen ist (s. Tab. 6). Diese Größenordnung entspricht wiederum den Berechnungen der kinetischen Energie in Papua-Neuguinea (s. HUMPHREYS 1984; 21,2 J/m^2 × mm) und dem von ELWELL & STOCKING (1973) angegebenen Wert von 19 J/m^2 × mm in Rhodesien. – Aus den Angaben zur Niederschlagsstruktur wird deutlich, daß bei ähnlicher Niederschlagshöhe und -verteilung (eine Regenzeit) der Niederschläge in den Tropen ganz unterschiedliche Erosivitätsverhältnisse aufgrund unterschiedlicher Niederschlagsintensitäten regional bestehen können.

Von daher wird verständlich, warum die Jahressummen der kinetischen Energie oder der Erosionsindex R_{EI-30} in Westafrika wesentlich höher liegen als im ostbolivianischen Untersuchungsgebiet (36 000 J/m^2 in Samaru, Nordnigeria). Wie Tab. 7 zeigt, liegt die jährliche Regenenergie in Abhängigkeit vom Niederschlagsverlauf und dem Auftreten von Starkregen im nördlichen subhumiden Tiefland (Station San Isidro) zwischen 27 000–30 000 J/m^2 × Jahr und nimmt zum semi-humiden Savannenbereich (Santa Cruz) auf 17 000–18 000 J/m^2 × Jahr ab. Dabei treten in Abhängigkeit vom Witterungsverlauf hohe Schwankungen von Jahr zu Jahr auf, die wie bei den Niederschlägen (Niederschlagssicherheit s. Abb. 3) vom Regenwald zum Chacotrockenwald hin deutlich zunehmen.

Wie z.B. die Niederschlagsenergie des Jahres 1977 von Santa Cruz zeigt (30 163 J/m^2 × Jahr), nimmt die Bedeutung der Feuchtjahre für die morphodynamischen Prozesse (Erosionsfähigkeit der Niederschläge) mit zunehmender Aridität im klimatischen Übergangsbereich semi-humid/semi-arid zu.

Ähnlich der hygrischen Abfolge ergibt sich bei der Regenenergie im Mittel eine deutliche Abstufung vom subhumiden Regenwaldbereich (Yapacani) über die semi-humide Feuchtsavanne (Santa Cruz) zum Chacotrockenwald (s. Tab. 7). Der Unterschied zwischen dem Mittelwert und dem Mindestwert mit 66 % Wahrscheinlichkeit zeigt, daß die höchste Schwankung in der Erosionsfähigkeit der Niederschläge im semi-humiden und semi-ariden Klimabereich (Stationen Saavedra, Santa Cruz, Camiri, Villamontes, Yacuiba) anzutreffen ist und zur subhumiden (Yapacani) und subariden (Armando Gómez) Klimazone hin deutlich abnimmt!

Zum klimatischen Wandel der Erosionsfähigkeit der Niederschläge können folgende Punkte hervorgehoben werden:

1. Entsprechend der Niederschlagsverteilung erfolgt eine Abnahme der Niederschlagsenergie und eine Zunahme der Variabilität der Jahresenergie mit zunehmender Aridität bei Konzentration auf die Hauptregenzeit von November–Februar/März.
2. Die Niederschlagsenergie und noch deutlicher die Erosivität der Niederschläge (nach dem EI_{30}-Index) wird durch einen hohen Anteil weniger

Tab. 7:
Jahresgang der kinetischen Regenenergie im Mittel (Regressionsbetrachtung)
im zonalen Wandel (in J/m²)

Station	Jan	Feb.	März	April	Mai	Juni	Juli	Aug.	Sep.	Okt.	Nov.	Dez.	Jahr
Colonia San Juan de Yapacani	4952	3816	2888	1448	1656	1320	824	1208	1256	2328	2328	4200	28224
Colonia San Juan de Yapacani, in 2 von 3 Jahren	3880	3240	2648	1208	1608	664	408	872	1128	1752	1816	3560	22784
Saavedra	3176	2264	1416	1032	856	760	520	472	888	1608	2040	2696	16228
Saavedra, in 2 v. 3 Jahren	2040	1528	936	536	488	440	8	24	296	1144	1432	1944	10816
Santa Cruz	2797	1893	1662	1290	971	918	545	368	794	1343	1751	2496	16828
Santa Cruz, in 2 v. 3 Jahren	1716	1450	900	670	528	368	111	146	209	829	1024	1450	9401
Armando Gomez	1467	1237	1290	794	173	31	0	0	67	191	971	1645	7872
Armando Gomez, in 2 v. 3 Jahren	1414	1024	1095	670	0	0	0	0	0	0	563	1272	6038
Camiri	2690	2283	1645	510	120	0	0	0	31	350	1006	2248	10883
Camiri, in 2 v. 3 Jahren	1804	1184	918	120	0	0	0	0	0	120	386	1450	5982
Villamontes	2212	1911	2460	1148	209	0	0	0	0	386	1875	1733	11934
Villamontes, in 2 v. 3 Jahren	1006	918	1095	209	0	0	0	0	0	0	297	1450	4975
Yacuiba	3134	3045	2904	1514	350	0	0	0	0	1095	1698	2921	16661
Yacuiba, in 2 v. 3 Jahren	1538	1804	2159	918	120	0	0	0	0	209	829	1627	9204
Entre Rios	3498	3103	3103	1298	39	0	0	0	20	471	1449	3141	16122
Entre Rios, in 2 v. 3 Jahren	2238	2708	2990	640	0	0	0	0	0	133	1486	2201	12396
Tarija	2717	2652	1497	384	0	0	0	0	0	491	1261	2652	11654
Tarija, in 2 v. 3 Jahren	2224	1775	1026	63	0	0	0	0	0	234	898	2139	8359

Ausgewertet und berechnet nach Regressionsanalyse u. N-Daten Servicio Nac. de Meteorologia e Hidrologia La Paz, Santa Cruz u. Tarija; CORDECRUZ 1980 u. CORGEPAI

　　Starkregenereignisse (40–70 %) bestimmt; der Anteil steigt bei zunehmender Aridität und Abnahme der Niederschlagsereignisse.
3. Die Wahrscheinlichkeit maximaler Tagesniederschläge (über 100 mm/24 h) nimmt nach Norden zum Regenwald hin deutlich zu, die spezifische Regenenergie pro mm nach WISCHMEIER steigt um 13–15 %.
4. Die Bewertung von KOWAL (1970), daß Niederschläge über 20 mm als erosiv eingestuft werden können, muß aufgrund der Niederschlagsstruktur in der

Valle-Region .(semi-arides Becken von Tarija) modifiziert werden (erosive Niederschlagsereignisse bei geringer Niederschlagsergiebigkeit s. GEROLD 1985).

4. Vegetationsdegradation und Erodierbarkeit der Böden im Hartlaubtrockenwald

Mit dem klimazonalen Übergang südlich von Santa Cruz in den semi-ariden Gran Chaco sind in der Chaco-Sedimentationsebene selbst, in der Piedmont-zone der Anden wie in der subandinen Sierrenzone (Längstäler) regengrüne Trockenwälder als Baumklimaxgesellschaften weit verbreitet. Die Vegetationsdegradation innerhalb der Trockenwälder findet weitflächig vor allem durch die Nutzholzgewinnung und Waldweide statt, während Rodung mit Anlage von Weide- und Ackerflächen sich punkt- und linienhaft auf die kleinen Siedlungen, Hauptverkehrswege und Estancien konzentriert.

Bei 5–7 ariden Monaten und 600–800 mm Jahresniederschlag sind nach der Horizontierung, Pedogenese und Färbung semi-aride braune und rotbraune Bodentypen verbreitet (Cambisols, Luvisols, Arenosols n. FAO).

Aufgrund der Reliefsituation (Andenrand, Sedimentationsbecken) sind die relativ jungen Böden weniger durch ihre Pedogenese, sondern stärker durch die morphodynamisch bedingten Standortunterschiede (Substratdifferenzierung, hydromorphe Beeinflussung) hinsichtlich Nährstoffausstattung und Bodenwasserhaushalt differenziert. Sandige und schluffige Alluvial- und Kolluvialsedimente bilden hauptsächlich das Substrat in den Trockenwäldern. Bei vorherrschend sandigen und schluffigen Bodenarten und fehlender Sesquioxidverkittung ist die Grobaggregierung im Oberboden gering, so daß für die Erosionsresistenz der Bodenoberfläche die biotischen Faktoren der Laubstreu, Durchwurzelung und Humusbildung in Verbindung mit Lagerungsdichte und Porenvolumenverteilung bestimmend sind.

Eine artenreiche dichte Strauchschicht und untere Baumschicht mit einem Deckungsgrad von 80% während der Regenzeit und dichter, aus Gräsern und Therophyten zusammengesetzter Krautschicht bedingen eine hohe Schutzwirkung gegen die periodischen Starkregen (s. Tab. 8). Da jahreszeitlich der Abbau der Laubstreu bei Austrocknung der Oberböden bis unter den PWP während der Trockenzeit wie auch bei längeren Regenpausen während der Regenzeit eingeschränkt ist, die Strauchschicht bis auf wenige Cactaceen-Arten aus laubwerfenden Arten besteht und die Gräser und Kräuter vertrocknen, ist eine dichte Laubstreu über einem nicht sehr mächtigen A_h-Horizont (10–15 cm) mit relativ hohen Humusgehalten vorhanden.

Mit dem Herausplentern der Harthölzer im Quebracho-colorado-Trockenwald tritt zwar eine Artenverarmung und -verschiebung (Eindringen der Algarrobo-Arten wie Prosopis nigra, P. alba und Geoffroea decorticans) ein, die Waldstruktur und auch die Bodeneigenschaften bleiben jedoch erhalten (s. Tab. 8). In Verknüpfung mit der weitverbreiteten extensiven Waldweide ist noch eine langsame natürliche Regeneration des Quebracho-colorado-Typs

Tab. 8: Vegetationsaufnahmen der Beispielfläche „GRAN CHACO"

Vegetationsaufnahme 1: Aufgelichteter Waldbestand bei Villamontes
Vegetationsaufnahme 2: Stark degradierter Waldbestand bei einer Finca
Vegetationsaufnahme 3: Stark degradierter Waldbestand bei Boyuibe
Vegetationsaufnahme 4: Degradierter Waldbestand hinter Boyuibe
Vegetationsaufnahme 5: Wald bei Abapo-Izozog
Vegetationsaufnahme 6: Wald am Rio Grande bei Abapo

Vegetationsaufnahme	1	2	3	4	5	6
Aufnahme Nr.:	51	52	57	58	65	66
Aufnahmefläche (m^2):	200	200	500	200	200	100
Höhe (m):	510	510	820	910	480	510
Exposition:	-	-	-	SW	-	-
Hangneigung (°):	eben	eben	eben	5	eben	eben
Gesamtartenzahl:	über 35	15	20	über 35	über 35	über 35
Vegetationsbedeckung (%):	B1:50 B2:80 S:40 K:20	B1:3 B2:40 S:40 K:5	B1:40 B2:5 S:40 K:50	B1:40 B2:40 S:70 K:95	B2:50 S:60 K:5	B1:60 B2:30 S:20 K:80
Bäume über 8 m:						
256 Caesalpinia paraguariensis	2		+	1		
303 Athyana weinmannifolia	3					
140 Chorisia insignis	1			2		
308 ?	2					
285 Aspidosperma quebrache blanco	2	+		1		
314 Zizyphus mistol Griseb	1					
282 Schinopsis lorentzii (Griseb.)	1					
334 Schinopsis sp.			+	+		
328 Cedrela sp.				+		
Astronium urundeuva						2
318 Piptadenia exelsa						+
350 Leg.						1
351 Euphorb.						2
354 ?						2
307 Polygon Ruprechtia?						1
Bäume bis 8 m:						
292 Caesalpinia paraguariensis	1	3	+	2	1	
303 Neimannia sp.	+					
140 Chorisia insignis	+					
305 ?	2				2	
306 Ruprechtia triflora Griseb.	1					
287 Acacia Aroma	1					
307 Polygon. Ruprechtia?	1					
311 Polygon. Ruprechtia?	+					+
271 Acacia sp.	1			1		
281 ?		1				
250 Acacia Macbrider		+		1		
283 Leg.				1		
279 Euphorb.				+		
285 Aspidosperma quebracho blanco					+	
Chorisia ventricosa					2	
Piptadenia excelsa					+	

Vegetationsaufnahme	1	2	3	4	5	6
Acacia peniculata					2	
Ruprechtia triflora					2	
355 Acacia sp.						3
317 Prisonia zapallo						+
319 Solanum sp.						1
Sträucher:						
312 Capparis speciosa Griseb	+					
299 Euphorb.	+					
290 Capparis sp.	1	+		1	1	
251 Celtis sp.	2				2	
310 ?	2	+				
304 Capparis sp.	+	2	+			
313 Heliocarpus americanus	1					
248 Mandevilla laxa (R.et p.) Woodson	1					
291 Croton sp.		2	+			
308 ?		1				
302 Capparis sp.?		+				
305 ?			1	1		
Bromelia serra			1	1	1	+
331 Vissadula sp.		1	1	2		
337 Aspidosperma quebracho blanco Schlecht.				1		
136 Euphorb. Manihot esculenta Crantz					1	
350 ?						
Geoffroea spinosa					1	
Pithecelobium sp.					2	
244 Urera baccifera						+
349 ?						1
274 Malv.					+	
353 Araceae						1
347 ?						+
348 ?						+
352 Caesalpinia sp.						1
Gräser und Kräuter:						
309 Phytolacaceae: Rivina humilis L.	1				1	
Farn	r					
310 ?	+					
332 Setaria sp. (aff. S. gracilis)			+			
333 Eragrostis sp.			2	2		
335 Axonopus sp.			1			
296 Synandrosphatum vermitoxicum			r			
294 Gomphrena sp.			+			
359 Panicum sp.						5
Kakteen:						
Cereus peruvianus	1					+
Cereus validus					+	
Cleistocactus div. sp.		1			1	
Cereus sp.		1				
Cereus sp.					2	

Vegetationsaufnahme	1	2	3	4	5	6
Opuntia sp.		+			2	+
?		+				
?			+			
277 Quiabentia aff. verticillata (Vpl.)				1		
257 Pereskia sp.					1	
Seleni cereus			+			
Tricocereus sp.			2			

möglich, bei zu hohem Degradationsdruck durch Holzeinschlag und Verbiß (z. T. mit Brennen) wird der Wald lichter und niedriger und es entwickeln sich Buschbestände (Arbustales: z. B. Tuscal s. Vegetationsaufnahme 2) die kaum eine Regeneration ermöglichen und bereits deutliche pedo-ökologische Nachteile aufweisen.

Die Vegetationsdegradation durch übermäßige Beweidung mit Viehverbiß ist charakterisiert durch eine Bestandsauflichtung, die vor allem die untere Baum- und Strauchschicht betrifft (Deckungsgrad von 80% auf 40% zurückgehend), durch eine Verringerung der Artenzahl vor allem mesomorpher Arten und mit Zunahme der weideresistenten Arten wie Dornakazien (Acacia sp., A. garrancho), Kakteen und Bromeliaceen (Bromelia serra). Die Artenverschiebung gegenüber dem natürlichen Trockenwald zeigt, daß sich neben der direkten anthropozoogenen Wirkung (Viehweide, Holzschlag) mit Artenverdrängung auch sukzessive ungünstigere Bodenwasserbedingungen im degradierten Bestand einstellen (Artenverschiebung in Richtung Dornbusch-Trockenwald des Chaco mit 8–10 ariden Monaten).

Mit übermäßiger Waldweide treten nachhaltige Verschlechterungen bei den bodenphysikalischen Eigenschaften ein, die mit der aufgelichteten Vegetationsdecke zu einer beträchtlichen Abflußerhöhung und Bodenabspülung führen.

Die Ursachen liegen bei einer diskontinuierlichen Laubstreudecke im degradierten Bestand, an der nicht abgebremsten Prall- und Planschwirkung der Regentropfen und der geringen Aggregatstabilität der sandigen und schluffigen Böden gegenüber splash-erosion, so daß die anfänglich hohe Infiltrationskapazität durch Zerschlagung der Oberflächenaggregate und damit Feinmaterialeinwaschung und Beweidungseinfluß (Viehtritt) mit Bodenverdichtung schnell herabgesetzt wird (s. Tab. 8 u. 9). Wie die Aggregatverteilung der schluffreichen Böden in der Andenfußzone von Boyuibe zeigt (s. Abb. 4), fehlt den Degradationsstandorten (s. Sekundärbusch und Spülfläche) aufgrund der Aggregatzerschlagung und Feinmaterialabspülung eine gleichmäßige Aggregatverteilung mit höherem Anteil wasserstabiler Kleinaggregate von 0,5–3 mm ⌀! Die höhere Aggregatstabilität bei Beregnung gegenüber dem Trockenwaldstandort ist eine Folge der Bodenverdichtung bei hohem Schluffgehalt und noch relativ hohem Humusgehalt, so daß die großen Aggregate zwar an der Oberfläche schnell verschlämmen, damit aber die Befeuchtungsfront nur langsam eindringt und der innere Aggregatzerfall („slacking") verzö-

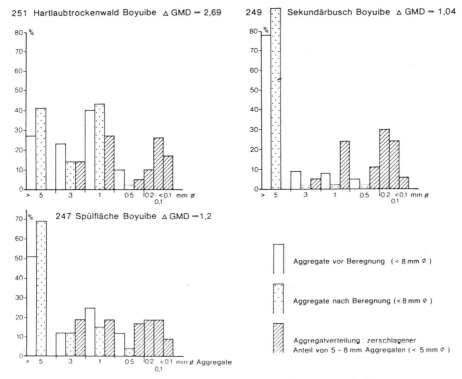

Abb. 4: Aggregatverteilung vor und nach Beregnung (in %).

gert wird (s. QUIRK 1979). Mit der Abspülung des Feinmaterials (Ton und Schluff) und der organischen Substanz verschlechtert sich die Aggregatstabilität und ein Selbstverstärkungsprozeß mit weiterer Oberbodenverrichtung, verringertem Grobporen- und Gesamtporenvolumen führt zur Oberflächerversiegelung des Bodens. Bei dann stark herabgesetzten Infiltrationsraten kommt es mit Abtrag des A_h-Horizontes zur Bildung einer Spülfläche mit einem regenzeitlichen Deckungsgrad der Krautschicht von nur noch 10–30% (s. Abb. 5)!

Zwar besitzen die homogenen Schluffsedimente bei Boyuibe relativ hohe Aggregatstabilitätswerte, die schlechten Infiltrationseigenschaften bedingen jedoch einen hohen Oberflächenabfluß mit Bildung weiträumiger Spülflächen und Mikrostufenbildung in Anlehnung an die Vegetationsverteilung, die eine ungleichmäßige Erosionsresistenz der Oberfläche bedingt (Oberflächenabflußbildung und Aggregatstabilität).

Geoökologische Untersuchungen im Becken von Tarija haben gezeigt, daß stärkere Unterschiede in der Erosionsresistenz der Oberfläche zu einer ausgeprägten Kleinstufenbildung (– 70 cm Höhe) innerhalb von 25–30 Jahren führen können (dendrochronologische Altersbestimmung am Prosopishauptstamm, s. GEROLD 1985). Mit Zunahme des Oberflächenabflusses durch konvergierende seitliche Spülrinnen findet Gully-erosion mit Bildung weitabständiger, gering verzweigter Barrancos statt. Beschreibungen und Fotoaufnahmen von

Tab. 9: Geoökologische Aufnahme bei Villamontes-Chacowald

Vegetation	Waldweide Viehtritt	Hartlaub-Trockenwald des Chaco		
		Waldweide/ ohne Viehtritt	degradierter, lichter Trocken-wald (Tuscal)	Viehweide
Relief	Andenfußzone, Schwemmfächer des Rio Pilcomayo mit sandig-schluffigem Substrat			
Bodenart (0–20 cm)	lS	lS	slU	slU
(20–30 cm)	lS	lS	suL	slU
pH (KCL)	4,7/5,5	4,9/5,8	4,8/5,3	4,7/5,7
org. Substanz /%)	2,8/0,9	4,4	4,1/1,4	2,3
AK_{eff} (mval./100 g)	7,0	9,3	8,9	7,3
$CaCO_3$ (%)	–	1,5	–	–
Lagerungsdichte (d_B g/cm³)	1,44	1,01	1,35	1,53
PV (GP) Vol. %	45(13)	58(17)	47(13)	41(13)
nFK (mm)	15	21	17	15
Infiltrationsrate (mm/h)	48	480	96	48
Aggregatstabilität (△ GMD)	1,17	0,63	0,46	0,55 n. Tauch-siebung
	2,75	2,30	2,61	2,70 n. Bereg-nung

SCHMIEDER (1926) aus dem Untersuchungsgebiet von Boyuibe belegen, daß die Vegetationsdegradation im Trockenwald bereits seit jener Zeit einge-setzt hat.

Insgesamt heißt das für die semi-ariden Trockenwälder, daß bei verringer-tem oder fehlendem Deckungsgrad (Saatkulturen) der Vegetation, bei Abbau der organischen Substanz und bei Bodenbearbeitung mit schweren Maschinen (Zerstörung des schwachen Krümelgefüges) eine hohe Aggregatzerstörung, Verspülung und Abspülung eintritt, kombiniert mit einer hohen Deflationsge-fahr während der Trockenzeit!

5. Hauptfaktoren der Bodenabspülung im klimazonalen Wandel

Aus dem Vergleich von humiden Regenwäldern, subhumiden Feuchtwäldern und den semi-ariden Trockerwäldern lassen sich folgende Bewertungen ab-leiten: Den negativen Eigenschaften in der Nährstoffverfügbarkeit der sub-humiden Regenwaldgebiete (geringe AK_{eff}, schneller N, P, K, Mg-Mangel; Al-Sättigungsgrad) stehen günstige bodenphysikalische Eigenschaften gegen-über. Bodenstrukturelle Verschlechterungen (Lagerungsdichte, Luft- und Was-serhaushalt, Aggregatstabilität) treten bei langjähriger Nutzung, insbesondere auch Weidenutzung auf (s. GEROLD 1983).

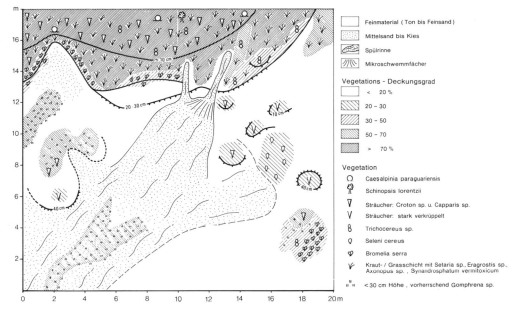

Abb. 5: Detailkartierung: Abspülung im degradierten Trockenwald (Fußfläche bei Boyuibe, 820 m ü.M., Februar 1982).

Wie die statistischen Kenndaten in Tab. 10 zeigen, bleiben auf den degradierten Standorten der Regen- und Feuchtwälder bodenphysikalische Eigenschaften wie Gesamtporenvolumen und Grobporenanteil in einer günstigen Größenordnung, so daß die Infiltrationsraten weiterhin als hoch – sehr hoch einzustufen sind. Die Aggregatstabilitätswerte fallen im Mittel bei natürlichen wie degradierten Standorten in eine Klasse und sind als mittel einzuordnen (B, bei Beregnung), die hohe Resistenz gegenüber der „wash-erosion" (Aggregatstabilität TS) verschlechtert sich nur leicht.

Abspülschäden auf den Brandrodungsfeldern in Hanglage sind daher vor allem ein Ergebnis der Regenenergie und -ergiebigkeit, hohen Hangneigungen und Hanglängen, hoher Bodenwassergehalte, erschöpfter Humusvorräte und zu langer Bodennutzung!

In den semi-ariden Trockengebieten ist es genau umgekehrt! Mit Weidenutzung oder Feldbau verschlechtern sich Aggregatstabilität und die Infiltrationsrate schnell, die edaphische Aridität steigt stark an und kann daher zu irreversiblen negativen Folgen im Bodenwasserhaushalt und damit der Regenerationsfähigkeit der natürlichen Vegetation (progressive Sukzession) führen!

Die bodenstrukturellen Parameter verschlechtern sich auf den degradierten Standorten im semi-ariden Bereich wesentlich stärker, was mit durch ein schlechtes Ausgangsniveau (z.B. höhere Lagerungsdichte, geringeres Gesamtporenvolumen s. Tab. 10) unter natürlichem Wald (eingeschränkte biotische Aktivität) erklärt werden kann. Schon die natürlichen Standorte sind zum Teil

Tab. 10: Bodeneigenschaften im Hartlaubtrockenwald (Andenrandfußfläche Boyuibe)

Veg. u. Nutzungsart	Hartlaubtrocken-wald, 0–5° 840 m ü. M.	Sekundärbusch (Cardonal), 0–3°, 820 m ü. M.	Spülfläche, 0–3°, 820 m ü. M.
Proben-Nr.	251	249	247
Bodenart	ulS	uL	U
A_h-Horizont			
Mächtigkeit (cm)	30	15	10
Org. Substanz (%)	3,7	3,3	3,1
$Ak_{eff.}$(mval./100 g)	20,0	12,5	11,1
pH (KCL)	7,3	5,5	4,9
d_B(g/cm³)	1,07	1,40	1,30
PV (GP) (%)	57(36)	47(10)	50(24)
nFK (mm)	27	17	29
Infiltrationsrate (mm/h)	96	5	2
Aggregatst	1,29	1,38	0,57 n. Tauchsiebung
	2,69	1,04	1,20 n. Beregnung

durch mäßige bis geringe Aggregatstabilitätswerte gekennzeichnet, so daß mit der Waldzerstörung über die Bodenaggregatzerstörung und Erhöhung der Lagerungsdichte eine starke Verringerung der Infiltrationsrate eintritt (im Mittel semi-arid 48 mm/h, s. Tab. 10) und damit eine hohe Abspülungsgefährdung die Folge ist.

Betrachtet man die Einstufung der Erosionsresistenz nach Degradationstyp und Aridität, so wird deutlich, daß bereits die natürlichen Trockenwaldstandorte eine niedrigere Klasse der Erosionsresistenz gegenüber den Regen- und Feuchtwäldern aufweisen. Deutlich schlechter mit geringer Erosionsresistenz sind daher auch die degradierten Trockenwaldstandorte im Mittel eingestuft.

Die Häufigkeitsverteilung aller Böden zeigt nach den eigenen Erosionsindizes (E 33 und E 44) für die semiaride Zone eine deutliche Verschiebung zu den Klassen geringer und sehr geringer Erosionsresistenz, was nach dem K-Wert von WISCHMEIER & SMITH (1978) völlig unzureichend erfaßt wird.

Aus den durchgeführten Korrelationsanalysen (s. Abb. 6) leiten sich insgesamt für die Erosionsresistenz der Böden die Bodenvariablen Humusgehalt, Gesamtporenvolumen, Lagerungsdichte und Aggregatstabilität-Feldmessung als hoch signifikant ab, wobei im humiden Bereich Humusgehalt und Gesamtporenvovumen und im ariden Bereich bodenstrukturelle Parameter (Aggregatstabilität-Feld, Durchwurzelungsintensität, Humusgehalt und Lagerungsdichte) den höchsten Erklärungsgrad beinhalten. Da sich in den semi-ariden Untersuchungsgebieten mit der Vegetationsdegradation gerade die bodenstrukturellen Eigenschaften schnell verschlechtern und damit sowohl die Aggregatstabilität als auch die Infiltration geringer wird (so liegt die Infiltrationsrate im Mittel aller untersuchten Standorte um das 10-fache niedriger bei degradierten Standorten gegenüber natürlichen Standorten), tritt seine hohe Abflußerhöhung und damit verstärkte Bodenabspülung bereits früh nach Niederschlagsbeginn ein.

Tab. 11: Bodenstrukturelle Kennwerte (A_h/A_p-Horizont) n. Degradationstyp und Aridität (Mittelwert und Standardabweichung)

Variable	subhumid u. semi-humid				semi-arid			
	natürlich	degradiert	Sekundär-busch	Veg.* D ≤ 70%	natürlich	degradiert	Sekundär-busch	Veg.* D ≤ 70%
Infiltrationsrate (mm/h)	1637 (1291)	345 (458)	843 (929)	656 (718)	595 (752)	48 (65)	171 (227)	167 (871)
Aggregatstabilität (△GMD) TS	0,78 (0,7)	0,94 (1,0)	0,76 (0,7)	1,16 (0,9)	1,47 (0,8)	1,77 (1,0)	1,35 (1,0)	1,62 (0,8)
B	1,97 (1,0)	1,95 (1,1)	2,18 (0,9)	1,99 (0,7)	2,60 (2,1)	2,57 (1,1)	2,24 (0,9)	2,44 (1,0)
Lagerungsdichte (g/cm³)	0,86 (0,3)	1,24 (0,2)	1,05 (0,2)	1,25 (0,2)	1,06 (0,3)	1,31 (0,2)	1,19 (0,2)	1,43 (0,2)
PV (%)	64,0 (7,0)	52,5 (7,1)	58,8 (4,9)	52,8 (6,1)	57,0 (9,0)	49,5 (5,8)	53,0 (7,6)	46,5 (6,8)
GP (%)	28,0 (4,0)	21,0 (4,3)	26,0 (4,8)	21,4 (7,0)	25,0 (7,0)	18,9 (6,4)	21,3 (5,4)	17,2 (6,4)
nFK (%)	28,0 (5,0)	21,5 (5,5)	25,8 (6,0)	21,3 (6,2)	24,0 (4,0)	20,5 (5,0)	21,7 (5,4)	18,9 (5,0)
Aggregate (%) 0,5-1,0 mm ∅	15,0 (10,0)	13,9 (14,8)	18,5 (12,1)	13,9 (14,9)	13,0 (14,0)	9,4 (12,6)	13,6 (15,8)	5,7 (8,9)
Humus (%)	10,5 (6,6)	4,2 (3,3)	6,4 (3,6)	2,8 (3,0)	5,5 (4,3)	2,2 (1,8)	3,9 (2,2)	1,6 (1,8)

* Vegetationsdeckungsgrad ≤ 70%

Tab. 12:
Häufigkeitsverteilung der Werte der Erosionsresistenz der Böden
(Ah/Ap-Horizont) nach Humidität (< 5)/Aridität (> 6 aride Mond.) in %

Index Erosionsresistenz	sehr hoch	hoch	mittel	gering	sehr gering
K-Wert (n. WISCHMEIER)	60/20	30/42	10/12	0/ 3	0/23
E33 (wash-erosion)	18/ 2	18/ 6	32/11	23/28	9/53
E44 (splash-eros.)	23/ 4	7/ 2	51/40	14/33	5/21

$$E33 = \frac{\ln I}{GMD_{TS}}$$

ln I: ln Infiltrationsrate (mm/h)

$$E44 = \frac{\ln I}{GMD_B}$$

GMD_{TS}: Aggregatstabilität Tauchsiebung

GMD_B: Aggregatstabilität Beregung

n. Auswertung aller untersuchten Böden, n = 175, Klassenbildung über Mittelwert und Standardabweichung

Versucht man die Faktoren der Vegetation (biotische Aktivität), Niederschlagsenergie und der Erosionsresistenz der Böden modellhaft in Abhängigkeit vom klimazonalen Wandel der Äußeren Tropen darzustellen, so wird der Unterschied zwischen humiden und semi-ariden Zonen noch einmal deutlich (s. Abb. 7).

Während die Niederschlagsenergie zum tropischen Regenwald hin auf das 3-fache zunimmt, besitzen die Böden über die intensive biotische Aktivität mit guter Bodenwasserspeicherung und Dränage sowie sehr hohen Infiltrationskapazitäten eine mittlere–gute Erosionsresistenz. Im Übergangsbereich des halbimmergrünen Übergangswaldes und des saisonierten Regenwaldes steigt die Erosionsresistenz aufgrund höherer Humusgehalte noch an.

In den semi-ariden Trockenwäldern verringert sich zwar die Litterproduktion, die Zersetzungsrate nimmt infolge der Aridität jedoch ebenfalls ab, so daß der Litterzuwachs keinen großen Schwankungen unterliegt und die Humusgehalte relativ hoch bleiben. Die Böden sind gegenüber dem direkten Tropfenaufprall sehr empfindlich (Dispergierungsneigung), besitzen gegenüber dem Abspülprozeß (wash-erosion) jedoch einen relativ hohen Widerstand, der erst zur trockensten Klimaregion (Dornbuschwald zentraler Chaco) hin stark abnimmt, so daß dort die Böden am empfindlichsten gegenüber der Bodenabspülung (hohe Verschlämmungsneigung) sind. – Das bedeutet, sowohl unter natürlichen Regenwald- wie Trockenwaldgesellschaften ist die Abspülungsgefährdung prinzipiell nicht unterschiedlich und unter den gegebenen Infiltrationsbedingungen als gering einzustufen.

Mit der Vegetationsdegradation verschärft sich jedoch der Unterschied in der Erosionsresistenz der Böden zwischen den humiden und ariden Gebieten, die Werte der Erosionsresistenz liegen im Trockenwald 1–2 Klassen tiefer (geringe Erosionsresistenz)! Brandrodung im Regenwald und Veränderungen im Vegetationsbestand (z.B. Sekundärwälder) haben nicht generell eine hohe

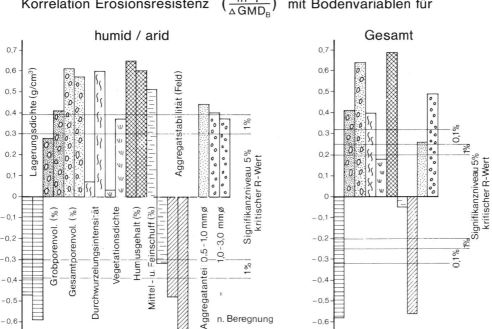

ausgewählt 10 Variablen mit dem stärksten Zusammenhang von 47 Variablen, ln I = ln (Infiltrationsrate mm/h),
Δ GMD$_B$ - Aggregatstabilität bei Beregnung

Abb. 6: Korrelation Erosionsresistenz mit Bodenvariablen.

Bodenerosion zur Folge, entscheidend ist die Andauer der künstlich oder natürlich bewirkten gering vegetationsbedeckten Brachfläche und die Nutzungsdauer.

Auf den Faktorenkomplex Klima-Vegetation bezogen bedeutet dies hypothetisch, daß nicht unbedingt eine Niederschlagsabnahme für eine durch Klimawandel hervorgerufene regressive Vegetationssukzession mit verstärkter fluviatiler Morphodynamik erforderlich ist, sondern die Saisonalität der Niederschläge bei weiterhin hoher Erosivität kann über die Vegetationsauflichtung während der Trockenzeit, eingeschränkter biotischer Aktivität und damit verringerter Aggregatstabilität zu einer über Rückkopplungsprozesse ablaufenden verstärkten Bodenabspülung und Zerschneidung führen.

Nach den gemachten Ausführungen zur Bedeutung des Vegetationskomplexes einschließlich der biotischen Aktivität im Oberboden läßt sich klimazonal generalisiert ableiten, daß, wie in Abb. 1 angenommen, seitens der natürlichen Vegetation der semi-arid/subaride Übergangsbereich mit dem Übergang von ganzjährig voll deckender Vegetation zu diffuser Vegetationsverteilung einen Bereich stark erhöhter Bodenabspülung darstellt. So gehört nach GARLEFF & STINGL (1974, 1983) z. B. die Zone aktiver Flächenbildung oder -wei-

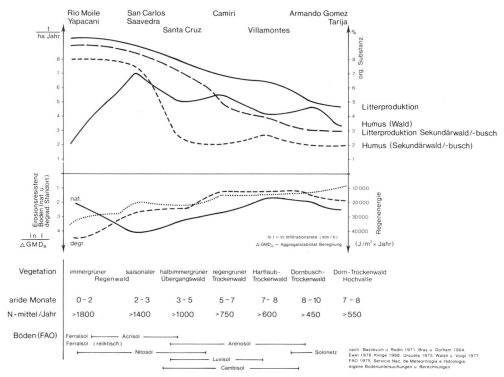

Abb. 7: Erosionsfähigkeit (N) und Erosionsresistenz (Vegetation/Boden) bei zunehmender
Aridität in SE-Bolivien.

terbildung (Flächenspülung) in Argentinien zum Sommerregengebiet mit
7–11 ariden Monaten. Die Vegetation besteht aus xeromorphen Gehölzen
ohne oder mit spärlicher Feldschicht (Monte, Espinal) und einem Gesamtdek-
kungsgrad von 20–60%.

Vegetationsveränderungen durch anthropogene oder zoogene Eingriffe oder
Klimawandel mit Waldauflichtung und lückiger Bodenbedeckung durch die
Gras-/Krautschicht führt potentiell bei entsprechenden Relief-/Vorfluter- und
Substratbedingungen zu intensiver Bodenabspülung und/oder Zerschneidung.
Von daher wird vielleicht verständlich, daß thermisch bedingte Vegetationsveränderungen unter wechselfeuchtem Niederschlagsregime eine gewisse Zeitspanne (Jahrhunderte/Jahrtausende) Phasen verstärkter Morphodynamik bewirken und eine Ariditätszunahme nicht unbedingt dafür Voraussetzung ist
(z. B. zahlreiche Phasen mit Hangzerschneidung im Jungpleistozän in Südbrasilien, Teilaktivitätsphasen in der subtropischen Höhenstufe, die in der Fußstufe fehlen – s. BORK & ROHDENBURG 1985, 1983).

Oder für die heute morphodynamisch stabilen Trockenwälder der Anden-
fußregion und des bolivianischen Chaco muß aufgrund der fixierten und
bewachsenen Dünenfelder des Rio Grande (Guanacos) und des Rio Parapeti
eine erhebliche Vegetationsauflichtung Voraussetzung für verstärkte fluviale

und äolische Aktivität gewesen sein. Nach den Untersuchungen von OCHSE-
NIUS (1985) und von KLAMMER (1982) ist eine Parallelisierung dieser ariden
Klimaphase mit dem jungpleistozänen Klimawandel in Südamerika wahr-
scheinlich, womit eine räumliche Verbindung „warm-arider Flächenformung"
(n. GARLEFF F STINGL 1985) zwischen Nordwestargentinien und dem Gran
Pantanal der brasilianischen Randtropen für diesen Abschnitt gegeben wäre.

Zusammenfassung

In Anlehnung an den klimatisch-zonalen Ariditätswandel in Südostbolivien wurden Untersuchungen zur Bodenabspülung in unterschiedlichen Klima-Vegetationseinheiten durchgeführt. Es werden Ergebnisse zur Zonalität der Erosionsfähigkeit der Niederschläge, zur
Verwendbarkeit des hydromorphodynamischen Ansatzes (Einzugsgebietsanalyse) für die
Erfassung der Abtragsleistung und die Hauptunterschiede in der Erodierbarkeit der Böden
zwischen humiden und semi-ariden Gebieten der Äußeren Tropen dargestellt. Trotz Zunahme der Niederschlagsenergie zum tropischen Regenwald hin besitzen die Böden eine
gute Erosionsresistenz auch bei Brandrodungsfeldbau, während die Böden im Trockenwald
wesentlich empfindlicher gegenüber der splash-erosion sind.

Mit der Vegetationsdegradation verschärft sich daher der Unterschied in der Erosionsresistenz der Böden zwischen humiden und ariden Gebieten, so daß mit entsprechenden
bodenphysikalischen Änderungen (edaphische Aridität) Flächenspülung, Rinnen- und Gully-
erosion im degradierten Trockenwald weit verbreitet sind. Als Hauptursachenkomplex wird
die biotische Aktivität mit ihren Auswirkungen auf Infiltration und Aggregatstabilität angeführt. Über die Faktoren Erosionsfähigkeit der Niederschläge und Erodierbarkeit der Böden
kann daher die semi-arid/subaride Zone der Äußeren Tropen als Landschaftszone erhöhter
fluvialer Morphodynamik (aktive Flächenspülung, Stufenweiterbildung) angesehen werden,
während unter natürlichen Waldbedingungen aufgrund hoher Infiltrationskapazitäten die
Abspülungsgefährdung in den Regenwäldern, mesophytischen Übergangswäldern und Trok-
kenwäldern als gering einzustufen ist.

Summary

(The signification of forest destruction and change of climatic avidity for the fluvial
processes in the tropics of Bolivia)
On the basis of the change of aridity in the different climate/vegetation zones of southeast
Bolivia investigations on soil erosion in these areas are carried out. Results are presented
concerning the varying erosivity of precipitation, the applicability of the input-output analysis
(material yields) to measuring the erosion rate and the main differences in soil erodibility
between the humid and semiarid regions on the Outer Tropics. Despite the increase in rainfall
energy towards the tropical rain forest the soils possess a good resistance to erosion even with
fire clearing and shifting cultivation, whereas the soils in natural deciduous forests are much
more exposed to splash erosion.

Therefore, as forest destruction by man progresses, the difference in the soils resistance to
erosion between humid and arid regions is more pronounced so that with physical changes in
the soil (soil-specific aridity) sheet erosion, rill and gully erosion are common in the region of
destroyed natural deciduous forests. The main reasons for this are biotic activities with their
effects on infiltration and aggregate stability. Consequently, due to the factors erosivity of
precipitation and erodibility of the soils, the semiarid/subarid zone of the Outer Tropics can
be considered a landscape of enhanced run-off processes (active sheet erosion,, slope retreat),

whereas under natural forest conditions, due to high infiltration capacities, the soil erosion risk in the rain forests, mesophytic semideciduous forests and shrub- and drought-deciduous forests is insignificant.

Literatur

AGRAR- UND HYDROTECHNIK GmbH (1974): Projecto de desarrollo agroindustrial Abapo – Izozoq. Hidrologia. 40 S. u. Anhang, Essen.

AINA, P. O.; LAL, R.; TAYLOR, G. S. (1979): Effects of Vegetal Cover on Soil Erosion on an Alfisol. – In: LAL & GREENLAND, Hrsg., S. 501–508, Chichester.

BAVER, L. D. (1965): Soil physics. – 489 S., New York.

BERGSMA, E. (1986): Development of soil erodibility evaluation by simple tests. – 20 S., unveröff., Enschede.

BERTONI, J. & F. I. PASTANA (1964): Relacao chuva-perdas por erosao er differentes tipos de solo. – Bragantina Vol. 23, S. 3–11.

BORK, H.-R. & H. ROHDENBURG (1983): Untersuchungen zur jungquartären Relief- und Bodenentwicklung in immerfeuchten tropischen und subtropischen Gebieten Südbrasiliens. – Z.f.Geom.N.F.Supplbd. 48, S. 155–178.

BORK, H.-R. & H. ROHDENBURG (1985): Studien zur jungquartären Geomorphodynamik in der subtropischen Höhenstufe Südbrasiliens. – Zbl. Geol. Paläont. Teil I, H. 11/12, S. 1455–1469.

BREMER, H. (1981): Reliefformen und reliefbildende Prozesse in Sri Lanka. – Relief, Boden, Paläoklima 1, S. 7–183.

BRINKMANN, W.L.F. (1985): Studies on Hydrobiogeochemistry of a Tropical Lowland Forest System. – Geojournal, S. 89–101.

BRYAN, R. B. & J. DE PLOEY (198): Comparability of soil erosion measurements with different laboratory rainfall simulators. – Catera Suppl.Bl. 4, S. 33–56.

COCHRANE, T. (1973): El potencial agricola del uso de la tierra en Bolivia. – La Paz, 826 S.

CORDECRUZ (1979): Levantamiento integrado de los recursos naturales de los valles mesotermicos. – 23 S., Santa Cruz.

CORDECRUZ (1980): Compendio de datos meteorologicos del Departamento de Santa Cruz. – 298 S., Ssata Cruz.

CUENCA DEL RIO DE LA PLATA (1977): Aprovechamiento multiple de la Cuenca del rio Pilcomayo. – Vol. II, Recursos Hidricos, 225 S.

DUGAIN, F. & R. FAUCK (1959): Erosion and run-off measurements in middle Guinea. Relations with certain cultivations. – 3rd. Inter-African Soils Conf. (Dalaba), S. 597–600.

DUNNE, TH.; DIETRICH, W. E. & M. J. BRUNENGO (1978): Recent and past erosion rates in semi-arid Kenya. – Z.f.Geom.N.F., Supplbd. 29, S. 130–140.

DUNNE, T. & W. E. DIETRICH (1980): Experimental study of Horton overland flow on tropical hillslopes. – Z.f.Geom.N.F., Supplbd. 35, S. 40–59.

ELWELL, H. A. & M. A. STOCKING (1973): Rainfall parameters to predict surface runoff yields and soil losses from selected field-plot studies. – Rhod.J.Agric.Res. 11, S. 123–130.

ELWELL, H. A. & M. A. STOCKING (1976): Vegetal cover to estimate soil erosion hazard in Rhodesia. – Geoderma 15, S. 61–70.

FELIPE-MORALES, F.; MEYER, R.; ALEGRE, C. & C. VITTORELLI (1979): Losses of Water and soil under different cultivation systems in two Peruvian locations, Santa Ana and San Ramon. – In: LAL u. GREENLAND (Hrsg.), S. 489–500, Chichester.

FOURNIER, F. (1960): Climat et érosion: la relation entre l'érosion du sol par l'eau et les précipitations atmosphériques. – Presses Universitaires de France, 201 S., Paris.

FOURNIER, F. (1972): Soil conservation. – Nature and Environment Series, Council of Europe. 194 S.

GARLEFF, K. & H. STINGL (1974): Flächenhafte Formung im südlichen Südamerika. – Abh. d. Akademie der Wiss. in Göttingen, S. 161–173.

GARLEFF, K.; STINGL, H. & K.-H. LAMBERT (1983): Fußflächen- und Terrassentreppen im Einzugsbereich des oberen Rio Neuquén, Argentinien. - Z.f.Geom.N.F.Supplbd. 48, S.

GARLEFF, K. & H. STINGL (1985): Höhenstufen und ihre raumzeitlichen Veränderungen in den argentinischen Anden. - Zbl.Geol.Paläont. Teil I, H. 11/12, S. 1701-1707.

GEOBOL (1980): Los complejos de tierra del oriente boliviano. - 98 S. y mapas, La Paz.

GEROLD, G. (1983): Vegetationsdegradation und fluviatile Bodenerosion in Südbolivien. - Z.f.Geom.N.F., Supplbd. 48, S. 1-16.

GEROLD, G. (1985): Untersuchungen zur Badlandentwicklung in den wechselfeuchten Waldgebieten Boliviens. - Geoökodynamik H. 1/2, S. 35-70.

GEROLD, G. (1986): Klimatische und pedologische Bodennutzungsprobleme im Ostbolivianischen Tiefland von Santa Cruz. - Jb.d.Geogr.Ges. für 1985.

GIESSNER, K. (1977): Hydrometrische Erosionsbestimmung und morphodynamische Prozeßanalyse in Nordafrika. Ein Beitrag zur aktualgeomorphologischen Aussagekraft von Hydrogramm-Analysen. - Mitt. der Basler Afrika Bibliogr. Veröff. d. 2. Basler Geometh. Colloqu. Vol. 19, S. 45-80.

GIESSNER, K. (1984): Hydromorphodynamische Beobachtungen zum Gewässer- und Talhetz der Jebel Marra-Region. - S. 50-74, Hamburg.

GRAF, W. (1971): Hydraulics of Sediment Transport. - New York.

HAGEDORN, J. & H. POSER (1974): Räumliche Ordnung der rezenten geomorphologischen Prozesse und Prozeßkombinationen auf der Erde. - Abh.d. Akademie der Wiss. in Göttingen, S. 426-440.

HEINSHEIMER, J. J. (1965): El caudal solido de algunos rios argentinos. - Serv. de Hidrografia Naval, H. 1022, 8 S., Buenos Aires.

HUDSON, N. W. (1957): Erosion control research-progress report on experiments at Henderson Research Station 1953-56. - Rhod. Agric. J. 54, S. 297-323.

HUMPHREYS, G. S. (1984): The environment and soils of Chimba province, Papua New Guinea with particular reference to soil erosion. - Research bulletin No. 35, 109 S., Port Moresby.

KIRKBY, M. J. (1969): Infiltration, throughflow and overland flow. - In: CHORLEY (ed.); Water, earth and man, S. 215-227, London.

KIRKBY, M. J. (1980): Soil Erosion - The problem. - In: Soil Erosion (KIRKBY u. MORGAN), S. 1-16.

KOWAL, J. (1970): The hydrology of a small catchment basin at Samaru, Nigeria. - Niger. Agric.J. 7, S. 120-147.

KOWAL, J. M. & A. H. KASSAM (1977): Energy load and instantaneous intensity of rainstorms at Samaru, Northern Nigeria. - In: GREENLAND u. LAL (Hrsg.), S. 57-70, Chichester.

LAL, R. (1976): Soil erosion on Alfisols in western Nigeria, III. Effects of rainfall characteristics. - Geoderma 16, S. 389-401.

LAL, R. (1977): The soil and water conservation problem in Africa. - Ecological differences and management problems. - In: GREENLAND u. LAL (Hrsg.), S. 143-150, Chichester.

LAL, R. & D. J. GREENLAND (1977): Soil conservation and management in the humid tropics. - 283 S., Chichester.

LAUER, W. & P. FRANKENBERG (1981): Untersuchungen zur Humidität und Aridität von Afrika. - Bonner Geogr.Agh., H. 66, 127 S.

LELONG, F.; ROOSE, E.; AUBERT, G.; FAUCK, R. & G. PEDRO (1984): Geodynamique actuelle de differents sols a vegetations naturelle ou cultives d'Afrique de l'ouest. - Catena, Vol. 11, S. 343-376.

LÖFFLER, E. (1977): Tropical rainforest and morphogenic stability. - Z.f.Geom.N.F. 21, S. 251-261.

MÄCKEL, R. (1975): Untersuchungen zur Reliefentwicklung des Sambesi-Eskarpmentlandes und des Zentralplateaus von Sambia. - Giessener Geogr.Schr. 36, 162 S.

MENSAH-BONSU & H. B. OBENG (1979): Effects of cultural practices on soil erosion and maize production in the semi-deciduous rainforest and forest-Savanna Transitional Zones of Ghana. - In: GREENLAND u. LAL (Hrsg.), S. 509-520, Chichester.

MENSCHING, H. G. (1979): Desertifikation. - Geogr. Rundschau, H. 9, S. 350-354.

MENSCHING, H. G. (Hrsg.) (1984): Beiträge zur Morphodynamik im Relief des Jebel Marra-Massivs und in seinem Vorland (Darfur/Republik Sudan). – 233 S., Hamburg.

MITI, T.; SOYER, J. & K. ALONI (1984): Splash en milieux subnaturels de région tropicale (Shaba, Zaire). – Z.f.Geom.N.F., Supplbd. 4, S. 75–86.

MORGAN, R.P.C. (1979): Soil erosion. – 113 S., London.

OCHSENIUS, C. (1985): Pleniglacial Desertization, large animal-mass extinction and pleistocene-holocene boundary in South America. – Revista de Geografia Norte Grande 12, S. 35–47.

OKIGBO, B. N. (1977): Farming Systems and soil erosion in West Africa. – In: GREENLAND u. LAL (Hrsg.), S. 151–164, Chichester.

PLOEY, J. DE (1978): Untersuchungen und Probleme der Regenerosion in NE-Nigeria während der letzten zwei Jahrtausende. – Geomethodica 3, S. 107–136.

RENARD, K. G. (1977): Erosion research and mathematical modeling. – In: Erosion, Hrsg. Toy, S. 31–45.

RICHTER, G. (Hrsg.) (1977): Bibliographie zur Bodenerosion und Bodenerhaltung 1965–1975. – 97 S., Trier.

ROHDENBURG, H. (1983): Beiträge zur allgemeinen Geomorphologie der Tropen und Subtropen. – Catena Vol. 10, S. 393–438.

ROOSE, E. J. (1977): Application of the Universal Soil Loss Equation of Wischmeier and Smith in West Africa. – In: GREENLAND u. LAL (Hrsg.), S. 177–188, Chichester.

ROTH, C. H.; MEYER, B. & H.-G. FREDE (1985): A portable rainfall simulator for studying factors affecting runoff, infiltration and soil loss. – Catena Vol. 12, S. 79–85.

SCHIEBER, M. (1983): Bodenerosion in Südafrika. – Giessener Geogr.Schr., H. 51, 143 S.

SCHMIEDER, O. (1926): The east bolivian Andes (South of the Rio Grande or Guapay). – University of Carlif. Public. in Geography, Vol. 2 No. 5, S. 85–210.

SEMMEL, A. (1982): Catenen der feuchten Tropen und Fragen ihrer geomorphologischen Deutung. – Cestena Supplbd. 2, S. 123–140.

SPÄTH, H. (1981): Bodenbildung und Reliefentwicklung in Sri Lanka. – Relief, Boden, Paläoklima 1, S. 185–238.

TRICART, J. (1975): Influence des oscillations climatiques recéntes sur le modelé en Amazonie orientale d'après les images radar latéral. – Z.f.Geom.N.F. 19, S. 140–163.

VAN DER LINDEN, P. (1983): Soil erosion in Central-Java (Indonesia). – Catena Supplbd. 4, S. 141–160.

WALSH, R. P. D. & P. J. VOIGT (1977): Vegetation litter: an underestimated variable in hydrology and geomorphology. – Journal of Biogeography 4, S. 253–274.

WEGENER, H.-R. (1978): Bodenerosion und ökologische Eigenschaften charakteristischer Böden im Becken von Puebla-Tlaxcala (Mexiko). – Diss. Giessen, 183 S.

WILHELMY, H. (1975): Klimamorphologische Regionalgliederung der Erde. – Geogr.Rdsch. 27, S. 365–372.

WISCHMEIER, W. H. & D. D. SMITH (1978): Predicting rainfall erosion losses. – USDA, Handbook No. 282, 58 S.

ZOONEVELD, J.I.S. (1975): Some problems of tropical geomorphology. – Z.f.Geom.N.F. 19, S. 377–392.

Anthropogene Beeinflussung der Morphodynamik im Bolsón von Fiambalá / Nordwestargentinien

Von ERNST BRUNOTTE, Köln, KARSTEN GARLEFF, Bamberg,
und HELMUT STINGL, Bayreuth

1. Einleitung. Der Bolsón von Fiambalá als Beispiel für Desertifikationserscheinungen in Südamerika

Der Bolsón von Fiambalá, bzw. in größerem Rahmen das Valle de Abaucán im ariden Nordwesten Argentiniens bieten eindrucksvolle Beispiele der Boden- und Vegetationszerstörung durch aktuell aktive Morphodynamik unter dem Einfluß des Menschen. Das Gebiet stellt somit ein Beispiel für Desertifikation in der ariden Diagonale Südamerikas dar (Abb. 1), einem Gebiet, in dem derartige Erscheinungen und Prozesse zwar weit verbreitet (z. B. ABRAHAM DE VAZQUEZ 1979), im Schatten der spektakulären Desertifikationsphänomene Afrikas aber aus europäischer Sicht bislang wenig, allerdings schon relativ frühzeitig beachtet wurden (vgl. PENCK 1920; KANTER 1936; ROHMEDER 1941; HUECK 1953; FOCHLER-HAUKE 1957; WILHELMY & ROHMEDER 1963; GEROLD 1981, 1983). In Südamerika selbst erlangte die Diskussion um Desertifikations- erscheinungen in jüngerer Zeit unerwartete Aktualität, nicht allein unter dem Aspekt der Zerstörung natürlicher Ressourcen und agrarischer Produktions- möglichkeiten, sondern auch unter politisch-ideologischem Aspekt im Zu- sammenhang mit Emanzipations- und Demokratisierungsbewegungen auf der Suche nach eigenständigen kulturellen Wurzeln, nicht zuletzt unter dem Einfluß der Dependenztheorie. Dabei wird meist einer ökologisch angepaßten Landnutzung ohne Desertifikation in indianischer bzw. prähispanischer Zeit ein landschaftlicher Raubbau im Gefolge der Conquista bzw. während der Kolonialzeit gegenübergestellt.

Zweifellos bildete die spanische Eroberung eine radikale Zäsur in der Ge- schichte und Kulturlandschaftsentwicklung Südamerikas, die in den meisten Fällen den Zusammenbruch der indianischen Kultur, Wirtschaft und Land- nutzungssysteme bedeutete. In NW-Argentinien und speziell im Valle de Abaucán sind die ersten Kontakte mit den spanischen Conquistadoren durch die Berichte über den Zug des Diego de Almagro 1535/36 durch das Gebiet und über den Paso San Francisco nach Chile belegt. Während der zweiten Hälfte des 16. bis gegen Ende des 17. Jahrhunderts hatten der Bolsón von Fiambalá und seine Umgebung eine wechselvolle Geschichte mit Stadt- und Estancien-Gründungen der spanischen Eroberer sowie z. T. erfolgreichen Indio-Aufständen, in deren Verlauf die Spanier zeitweilig sogar wieder aus

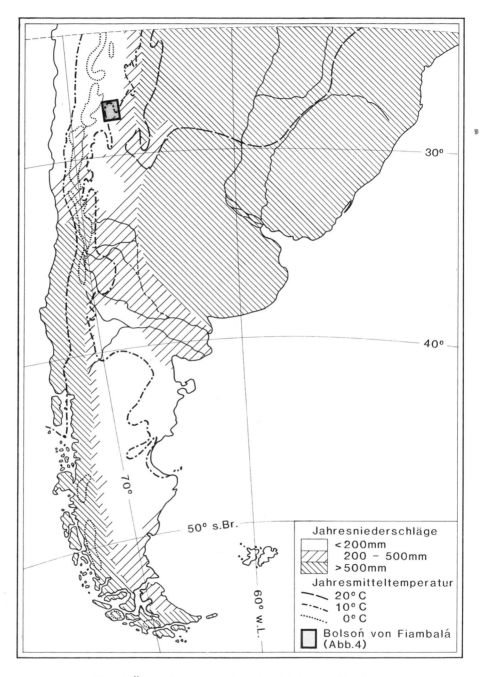

Abb. 1: Übersichtskarte zur Lage des Bolsóns von Fiambalá.

dem Gebiet vertrieben wurden. Diese Periode „Hispano-indigena" endete um 1670 bis 1690 mit der zwangsweisen Aussiedlung der Indios (SEMPÉ 1977a).

Eine Untersuchung der Fragen nach Ablauf und auslösenden Faktoren der Desertifikation muß demnach versuchen, den Zustand bzw. die Entwicklung der Kulturlandschaft und der Morphodynamik über die aktuellen Verhältnisse hinaus bis in prähispanische Zeit zurückzuverfolgen. Ermöglicht wird ein solches Unterfangen im Valle de Abaucán nicht zuletzt durch die archäologische Forschung in diesem Gebiet, die in jüngerer Zeit vor allem von González und Sempé vorangetrieben und zusammenfassend dargestellt wurde (GONZÁLEZ & SEMPÉ 1975; SEMPÉ 1977a, b, 1980, 1983, 1984).

1.2. Der physisch-geographische Rahmen

Die physisch-geographischen und die geologisch-tektonischen Verhältnisse des Bolsón von Fiambalá sind durch eine Reihe geowissenschaftlicher Arbeiten relativ gut bekannt (z. B. PENCK 1920; CZAJKA 1957, 1958, 1959; SOSIC 1972, BONORINO 1972; RUIZ HUIDOBRO 1975). Der Bolsón, zwischen 27° u. 28° s. Br., 67° u. 68° w. L., bildet eines der „tektonischen Längstäler" i. S. von CZAJKA (1957), die am Südrand des Punablockes ansetzen und sich zwischen den proximalen Teilen der pampinen Sierren nach S erstrecken. Der Beckenboden liegt über jungtertiären und quartären, gering verfestigten Sedimenten und steigt von S nach N von ungefähr 1100 auf etwa 2000 m ü. M. an. Die längs Verwerfungen abgesetzte Beckenumrahmung wird im E vom altgefalteten kristallinen Grundgebirge der Sierren von Fiambalá und Zapata mit steilem Anstieg bis auf Höhen von stellenweise über 4000 m ü. M. gebildet. Im W besteht die unmittelbare Beckenumrahmung im wesentlichen aus kretazischen sowie alt- bis mitteltertiären, mäßig verfestigten und steil aufgerichteten Sandstein-Serien, die Höhen um 2500–3000 (max. > 5000) m ü. M. erreichen. Die westlich anschließenden Grundgebirgs-Horste der Sierren von Narvaez und Famatina ragen bis 5000 bzw. über 6000 m ü. M. auf. Nach N steigt das Gelände zur argentinischen Puna auf 4000 bis 4500 m ü. M., während der Bolsón nach SSE einen Ausgang zwischen der Sierra de Copacabana (2500–3000 m ü. M.) und der Sierra de Velasco (4000–5000 m ü. M.) hat.

Der Beckenboden wird von einer ausgedehnten Fußfläche beherrscht (BRUNOTTE 1985), die von den größeren Gerinnen, wie dem Río Abaucán, dem Río Las Lajas und dem Río de la Troya, stellenweise nur wenige Meter tief, stellenweise aber auch durch mehrere Dekameter tiefe Schluchten zerschnitten wird. Am Gebirgsrand liegen vor den Seitentälern aus der Beckenumrahmung flachgeböschte Schwemmfächer und stellenweise Reste höherer Fußflächenstockwerke. Das höchste, noch über Sedimente der Beckenfüllung schneidende trägt die von PENCK (1920) beschriebenen und ins Oberpliozän gestellten Punaschotter. Aus der relativen Höhe der Fußflächenreste mit Punaschottern läßt sich für den Westsaum des Bolsóns eine nach S zunehmende postsedimentäre Absenkung des Beckenbodens bei gleichzeitiger Hebung der Gebirgsflanke ableiten. Quartäre tektonische Absenkungen ergeben sich auch aus den Bohrungen bei Tinogasta, die Quartärmächtigkeiten von mindestens 270 m durchteuften (SOSIC 1972). Die Beckenumrahmungen lassen stellenweise spärliche Reste höher gelegener Fußflächen, die auch die resistenten Gesteine des Grundgebirges kappen, erkennen. Das wesentliche morphologische Merkmal der Gebirgsumrahmung ist jedoch die engständige Zertalung durch periodisch oder episodisch abkommende Gerinne. Im Ausstrich der Sandstein-Serien sind dabei kleinräumige Resistenzunterschiede zu Strukturformen herauspräpariert (STINGL, GARLEFF & BRUNOTTE 1983). Sowohl auf den Schwemmfächern und Fußflächen des Beckenbodens, als auch auf den steilhängigen zerrunsten Flanken des Bolsóns sind durch frischen Schutt, Kleinformen und den weitgehenden Mangel an pedogenetischer Überprägung der Lockermaterialdecken oder die Kappung ehemals vorhandener Bodenprofile die Effekte aktuell aktiver Morphodynamik belegt. Die Frage, wieweit diese morphodynamische Aktivität durch anthropogene Einwirkungen ausgelöst oder gefördert wird bzw. wieweit sie auch unter anthropogen unbeeinflußten Verhältnissen eine Rolle spielen würde, ist bei der Betrachtung der aktuellen Desertifikationserscheinungen nochmals aufzugreifen.

Klimatisch ist das Gebiet durch ein sub- bis randtropisches Sommerregenregime gekennzeichnet (KNOCHE & BORZACOV 1946; HOFFMANN 1975). Die Niederschlagssummen liegen infolge des Abschirmungseffekts der umgebenden Sierren am Beckenboden im langjährigen Mittel um 150 mm und zeigen sowohl hinsichtlich der Jahres- als auch der Monats-Summen erhebliche Variabilität (Abb. 2). Selbst die zehnjährigen Mittel schwanken seit 1900 zwischen 130 und 180 mm pro Jahr. Aufgrund der geringen Niederschlagssummen und des relativ hohen Temperaturniveaus herrschen ganzjährig aride Verhältnisse, die durch häufige und oft sturmartige Talwinde, auf die bereits PENCK (1920) hinwies, noch verstärkt werden. Aus dem Bolsón selbst liegen keine eindeutigen Hinweise auf wesentliche Klimaschwankungen während des jüngeren Quartärs vor. Im nordwestlich benachbarten Valle de Chaschuil sind dagegen durch limnische Sedimente in 3000 und in 3800 m ü. M. Feuchtphasen belegt, die durch Radiokarbon-Datierungen (Hv 10232, 10233, 13608, 13609)[1] auf die Zeiten von etwa 6000 bis mindestens 3000 v.h. sowie um 30000 v.h. datiert werden konnten (GARLEFF & STINGL 1985, 1986; STINGL & GARLEFF 1985).

Die aktuelle Vegetation besteht überwiegend aus Ersatzgesellschaften, wobei Rückschlüsse auf die zonale oder die potentielle natürliche Vegetation für weite Bereiche ungesichert sind (VERWOORST 1955; CZAJKA & VERWOORST 1956). Die Vegetation spiegelt einerseits die seit etwa zweieinhalb Jahrtausenden belegte anthropogene Beeinflussung, andererseits die ausgeprägte Aridität wider. Die steilhängigen Flanken der Gebirgszüge sind weitgehend vegetationsfrei; die Fußflächen tragen teilweise halbwüstenhafte Strauchformationen in Form degradierten Montes und Jarillals mit hohem Anteil an Kakteen und

---

[1] Für die Durchführung dieser und der weiteren Radiokarbon-Datierungen danken wir Herrn Prof. Dr. Mebus A. Geyh, NLfB, Hannover.

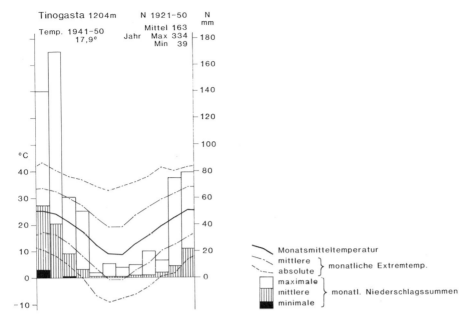

Abb. 2: Klimadiagramm der Station Tinogasta im Südteil des Valle de Abaucán.

mit Deckungsgraden, die meist unter 50% liegen; teilweise sind sie auch wüstenhaft mit Deckungsgraden unter 10%. Auf Hangfuß- und Grundwasser- nahen Standorten sind lichte, meist stark devastierte Bestände wenige Meter bis maximal 10 m hoher Algarrobales (vorherrschend Prosopis-Arten) verbrei- tet. Unter Berücksichtigung gelegentlich freigelegter tiefreichender Wurzeln und des Vorkommens solcher Bestände am Rande tiefeingeschnittener Bar- rancos ist davon auszugehen, daß Grundwasservorkommen in über 15 bis eventuell auch über 25 m Tiefe von diesem Vegetationstyp noch genutzt werden.

2. Zustand und Entwicklung der Kulturlandschaft bis in die Kolonialzeit

Der aktuelle Landschaftszustand, insbesondere die derzeitige Morphodyna- mik sowie die Vegetations- und Bodenverhältnisse weisen auf wesentliche Veränderungen, mindestens z.T. unter dem Einfluß des Menschen, hin. Zur Frage nach Ablauf und Ursachengefüge dieser Landschaftsveränderungen geben für die jüngste Zeit Reiseberichte und geowissenschaftliche Untersu- chungen, wie die von BURMEISTER (1861) über seinen Aufenthalt im Valle de Abaucán in den Jahren 1857–60 oder von PENCK (1920) über seine Arbeiten zwischen 1912 und 1914, wichtige Hinweise. Danach glich z.B. der Zustand im Bereich der Wüstung Batungasta (Abb. 4 u. 5) auf den Fußflächen und Schwemmfächern vor der Mündung des Río de la Troya in den Bolsón von

Fiambalá weitgehend dem heutigen. Weiter zurückreichende Hinweise bieten Sedimente, die auf den tieferen Teilen der Fußflächen und in den Talböden weitflächig verbreitet sind. Sie werden stellenweise von – meist trockenliegenden – Abflußbahnen in bis über 5 m hohen Barrancos aufgeschlossen. Die Sedimente bestehen überwiegend aus sandigem, teils Kies-, teils Pelit-führendem geschichtetem Material. Es enthält bis in die tiefsten Schichten in unterschiedlichem Maße humose Bodensedimente, Holzkohlen und Bruchstücke verschiedenartiger Keramik. Die organischen Materialien eröffnen Möglichkeiten zu Radiokarbon-Datierungen, die Scherben Möglichkeiten zu Parallelisierungen mit den Ergebnissen der archäologischen Untersuchungen, die ihrerseits ebenfalls durch 14-C-Daten die Grundlage zu einer differenzierten Chronologie der prähistorischen Kultur- und Kulturlandschaftsentwicklung boten (GONZÁLEZ & SEMPÉ 1975; SEMPÉ 1977a sowie Abb. 3).

Der Vergleich der archäologischen und unserer Kolluvien-Datierungen bietet Korrelierungs- und Interpretationsmöglichkeiten: So liegt eine Verknüpfung der archäologisch belegten Phase dispers verteilter Siedlung und Nutzung z. Zt. der „Cultura Los Ranchillos" zwischen etwa 500 v. Chr. und Christi Geburt, d. h. etwa 2000–2500 v. h. mit dem Ausklang der in Beckensedimenten des westlich benachbarten Beckens (Valle de Chaschuil) nachgewiesenen Feuchtphase von 6000 bis mindestens 3000 v. h. nahe. Während dieser Zeit bestand in dem etwa 1000 m höher gelegenen Becken ein weitflächiger See, dessen Sedimente in jüngerer Zeit teilweise wieder ausgeräumt wurden, so daß die Datierung der jüngsten erhaltenen Sedimente auf ein konventionelles 14-C-Alter von 2960 ± 80 v. h. keineswegs das Ende der limnischen Sedimentation und der Feuchtphase anzeigen muß.

In den ersten sechs nachchristlichen Jahrhunderten folgen im Valle de Abaucán die Kulturstufen „Saujil Montículo, Costa de Reyes, La Puntilla und Palo Blanco", die hinsichtlich der Kulturlandschaftsentwicklung durch eine fortschreitende Konzentration der Siedlungen und der Nutzflächen auf die Schwemmfächer und Beckenränder gekennzeichnet sind. Dieser Verlagerungs- und Konzentrationsprozeß auf Standorte mit Zuschußwasser aus den Bergländern weist auf eine Phase zunehmender Aridität im Beckeninnern hin. In diese Phase fällt der Beginn der Kolluvien-Sedimentation, so daß ein ursächlicher Zusammenhang zwischen Mobilisierung der Substrat- bzw. Bodendecken, der Siedlungsverlagerung und einer klimatischen Veränderung in Richtung auf zunehmende Aridisierung zu vermuten ist.

Zwischen etwa 600 und 650 n. Chr. weisen die archäologischen Untersuchungen eine erhebliche Verringerung der Funddichte und einen deutlichen Umbruch in der Kulturentwicklung nach, der wahrscheinlich mit der Überschichtung durch eine andere ethnische Gruppe, d. h. eine Eroberung, in Zusammenhang zu bringen ist. Die ab 650 n. Chr. folgenden Phasen der Kulturentwicklung „Punta Colorada und La Montura del Gigante" sind durch eine erneute Veränderung der Siedlungslage und der Wirtschaftsflächen gekennzeichnet. Sie liegen nunmehr im Zentrum des Bolsóns an den Ufern der größeren Gerinne, d. h. in Gebieten, in denen zu dieser Zeit bereits über 1 bis 2 m mächtige Kolluviendecken abgelagert waren. Diese Kolluvien sind als kor-

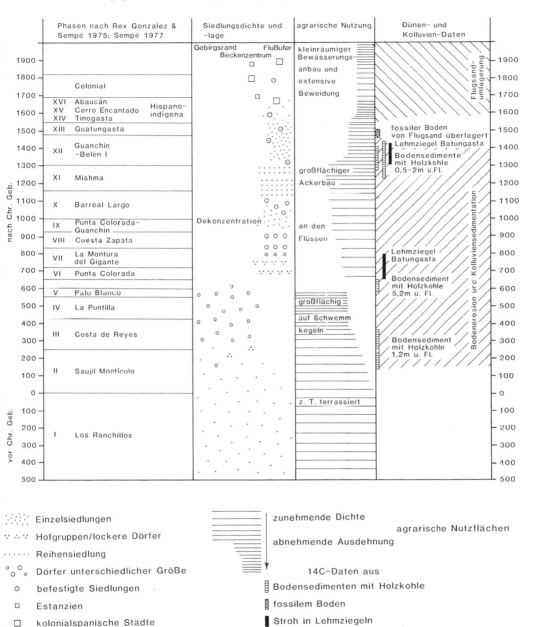

Abb. 3: Archäologische Befunde und Desertifikationsdaten zur Kulturlandschaftsentwicklung im Valle de Abaucán. 14-C-Daten (Lab.-Nr. 10234-36, 10298, 11840, 13606, 13610-11) korrigiert in Kalenderjahre nach Stuiver 1982 (in Geyh 1983).

relate Sedimente großflächiger Zerstörung der Böden in den höheren Teilen des Bolsóns bzw. am Gebirgsrand zu deuten. Dementsprechend dürften die Kolluvien-Decken im Beckentiefsten bzw. auch in den Talböden der Seitentäler zu dieser Zeit die günstigsten Standorte für agrarische Produktion geboten haben.

Die weitere Entwicklung der Kulturlandschaft im Valle de Abaucán verläuft nach archäologischen Befunden über wechselnde Phasen der Siedlungs-Konzentration und -Dekonzentration bei annähernd gleichbleibender Ausdehnung und Lage der Wirtschaftsflächen. Erst mit den Kulturen „Mishma und Guanchín (BelénI)" ist eine merkliche Ausweitung und Verdichtung der agraren Nutzflächen verknüpft. In diese Phase fällt nach den Kolluvien-Daten eine Intensivierung der Verlagerung und Sedimentation von Bodenmaterial. Andererseits konnte sich während dieser Zeit in einem älteren Flugsand eine Bänderparabraunerde entwickeln, die vermutlich geringfügig humidere Bedingungen anzeigt und die später durch jüngeren Flugsand fossilisiert wurde. Möglicherweise waren die letzten Phasen der Kulturlandschaftsentwicklung vor dem Umbruch der Conquista bzw. der Periode „Hispano-indígena" durch humidere Klimaverhältnisse begünstigt.

Zum Zustand bzw. zur Entwicklung der Kulturlandschaft im Valle de Abaucán während der Phase „Hispano-indígena" und während der Kolonialzeit liegen bislang keine eindeutigen Befunde vor. Unübersehbar ist die Zunahme äolischer Dynamik mit Annäherung an die Gegenwart, wobei allerdings noch unklar ist, wann diese Intensivierung äolischer Prozesse einsetzte. Ungeachtet der Unsicherheit hinsichtlich des Beginns der aktuell ablaufenden morphodynamischen Prozesse belegen die bisherigen Befunde, daß bereits in prähispanischer Zeit umfangreiche und tiefgreifende Veränderungen der Kulturlandschaft im Sinne einer Desertifikation stattfanden, Veränderungen, die vermutlich durch anthropogene Einwirkungen ausgelöst und gefördert wurden, die aber zumindest zeitweilig auch mit Schwankungen der klimatisch gesteuerten Formungstendenz und Formungsintensität korrelieren.

3. Der heutige Landschaftszustand und die aktuellen geomorphologischen Prozesse

Aktuelle Morphodynamik und eine damit verbundene Landschaftsveränderung sind im Bolsón von Fiambalá nicht zu übersehen und machen sich als permanente Gefährdung der Siedlungen, Wirtschaftsflächen und Verkehrswege empfindlich bemerkbar. Regelmäßig auftretende Sandstürme und Bodenauswehungen, Wanderdünen, die Felder und Häuser begraben, sowie immer wiederkehrende Hochwasserabflüsse mit Katastrophenwirkungen sind negative Umweltfaktoren, mit denen die Bewohner in vielfacher Weise konfrontiert werden. Die aktuelle Morphodynamik und ihre Folgeerscheinungen stellen somit auch ein wesentliches Umweltproblem und eine gravierende Erschwernis für eine positive wirtschaftliche Entwicklung der Beckenlandschaft dar.

Die äolischen Prozesse sind – mit Intensitätsschwankungen – fast permanent wirksam. Fluviale, meist katastrophenartige Abflußereignisse z. B. nach lokalen Starkregen treten fast alljährlich auf. Äolische und fluviale Erscheinungen, sowohl der Abtragung als auch der Akkumulation, sind nicht prinzipiell auf unterschiedliche Areale beschränkt, sondern überlagern sich häufig klein-differenziert in räumlichem und zeitlichem Wechsel. Badlandareale liegen in und neben Flugsandfeldern, Gerinnesysteme werden von Sand überweht. Wechsellagerungen von äolischen und fluvialen Sedimenten in Aufschlüssen und Bohrprofilen sind kennzeichnend für viele Teilgebiete im Bolsón von Fiambalá. Daneben gibt es – standörtlich bedingt – Areale, auf denen sich Vorgänge und Erscheinungen der einen oder anderen Prozeßgruppe schon seit längerer Zeit konzentrieren: z. B. fluviale Dynamik am westlichen Gebirgsrand und im Schwemmfächerbereich am Gebirgsaustritt der Täler und große Sandakkumulationen und Dünenfelder in Richtung des vorherrschenden Windes am nordöstlichen Gebirgsrand. Insgesamt scheint die Windwirkung in der Flächenbilanz, im Materialumsatz und in den Auswirkungen auf die Kulturlandschaft gegenüber dem fluvialen Geschehen zur Zeit zu dominieren.

Wesentliche Voraussetzung für die aktuelle Morphodynamik bilden
1. die Vegetationsarmut und
2. die spezifischen Substratverhältnisse.

Große Teile des Bolsóns zeichnen sich durch eine geringe Vegetationsdichte bis hin zu völliger Vegetationslosigkeit aus, so daß weite Flächen ohne Erosionsschutz sind. Baum- und Strauchreste lassen dabei, an vielen Stellen sichtbar, direkten anthropogenen Eingriff erkennen. Für die Substratverhältnisse ist entscheidend, daß das Becken von Fiambalá von Lockersedimenten stellenweise großer Mächtigkeit ausgekleidet wird, die sich zu einem erheblichen Teil aus schluffigen bis sandigen Komponenten zusammensetzen und damit sowohl gegenüber fluvialem als auch äolischem Angriff außerordentlich erosionsanfällig sind. Nach Regenfällen kann das feinkörnige Substrat vor allem im Playabereich des Beckentiefsten oberflächlich in suspensionsartig mobile Konsistenz übergehen. Hauptherkunftsgebiet der Lockersedimente ist die westliche Gebirgsflanke mit leicht erodierbaren kretazischen bis tertiären klastischen Sedimenten und einem stärkeren Abfluß und damit stärkerem Sedimenttransport als im östlichen Gebirgsrahmen. Aus diesem Grund sind auch die Schwemmfächer auf der Westseite des Beckens zahlreicher, größer und mächtiger entwickelt als auf der Ostseite, mit der Konsequenz, daß der in nord-südlicher Richtung entwässernde Hauptvorfluter auf die Ostseite des Beckens gedrängt wird (Abb. 4). Die Lockersedimente stellen so im wesentlichen Schwemmfächermaterial dar, das im Becken aktuell weiterer Umlagerung unterworfen ist. Der daraus resultierende heutige Landschaftszustand bietet i. w. das Bild einer fortschreitenden Landschaftsdegradation.

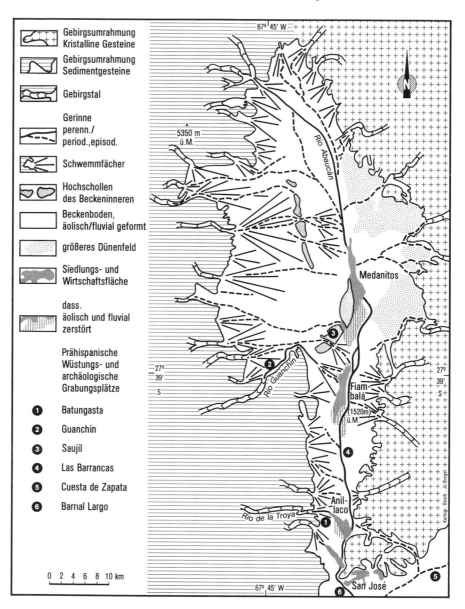

Abb. 4: Geomorphologische Kartenskizze des Bolsón von Fiambalá, NW-Argentinien.

3.1. Die äolische Morphodynamik

Die äolische Materialumlagerung beruht auf konstanten Winden aus südlicher Richtung, überwiegend Südostwinden, die vor allem im Sommer (Dezember–Januar) hohe Geschwindigkeit erreichen. Eine Rolle spielen dabei auch die speziellen Reliefgegebenheiten und die daraus resultierenden besonderen Windfeldverhältnisse. Da sich der Bolsón von Fiambalá nach Süden verengt, kommt offenbar eine Art Düseneffekt zustande. Der Wind setzt meist gegen 10 Uhr vormittags ein und kann mit zunehmender Erwärmung des Beckens bis Mittag und in den frühen Nachmittagsstunden zur Sturmstärke und zum Staub- und Sandsturm anwachsen (Abb. 6). Im Winter treten untergeordnet mit Föhnwetterlagen auch Nordwinde auf.

Sand- und Schluffkörner werden vom Wind überwiegend aus den Lockersubstratflächen aufgenommen. In Auswehungsarealen bilden sich Deflationswannen, häufig mit selektiv herauspräparierten Schichtflächen, Schichtkanten und anderen Strukturen der von der Ausblasung betroffenen pelitischen bis psammitischen Lockersedimente bis hin zu Ansätzen eines Miniatur-Yardangreliefs. Der unmittelbare Windangriff zeichnet sich auf weichen Oberflächen pelitischer Substrate in frischen Korrasions- und Deflationsspuren ab. Starker Windschliff mit ausgeprägten Trommelflächen ist auch auf Gesteinsoberflächen besonders resistenter Gesteine, z.B. auf den vulkanitischen und kristallinen „Punaschottern" zu beobachten. Die Korrosionsmarken auf harten Gesteinsoberflächen belegen eine langzeitig und seit langem wirkende Winderosion mit entsprechendem arid/semiaridem paläoökologischem Milieu. Andererseits werden von der äolischen Erosion an verschiedenen Stellen auch Bodenrelikte und Bodensedimente erfaßt – z.B. am Südrand der Siedlung Fiambalá (vgl. Abb. 7) im Zusammenhang mit Resten eines ehemals ausgedehnteren Baum- und Strauchbestandes – die auf frühere morphodynamisch stabile Standorte mit mehr oder weniger geschlossener Vegetationsdecke hinweisen. Das gleiche läßt sich aus fossilen Böden in Dünen bei der Siedlung Medanitos ableiten. Insgesamt muß aus diesen und ähnlichen Indizien auf vorzeitlich wenn auch nicht ganzjährig, so doch jahreszeitlich humidere Bedingungen geschlossen werden.

Äolische Sedimente als Korrelat der Winderosion bedecken in verschiedenen Akkumulationsformen große Teile des Beckenbodens (vgl. Abb. 8). Von ausgedehnten ungegliederten Flugsanddecken und kleinsten Sandrippeln bis hin zu Dünenfeldern aus unterschiedlichen Dünenarten treten nahezu alle äolischen Ablagerungsformen auf. Häufig sind Strichdünen sowie Nebkas, die oft an Vegetationshindernissen ansetzen (Abb. 9). Das derzeit größte Problem im Bolsón von Fiambalá stellen wandernde Barchanfelder südlich Medanitos und südöstlich Fiambalá dar (Abb. 4 u. 8), die sich in einem Areal von mehreren Kilometern Längserstreckung, der derzeitigen Hauptwindrichtung entsprechend, nach Norden bewegen und Kulturland verschütten und zerstören, so daß es bereits zu einer erheblichen Verringerung der Siedlungs- und Wirtschaftsfläche gekommen ist (Abb. 4, 10, 11). Besonders gefährdet ist Medanitos, wo die Sandmassen am Nordrand des Barchanfeldes in Form von

Abb. 5: Ruinen von Batungasta, am südlichen Ausgang der Schlucht des Río de la Troya
in die Beckenebene (Blick nach N) (29. 9. 1979).

Abb. 6: Flugsand- und Dünengelände zwischen Anillaco und Fiambalá, Blick auf den
östlichen Gebirgsrand bei beginnendem Sandsturm (29. 9. 1979).

Flugsanddecken und unregelmäßigen Dünenformen in breiter Front in die Gemarkung eindringen. Die Barchane erreichen eine Höhe von 10–20 m, ihre Bewegungsgeschwindigkeit wird von THORNES (1973) auf 15–20 m/a geschätzt, wobei dieser Betrag aber eher zu niedrig sein dürfte. Nach dem Alter der Zerstörungen kann sich ein großer Teil der Barchanfelder erst im Laufe der letzten 100 Jahre neu gebildet haben. Wie hoch der Anteil der in dieser Zeit lediglich reaktivierten Dünen ist, läßt sich beim derzeitigen Kenntnisstand nur schwer abschätzen. Die wesentlichen Materiallieferungsgebiete dieser Dünenfelder stellen Schwemmfächer aus der westlichen Gebirgsumrahmung dar.

Die ausgedehntesten Flugsandareale liegen im Mittelteil bis nordöstlichen Sektor des Bolsóns am östlichen Gebirgsrand. Es handelt sich um Flugsanddecken und Dünenfelder, die auf Reste eines höhergelegenen pliozänen bis altquartären Flächenniveaus („Punaschotterniveau") aufgeweht sind und Talausgänge der Gebirgsumrahmung plombieren. Nach der Form der Sandflächen – aus der Entfernung betrachtet – und nach der Richtung des Sandtransportes werden sie in der Literatur auch als „Sandgletscher" (ROHMEDER 1941) oder „Aufsande" (CZAJKA 1959) beschrieben. Im einzelnen stellen diese Dünenfelder kompliziertere Formensysteme dar, die sich aus Strichdünen parallel zum Gebirgsrand und z. T. unregelmäßigen Gitterformen in der Art von Aklé-Dünen zusammensetzen. Genetisch sind es entweder mehrphasige Bildungen oder das Ergebnis unregelmäßiger, wechselnder Luftströmungen in einem komplizierten Windfeld am Gebirgsrand. Im Gegensatz zu den jungen hellfarbenen und hochmobilen Barchanfeldern südlich Fiambalá und Medanitos zeigen die Sand- und Dünenareale des östlichen Gebirgsrandes eine überwiegend schmutzig-braune Farbe (Abb. 8) und sind anscheinend älter und geringer aktiv. Die dunklere Farbe ergibt sich neben einer anderen Mineralkornzusammensetzung durch Kalk- und Staubhäutchen, die die Sandpartikel umhüllen. Weitere Alterungs- und Stabilisierungskriterien sind in Grabungsprofilen in einer stärkeren Verfestigung des Sandes sowie in Ansätzen zu einer Verwitterungsdifferenzierung mit Durchwurzelungshorizonten und Kalkanreicherungshorizonten zu erkennen. Offenbar liegen hier also äolische Bildungen vor, die im Vergleich zu den Barchanfeldern in eine vorzeitliche Entstehungsphase mit vermutlich anderen Ursachen und anderen paläoökologischen Rahmenbedingungen gehören.

3.2. Die fluviale Morphodynamik

Die fluviale Morphodynamik im Bolsón von Fiambalá beruht entweder auf sommerlichen, meist mit Gewitter verbundenen Starkregen innerhalb des Beckens oder auf allochthonen Hochwässern, vor allem aus der westlichen Kordillere. Im ersten Fall kommt es zu Erscheinungen der Hang- und Flächenspülung, die sich besonders am westlichen Gebirgsrand bemerkbar machen und aktive progressive Pedimentation in allen Stadien der Reliefentwicklung erkennen lassen (vgl. STINGL, GARLEFF & BRUNOTTE 1983). Die Flächenspülung setzt sich auch flächenabwärts ins Beckeninnere fort und zeigt hier in

Abb. 7: Devastierter Baum- und Strauchbestand südlich der Siedlung Fiambalá (Blick nach NE) (29. 9. 1979).

Abb. 8: Kulturlandoase am Río Abaucán, südlich Medanitos, z. T. flugsandüberweht und aufgegeben. Blick vom östlichen Gebirgsrand nach Südwesten (vgl. Abb. 4). Der Río Abaucán trennt ein hellfarbenes aktives Barchanfeld im Beckentiefsten von dunkleren, weniger mobilen und älteren Dünen und Flugsanden am östlichen Beckenrand (li. u. i. V.) (1. 10. 1979).

Playasedimenten stark denudative und in der Nähe von Vorflutern auch erosive Wirkung bis zur Bildung von Badlands. Dabei spielt stellenweise offensichtlich anthropogene Vegetationszerstörung eine Rolle.

Die alljährlichen Hochwasser, die „Crecientes", vor allem aus den westlichen Gebirgstälern, gehen überwiegend auf lokale exzessive Niederschlagsereignisse im Einzugsgebiet zurück. Sie sind oft murähnlich mit einer hohen Sedimentfracht verbunden, wodurch sich der Zerstörungseffekt steigern kann. In den letzten Jahrzehnten haben die Intensität der Abflußereignisse und die entsprechenden Hochwasserkatastrophen anscheinend zugenommen. Bei den daraus resultierenden zahlreichen Schadensfällen, über die berichtet wird, spielt aber auch eine frühere Ausdehnungstendenz der Siedlungen eine Rolle, wobei Gebäude und Nutzflächen auf gefährdeten Standorten angelegt worden sind.

Das Abflußregime des Río Abaucán und seiner größeren Nebenflüsse (z.B. Río La Troja oder Río Guanchín) ist durch periodisch bis episodisch stark wechselnde Wasserführung gekennzeichnet und in jüngerer Zeit zumindest abschnittsweise mit Einschneidungstendenz offenbar wachsender Intensität verbunden. Nach ROHMEDER (1941) ist eine Schluchtstrecke des Río Abaucán von 25 m Tiefe im letzten Jahrhundert entstanden. Bei Puesto hat der Fluß sein Bett in den Jahren 1907–1914 um 35 cm tiefergelegt (PENCK 1920). Messungen in den letzten Jahren (1984–1986) – allerdings an anderer Stelle – zeigen einen Erosionsbetrag von über 2 m in 2 Jahren[2]. Aus der Einschneidungstendenz leitet PENCK eine Grundwasserspiegelabsenkung mit den bekannten geoökologischen Folgen einer standörtlichen Aridisierung ab. Als eindrucksvollen Beleg führt er ein am Río Abaucán ehemals gelegenes Landgut an, dessen Quellen nach einem erodierenden Hochwasser versiegten und das in der Folgezeit aufgegeben werden mußte.

3.3. Die Ursachen der jüngsten Landschaftsentwicklung

Das heutige destruktive Landschaftsbild scheint zu einem großen Teil das Ergebnis einer jungen Entwicklung in historischer Zeit – etwa der letzten zwei Jahrhunderte – zu sein, die sich in unserem Jahrhundert bis zur Gegenwart ausgeweitet und intensiviert hat. In diesen Zeitraum fallen einschneidende politische, wirtschaftliche und soziale Veränderungen, auch im Bolsón von Fiambalá, die sich auf die Landschaft und auf die Morphodynamik ausgewirkt haben. Sie können im folgenden nur in den wesentlichen Zügen wiedergegeben werden:

a) In spanisch-kolonialer Zeit bis in das 19. Jahrhundert führten durch das Becken von Fiambalá zwei wichtige Handelswege, nach Chile und Bolivien. Von besonderer Bedeutung war im vorigen Jahrhundert der Weg nach Chile, über den Viehherden zur Versorgung der chilenischen Minenorte getrieben wurden. BURMEISTER (1861) nennt eine Zahl von jährlich 50000

---

[2] Die Meßergebnisse verdanken wir Herrn Ing. forest. E. Funk, Tinogasta

Abb. 9: Nebka-Düne im Zusammenhang mit Vegetation südlich Fiambalá (i. H. östl. Gebirgsrand) (30. 9. 1979).

Abb. 10: Wandernde Barchane am S-Rand der Oase Fiambalá. Die Dünen dringen von Süden
(li. im Bild) auf Siedlungs- und Nutzflächen vor. Im V. überschüttete Baumbestände und
Weinfelder (1. 10. 1979).

Abb. 11: Verschüttetes Gehöft im Barchanfeld südlich von Fiambalá (1. 10. 1979).

Rindern, die vor dem Übergang über die Hochkordillere ausgiebig weiden mußten. Besonders starke Erosionserscheinungen östlich und südöstlich der Schlucht des Río La Troja, durch die der alte Weg nach Chile führte, dürften auf Weide- und Trittschäden bereits aus dieser Zeit zurückgehen.

b) Bevölkerungszuwachs infolge verstärkt einsetzender Einwanderung führte gegen Ende des vorigen Jahrhunderts zu einer raschen Ausdehnung der Siedlungen und Nutzflächen, besonders auch des Bewässerungslandes. Bei vermutlich gleichbleibendem Wasserangebot kam es in der Folgezeit zu Ertragseinbußen, vor allem aber zu einer Aktivierung der äolischen Morphodynamik, so daß randliche Parzellen in erheblichem Umfang wieder aufgegeben werden mußten und der Zerstörung anheimfielen.

c) Der Bevölkerungszuwachs führte neben der Expansion des Bewässerungsfeldbaues notwendigerweise auch zu gesteigerter Flächennutzung anderer

Art – stellvertretend seien hier nur Holzentnahme und Beweidung vor allem durch Ziegen genannt – so daß sich die Landschaftsschäden resp. die Bereiche intensivierter Morphodynamik beschleunigt flächenhaft ausbreiten konnten. Eine im Detail noch zu klärende aber sicherlich wichtige Rolle spielte in diesem Zusammenhang auch der Eisenbahnbau zu Beginn unseres Jahrhunderts.

d) Die gegenwärtige Situation ist gekennzeichnet durch eine weitere Abnahme der Siedlungs- und Nutzflächen und Bevölkerungsrückgang. Wesentliche Maßnahmen zur Landschaftssanierung gibt es bislang u. W. nicht.

In dieser jungen, bis in unsere Gegenwart reichenden Phase morphodynamischer Aktivierung spielen neben den anthropogenen Ursachen auch natürliche Veränderungen eine Rolle, deren Gewicht allerdings derzeit nur schwer abgeschätzt werden kann. Gemeint ist die Absenkung des Grundwasserspiegels infolge der Tiefenerosion des Hauptvorfluters und eine in jüngster Zeit auftretende fluviale Aktivierung in Form zunehmender Hochwasserabflüsse, hinter denen verschiedene Ursachenkomponenten, vor allem auch klimatische oder tektonische Veränderungen zum Ausdruck kommen können.

4. Langfristige Veränderungen und Tendenzen der Morphodynamik im Bolsón von Fiambalá

Der Überblick über die Veränderungen der Kulturlandschaft und ihrer physisch-geographischen Rahmenbedingungen in den letzten 2–3 Jahrtausenden zeigt Parallelitäten und Tendenzen, die auf komplexe Wechselbeziehungen hinweisen. Die altindianische Besiedlungsphase fiel wahrscheinlich in eine für die jungquartäre Klimaentwicklung besonders günstige, d. h. subhumide Klimaphase bzw. in deren Abschwung. Die agrarische Nutzung in dieser Siedlungsphase initiierte vermutlich die großflächige Bodenerosion und die korrelate Kolluvien-Sedimentation in den Talböden. Sie beschleunigte bzw. verstärkte die natürlich ablaufenden klimatisch-geomorphologischen Tendenzen einer Aridisierung, die möglicherweise vor allem durch Akzentuierung der Niederschläge gekennzeichnet war. Diese Aridisierung verhinderte wahrscheinlich die großflächige Regeneration der Vegetation auf den bodenerosiv geschädigten Standorten – d. h. vor allem auf den Schwemmfächern und grundwasserfernen Lagen – auch in Phasen nachlassender Siedlungs- und Nutzungsdichte, z. B. zur Zeit der Conquista und Kolonialphase.

Der Besiedlungs- und Wirtschaftsaufschwung mit der europäischen Masseneinwanderung seit der Mitte des vorigen Jahrhunderts führte zu einer entscheidenden Forcierung der Landschaftszerstörung, deren Anfänge aber weit in prähispanische Zeit zurückreichen. Im Gegensatz zu den prähistorischen Desertifikationsphasen tritt in jüngerer Zeit die äolische Morphodynamik mit großflächiger Deflation, der die Flugsandüberschüttung anderer Bereiche entspricht, stärker in den Vordergrund. Diese Gewichtsverlagerung von fluvialer zu aktuell vorherrschender äolischer Morphodynamik steht möglicherweise mit der Devastierung ehemals zur Nahrungsmittelproduktion genutzter und gepflegter Algarrobales in Zusammenhang. Einen wesentlichen Einflußfaktor bildet die jüngste, möglicherweise tektonisch induzierte Aktivierung der Tiefenerosion und die damit verbundene Grundwasserabsenkung.

Unter Berücksichtigung der verschiedenen Dünengenerationen und der Paläoböden können sowohl Forcierung der Morphodynamik als auch Wechsel in der Vorherrschaft fluvialer bzw. äolischer Prozesse als Indikatoren jungquartärer Schwankungen der geomorphologischen Tendenz gedeutet werden. Die derzeitige Desertifikation stellt sich unter diesem Aspekt als anthropogen beschleunigtes Rückpendeln zum langfristig vorherrschenden arid-morphodynamischen System dar.

Zusammenfassung

Aus geomorphologischen, pedologischen, archäologischen und historischen Untersuchungen wird die Landschaftsentwicklung im Bolsón von Fiambalá in den letzten 2–3 Jahrtausenden rekonstruiert.

In den Abschwung einer subhumiden Klimaphase um 3000–2500 v. h. fällt die erste nachweisbare Besiedlung. Bereits für diese Phase läßt sich großflächig Bodenerosion und Kolluviumsedimentation nachweisen. Die folgende Aridisierungstendenz verhinderte eine nennenswerte Regeneration der Ökosysteme auch in Phasen abnehmender Siedlungsdichte bis in die Kolonialzeit.

Mit der europäischen Masseneinwanderung seit der Mitte des vorigen Jahrhunderts ist eine Forcierung der Landschaftszerstörung zu erkennen. Dabei tritt die äolische Dynamik stärker in den Vordergrund als in früheren Phasen der Desertifikation, vermutlich infolge großflächiger Devastierung von Baumbeständen. Gleichzeitig ist eine Aktivierung der fluvialen Tiefenerosion sowie eine Grundwasserabsenkung feststellbar.

Die zeitlichen Schwankungen der geomorphologischen Aktivität liegen im Rahmen aridmorphodynamischer Systeme und sind hier anthropogen forciert.

Summary

(Human Impact on Morphodynamics in the Fiambalá-Bolson, NW-Argentina)

The paper reconstructs the chronology of landscape development during the past two- to three thousand years using data from geomorphologic, pedological, archaeological and historical surveys.

The first provable settlement dates back to the deteriorating phase of a subhumid climatic cycle around 3000–2500 B.P. Already this phase shows clear evidence of widespread soil erosion and accumulation of colluvium. The subsequent tendency towards increasing aridity prevented substantial regeneration of the ecosystem until the colonial epoch, even during periods of decreasing settlement density.

In the wake of European mass immigration since the middle of the last century an acceleration in the destruction of the landscape can be noted. This time eolian dynamics plays a more important part than during the former phases of desertification. This may be attributed to large-scale destructive exploitation of forests. At the same time, an activation of fluvial downcutting as well as a drop of groundwater level can be recorded.

The temporal oscillations of geomorphologic activity remain within the scope of arid morphodynamic systems and are, in this case, intensified by human influence.

Literatur

ABRAHAM DE VAZQUEZ, E. M. (1979): Geomorfología y biota del Valle de Sanogasta (Provincia de la Rioja). – Deserta: 95–155, Mendoza.

BRUNOTTE, E. (1985): Zur Landschaftsgenese des Piedmont an Beispielen von Bolsonen der mendociner Kordilleren (Argentinien). – Habilitationsschrift, math.-nat. Fak. Univ. Göttingen.

BURMEISTER, H. (1861): Reise durch die La Plata-Staaten, mit besonderer Rücksicht auf die Argentinische Republik 1857–1860. – 2. Band, Halle.

CZAJKA, W. (1957): Das innerste Längstal am Ostrand der Argentinischen Puna. El Cajón de San Antonio. Jb. Geogr. Ges. Hannover 1956/57: 153–177, Hannover.

– (1958): Schwemmfächer und Schwemmfächerformen. – Festschr. Hans Spreitzer, Mitt. Geogr. Ges. Wien 100 (I/II): 18–36, Wien.

– (1959): Schutthäufung, Sedimentumlagerung und Ausräumung zwischen der Hohen Kordillere und dem Bolsón von Fiambalá (Provinz Catamarca, Argentinien). – Petermanns geogr. Mitt., 103/4: 244–256, Gotha.

– & F. VERWOORST (1956): Die naturräumliche Gliederung NW-Argentiniens. – Petermanns geogr. Mitt. 100: 89–102 u. 196–208, Gotha.

FOCHLER-HAUKE, G. (1957): Vorgänge der Bodenzerstörung in Argentinien. – Petermanns geogr. Mitt. Ergh. 262: 311–319, Gotha.

GARLEFF, K. & H. STINGL (1985): Höhenstufen und ihre raumzeitlichen Veränderungen in den argentinischen Anden. – Zbl. Geol. Paläontol. Teil I, 1984, H. 11/12: 1701–1707, Stuttgart.

– & H. STINGL (1985): Jungquartäre Klimageschichte und ihre Indikatoren in Südamerika. – Zbl. Geol. Paläontol. Teil I, 1984, H. 11/12: 1769–1775, Stuttgart.

– & H. STINGL (1986): Geomorphologische Aspekte aktuellen und vorzeitlichen Permafrostes in Argentinien. – Zbl. Geol. Paläont. Teil I, 1985, H. 9/10: 1367–1374, Stuttgart.

GEROLD, G. (1981): „Desertifikation" in Südbolivien. Untersuchungen im Badlandbereich des andinen Beckens von Tarija. – Würzburger Geogr. Arb. 53: 73–109, Würzburg.

– (1983): Vegetationsdegradation und fluviatile Bodenerosion in Südbolivien. – Z. Geomorph. N. F. Suppl.-Bd. 48: 1–16, Berlin.

GEYH, M. A. (1983): Physikalische und chemische Datierungsmethoden in der Quartärforschung. – Clausthaler Tektonische Hefte 19, Clausthal.

HOFFMANN, J. A. (1975): Atlas climático de América del Sur. OMMWMO, Unesco, Hungary.

HUECK, K. (1953): Urlandschaft, Raublandschaft und Kulturlandschaft in der Provinz Tucumán im nordwestlichen Argentinien. – Bonner Geogr. Abh. 10, Bonn.

KANTER, H. (1936): Das Becken von Andalgalá. – Ibero-Amer.Arch., IX: 257–275, Berlin.

KNOCHE, W. & V. BORZACOV (1946): Clima de la República Argentina. Geografía de la República Argentina. – Hrsg. GAEA, T. 5, Buenos Aires.

LEANZA, A. F. (1972): Geología Regional Argentina. Córdoba.

PENCK, W. (1920): Der Südrand der Puna de Atacama (NW-Argentinien). – Abh. d. math.-phys.Kl.d.Sächsischen Akad.d.Wiss. 37/1, Leipzig.

GONZÁLEZ, R. A. & M. C. SEMPÉ (1975): Prospección arqueológica en el Valle de Abaucán. – Revista Instituto Antropología Univ. Nac. Tucumán Ser. III, Vol. 2: 49–129, Tucumán.

ROHMEDER, G. (1941): Fenómenos de desecación en el Bolsón de Fiambalá. – An.Soc. Cient. Argentina, 132: 22–33, Buenos Aires.

RUIZ HUIDOBRO, O. J. (1975): Descripción geológica de la hoja 12c, „Laguna Helada", Provincia de Catamarca. – Direcc. Nac. Geol. Min., Bol. 127, Buenos Aires.

SEMPÉ, M. C. (1977a): Las Culturas agroalfareras prehispánicas del valle de Abaucán (Tinogasta – Catamarca). – Relaciones de la Soc. Argentina de Antropología Vol. XI, N.S.: 55–68, Buenos Aires.

– (1977b): Caracterización de la cultura Saujil. – Obra del Centenario del Museo de La Plata, T. II. 211–235, La Plata.

– (1980): Caracterización de la cultura Abaucán (Dto. Tinogasta, Catamarca). – Revista del Museo de La Plata, N. S. VIII, Secc. Antropología No. 52: 73–76, La Plata.

– (1983): Punta Colorada. Un sitio aguada, Dto. Tinogasta, Provincia de Catamarca. – Revista del Museo de La Plata N. S., T. VIII, Secc. Antropología No. 55: 111–138, La Plata.

– (1984): Mishma No. 7 – sitio incaico del valle de Abaucán, Dto. Tinogasta – Catamarca. – Revista del Museo de La Plata, N. S., T. VIII, Secc. Antropología No. 65: 405–438, La Plata.

SOSIC, M. V. J. (1972): Descripción de la hoja 14d, „Tinogasta", Provincias de Catamarca y La Rioja. – Direcc. Nac. Geol. Min. Bol. 129, Buenos Aires.

STINGL, H., GARLEFF, K. & E. BRUNOTTE (1983): Pediment-Typen im westlichen Argentinien. – Z. Geomorph. N. F., Suppl. 48: 213–224, Stuttgart.

STINGL, H. & K. GARLEFF (1985): Spätglaziale und holozäne Gletscher- und Klimaschwankungen in den argentinischen Anden. – Zbl. Geol. Paläontol. Teil I, 1984, H. 11/12: 1667–1677, Stuttgart.

THORNES, J. B. (1973): Médanos del área Tinogasta-Fiambalá. Informe de la Fase I. Estudio preliminar y esquema de estrategías. – FAO-Gutachten.

VERWOORST, F. (1955): Observaciones sobre la vegetación entre Tinogasta y la Cuenca de la Laguna Verde (Tinogasta, Catamarca). – In: Czajka, W.: Resultados de un viaje a la Cuenca de la Laguna Verde (Tinogasta, Catamarca). – Act. XV Semana de Geografía, Mendoza 1951, Univ. Nac. Cuyo, Fac. Fil. y Letras: 61–67.

WILHELMY, H. & W. ROHMEDER (1963): Die La Plata Länder. – Braunschweig.

Naturbedingte und anthropogen bedingte Morphodynamik am Beispiel der innerasiatischen Trockengebiete Chinas

Von WOLFGANG MECKELEIN, Stuttgart

Einführung

Der hier behandelte Raum deckt sich weitgehend mit der chinesischen autonomen Region Xinjiang (Sinkiang)[1]. Er reicht vom Westende des Tarimbekkens bis an den Hexi-Wüstenkorridor (Provinz Gansu) sowie von der Dsungarei im Norden über den mittleren und östlichen Tian Shan bis zum Kunlun und Altun Shan am Rand des tibetanischen Hochlands (für die Höhenverhältnisse vgl. Abb. 1). Von den Sonderbedingungen der Hochgebirge abgesehen, handelt es sich bekanntlich um Gebiete mit winterkalten Trockensteppen- und Wüstenklimaten. Drei bis fünf Monate haben Mitteltemperaturen unter 0° C. Die mittleren Extreme liegen sogar während sieben bis neun Monaten unter der Frostgrenze. Andererseits weisen die mittleren Extremtemperaturen während vier bis fünf Monaten im Jahr Werte von über +30° C auf. Die Jahresniederschläge liegen im Norden um 270 mm, konzentriert auf Herbst und Winter. In allen übrigen Gebieten werden nur Mengen zwischen 80 bis 15 mm erreicht, deren Hauptanteil zwischen Juni und August fällt.

Neben den klimatischen Verhältnissen ist für die morphodynamischen Prozesse die Vegetationsbedeckung ein entscheidender Faktor. Im Norden und Nordosten handelt es sich überwiegend um Trockensteppen mit Stipa-, Artemisia- und Festuca-Arten. In den eigentlichen Wüstenbecken, vor allem in den Randzonen der Sandgebiete, ist eine Halbwüstenvegetation u. a. mit Tamarix- und Calligonum-Arten verbreitet, zum Teil auch mit Saxaul (Haloxylon ammodendron). In den Tälern der von den Hochgebirgen kommenden Flüsse bilden sich oft ganze Wälder mit Populus diversifolia und euphratica aus, dazu treten u. a. verschiedene Salix-Arten und z. B. die an Trockenheit angepaßte Ulmus pumila auf.

Der Großteil der Baumvegetation ist an das Wasser der Gebirgsflüsse gebunden, die als Fremdlingsformen in die Wüstenbecken eintreten und dort alle irgendwo im Sande versickern oder in Endbecken verdunsten. Sie verdan-

---

[1] Die topographischen Namen folgen der neuen chinesischen Benennung bzw. Umschrift (Pinyin). Bei großen Unterschieden zur alten Schreibweise ist bei der erstmaligen Nennung der alte Name in Klammern hinzugefügt.

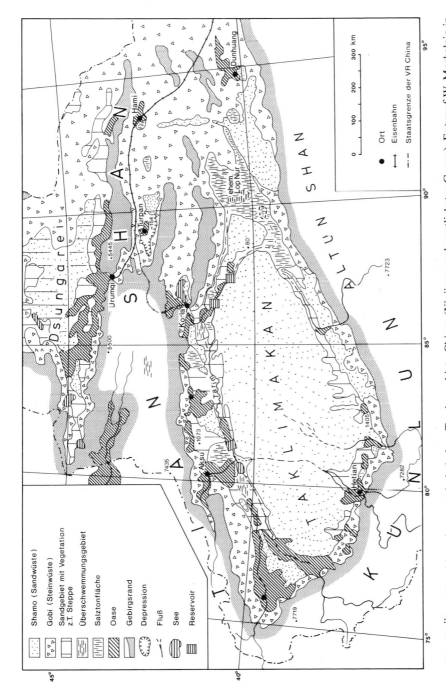

Abb. 1: Übersichtsskizze der zentralasiatischen Trockengebiete Chinas (Xinjiang und westlichstes Gansu). Entwurf W. Meckelein in Anlehnung an die „Karte der Wüsten der VR China", Lanzhou 1979.

ken ihr Wasser den höheren Niederschlägen im Gebirge, der Schnee- und Gletscherschmelze. Der Tian Shan z.B. empfängt zwischen 1000 mm und 400 mm Jahresniederschlag. Die Schneegrenze liegt im Westen bei 3600 m, im Osten bei 4300 m. Ein Waldgürtel (mit Picea asperata u.a.) breitet sich – nur auf der Nordseite – zwischen 1800 m und 2900 m aus.

Die fluvial bedingte Morphodynamik

Die fluviale Erosion ist außerordentlich stark. Eintiefungen bis über 1000 m sind nicht selten, wobei freilich die jungen, noch andauernden Hebungen der Gebirge eine entscheidende Rolle spielen. Die eiszeitliche Vergletscherung reichte tief hinab. Ich fand im mittleren Tian Shan recht „frisch" wirkende Moränen in 2300 m Höhe, sicher nicht der niedrigste Punkt. Während des Pleistozäns wurden enorme Schuttmassen aus den Gebirgen hinaustranspor-tiert, es entstanden ausgedehnte Glacis-Flächen, durch mehrere Terrassen gegliedert (Abb. 2). Auch heute noch werden durch die jährlichen Hochwässer der Schneeschmelze große Mengen an Schutt- und Schottermaterial ins Vor-land transportiert, womit eine „semiaride" Morphodynamik sehr deutlich wird (Abb. 3). Im Vorland sind auf diese Art und Weise große Fußflächen entstan-den, die im chinesischen als „gobi" bezeichnet werden. Sie sind entweder mehr sandig-kiesig bzw. serirartig („Ablagerungs-gobi") oder auch reine Fels-fußflächen („Abtragungs-gobi"). Letztere sind hammada-ähnlich verwittert. Wie zu beobachten war, spielt hierbei auch die Frostverwitterung eine größere Rolle. Stellenweise ergab sich darüber hinaus ein fast subpolar/periglaziales Aussehen der Landschaft durch eine deutliche solifluidale Abtragung an steileren Hängen. Mir schienen hier jedoch weniger der Frost als vielmehr hauptsächlich Salze verantwortlich zu sein.

Die Abtragung der gobi-Flächen erfolgt zum großen Teil über linien- und flächenhafte Erosion/Denudation fließenden Wassers, dessen Erosionsbasis das jeweils Beckentiefste ist. Hier finden sich Endseen, Salzsümpfe oder Salztonebenen, die langsam aufgehöht werden und sich daher auch leicht verlagern. Bei dieser typisch vollariden Dynamik ist die Abtragung aller Flächen natürlich auch durch Deflation gekennzeichnet. Auffallend häufig finden sich – unter Berücksichtigung der Windverhältnisse – die komple-mentären Ablagerungen in Form begrenzter, z. T. auch lunette-ähnlicher Sand-gebiete, die an gobi-Flächen bzw. an ausgesprochene Deflationsbecken an-schließen (die ihrerseits große Jardang-Gebiete aufweisen).

Die äolische Morphodynamik

Die letzteren Hinweise gehören bereits zur äolischen Morphodynamik. Die ausgedehnten Sandwüsten Zentralasiens treten in recht unterschiedlichen Formen auf. Es gibt viele ausdruckslose Sandflächen oder Sandtennen, bei

Abb. 2: Glacisterrassen beim Austritt des Urumqi-Flusses aus dem mittleren Tian Shan-Gebirge (Aufn. W. Meckelein, VIII/1985).

Abb. 3: Wadi am Übergang vom Ost-Tian Shan zur Turpan-Depression (Aufn. W. Meckelein, VIII/1985).

denen ich nicht ausschließen möchte, daß es sich um Verwitterungsareale von Sandsteinen z. B. der terrestrischen Hanhai-Schichten des Tertiärs handelt. Die Lage spricht in verschiedenen Fällen dafür. Weit überwiegend aber sind die windgeformten Dünengebiete. Die Karte der äolischen Landformen der Taklimakan (1980) weist zehn verschiedene Dünentypen aus, die Karte der Wüsten der VR China (1979) sogar fünfzehn, in z. T. anderer Differenzierung oder Nomenklatur als sonst üblich. Grundlegende Arbeiten über die zentralasiatischen Dünenlandschaften stammen, von SVEN HEDINS früheren Berichten abgesehen (u. a. 1900, 1904–08), vor allem von PETROV (1966/67) und ZHU ZHENDA (1981, 1984). Auf Einzelheiten kann hier nicht eingegangen werden. Eine wichtige Rolle, besonders in der Taklimakan, spielen Längsdünen bzw. Draa-Systeme mit z. T. komplizierterem Aufbau (aufgesetzte Sekundärdünen etc.). Der Grundanlage nach folgen sie wohl den Hauptwindrichtungen Nord-Süd bzw. Nordost-Südwest. Dagegen scheint mir die im südwestlichen Tarimbecken vorhandene Westströmung mehr mit Transversaldünen und Barchanen bzw. Barchangruppen verbunden zu sein.

Das Sandmaterial selbst dürfte vor allem während des Pleistozäns aus den umrahmenden Gebirgen in die Becken fluvial transportiert worden sein. Von mir bei Qira (Cele) östlich Hetian (Khotan) am Südrand des Tarimbeckens entnommenen Proben von Dünensanden zeigen im übrigen, daß zumindest stellenweise die Dünen auch aus dem Anstehenden bzw. aus Seeablagerungen ausgeweht worden sind. Jedenfalls wiesen die Analysen Anteile an Calcit bis zu 50 % auf. Anhalte für eine relative Altersbestimmung der äolischen Prozesse konnte man westlich Dunhuang finden. Hier sind auf mächtige Schotterpakete, in die sich der Dang He tief eingeschnitten hat, hohe Dünen oder ganze Dünenmassive aufgeweht. Die bisher geschilderte Morphodynamik ist offensichtlich heute gewissen Veränderungen unterworfen, die man sowohl im fluvialen als auch im äolischen Prozeßbereich nachweisen kann. Beginnen wir mit dem letzteren.

Veränderungen in der äolischen Morphodynamik

Auffälligstes Kennzeichen ist die derzeitig deutlich erhöhte Mobilität der Sande. Sie ist die Folge verstärkter Deflations- und entsprechender Akkumulationsprozesse, die besonders in den Randzonen des Tarimbeckens, in der Turpan-Depression sowie in der südlichen und zentralen Dsungarei und schließlich im Hexi-Wüstenkorridor zu beobachten sind. Fast überall sind heute die Oasen und Verkehrswege in diesen Räumen von einer zum Teil katastrophalen Versandung bedroht, gleichgültig, ob es sich um alte oder neu angelegte Siedlungsplätze, Felder oder Straßen handelt (Abb. 4). Einige – bewußt gestreute – Beispiele aufgrund einiger Beobachtungen, mündlicher Auskünfte vor Ort und sonstiger chinesischer Quellen (u. a. CHEN HUA 1983, ZHU ZHENDA u. a. 1983, DÜRR-WIDMER 1979; vgl. auch MECKELEIN 1986, KOLB 1986) seien hier angeführt.

Abb. 4: Wanderdünen überlaufen Oasen im Südsaum des Tarimbeckens, im Bild von links nach rechts, d. h. von West nach Ost (Aufn. W. Meckelein, VIII/1985).

Im Verwaltungsbezirk Hetian (südwestliches Tarimbecken) gab es 1960 eine Ackerfläche von 230 000 ha, von denen bis 1980 40 000 ha wegen Versandung verlorengingen. Auch mußten zahlreiche Siedlungen von Arbeitsbrigaden aufgegeben und ganze Volkskommunen, z. T. mehrfach, ihren Standort wechseln. An vielen Stellen überwandern die Dünen das Kulturland mit einer Geschwindigkeit von 15 m pro Jahr. Die Straßenverbindungen im südlichen Tarimbecken mußten während der letzten 20 Jahre wegen totaler Versandung mehrmals in Richtung Gebirgsrand verlegt werden. In der Turpan-Senke zerstörte im Mai 1961 ein Orkan 85% der Feldfläche des Kreises Turpan. Noch heute sind 5–8 m hohe Dünen mitten im Kulturland zu finden. Nun handelt es sich hier um ein schon immer als sturmreich bekanntes Gebiet, aber die hiesigen, berühmten Ruinenplätze aus fast 2000 Jahren weisen nur starke Winderosionsspuren auf, während die Sandakkumulation bisher immer außerhalb des alten Kulturlandes stattfand.

Es stellt sich die Frage, welches die Gründe für eine solche aktuelle Intensivierung der äolischen Prozesse sind. Eine Erhöhung der durchschnittlichen Windgeschwindigkeiten wäre zunächst nur Spekulation, wenn auch GENG KUANHONG (1985) ein häufigeres Auftreten von Sandwinden nachweisen konnte. Eher könnte man an eine verstärkte Bereitstellung von Lockermaterial denken. Sie könnte mehrere Ursachen haben. Infolge von Veränderungen in der fluvialen Morphodynamik, über die noch später zu berichten sein wird, kommt es durch Trockenfallen von Flüssen bzw. Flußabschnitten oder austrocknenden Endbecken zu immer neuen Sandlieferungsgebieten beträchtlichen Ausmaßes. Außerdem ist auch die in ganz Xinjiang heute an vielen Stellen zu beobachtende rasche Ausdehnung der Bodenversalzung (u. a. durch falsche Bewässerungstechnik) und damit Verstärkung der Salzverwitterung zu berücksichtigen. Am ehesten jedoch dürfte eine Degradation der ohnedies dürftigen Vegetationsdecke Auslöser für eine stärkere äolische Abtragung sein. Dies könnte Ausdruck einer wachsenden klimatischen Aridität des Raumes sein. Hierfür gibt es jedoch keine eindeutigen Indikatoren, wie noch weiter unten zu diskutieren sein wird.

Da andererseits in Zentralasien eine junge und jüngste Vegetationszerstörung allenthalben zu beobachten ist, bleibt nichts übrig, als den Hauptgrund für die Verstärkung der äolischen Dynamik in anthropogener Beeinflussung zu suchen. Und in der Tat gibt es seit etwa 30 Jahren erhebliche Eingriffe in das ursprüngliche Landschaftsgefüge von Xinjiang. Die Bevölkerung stieg z. B. zwischen 1949 und 1982 von 3,7 auf 13,1 Millionen, überwiegend übrigens durch gelenkte Zuwanderung von Han-Chinesen, deren Anteil in diesem hauptsächlich von Turkvölkern bewohnten Raum von 1,8% auf 40% stieg. Nach der Eroberung der zentralasiatischen Räume durch die sog. Volksbefreiungsarmee (1949/50) setzte damit eine Neulandgewinnung großen Stils ein, die seit 1958 von den ideologisch fundierten rotchinesischen Wirtschaftskampagnen begleitet wurde. Extensive Ausweitung des Anbaus, Vergrößerung aller Viehherden, „Industrialisierung des Dorfes", „Tonnen-Mentalität" (Planziffern-Übererfüllung) usw. sollten den „Großen Sprung nach vorn" bringen.

Die räumlichen Auswirkungen waren in den ökologisch sensiblen Trockengebieten Chinas besonders schwerwiegend. Weidevegetation wurde durch Überstockung an vielen Stellen zerstört. Die wachsende Bevölkerung vergrößerte den Brennmaterialbedarf ebenso wie die Industrialisierung auf dörflicher Basis. Die Baum- und Waldbestände in den Flußauen im Gebirge und in den Halbwüsten wurden daher rücksichtslos dezimiert. Die Saxaul-Wälder auf den Dünensanden der zentralen Dsungarei z. B. verloren zwischen 1958 und 1971 zwei Drittel ihrer Fläche. Die Pappelbestände im Tarim-Tal gingen von 1958–78 um 62% zurück, solche im Gebiet von Hetian am Südrand des Tarimbeckens gar um 83%. Um die Ernteerträge der neuen Volkskommunen zu vergrößern, gab es eine Kampagne zur „Gewinnung von Dünger aus der Wüste". Zehntausende von Bauern wurden in die Wüstensteppen und Halbwüsten geschickt, wo sie das Gras abschnitten, Wurzeln ausgruben und Gebüsch und Einzelbäume abholzten, um dies als „Gründünger" auf die Felder zu bringen.

Diese menschlichen Eingriffe in die Vegetationsbestände führten, an vielen Stellen nachweisbar, zu der heutigen verstärkten äolischen Morphodynamik. Jetzt hat man die Fehler eingesehen, die die Versandungsgefahren so vergrößert haben. Man bekämpft diese auch nicht mehr durch passive Maßnahmen, sondern sucht richtigerweise die Deflationsgebiete unter Kontrolle zu bringen. Die Wiedergewinnung eines morphodynamischen Gleichgewichts unter quasi-natürlichen Bedingungen dürfte jedoch sehr schwierig sein.

Veränderungen in der fluvialen Morphodynamik

Die fluviale Morphodynamik weist ebenfalls in den letzten Jahrzehnten erhebliche Wandlungen auf. Die Wasserführung vieler Flüsse hat sich quantitativ und im Jahresablauf geändert. Laufverkürzungen treten ebenso auf wie Austrocknung von Flußbecken und Endseen. Die Folgen für das Erosions- und Akkumulationsverhalten der Flüsse sind weitreichend. Änderungen in der Erosionsbasis, Aufschotterung, Flußverwilderung oder auch verstärkte Eintiefung und überhaupt Verschiebungen im Verhältnis von Tiefen- zu Seitenerosion verändern das ursprüngliche Bild.

Die Ursachen sind recht offensichtlich zunächst einmal in anthropogenen Eingriffen zu suchen. Diese spielten auch schon früher eine gewisse Rolle. So wachsen z. B. die großen Schwemmfächer der Gebirgsflüsse im Gebirgsvorland durch Auffaserung des für die Bewässerung benutzten Wassers mit der entsprechenden Ablagerung von Sinkstoffen. Die Untersuchung mitgebrachter Bodenproben aus den Hetian-Oasen ergab, daß es sich z. T. um Schwemmlöß handelt, der oft auch mit grobem Material gemischt war (Proluvium). Die Sedimentationsrate beträgt nach HENG XIAOZHANG (1985) bei intensiver Bewässerung 2–9 mm im Jahr. Manche Schwemmfächer sind 5–10 m mächtig, müssen also recht alt sein.

Sehr jungen Datums aber sind die Veränderungen der Wasserführung vieler Flüsse. Der jährliche Abfluß des Tarim lag südlich Aksu 1957 bei ca. 5 Mrd m^3 und ist 1977 auf 3 Mrd m^3 gesunken. In Kala, am Beginn des Unterlaufs, beträgt der Durchlauf nur noch die Hälfte des früheren Wertes (1 Mrd m^3 : 0,5 Mrd m^3) und der letzte Abschnitt des Unterlaufs führt heute überhaupt kein Wasser mehr (CHAO SUNG-CHIAO 1981). Mehrere neu angelegte Stauseen (s. Abb. 1) verhindern nicht nur die natürliche Hochwasserwelle (Juni bis September), sondern werden für die Bewässerung zahlreicher neuer Volkskommunen benutzt. Der zum Teil unsinnig hohe Verbrauch an Irrigationswasser – bis zum Dreifachen der eigentlich notwendigen Menge – läßt an den betreffenden Stellen den Grundwasserspiegel lokal bis 1–2 m unter der Oberfläche ansteigen und fördert damit die Bodenversalzung. Insgesamt jedoch sank der Grundwasserspiegel in der Tarimtalung infolge geringeren Durchflusses um bis zu 10 m ab, wodurch große Flächen der Talaue trockengefallen, die Baumbestände abgestorben sind (und so eine neue Quelle für Sandwinde entstanden ist).

Die geschilderte Entwicklung gilt auch für andere Flüsse aus dem Tian Shan oder Kunlun/Altun Shan, auch kleinere Flüsse, die heute manchmal aus einer ganzen Kette von Stauteichen bestehen (Abb. 5). Hinzu kommt noch der direkte Eingriff des Menschen z. B. durch den Bau von Kanälen (wofür oft Zehntausende von Menschen eingesetzt werden, wie etwa östlich Hetian beobachtet werden konnte) sowie durch Ableitung bzw. Umleitung von Flüssen. Ein eklatantes Beispiel mit erheblichen hydromorphologischen Folgen sind die Unterläufe von Tarim und Konqi-Fluß (Kuruk oder Kum Darja). Letzterer kommt aus dem Bosten-See östlich Korla (s. Abb. 1). Beide Flüsse nährten, teils durch gemeinsames Bett, teils getrennt, die Wasser der Lop

Abb. 5: Kette von Stauteichen in einem Wadi bei Nanhu nördlich des Altun Shan (Aufn.
W. Meckelein, VIII/1985).

Nur-Senke oder – wechselweise – der südwestlich davon gelegenen Niederungen von Detama bzw. Kara Koshun. Dies täuschte übrigens Sven Hedin, der in diesen Gebieten einen „Wandernden See" vor sich zu haben meinte, was aber nicht stimmt, da das Lop Nur-Gebiet mit < 780 m den tiefsten Teil dieser Senkenzone darstellt und das Wasser nicht in höher gelegene Teile im Süden fließen konnte (XIA XUNCHENG u.a. 1985). Seit Beginn unserer Zeitrechnung wechselten die hydrologischen Verhältnisse auch durch weitere Zuflüsse aus dem Südwesten und Süden immer einmal wieder. Als jedoch 1952 Tarim und Konqi südlich Korla durch einen großen Dammbau künstlich getrennt wurden, trocknete der Lop Nur völlig aus, aber auch die südlichen Niederungen erhielten kein Wasser mehr. Konqi und Tarim enden beide heute wegen des Entzugs von allzuviel Bewässerungswasser in den Sanden der östlichsten Taklimakan. Einen solchen Zustand gab es in historischer Zeit offensichtlich noch nie.

Die Flußgeschichte – im einzelnen komplizierter, als sie hier dargestellt werden konnte – zeigt freilich zugleich, daß neben den jüngsten menschlichen Eingriffen doch auch physisch-geographische Ursachen nicht vernachlässigt werden dürfen. Da z.B. der Lop Nur in historischer Zeit schon immer wieder einmal ausgetrocknet ist (vgl. Tab. 1), müssen Wassermangel oder Dünenverlagerungen oder auch tektonische Bewegungen eine Rolle gespielt haben. Im übrigen hat z.B. DE TERRA (1930) bereits überzeugend belegt, daß Laufverkürzungen von Flüssen am Rand des Tarimbeckens auch als natürliche Folge der rückwärtsschreitenden Erosion auftreten.

Zunehmende Austrocknung Zentralasiens?

Unter diesen Aspekten drängt sich die generelle Frage auf, ob die Veränderungen der fluvialen (und womöglich auch der äolischen) Dynamik nicht doch in erster Linie auf eine, oft postulierte, fortschreitende Austrocknung Zentralasiens zurückzuführen sind. Nun war dieser Raum im Pleistozän zeitweise viel feuchter als heute. Dafür sprechen nicht nur die großen fluvial transportierten Schotterablagerungen, sondern auch die Relikte des ehemaligen Flußnetzes (Abb. 6). Andererseits zeigt gerade dieses Bild, daß es sich offenbar stets um eine typisch endorheïsche Entwässerung gehandelt hat. Die vielen Endseen sind Zeugen dafür. Einige von ihnen haben ein beträchtliches Alter, was durch die enorme Mächtigkeit von Gips- und Salzablagerungen z. B. im Lop Nur-Gebiet belegt wird. Das alles spricht für ein prinzipiell arides Klima während des ganzen Quartärs.

Auch für die historische Zeit haben wir dafür genügend Hinweise. An verschiedenen Stellen Xinjiangs hat man Funde von Mumien gemacht. Diese sind, obwohl nicht einbalsamiert, erschütternd lebensnah erhalten. Das maximale ^{14}C-Alter beträgt 3800 b. p. (XIA XUNCHENG 1985). Die Grabbeigaben weisen auf die gleiche Flora hin wie heute. Für ein durchgehend arides Klima spricht auch die Erhaltung von Höhlenmalereien in den buddhistischen Klöstern oder die von chinesischen Handschriften aus der Han-Zeit (206 v. Chr. bis 220 n. Chr.), die in Wachttürmen z. B. bei Dunhuang gefunden worden sind.

Im Kontrast zu all diesen Fakten stehen jedoch andere, über die nachzudenken ist. Z. B. mußten die Siedlungen an den Flüssen im Tarimbecken im Verlauf der letzten zwei Jahrtausende immer wieder gebirgswärts verlegt werden, wie die Kartenskizze der Ruinenstätten im Tarimbecken zeigt (Abb. 7). Man könnte dafür in erster Linie anthropogene Faktoren wie politische Wirren, Kriege usw. verantwortlich machen, von denen wir aus der Geschichte Zentralasiens in reicher Zahl wissen. Und Kulturen, die von komplizierten Bewässerungssystemen abhängig sind, reagieren auf solche Ereignisse bekanntlich besonders sensibel. Aber gerade in diesem Zusammenhang ist es sehr auffällig, daß die obengenannte Verlagerungstendenz fast ganz auf den Süden des Raumes bezogen ist, während im Norden Ruinenstädte und heutige Oasen mehr oder weniger dicht beieinander liegen. Diese Situation legt nahe, doch eher an Unterschiede in der Wasserversorgung der Flüsse in Süd und Nord zu denken. Hierbei spielt sicher die Tatsache einer ganz verschiedenen Ausdehnung der Eisbedeckung infolge der Reliefunterschiede zwischen Tian Shan einerseits und Kunlun/Altun Shan andererseits eine Rolle. Das gilt für das Pleistozän ebenso wie für z. B. die „Kleine Eiszeit" im 17. Jahrhundert. Das beigegebene Profil (Abb. 8) zeigt deutlich, wie sich eine Erniedrigung bzw. Erhöhung der Schneegrenze auf das Vereisungsareal in beiden Gebirgen auswirken mußte, nämlich im Süden viel stärker als im Norden. Bei Klimaschwankungen wurde daher die Wasserführung der Flüsse regional ganz unterschiedlich beeinflußt.

Zumindest für die historische Zeit ist also keine generelle und progressive Austrocknung Zentralasiens zu verzeichnen, wenn auch die Folgen kleinerer

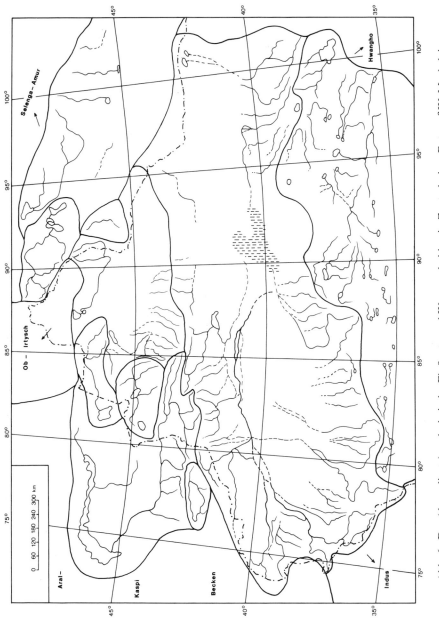

Abb. 6: Das (degradierte) endorheische Flußnetz und Wasserscheiden in Zentralasien. Entwurf W. Meckelein.

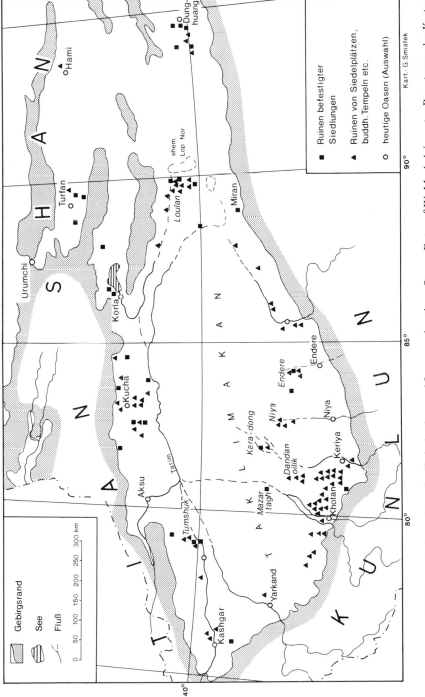

Abb. 7: Die wichtigsten Ruinenstätten im Tarimbecken und Lage von heutigen Oasen. Entwurf W. Meckelein unter Benutzung der Karten bei HERRMANN (1931), HOYANAGI (1966) und STEIN (1925).

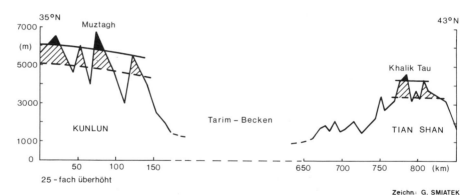

Abb. 8: Verkürztes Nord-Süd-Profil entlang des 80° östlicher Länge vom Kunlun über das Tarimbecken zu den Südketten des mittleren Tian Shan mit heutiger Gletscherbedeckung (schwarz) und vermutlicher letzteiszeitlicher Schneegrenzdepression (schraffiert). Entwurf W. Meckelein unter Mitbenutzung der Arbeit von HOYANAGI (1966).

klimatischer Schwankungen deutlich sind. Auch die heutigen Gletscherbewegungen lassen – soweit bekannt – keine eindeutigen Schlüsse auf eine weitere Aridisierung zu. Von den Chinesen wurden zwischen 1950 und 1970 in den Gebirgen von Xinjiang 194 größere Gletscher untersucht. Davon sind 25% in einer Vorstoßphase, 44% im Rückzug begriffen und 31% sind stationär oder unklar in ihrer Bewegung (SHI YAFENG u. a. 1985). Der Wetterdienst in Hetian vermutet sogar, auch aufgrund von Baumring-Untersuchungen in den letzten 10 bis 15 Jahren, daß das Klima z. Z. etwas feuchter und kühler wird.

Die Tabelle 1 – ein erster Entwurf mit allem Vorbehalt – enthält Angaben zur Klimageschichte in historischer Zeit aufgrund verschiedener Indikatoren. Man kann daraus entnehmen, daß es ein ständiges Oszillieren des Klimas gegeben hat, das übrigens zum Teil frappierend mit den zum Vergleich angegebenen Verhältnissen in Europa übereinstimmt. Hinsichtlich der Morphodynamik wird man auf wechselnde Beeinflussungen durch den Menschen schließen müssen. Dabei dürfte heute der anthropogene Einfluß dominierend sein.

Zusammenfassend läßt sich folgendes feststellen: Die aktuelle Morphodynamik in den innerasiatischen Trockengebieten Chinas ist das Ergebnis einer Kombination bzw. eines Wechselspiels von natürlichen physisch-geographischen und anthropogen verursachten Prozessen. Das trifft sowohl für die semiariden als auch für die vollariden Gebiete zu. Die äolische Dynamik wird dabei derzeitig durch die Eingriffe des Menschen in die natürlichen Landschaftsprozesse begünstigt oder intensiviert, während die fluviale Dynamik dort dadurch eher behindert und gehemmt wird. Weiter: Im semiariden Raum spielt die äolische Dynamik die entscheidende Rolle, auslösendes Moment ist die Vegetationszerstörung durch den Menschen. Im vollariden Bereich sind die Änderungen der fluvialen Dynamik entscheidend, wobei neben den anthropogenen Einflüssen doch auch natürliche Faktoren wie Klimaoszillationen usw. eine größere Rolle spielen.

Tab. 1:
Klimageschichte in Zentralasien nach historischen Berichten und neueren Untersuchungen. Entwurf: W. Meckelein unter Mitbenutzung der Arbeiten von CHU KO-CHEN (1973), HOYANAGI (1966), CHANG DEER (1984).

Zeit-Skala	Desertifikation (allg.) bzw. Aufgabe von Oasen(-städten)	Wasser-versorgung von Oasen	Zustand des Lop Nur	Gletscher-Bewegungen	Häufiger Staubfall/Staubregen (Hwangho)	Klima-Trends (phänolog. hist. Berichte mitbenutzt)	Zeit-Skala	Klimaphasen in Mitteleuropa/Mittelmeerraum zum Vergleich
2000	starke Des.		trocken See	? ± stationär		kälter + etwas feuchter (?) warm, trocken	2000	warm, trocken
1800		rel. gut bis mäßig (7)		Rückzug Vorstoß	Staubregen	kalt, feucht	1800	„Kleine Eiszeit" gr. Gletschervorst.
1600	stark Des. Jiahoe			Vorstoß Vorstoß(?)	Staubfall Staubregen	kalt, trocken	1600	
1400	Gaochang	schlecht (6)			Staubfall	kühl, trocken	1400	
1200	starke Des.		kl. See		Staubfall		1200	Mittelalterl. Klimaoptimum, warm, gegen Ende rel. trocken
1000	Khadalik(?) Tumchuq					warm, rel. feucht	1000	
800	Dandan uilik (Alt-)Endere	gut (5)					800	kühl, feucht
600							600	Gletscher-vorstöße
400	starke Des. Rawak(?) Loulan	± (4)	Salzpfanne			kühl, trocken	400	
200	Yotkan (Alt-)Niya	schlecht (3) gut (2)	gr. See			rel. feucht	200	Klimaoptimum (Römerzeit), warm, feucht
0		gut (1)				rel. feucht	0	
-200							-200	
-400							-400	Subatlantikum kalt, feucht
-600							-600	

Berichte aus den chines. Dynastien: (1) Westl. Han. 206 v.Chr.–24 n.Chr. (2) Östl. Han. 25–220. (3) Jin, 265–420. (4) Nördl. Wei, 386–534. (5) Tang, 618–907. (6) Yuan, 1271–1368. (7) Qing, 1616–1911. (Entwurf W. Meckelein)

Zusammenfassung

Es werden zunächst die Grundlagen der für Zentralasien typischen fluvial und äolisch bedingten Morphodynamik behandelt. Danach wird auf die auffälligen Veränderungen der Dynamik eingegangen, die sich hauptsächlich in einer erhöhten Mobilität der Sande sowie erheblichen Änderungen in der Wasserführung der Flüsse äußert. Es werden die Gründe dafür untersucht, die vor allem in einer extremen Vegetationszerstörung durch den Menschen sowie in dessen Eingriffen in das Gewässersystem liegen. Die oft postulierte, progressive Austrocknung Zentralasiens in historischer Zeit wird verneint. Dennoch ergeben sich gewisse Aspekte einer auch physischgeographisch verursachten Änderung der Morphodynamik, wenngleich heute der anthropogene Einfluß dominiert.

Summary

(Naturally and anthropogenous conditioned morphodynamics exemplified with the Central-Asian dry areas of China)
The first part deals with basic characteristics of the fluvial and aeolian morphodynamics of Central Asia. In the second part the striking changes of the dynamics are described which are mainly expressed in an increased sand mobility and in major changes of river discharge. The reasons herefore are studied and lie mainly in an extreme destruction of vegetation and the modification of the water system by man. The often postulated progressive dessication of Central Asia in historic times is negated. However, certain aspects indicate a change of morphodynamics also caused naturally, although the anthropogenous influences dominate today.

Literatur

CHAO SUNG-CHIAO (1981): Large-scale agricultural reclamation in the Tarim-Valley and its impacts on arid environment. In: Desert Lands of China, ICASALS Publication No. 81-1, S. 34–47, Lubbock (Texas).

CHEN HUA (1983): Sha-hua yu Lü-zhou (Versandung und Oasen). In: Xinjiang Shehuikexue (Sozialwissenschaft in Xinjiang) 1983, 1, S. 46–57, 66. – Kommentierte Übersetzung ins Deutsche durch TH. HOPPE in: Landschaftsentwicklung und Umweltforschung Nr. 21 (TU Berlin), S. 110–148, Berlin.

CHU KO-CHEN (1973): A preliminary study on the climatic fluctuations during the last 5000 years in China. Scientia Sinica 16, S. 226–256.

DÜRR, H. & U. WIDMER (Hrsg.) (1979): Zur agrarischen Flächennutzung in Steppen- und Wüstengebieten [Dokumente aus chinesischen Zeitungen]. Geochina 2, München.

GENG KUANHONG (1985): Climatic Study on Sand-blowing Wind in Desert Regions in China (in chines. Sprache). Journal of Desert Research (Lanzhou), Vol. 5, S. 16–26.

HEDIN, S. (1900): Die geographisch-wissenschaftlichen Ergebnisse meiner Reisen in Zentralasien 1894–1897. Erg. Heft Nr. 131 zu Petermanns Mitt., Gotha.

HEDIN, S. (1905–08): Scientific Results of a Journey in Central Asia 1899–1902. 6 Bde Text, 2 Bde Atlas. Stockholm.

HEDIN, S. (1935): Der wandernde See. Leipzig.

HENG XIAOZHANG; HE XIONG & ZHANG JIUSI (1985): Study on Irrigation Formed Ooze in Hetian. Vortrag ISEUNRAA, Urumqi.

HERRMANN, A. (1931): Lou-Lan. Leipzig.

HOYANAGI, M. (1966): Geographical Problems Concerning the Old Silk Region in the Tarim Basin. Geographical Reports of Tokyo Metropolitan University, S. 1–32.

ISEUNRAA (1985): International Symposium on Exploration and Utilization of Natural Resources in Arid Areas, Chinese Academy of Sciences, Xinjiang Branch, Urumqi (VR China), 7.–13. 8. 1985. Abstracts. Proceedings (im Druck).

KOLB, A. (1986): Xinjiang als Naturraum und ökologisches Problemgebiet. Geoökodynamik 7, 1986, S. 29–40.

MECKELEIN, W. (1986): Zu physischer Geographie und agraren Nutzungsproblemen in den innerasiatischen Wüsten Chinas. Geoökodynamik 7, S. 1–28.

NORIN, E. (1932): Quaternary Climatic Changes within the Tarim Basin. Geographical Review 22, S. 591–598.

PETROV, M. P. (1966/67): Pustyni Central'noj Azii (Die Wüsten Zentralasiens). Moskau – Leningrad Bd. I: 1966, Bd. II. 1967 (russisch).

SHI YAFENG & ZHANG XIANGSONG (1984): Guide to the Tianshan Glaciological Station of China. Glaciers in the Urumqi Valley and Related Phenomena. Lanzhou Institute of Glaciology and Cryopedology, Academia Sinica, Lanzhou.

SHI YAFENG; WANG ZONTAI; LIU CHAOHAI & YANG ZHENNIANG (1985): Glacial Resources of the Arid Regions in Northwest China and their Utilization. Vortragsmanuskript ISEUN-RAA, Urumqi.

STEIN, A. (1925): Innermost Asia – Its Geography as a Factor in History. Geogr. Journal 65, S. 377–403 und 473–501.

DE TERRA, H. (1930): Zum Problem der Austrocknung des westlichen Innerasiens. Zeitschrift Ges. f. Erdkunde Berlin. S. 161–177.

TRINKLER, E. (1930): Tarimbecken und Takla-makan-Wüste. Zeitschrift Ges. f. Erdkunde Berlin, S. 350–360.

XIA XUNCHENG & HU WENKANG (Eds.) (1985): The Mysterious Lop Lake. The Lop Lake Comprehensive Scientific Expedition Team, the Xinjiang Branch of the Chinese Academy of Sciences. Beijing.

ZHANG DEER (1984): Synoptic-Climatic Studies of Dust Fall in China since Historic Times. Scientia Sinica. Serie B. Vol. XXVII. No. 8, S. 825–836.

ZHAO SONGQIAO [Chao Sung-chiao] & XIA XUNCHENG (1984): Evolution of the Lop Desert and the Lop Nor. Geographical Journal 150, S. 311–321.

ZHU ZHENDA (1985): Aeolian Landforms in the Taklimakan Desert. In: Farouk El-Baz (Ed.), Deserts and Arid Lands. S. 133–143, The Hague.

ZHU ZHENDA u.a. (1981): Takelama Ganshamo Fengsha Dimao Yanjiu. (Erforschung der äolischen Sande und des Formenschatzes der Taklimakan-Wüste) (chinesisch). Beijing.

ZHU ZHENDA & LIU SHU (1983): Combating Desertification in Arid and Semi-Arid Zones in China. Institute of Desert Research, Academia Sinica. Lanzhou.

Spezialkarten:

Zhonghua Renmin Gongheguo Shamotu (Karte der Wüsten der VR China), 1:4 Mill. (chinesisch). Lanzhou Institute of Desert Research, Academia Sinica, 1979.

The Map of Aeolian Landform in Taklimakan Desert, 1:1500000. Lanzhou Institute of Desert Research, Academia Sinica. 1. Ausgabe, Beijing 1980. Mit Erläuterungsheft (in chinesischer Sprache), 26 S.

Teilnehmerverzeichnis

Prof. Dr. F. AHNERT, Geographisches Institut der RWTH, Templergraben 55, 5100 Aachen

Prof. Dr. E. BRUNOTTE, Geographisches Institut der Universität zu Köln, Albertus-Magnus-Platz, 5000 Köln 41 (Lilienthal)

Prof. Dr. K. GARLEFF, Lehrstuhl II für Geographie an der Universität Bamberg, Am Kranen 12, 8600 Bamberg

Prof. Dr. G. GEROLD, Geographisches Institut der Universität Göttingen, Goldschmidtstraße 5, 3400 Göttingen

Prof. Dr. K. GIESSNER, Lehrstuhl für Physische Geographie, Kath. Universität Eichstätt, Ostenstraße 26–28, 8078 Eichstätt

Dr. B. GLÄSER, Institut für Geographie und Wirtschaftsgeographie der Universität Hamburg, Bundesstraße 55, 2000 Hamburg 13

Prof. Dr. J. GRUNERT, Geographisches Institut der Universität Bonn, Meckenheimer Allee 166, 5300 Bonn 1

Prof. Dr. H. HAGEDORN, Geographisches Institut der Universität Würzburg, Am Hubland, 8700 Würzburg

Prof. Dr. J. HAGEDORN, Geographisches Institut der Universität Göttingen, Goldschmidtstraße 5, 3400 Göttingen

Prof. Dr. P. W. HÖLLERMANN, Geographisches Institut der Universität Bonn, Meckenheimer Allee 166, 5300 Bonn 1

Prof. Dr. R. MÄCKEL, Institut für Physische Geographie der Albert-Ludwigs-Universität Freiburg, Werderring 4, 7800 Freiburg i. Br.

Prof. Dr. W. MECKELEIN, Geographisches Institut der Universität Stuttgart, Silcherstraße 9, 7000 Stuttgart 1

Prof. Dr. H. G. MENSCHING, Heinz-Hilpert-Straße 10, 3400 Göttingen

Dr. K.-H. PÖRTGE, Geographisches Institut der Universität Göttingen, Goldschmidtstraße 5, 3400 Göttingen

Prof. Dr. Dr. h. c. H. POSER, Charlottenburger Str. 19, 3400 Göttingen

Prof. Dr. H. ROHDENBURG †, Lehrstuhl für Physische Geographie und Landschaftsökologie der TU Braunschweig, Langer Kamp 12c, 3300 Braunschweig

Prof. Dr. Dr. h. c. A. SEMMEL, Institut für Physische Geographie der Universität Frankfurt, Senckenberganlage 36, 6000 Frankfurt/Main

Prof. Dr. O. SEUFFERT, Geographisches Institut der TH Darmstadt, Schnittspahnstraße 9, 6100 Darmstadt

Prof. Dr. A. SKOWRONEK, Institut für Bodenkunde der Universität Bonn, Nußallee 13, 5300 Bonn 1.

Prof. Dr. J. SPÖNEMANN, Geographisches Institut der Universität Göttingen, Goldschmidtstraße 5, 3400 Göttingen

Prof. Dr. H. STINGL, Lehrstuhl für Geomorphologie der Universität Bayreuth, Postfach 101 251, 8580 Bayreuth

Abhandlungen der Akademie der Wissenschaften in Göttingen · Math.-Phys. Klasse,   III. Folge

Vandenhoeck & Ruprecht · Göttingen/Zürich

Hilmar Schumann

Einführung in die Gesteinswelt

Für Freunde und Studierende der Geographie, Geologie, Mineralogie, Baukunde und Landwirtschaft. 5., erweiterte und verbesserte Auflage 1975. VII, 185 Seiten mit 57 Abbildungen, 3 Farbtafeln und 29 Tabellen, kartoniert

Das Buch ist eine Einführung in die Gesteinskunde für alle, die mit Mineralogie, sei es auch nur als Hilfswissenschaft zu tun haben. In kurzer und leichtverständlicher Form werden die Grundbegriffe der Gesteinskunde, die wichtigsten Gesteine nach ihren äußeren Merkmalen und ihrer Entstehung sowie kulturgeschichtliche Zusammenhänge behandelt. Auf chemische und physikalische Betrachtungsweisen wird weitgehend verzichtet: im Vordergrund steht die Beschreibung der äußerlichen Kennzeichen von Mineralien und Gesteinen. Ziel der Einführung ist die Hinleitung zur äußeren Materialkenntnis der Gesteine.

Hilmar Schumann

Grundlagen des geologischen Wissens für Techniker

Insbesondere für Architekten, Bau- und Vermessungsingenieure sowie für Interessenten der angewandten Mineralogie und Geologie. 1962. XIX, 260 Seiten mit 165 Abbildungen und 9 Tafeln, Leinen

Die technischen Aufgaben, die nur unter sehr eingehender Berücksichtigung geologischer Tatsachen gelöst werden können, werden immer zahlreicher und größer. Der Techniker muß dabei eine Menge Daten aus dem geologischen Wissensgebiet verwenden. Das Buch vermittelt, unter ständigem Hinweis auf die praktische Anwendung, einen kurzen Überblick über die Grundlagen der Geologie.

Vandenhoeck & Ruprecht · Göttingen / Zürich